Sobre *Apologética*:

«Solo el cristianismo bíblico proporciona el marco intelectual necesario para dar sentido al mundo. Este es el mensaje del libro de Steven R. Martins *Apologética: Estudios en apologética bíblica para una cosmovisión cristiana.* Proporciona una introducción completa a cómo aprender a pensar como un cristiano y por qué es necesario hacerlo. Como explica Martins, incluso el significado de la vida solo se puede encontrar en el Dios de la Biblia. Su libro proporciona una defensa rigurosa del cristianismo, así como una explicación de por qué los cristianos deben ser optimistas para el futuro. Esto es justo lo que se necesita para preparar al pueblo de Dios para mantenerse humilde pero confiado al enfrentar los desafíos del siglo XXI».

Michael Wagner (PhD)
Escritor colaborador de la revista Reformed Perspective;
autor de *Leaving God Behind: The Charter of Rights and Canada's Official Rejection of Christianity*

«Ha sido mi privilegio personal servir junto a Steven R. Martins para equipar a los santos con el ejemplo de predicar a Cristo en la plaza pública. Este libro, *Apologética*, servirá aún más a este propósito. La fiel exégesis de Steven en el capítulo inicial del mandato apologético de nuestro Señor en 1 Pedro 3 da lugar a una metodología bíblica tan accesible y procesable individualmente como el mismo Apóstol que la escribió. Recomiendo encarecidamente este recurso oportuno a todos los santos que necesitan equiparse para proclamar fielmente a toda criatura una defensa santa y llena de esperanza del evangelio y el señorío de Cristo».

Cory McKenna
Presidente fundador de The Cross Current (TCC);
conferencista con Respuestas en Génesis Canadá, London, Ontario

«El libro que tienes ante ti es una fiesta intelectual, filosófica y, sobre todo, bíblica para los que tienen hambre de la carne de la Palabra. Me ha ayudado a entender que la apologética cristiana aborda todos los aspectos de la vida. No puedo dejar de estar de acuerdo con Martins cuando escribe que, dondequiera que haya enseñanza de la Palabra de Dios, debe haber una regresión de la oscuridad de la humanidad caída. Es esta cosmovisión bíblica, desde la cual tenemos la justicia de Dios como el estándar para la justicia, que me lleva, como abogado y defensor, a esperar que podamos prevenir crímenes».

Jonathan Bhagan
Abogado y defensor de justicia pública;
Presidente de la Christian Youth Foundation;
Miembro Asociado de la Royal Commonwealth Society;
Presidente de la CCASC, Trinidad y Tobago

«En medio de la cultura pluralista y relativista emergente en la que vivimos, somos llamados a unirnos con los cristianos de todo el mundo y de todas las épocas para afirmar y defender la fe que nos fue dada en las Escrituras. De una manera clara, Steven R. Martins nos enseña en su libro *Apologética* cómo defender nuestra fe a partir de una cosmovisión bíblica mientras exhibimos un cristianismo relevante para cada área de la vida. Nos encontramos ante un recurso vital que debe emplearse para capacitar a esta generación y a las que vendrán en el pensamiento cristiano bíblico».

David Salgado Herrarte
Pastor de Ministerios Familiares con Iglesia Gracia Sobre Gracia, El Salvador

«Esta obra literaria de Steven R. Martins es una excelente y concisa exposición de cómo la apologética presuposicional es esencial para el evangelio y nuestra misión en la tierra como iglesia. Martins ha realizado una gran tarea al explicar las cosmovisiones comunes en relación con los orígenes, el significado, la moralidad y el destino. Aunque mucho se ha escrito en apologética, esta obra literaria es una contribución muy necesaria a un tema a menudo ignorado por muchos creyentes: la naturaleza integral de la fe cristiana. Este libro me ha animado a seguir profundizando en la fe ortodoxa de la Iglesia para el avance del reino de Dios».

Nathan Díaz
Miembro del Consejo de The Gospel Coalition (Español);
Director Fundador de Fish Studios y Productor del Programa Radio Clasificación A;
Pastor y Maestro en la Iglesia Evangélica de Cuajimalpa, México

«Este libro no solo debe ser de lectura obligatoria para todo estudiante serio de apologética, filosofía y pensamiento cristiano, sino también para todo cristiano que quiera tener una comprensión más profunda y consistente de su fe. Proporciona una de las presentaciones más ricas y completas de la cosmovisión cristiana jamás contenida en un solo volumen. Al escribir este libro, Steven R. Martins ha construido un digno monumento a la verdad, que nos ayudará a nosotros, y a las generaciones futuras de creyentes, a abrazar de todo corazón la Palabra de Dios como la única lente a través de la cual la vida y la realidad realmente tienen sentido. Que Cristo sea glorificado, que su iglesia sea edificada y que su reino avance a través de esta asombrosa obra».

Daniel J. Lobo
Asociado Docente del Instituto Cántaro; Editor y traductor de Ministerios Ligonier y Editorial CLIR; Pastor de la Iglesia Presbiteriana y Reformada Sola Gratia, en Alajuela, Costa Rica.

«Este libro, *Apologética: Estudios de apologética bíblica para una cosmovisión cristiana*, ofrece una cosmovisión cristiana holística, que es el fundamento para una apologética de la fe entregada de una vez por todas a los santos. Te agudizará y te alentará en tu esfuerzo por hacer discípulos de todas las naciones».

Jacob Reaume (MDiv)
Pastor Principal de Trinity Bible Chapel;
Canciller de King Alfred Academy,
Cambridge, Ontario

APOLOGÉTICA

APOLOGÉTICA

ESTUDIOS EN APOLOGÉTICA BÍBLICA PARA UNA COSMOVISIÓN CRISTIANA

Steven R. Martins

Traducción de
Daniel J. Lobo

cantaroinstitute.org

Steven R. Martins
Apologética. Estudios en apologética bíblica
para una cosmovisión cristiana
Traducción de Daniel J. Lobo
Publicado por Cántaro Publications, un sello editorial del
Cántaro Institute, Jordan Station, Ontario, Canadá.

Para precios por volumen, por favor contacte a
info@cantaroinstitute.org

Library & Archives Canada ISBN: 978-1-998711-00-0

Impreso en los Estados Unidos de América.

Dedicado con amor:

A Cindy, mi virtuosa esposa amada

Mujer virtuosa, ¿quién la hallará?
Porque su estima sobrepasa
largamente a la de las piedras preciosas.
—Proverbios 31:10

Y a Matías Jeremías, Timoteo Apolo, Nehemías Agustín
y Raquel Stefany, mis hijos amados, regalos de Dios

He aquí, herencia de Jehová son los hijos;
Cosa de estima el fruto del vientre.
—Salmo 127:3

Acerca del autor

STEVEN R. MARTINS es el director fundador del Instituto Cántaro y pastor fundador de Sevilla Chapel en St. Catharines, Ontario, Canadá. Como canadiense de segunda generación, Steven es de ascendencia iberoamericana y ha trabajado en los campos de la apologética misional y el liderazgo eclesiástico durante más de diez años. Ha sido conferencista en numerosas conferencias, iglesias y eventos universitarios, desde la Universidad de York, en Toronto, hasta la Universidad de las Indias Occidentales en Puerto España, Trinidad, así como en las universidades nacionales de Costa Rica (UNCR y UNC) y la Universidad Evangélica de El Salvador. También ha contribuido con artículos para Coalición por el Evangelio (la versión en español de TGC) y la revista Siglo XXI de Editorial CLIR.

Steven tiene una maestría *summa cum laude* en Estudios Teológicos, con un enfoque en apologética cristiana, por Veritas International University (Santa Ana, CA, EE. UU.), y una licenciatura en Gestión de Recursos Humanos por la Universidad de York (Toronto, ON, Canadá). Ha formado parte de la junta ejecutiva de Answers in Genesis Canadá y anteriormente colaboró con el Instituto Ezra para el Cristianismo Contemporáneo (EICC).

Steven está casado con Cindy y vive en Lincoln, Ontario, con sus hijos Matthias, Timothy, Nehemías y Raquel.

CONTENIDO

CAPÍTULO 3

LA DEMOGRAFÍA APOLOGÉTICA:
INEVITABLEMENTE RELIGIOSA   57

CAPÍTULO 4

EL FUNDAMENTO APOLOGÉTICO:
LA REVELACIÓN UNIFICADA DE DIOS   83

CAPÍTULO 7

FUNDAMENTOS DE COSMOVISIÓN III:
LA MORALIDAD PERMANENTE
DE LA LEY DE DIOS

CAPÍTULO 8

FUNDAMENTOS DE COSMOVISIÓN IV:
EL DESTINO DE LA REALIDAD CREADA

PARTE III: APOLOGÉTICA APLICADA:
DEFENSA DE LA PALABRA DE DIOS

CAPÍTULO 9

CASO APOLOGÉTICO I: LA ACUSACIÓN ISLÁMICA
DE *TAHRIF* Y LA BIBLIA   309

CAPÍTULO 10

CASO APOLOGÉTICO II: LA ERUDICIÓN LIBERAL Y LA AUTORÍA DE ISAÍAS

CAPÍTULO 11

CASO APOLOGÉTICO III: ALTERNATIVAS GNÓSTICAS Y LOS EVANGELIOS CANÓNICOS

INTRODUCCIÓN

¿POR QUÉ OTRO LIBRO SOBRE apologética cristiana? Es una pregunta justa cuando se considera cuántos libros sobre apologética se han escrito. Pasé la mayor parte de mis años de pregrado leyendo las obras de Ravi Zacharias, Josh McDowell, Lee Strobel y Norman Geisler, y esos no son más que algunos de nuestros apologistas contemporáneos. Hay muchos más que he leído anteriores a nuestro tiempo, como Atanasio, Agustín, Tertuliano, C. S. Lewis, etc. Es cierto que mi primera incursión en la apologética podría describirse como más dispersa que enfocada; un poco de esto, un poco de aquello, y encima salpicada con un poco de esto y aquello. Mirando hacia atrás ahora, no hubo mucha consistencia estructurada en mi lectura y aprendizaje, porque todo lo que hice fue sumergir mis pies en diferentes métodos y filosofías apologéticas sin conocer las distinciones presuposicionales. No fue sino hasta que comencé a leer a Cornelius Van Til, Greg L. Bahnsen, John M. Frame y Joseph Boot durante el curso de mi maestría que comencé a desarrollar una apologética presuposicional consistentemente bíblica.

Mi incapacidad para responder a las preguntas más simples de mis compañeros de clase de la escuela secundaria fue lo que primero despertó mi interés en la apologética. Como cristiano que crecía en el sistema de escuelas públicas de Ontario, a menudo tanto los estudiantes como los maestros me preguntaban por qué era cristiano. Seguían otras preguntas, como por qué creía que la Biblia era la Palabra de Dios, por qué creía que Jesús era el único camino a la salvación, por

qué creía que el cosmos fue creado por Dios y por qué creía
que la vida tenía significado. Estas eran preguntas simples, pero para un adolescente de secundaria mal equipado en una
sociedad pluralista, fueron lo suficientemente desafiantes
como para hacerme dudar de mi fe y considerar si la verdad
podría estar en otra parte. No fueron solo las preguntas las
que me desafiaron, sino las conversaciones que siguieron.

Crecí en un hogar cristiano y me enseñaron la historia
general de las Escrituras, pero mis padres y la iglesia de mi
crianza ignoraban en su mayoría la necesidad de equipar a la
próxima generación para defender sus convicciones bíblicas
(mis padres no sabían nada mejor, porque a ellos tampoco se
les había enseñado esta necesidad). Si me hubieras pregunta-
do entonces si sabía algo de apologética, habría respondido
estupefacto. Hasta ese momento, mi fe no era más que una
experiencia espiritual. Dios, sin embargo, usó la apologética para fundamentar mi fe en la realidad, o dicho de otro
modo, para entender la relación armoniosa entre su Palabra
y su realidad creada. Esta fe no es una creencia espiritual
privada e individualizada como descubrí. Es una realidad que
lo abarca todo, es la única cosmovisión verdadera que existe.
En una era de confusión religiosa y filosófica, la Palabra de
Dios proporciona una verdad inobjetable, y la Iglesia de Dios
es llamada a avanzar y preservar esa verdad como la luz y la
sal de la tierra.

Desde esa época de mi vida, comencé lo que podría llamar-
se un viaje, una búsqueda, para equipar a esta generación y
la siguiente con el material de pensamiento y las herramien-
tas complementarias necesarias para promover y preservar
fielmente la filosofía cristiana de la vida. Ese viaje primero
involucró un estudio independiente bajo la tutela de Andy

Bannister, un buen amigo que, en ese momento, servía con RZIM Canadá y ahora se desempeña como Director de Solas para el Cristianismo Público en Escocia. Tanto su pasión por el evangelio como su enseñanza me influyeron e inspiraron para dirigir la puesta en marcha de un pequeño ministerio apologético, E&AM (más tarde rebautizado como Nicene International), que operó durante tres años en Toronto. Eso fue seguido poco después por una invitación a unirme a Joseph Boot en el EICC (Instituto Ezra para el Cristianismo Contemporáneo, por sus siglas en inglés) como apologista y escritor, un tiempo durante el cual desarrollé y refiné mi apologética, oratoria y escritura bajo la tutela de Boot.

Donde Bannister me inspiró, Boot me refinó, y mientras miro hacia atrás, doy gracias a Dios por colocar a estos hombres piadosos en mi vida durante las temporadas en que estuvieron allí, los cuales fueron formativos para mi pensamiento y ministerio en el desarrollo de una pasión por los perdidos y para recuperar el alcance holístico del evangelio. Desde el momento en que comencé mi viaje hasta el día en que escribo esta introducción, han sido diez fructíferos años de ministerio, siendo los eventos más recientes la fundación de Sevilla Chapel, una iglesia bilingüe inglés y español en la ciudad de St. Catharines, y el Instituto Cántaro, una organización evangélica confesional orientada a recuperar la herencia del protestantismo español y avanzar en la filosofía de vida cristiana integral. A dónde me llevará Dios a continuación en este capítulo y etapa de la vida, solo Él lo sabe, pero mi convicción sigue siendo verdadera: quiero equipar a esta generación y a las que siguen para avanzar fielmente y preservar la filosofía cristiana de la vida.

Es por esta razón que he escrito otro libro sobre apologética cristiana. Sin duda, hay algunos libros excelentes sobre apologética cristiana, que equipan efectivamente a la Iglesia en el cumplimiento de su misión general. Sin embargo, no hay suficientes que proporcionen una apologética presuposicional claramente bíblica que muestre una comprensión holística del cristianismo, es decir, una fe objetiva que se relacione y se aplique a cada aspecto de la creación. Este libro ciertamente no es la publicación definitiva y final sobre apologética, no todo lo que debería escribirse ha sido escrito aquí, y ciertamente hay varios libros que recomendaría además de este, pero es un libro que espero y creo que inspirará a otros a leer, escribir y publicar para el desarrollo continuo de una apologética holística y claramente bíblica.

Este libro tiene tres secciones, la primera se refiere a la apologética cristiana, la segunda se refiere a los fundamentos de la cosmovisión y la tercera se refiere a la aplicación de la apologética, particularmente en casos seleccionados donde se ha atacado la integridad textual y doctrinal de las Escrituras. Las dos primeras secciones constan de cuatro capítulos cada una, la tercera sección consta de tres capítulos. En el primer capítulo, presento el mandato apologético cristiano y su alcance holístico. En el segundo, procedo a demostrar la metodología apologética enraizada en la sabiduría proverbial. En el tercero, me dirijo a la demografía apologética descartando el mito de la neutralidad religiosa. Y en el cuarto, expongo la unidad de la revelación general y especial de Dios como fundamento de la apologética cristiana. Los cuatro capítulos posteriores, pertenecientes a la segunda sección, abordan las cuatro preguntas que toda cosmovisión debe responder, relativas a: orígenes, significado, moralidad y destino. Estos capítulos, con la excepción del capítulo seis, proporcionan una respuesta bíblica en contra de las falsas alternativas sostenidas por muchos cristianos, alternativas que son inconsistentes con la enseñanza de las Escrituras. Una apologética bíblica no puede ser desarrollada y provista si no hay una cosmovisión claramente bíblica de la cual pueda emerger y sostenerse. Por último, pero no menos importante, son los tres últimos capítulos de la tercera sección, en los cuales he proporcionado, en el capítulo noveno, una respuesta apologética a la acusación islámica común de tahrif, que es la supuesta corrupción de los textos bíblicos de la Torá y los Evangelios; en el capítulo décimo, una respuesta apologética a la hipótesis liberal, criticotextual del Deutero-Isaías, un caso clásico del ataque académico liberal a la integridad textual de las Escrituras; y en el capítulo undécimo, una respuesta apologética al resurgimiento moderno del gnosticismo con el descubrimiento del siglo XIX de los textos gnósticos y el supuesto "cristianismo" que retratan.

Si bien el libro que tienes en tus manos puede no haber sido escrito sistemáticamente de principio a fin, como la mayoría de los autores han hecho tradicionalmente, es, sin embargo, una composición ordenada de varios artículos que he escrito sobre apologética cristiana y cosmovisión. De hecho, en el momento en que se escribió el primer documento, ya tenía un principio organizativo en mente. Una vez completados, estos documentos sirvieron como notas para varias conferencias que había dado en todo el suroeste de Ontario, América Central y el Caribe. Desde entonces, han sido revisados y ampliados antes de ser editados en los siguientes capítulos del libro. Y al momento de publicar este libro, también se me ha informado que la edición en español también estará disponible y se está considerando como un libro de texto para programas de apologética en línea y residenciales en América Central. Al venir de un trasfondo iberoamericano, estoy extasiado y encantado de que este recurso beneficie a la Iglesia en el mundo de habla hispana, particularmente en comunidades donde el anti-intelectualismo ha echado raíces de manera obstinada, lo que resulta en todo tipo de distorsiones de la cosmovisión religiosa cristiana.

Como palabra final, me gustaría expresar mi gratitud a mi esposa, Cindy, quien con sacrificio apoyó mis estudios y mi ministerio apologético, y quien siempre me animó a seguir adelante, incluso en medio de las diversas adversidades de la vida. También me gustaría agradecer a mi querido amigo Paul Aurich, quien amablemente se ofreció para editar mi trabajo, así como a Daniel J. Lobo, quien se encargó de la traducción y edición de la versión en español, y a Julian Castaño, un líder laico en Westminster Chapel, quien hasta el día de hoy ha continuado alentándome desde el comienzo de mi escritura, un verdadero Bernabé con un espíritu misionero paulino. No hay mejor relación de trabajo que la que existe entre hermanos en la fe que buscan glorificar a Dios ante todo y avanzar en su reino. Y lo más importante, agradezco a Dios sobre todo por haberme redimido por su gracia soberana y por permitirme el privilegio de servir a su comunidad de creyentes redimidos por gracia como pastor, apologista y hermano en Cristo, para que solo Él sea glorificado. *Soli Deo Gloria*.

STEVEN R. MARTINS
Niagara (Canadá)
verano del 2020

PARTE I

LA DEFINICION DE APOLOGÉTICA

CAPÍTULO 1

EL MANDATO APOLOGÉTICO
UNA FE HOLÍSTICA

«Sino santifiquen a Cristo como Señor en sus corazones,
estando siempre preparados para presentar defensa ante todo
el que les demande realidad de la esperanza que hay en ustedes.
Pero háganlo con mansedumbre y reverencia»
(1 Pedro 3:15).

1.1. El mandato apologético

ERA PRINCIPIOS DEL SIGLO V D.C., Roma había sido saqueada por los visigodos, y los tradicionalistas paganos romanos, enojados con el declive del Imperio, criticaron duramente a la Iglesia cristiana. ¿Qué había sucedido? No mucho tiempo después de la fundación de la Iglesia en el libro de los Hechos, el cristianismo se convirtió en la cosmovisión religiosa predominante del Imperio romano. Incluso había sido adoptada por el Estado romano, que se remonta a principios del siglo IV D. C. , durante el reinado del emperador Constantino I. Esta adopción en masa resultó en un cambio tan potente en la vida del Imperio que el paganismo pasó a un segundo plano y se convirtió en la creencia de la minoría. Como escribe el historiador Justo L. González:

La religión antigua [paganismo] no tenía nombre, excepto los de los diversos dioses. Después de los acontecimientos del siglo IV, fue relegada a las zonas más remotas del Imperio y... la palabra para *rústico* (*paganus*)... llegó a referirse a los que seguían la religión antigua, ahora rural.[1]

Los paganos creían, sin embargo, que como resultado del abandono de la religión romana tradicional, el mal destino de la civilización a manos de los visigodos era un castigo de los dioses. Con acusaciones tan lívidas y difamatorias, provenientes de paganos de todas las tendencias, el obispo cristiano San Agustín de Hipona, se vio obligado a escribir en respuesta *La ciudad de Dios*, un gran tomo que sirvió tanto para consolar a los seguidores de Cristo con la promesa bíblica de la victoria del evangelio y refutar a los adversarios de la fe cristiana única y verdadera. Al mirar hacia atrás, *La ciudad de Dios* se ha convertido en una obra maestra hermosa y clásica que retrata la historia humana como un conflicto entre la ciudad terrenal (la ciudad del hombre) y la ciudad de Dios, un conflicto temporal que está destinado a terminar en victoria final para esta última. Lo que escribió Agustín fue, en última instancia, una apologética y, en muchos sentidos, ejemplificó lo que implicaba el mandato apologético bíblico. Incluso me atrevería a decir que *La ciudad de Dios* sirve efectivamente para la Iglesia moderna como un modelo perdurable y probado por el tiempo de un enfoque integral de la apologética cristiana.

No se puede negar que la apologética se ha vuelto muy popular en nuestra época. De hecho, la mayoría de los cristianos ahora tienen una comprensión de lo que *es* la apologética, pero lo que no queda claro para muchos es lo que implica el *mandato* apologético. Y existe un mandato, no un mandato *independiente* de la Gran Comisión (Mt 28:18-20), sino más

---

[1] Justo L. González, *The Story of Christianity, Vol. 1: The Early Church to the Dawn of the Reformation* (San Francisco, CA.: HarperOne, 2010), 142.

bien uno inseparablemente *ligado* a ésta. Contrario a lo que ha sido la perspectiva predominante en la iglesia del siglo XXI, el mandato apologético no es una defensa de nuestra fe «privatizada», lo que sería demasiado estrecho o miope, y también malinterpreta el evangelio. En cambio, fiel a la naturaleza y alcance cósmicos del evangelio, el mandato apologético es una defensa *holística* de la filosofía cristiana de la vida, lo cual significa que «lo incluye todo», «lo abarca todo» y es un «sistema total». No es simplemente una defensa de unas pocas doctrinas cristianas, sino una defensa de toda la cosmovisión cristiana, una *visión del mundo y la vida.*

Mi objetivo para este primer capítulo es aclarar la naturaleza *holística* de nuestro mandato apologético al proporcionar una exposición de 1 Pedro 3:15, junto con pasajes bíblicos de apoyo que nos ayudan a comprender la instrucción apostólica dentro del contexto de la misión de la Iglesia, una misión centrada en el evangelio.

1.2. Exposición de 1 Pedro 3:15

Al consultar la Primera Epístola de Pedro, es importante considerar primero que esta no fue escrita para una audiencia específica, no en el sentido estricto, como por ejemplo, Pablo al escribir a la Iglesia en Corinto, o en Éfeso, etc. Más bien, por lo que podemos entender del texto, Pedro escribió su epístola en algún momento entre el año 62 y 63 d.C. con una amplia audiencia en mente, a saber: la Iglesia colectiva, dispersa por todo el Imperio romano (1 P 1:1-2).[2] Él no habría

---

[2] «Introducción a 1 Pedro», *ESV*. Consultado el 12 de agosto del 2019. https://www.esv.org/resources/esv-global-study-bible/introduction-to-1-peter/; J. Ramsey Michaels, *Word Biblical Commentary, Vol. 49: 1 Peter* (Waco, TX.: Word Books Publisher, 1988), xlv.

estado al tanto de la composición étnica y social exacta de su audiencia, pero una cosa sí sabía: estaba escribiendo a creyentes tanto judíos como gentiles, como es evidente a lo largo del texto (1 P 1:18, 21; 2:6, 9, 11-12; 4:3-5; 5:13). Y dado que había muchos más gentiles que judíos en la Iglesia, los destinatarios de la epístola habrían sido predominantemente gentiles.[3]

Es con eso en mente que podemos entender el texto de 1 Pedro 3:15 como instrucción apostólica para la Iglesia colectiva, no para una comunidad aislada por un evento o circunstancia particular. El texto dice:

> Sino santifiquen a Cristo como Señor en sus corazones, estando siempre preparados para presentar defensa ante todo el que les demande realidad de la esperanza que hay en ustedes. Pero háganlo con mansedumbre y reverencia.

Sin embargo, antes de exponer este versículo, es importante considerar primero el contexto literario que rodea la instrucción de Pedro.

En el tercer capítulo de 1 Pedro, de los versículos 8 al 22, Pedro da instrucciones a la Iglesia sobre cómo vivir como seguidores de Cristo en un mundo hostil. Habiendo sido perdonados de sus pecados, redimidos de su condición caída, reconciliados con Dios en Cristo y llamados a ser la luz y la sal de la tierra, el seguidor de Cristo del primer siglo sin duda habría chocado con los caminos del mundo, porque ya no vivían como antes, en la vanidad e impiedad de su pecado. En cambio, en Cristo fueron hechos una nueva creación, restaurados a su justicia original por la santificación gradual de su ser a través del poder del Espíritu de Dios, y esto produjo un fruto inevitable (Gá 5:22-23). Esta *nueva*

---

[3] Ibíd., xlvi.

realidad no es una que se experimenta de antemano, y por lo tanto, los apóstoles entendían bien que era necesaria la instrucción para que los seguidores de Cristo vivieran sus vidas de tal manera que glorificaran a Dios en medio del estado caído del mundo.

El arzobispo Robert Leighton, en su libro *Commentary on First Peter*, expone el propósito no solo de esta sección sino de toda la epístola:

> Esta excelente Epístola (llena de doctrina evangélica y autoridad apostólica) es un resumen breve, y sin embargo muy claro, tanto de los consuelos como de las instrucciones necesarias para el aliento y la dirección de un cristiano en su viaje al cielo, la cual eleva sus pensamientos y deseos a esa felicidad, y lo fortalece contra toda oposición en el camino, tanto de la corrupción interna como de las tentaciones y aflicciones externas.[4]

Es en la comprensión de este contexto literario que podemos proceder al texto para descubrir su significado, comenzando con las palabras iniciales «sino santifiquen a Cristo como Señor en sus corazones». Contrario a lo que popularmente se percibe como el «corazón» en la Escritura, que desde el principio ciertamente *no* es el aspecto emocional del hombre, ni es el órgano biológico, la Escritura considera el «corazón» como la *unidad raíz*, o centro de la persona hu-

---

[4] R. Leighton, *Commentary on First Peter* (Grand Rapids, MI.: Kregel, 1972), 9; aunque Leighton se inclina un poco hacia el retraimiento, en el sentido de que interpreta el viaje del cristiano como uno hacia el cielo, es decir, que su destino final es el «cielo» en oposición a la redención de todo el cosmos, donde la tierra renovada será nuestro hogar eterno, con todo, tiene realidad en el propósito general de la epístola.

mana, equivalente al concepto del alma.[5] El «corazón» es el
centro de lo que somos, es la fuente de la vida. Por lo tanto,
es en la unidad raíz de la persona humana, o en el centro de
nuestro ser, que debemos «santificar a Cristo como Señor».
Sin embargo, el texto griego no significa «hacer santo», sino
más bien «reconocer o declarar santo», similar a la introducción del Padre nuestro (Mt 6:9).[6] Lo que Pedro quiere
decir es que, al igual que en el Antiguo Testamento, donde el
pueblo de Dios, Israel, debía reflejar la santidad de Dios ante
todas las naciones, los cristianos deben reflejar la santidad
de JesuCristo a través de todo lo que hacen, la expresión
de vida de su confesión de que JesuCristo es el Señor.[7] Esto
incluiría situaciones en las que los cristianos podrían encon-
trarse en medio de la persecución, enfrentados a inevitables
«interrogatorios y amenazas» dadas las condiciones hostiles
de su contexto misionero cultural.[8] Como afirma el erudito
J. Ramsey Michaels, «La tarea de un pueblo santo es dar a
conocer al mundo al Santo que los llamó» (1 P 1:15-16; cp.
2:9b).[9]

---

[5] Joseph Boot, «Enlightened Hearts», *Ezra Institute for Contemporary Christianity*. Consultado el 10 de junio del 2017.
https://www.ezrainstitute.ca/resource-library/institute-minutes/-
enlightened-hearts/.

[6] Michaels, *Word Biblical Commentary*, Vol. 49: 1 Peter, 187.

[7] El reformador del siglo XVI Juan Calvino escribe que «es la confesión
que fluye solo del corazón la que es aceptable a Dios, porque a menos que
la fe habite dentro, la lengua parlotea en vano. Por lo tanto, debe tener sus
raíces dentro de nosotros, para que luego pueda producir el fruto de la
confesión», en los *Comentarios de Calvino: La Epístola de Pablo el apóstol a los
Hebreos y la Primera y Segunda Epístola de San Pedro*, trad. William B. Johnston
(Londres, Reino Unido.: Oliver y Boyd, 1963), 290.

[8] Michaels, *Word Biblical Commentary, Vol. 49: 1 Peter*, 187.

[9] Ibíd.

La siguiente parte del texto dice: «estando siempre preparado para presentar defensa ante todo el que les demande realidad de la esperanza que hay en ustedes». Los cristianos no solo deben reflejar la santidad de Cristo a través de todo lo que hacen, sino que también deben estar «siempre preparados», una disposición que puede compararse con la constancia de amarse unos a otros, como también se espera del cristiano.[10] ¿Siempre preparados para qué? Para «presentar defensa», para dar una *apología*, de «la esperanza que hay en ustedes», la esperanza que está en nuestros corazones, en nuestra unidad raíz, en el centro de nuestro ser.[11] La palabra griega *apologia*, en el contexto cultural del cual se escribió esta epístola, se usaba para referirse a una «defensa formal en la corte contra cargos específicos» (como por ejemplo, Pablo en Hch 22:1; 24:10; 25:8, 16; 26:1-2, 24; 2 Ti 4:16).[12] Ya a finales del siglo I d. C., los cristianos fueron acusados de ser ateos, a pesar de que adoraban a JesuCristo como Señor, porque rechazaban la divinidad del emperador romano. Muchos cristianos habrían tenido que responder a tales acusaciones, algunos incluso en un entorno legal formal, sin embargo, las defensas «legales» en el sentido estricto del término no están implícitas aquí.[13] Lo que podría decirse en cambio es que *cualquier* justificación proporcionada en un intercambio informal, que podría ocurrir «entre cristianos y no cristianos

---

[10] Ibíd., 188.

[11] Por ejemplo, en *BDAG* se afirma que *apología* significa: «el acto de presentar una defensa, gener. De ardor por defenderse 2 Co 2:11. De defender el evangelio Fil 1:7, 16. Preparado para hacer una defensa ante cualquiera 1 P 3:15». Citado en *BDAG*, 117.

[12] Ibíd.

[13] Wayne A. Grudem, *Tyndale New Testament Commentaries: 1 Peter* (Downers Grove, IL.: IVP Academic, 2009), 161.

en cualquier momento y bajo diversas circunstancias», esta es la *apologia* que Pedro tenía en mente.[14] En pocas palabras, los cristianos deben estar preparados en toda circunstancia, no solo en intercambios formales, para dar una defensa bien razonada de la esperanza que hay en ellos.

Es natural que una vida radicalmente diferente provoque preguntas de quienes nos rodean. Si notamos un cambio repentino de comportamiento en nuestro cónyuge o hijos, podemos preguntarnos, ¿qué ha producido tal cambio? Independientemente de si tal cambio fue positivo o negativo. El cambio radical que se produce en la vida del pecador, cuando es atraído por la gracia de Dios y tocado por el poder transformador del Espíritu, suscitará preguntas inevitablemente; preguntas de aquellos que están familiarizados y preguntas incluso de aquellos que no lo están, que de otra manera esperarían que ciertas normas culturales sean seguidas o apoyadas (p. ej., la religión popular, el aborto, el matrimonio homosexual, etc.). A la luz de quienes son los cristianos, en contraste con el hombre natural y el mundo caído en el que viven, Pedro ve a la Iglesia como una continuamente «sometida a juicio» todos los días mientras vive para Cristo en una sociedad pagana, pluralista y humanista.[15]

Pero, ¿qué es esta «esperanza» que Pedro menciona? Claramente, esta «esperanza» es lo que suscita las preguntas de los demás. Esta «esperanza» es lo que se expresa y se manifiesta en la vida del cristiano. Esta «esperanza» es lo que distingue al cristiano del hombre natural no regenerado[16] Está relacionada con Cristo , con la confesión del cristiano,

---

[14] Michaels, *Word Biblical Commentary, Vol. 49: 1 Peter*, 188.
[15] Ibíd.
[16] Grudem, *Tyndale New Testament Commentaries: 1 Peter*, 161.

con el corazón y el cambio de vida, pero ¿cómo podríamos articular esta «esperanza»?

Esta esperanza no es otra que el evangelio holístico de JesuCristo , quien ha venido no solo para salvar al hombre de su pecado, sino también para restaurarlo a su lugar y función correspondientes, y para restaurar toda la creación con él para la gloria de Dios. Es mucho más que el rescate del «alma» humana, es la redención prometida de todas las cosas (Sal 102:25-26; Is 11:6-9; 25:8; 65:17; Ro 8:22-24; 1 Co 15:26, 54; 2 P 3:10-13; Ap 21). Es esta «esperanza» por la que los cristianos deben proporcionar una *apología* bien razonada, pero «con mansedumbre y reverencia».

¿Qué se entiende por «mansedumbre» y «reverencia»? Al principio, podemos percibir que significa ser «amables» y «respetuosos» en nuestro discurso hacia todos aquellos que nos preguntan acerca de la esperanza que hay en nosotros, y eso no estaría mal. Sin embargo, hay algo mucho más profundo aquí que no solo se refiere a nuestro discurso, sino a nuestra relación. Michaels comenta que estas palabras deben entenderse como «una cualidad interna o actitud de la mente (cp. 3:3-4), un profundo reconocimiento del poder de Dios y de la propia pobreza y dependencia de Él (cp. Mt 5:5)».[17] Esta cualidad o actitud interior de la mente se refleja en nuestras relaciones con otras personas. ¿Cómo es eso? Si solo Dios salva, entonces no tenemos nada de que jactarnos. Si la salvación viene por la gracia de Dios, entonces nuestras buenas obras no son más que trapos sin valor cuando se realizan para alcanzar nuestra salvación. Dicho claramente, no tenemos el poder para salvarnos a nosotros mismos, ni un centavo de justicia en el banco para hacernos

---

[17] Michaels, *Word Biblical Commentary, Vol. 49: 1 Peter*, 189.

justos; por el contrario, somos pecadores en bancarrota espiritual y depravados mientras estemos separados de Cristo. E incluso cuando hemos sido salvados por su gracia, eso no significa que podamos seguir nuestro propio camino después de haber sido corregidos nuevamente; por el contrario, necesitamos su gracia que nos sostiene, y necesitamos que el poder del Espíritu siga santificándonos hasta alcanzar la perfección de nuestro Señor JesuCristo . Necesitamos al Dios Trino de las Escrituras todos los días, hora tras hora, minuto a minuto, segundo a segundo. Cuando entendemos cuán amplia y profunda es la gracia de Dios, ¿cómo no podemos ser misericordiosos con los incrédulos? ¿Cómo no ser mansos y respetuosos cuando nosotros mismos estábamos perdidos?[18] Como escribe Michaels, «esta cualidad del corazón centrada en Dios encuentra expresión en el comportamiento hacia los demás», porque lo que sea que suceda con el corazón humano afectará todas las demás relaciones que se deriven de éste.[19]

1.3. ¿Qué es la apologética?

A la luz de lo que el apóstol Pedro ha escrito en este versículo, ¿cómo debemos, por lo tanto, entender la apologética? El difunto teólogo Cornelius Van Til definió la apologética como «la reivindicación de la filosofía cristiana de la vida contra las diversas formas no cristianas de la filosofía de la vida».[20] En términos más simples, uno de los estudiantes de

---

[18] John M. Frame, *Apologetics: A Justification of Christian Belief* (Phillipsburg, NJ.: P&R Publishing, 2015), 29.

[19] Michaels, *Word Biblical Commentary, Vol. 49: 1 Peter*, 189.

[20] Cornelius Van Til, *Christian Apologetics*, segunda edición. ed. William Edgar (Phillipsburg, NJ.: P&R Publishing, 2003), 17.

Van Til, John M. Frame, un teólogo y filósofo contemporáneo y prominente, la define «la disciplina que enseña a los cristianos cómo dar una realidad de su esperanza... precisamente la certeza de la Palabra de Dios», porque la veracidad de la Palabra de Dios implica la falsedad de todas las cosas contrarias a ésta.[21]

La apologética es una disciplina multifacética. Tiene muchos aspectos que, para el cristiano no entrenado, pueden hacer que parezca desafiante o intimidante. Pero con una instrucción adecuada, junto con una fe firmemente arraigada en las Escrituras, la apologética puede proporcionar al cristiano un testimonio poderoso y efectivo del evangelio. Frame, en su libro *Apologetics*, enumera tres aspectos de la apologética, estos son:

(1) La apologética como prueba;

(2) La apologética como defensa;

(3) La apologética como ofensa.[22]

Con respecto al *primer aspecto*, la apologética debe entenderse como «presentar una base racional para la fe cristiana»,[23] o dicho de otra manera, presentar la cosmovisión religiosa cristiana como la *única* cosmovisión racional. Los cristianos no creen en una realidad inventada, en una ilusión, creen en la verdadera interpretación de la realidad creada según lo dispuesto por la revelación escrita de Dios. Ellos creen las cosas como realmente son. Para profundizar en

---

[21] Frame, *Apologetics*, 1.; Para una respuesta a la acusación islámica común de la alteración histórica del texto bíblico, ver Capítulo 9: Caso apologético I: La acusación islámica de *Tahrif* y la Biblia.

[22] Ibíd., 1.

[23] Ibíd.

este asunto, los cristianos creen en la cosmovisión única y *verdadera*, que puede definirse como:

> una red de presuposiciones (que no son verificadas por los procedimientos de las ciencias naturales) con respecto a la realidad (metafísica), el conocimiento (epistemología) y la conducta (ética), en términos de los cuales se relaciona e interpreta cada elemento de la experiencia humana.[24]

Toda persona viva tiene una cosmovisión, un conjunto de presuposiciones concernientes a la realidad, la ética y el conocimiento. Pero ninguna cosmovisión es irreligiosa. La cosmovisión de una persona puede considerarse la *estructura* de sus presuposiciones; su religión, sin embargo, puede considerarse la *dirección* de sus presuposiciones, el objeto que se adora. Esta realidad es innegablemente evidente en la plétora de religiones y filosofías que han existido a lo largo de la historia humana. Sin embargo, así como cada persona *viva* tiene una cosmovisión religiosa, cada persona que ha *pasado* de esta vida ahora sabe cuál es la cosmovisión religiosa *verdadera*. Y para todos aquellos que habían rechazado la verdadera cosmovisión religiosa, esta comprensión les llega demasiado tarde, porque la cosmovisión religiosa de uno, no solo profesada sino vivida, determina su destino eterno (Mt 7:13-14). La tarea apologética, por lo tanto, implica probar la veracidad de la cosmovisión religiosa cristiana demostrando la imposibilidad, y por lo tanto, la inutilidad, de lo contrario. Eso es lo que Van Til quiso decir con «la reivindicación de

---

[24] Gary DeMar, ed., *Pushing the Antithesis: The Apologetic Methodology of Bahnsen, Greg L.* (Powder Springs, GA.: American Vision Press, 2010), 42-43.

la filosofía cristiana de la vida contra las diversas formas no cristianas de la filosofía de la vida».[25]

Con respecto al *segundo aspecto*, la apologética también debe entenderse como «responder a las objeciones de la incredulidad».[26] Considera, por ejemplo, las palabras de Pablo a los Filipenses: «Los llevo en el corazón, pues tanto en mis prisiones como *en la defensa y confirmación del evangelio*, todos ustedes son participantes conmigo de la gracia» (Fil 1:7). Con «confirmación», Pablo se refiere a la reivindicación de la filosofía cristiana de la vida, pero con «defensa» quiere decir «dar respuestas a las objeciones».[27] Esto no es algo que el cristiano deba evitar. De hecho, así como se esperan objeciones, también se espera que el cristiano responda prontamente a éstas. Pablo, por ejemplo, respondió a sus objetores, incluso a objeciones que había anticipado que podrían surgir entre aquellos a quienes ministraba (cp. Hch 22:1; 24:10; 25:8, 16; 26:1-2, 24). Se podría decir que estaba «siempre preparado».

Con respecto al *tercer aspecto*, la apologética debe entenderse como «atacar la necedad del pensamiento incrédulo».[28] Para ser claros, esto no debe entenderse como un ataque contra el incrédulo, esto, después de todo, contravendría la instrucción apostólica de Pedro de responder con mansedumbre y reverencia, sino más bien, atacar la *filosofía* antitética de la vida, para que todos los hombres puedan quedar sin excusa delante de Dios (Ro 1:20). Considera lo que escribe Pablo: «Destruyendo especulaciones y todo razonamiento altivo que se levanta contra el conocimiento de Dios, y po-

---

[25] Van Til, *Christian Apologetics*, 17.

[26] Frame, *Apologetics*, 2.

[27] Ibíd.

[28] Ibíd., 2.

niendo todo pensamiento en cautiverio a la obediencia de
Cristo » (2 Co 10:5). El difunto apologista Greg L. Bahnsen,
escribe, con respecto a las palabras de Pablo, que

> los creyentes tienen la ventaja del mejor razonamiento y filosofía
> porque Cristo es la fuente de todo conocimiento, esto es, *todo* co-
> nocimiento, no simplemente asuntos o sentimientos religiosos.
> Cualquier supuesta sabiduría que sigue las tradiciones de los
> hombres y los principios elementales del mundo, en lugar de a
> Cristo, debe ser rechazada como peligrosa y engañosa... No de-
> bemos oscurecer la gloria y la veracidad de Dios respondiendo a
> los incrédulos con apelaciones a «fe ciega» o a un compromiso
> irreflexivo. Debemos «[destruir] especulaciones y todo razona-
> miento altivo que se levanta contra el conocimiento de Dios»
> (2 Co 10:5), siempre conscientes de que no podemos hacerlo a
> menos que nosotros mismos «[pongamos] todo pensamiento en
> cautiverio a la obediencia de Cristo».[29]

Habiendo establecido estos tres aspectos de (1) prueba,
(2) defensa y (3) ofensa, podemos pensar que quizá ocurra
alguna superposición, y esto ciertamente no estaría errado.
De hecho, estos tres aspectos se presuponen y se complementan entre sí. Frame articula este hecho: «Para presentar
plenamente la lógica de la fe [cristiana] (no. 1), uno debe
reivindicar esa lógica ante las objeciones (no. 2) y las alternativas (no. 3) que presentan los incrédulos».[30] Porque ¿cómo
podría uno argumentar a favor de la exclusividad de la cosmovisión religiosa cristiana sin considerar las objeciones del
incrédulo o las alternativas que se presentan? ¿Qué potencia
tendría semejante apologética? ¿O qué eficacia? La apologé-

---

[29] Greg L. Bahnsen, *Always Ready: Directions for Defending the Faith*, ed.,
Robert R. Booth (Nacogdoches, TX.: Covenant Media Press, 2011, 114-
115.
[30] Ibíd.

tica, por lo tanto, no es solo un aspecto sin el otro, sino que *los tres aspectos* juntos reflejan la disciplina de la apologética cristiana.

Pero hay un prerrequisito para hacer apologética, y se encuentra en lo que Pedro escribe al inicio del versículo quince: «Sino santifiquen a Cristo como Señor en sus corazones». Con respecto a este texto, he dicho anteriormente que los cristianos deben reflejar la santidad de JesuCristo en todo lo que hacen, la expresión de vida de su confesión de que JesuCristo es el Señor. Y aunque quizá lo primero que se nos viene a la mente son las obras externas de justicia —¿pues qué es la fe sin buenas obras? (Stg 2:14-26)—, lo que también se está comunicando aquí es que nuestro *pensamiento* debe estar sujeto al señorío de Cristo , o dicho de otra manera, que nuestro pensamiento debe *rendir homenaje* al señorío de Cristo . ¿Cómo es eso? Si adoptamos la Palabra de Dios como nuestro punto de partida último para todo pensamiento, como nuestra máxima autoridad epistemológica, o como lo expresa Frame:

> Si adoptamos la Palabra de Dios como nuestro compromiso final, nuestro estándar final, nuestro criterio final de verdad y falsedad, la Palabra de Dios se convierte en nuestra «presuposición». Es decir, dado que la usamos para evaluar todas las demás creencias, debemos considerarla como más cierta que cualquier otra creencia.[31]

Dicho claramente, adoptar la presuposición de la Palabra de Dios es lo que resulta en una manera de pensar que honra el señorío de Cristo , y esto solo se puede hacer si el corazón de la persona ha sido regenerado por el Espíritu de Dios

---

[31] Frame, *Apologetics: A Justification of Christian Belief*.

(cp. Ro 10:9; 1 Co 12:3; Fil 2:11).[32] Porque ¿cómo podemos honrar a Cristo en nuestro pensamiento si nuestra unidad raíz, nuestros corazones, no honran a Dios? Necesitamos ser creyentes redimidos por la gracia, comprometidos con el señorío de Cristo ; esa debe ser nuestra presuposición última, nuestro compromiso básico de corazón, nuestra confianza definitiva.[33]

Esta reverencia también es enfatizada por Grudem, quien afirma que

> La frase [*hagiázō*] es también una adaptación de una parte de Isaías 8:13: «Al Señor de los ejércitos es a quien ustedes deben tener por santo. Sea Él su temor, y sea Él su terror». Así, se refuerza el sentido de temor o reverencia por el Señor en lugar del temor a los hombres».[34]

La lealtad del cristiano, por lo tanto, incluso en el área de su pensamiento, es a Cristo, Aquel por quien todas las cosas fueron hechas (Jn 1:3; Col 1:16), y quien reina con todo poder sobre la creación (Mt 28:18-19; 1 Co 15:25). Él nos llama a lealtad *absoluta* y nos instruye a prohibir cualquier cosa que pueda competir con esa lealtad (Dt 6:4 sigs.; Mt 6:24; 12:30; Jn 14:6; Hch 4:12). Esta lealtad, este compromiso básico de corazón, esta presuposición última, está en marcado contraste con la hostilidad inducida por el pecado del hombre natural que tropieza en la oscuridad, que trata en vano de inventar su propia realidad desde su supuesta autonomía (Ro 1:18). Para ser un apologista, para hacer apologética y para cumplir con el mandato apologético, primero debes santificar a «Cristo como Señor» (1 P 3:15a), porque

---

[32] Ibíd.

[33] Ibíd., 6.

[34] Grudem, *Tyndale New Testament Commentaries: 1 Peter*, 160

esto nos aparta de la manera de vivir y pensar del mundo. Esta última presuposición es, de hecho, el requisito previo para la apologética cristiana.

1.4. Una fe holística

Sin embargo, mientras que Frame establece los tres aspectos de la disciplina de la apologética de forma magistral, aun así hay más que decir sobre el territorio que cubre la apologética. Dado que la cosmovisión religiosa cristiana no es en absoluto una fe «privada», que se preocupa únicamente por la vida espiritual del individuo, sino que más bien lo incluye y lo abarca todo, de la misma manera, el alcance de la apologética lo incluye y lo abarca todo.

Esta naturaleza holística de la apologética se puede demostrar en la forma en que se emplea. Van Til, por ejemplo, en su libro *Christian Apologetics*, hace la distinción entre lo evidencial y lo filosófico, y con esto no se refiere a los métodos o enfoques evidenciales y clásicos, sino más bien, a que la apologética puede emplearse tanto para la argumentación evidencial como para la filosófica.[35] Según Van Til, lo evidencial trata en gran medida con lo histórico, pero la apologética no se limita únicamente a lo histórico, es mucho más extensa que eso, y trata principalmente con lo filosófico. ¿Cómo se puede ilustrar mejor esto? Si bien a veces puede ser necesaria la argumentación probatoria (también denominada «fáctica»), dicha discusión aún no puede tener lugar hasta que se aborde primero la filosofía subyacente de las evidencias y los hechos. Un ateo, por ejemplo, puede querer construir su argumento a favor de los orígenes humanos sobre el hallazgo histórico de «Lucy la homínida», pero antes de discutir esa

---

[35] Van Til, *Christian Apologetics*, 19.

pieza de evidencia, se debe tener una conversación sobre qué es evidencia, cómo la evidencia podría ser *inteligible* para la mente humana y cómo podríamos *saber* que estamos interpretando correctamente la evidencia.[36] Como escribió Van Til:

> Interpretar un hecho de la historia implica una filosofía de la historia. Pero una filosofía de la historia es al mismo tiempo una filosofía de la realidad en su conjunto. Por lo tanto, somos llevados hacia la discusión filosófica todo el tiempo y en todas partes.[37]

Y si somos llevados hacia la «discusión filosófica todo el tiempo y en todas partes», y la filosofía puede definirse como «la disciplina de las disciplinas», entonces debemos entender que el alcance de la apologética lo incluye todo.[38] Y eso significa que, si bien ciertamente podemos involucrarnos en detalles específicos, como la argumentación probatoria, el cristianismo «nunca puede separarse de ninguna teoría sobre la existencia y la naturaleza de Dios», o dicho de manera más simple, no podemos romper la cosmovisión religiosa cristiana en múltiples componentes independientes cuando es en realidad una unidad *completa*.[39] Para comunicar este concepto del holismo del teísmo cristiano, Van Til proporciona una ilustración militar sobre la versatilidad y adaptabilidad de la apologética cristiana:

---

[36] Véase Marvin L. Lubenow, *Bones of Contention: A Creationist Assessment of Human Fossils* (Grand Rapids, MI.: Baker Books, 2007).

[37] Ibíd.

[38] Para más información sobre la filosofía como disciplina de las disciplinas, véase D.F.M. Strauss, *Philosophy: Discipline of the Disciplines* (Jordan Station, ON.: Paideia Press, 2009).

[39] Van Til, *Christian Apologetics*, 18.

Podemos... comparar la reivindicación del teísmo cristiano *en su conjunto* a la guerra moderna. Hay combates de bayoneta, hay disparos de rifle, hay ametralladoras, pero también hay cañones pesados y bombas atómicas. Todos los hombres que participan en estos diferentes tipos de lucha son mutuamente dependientes. Los fusileros podrían hacer muy poco si no luchan bajo la protección de las armas pesadas detrás de ellos. Las armas pesadas dependen para el progreso que hacen de las armas más pequeñas. Lo mismo con el teísmo cristiano. Es imposible e inútil tratar de reivindicar el cristianismo como una religión histórica solamente mediante una discusión de los hechos.[40]

Esta comprensión holística de la fe es precisamente lo que Pedro tenía en mente, porque como afirma Grudem: «Tener tal reverencia *en sus corazones* es mantener de continuo una confianza interior profundamente arraigada en Cristo como el Señor y rey que está en el trono, a quien incluso ahora "[han] sido sometidos ángeles, autoridades y potestades" (3:22)».[41] En otras palabras, debemos honrar a Cristo como Señor sobre *toda* la creación, y por lo tanto nuestra fe, nuestra apologética, en su alcance debe incluirlo todo, lo cual refleja una cosmovisión integral y holística.

¿Cómo podría nuestra apologética *no* ser holística y abarcarlo todo cuando Cristo es Señor sobre toda la creación? Como dice el texto de 1 Corintios 15:27: «Porque Dios ha puesto todo en sujeción bajo Sus pies». ¿Hay algo en la realidad creada que no esté bajo el dominio de Cristo ? Por supuesto que no. ¿Por qué entonces debemos pensar que la apologética se aplica solo a los asuntos espirituales o históricos como a las fuerzas del secularismo y del privatismo cristiano les gustaría hacernos pensar? La cosmovisión reli-

---

[40] Ibíd.
[41] Grudem, *Tyndale New Testament Commentaries: 1 Peter*, 160.

giosa cristiana, de hecho, tiene mucho que decir sobre el
gobierno, la política, la ética, la educación, las artes y cualquier otra cosa que puedas imaginar. Realmente no hay tal
cosa como una esfera pública y privada, o un reino eclesiástico y otro común; *toda* la realidad creada está bajo el dominio
del señorío de Cristo .

Y debido a este dominio que lo abarca todo, su revelación
bíblica autorizada es, como resultado, relevante y aplicable a
todos los aspectos de la vida. Como explica Van Til:

> La Biblia está en el centro... habla de todo. No queremos decir
> que hable de juegos de fútbol, de átomos, etc., directamente,
> pero sí queremos decir que habla de todo, ya sea directamente o
> por implicación. No solo nos habla del Cristo y su obra, sino que
> también nos dice quién es Dios y de dónde viene el universo que
> nos rodea. Nos habla tanto del teísmo como del cristianismo.
> Nos da una filosofía de la historia, así como historia. Además, la
> información sobre estos temas se teje en un todo inextricable.[42]

El cristiano no se adhiere, por lo tanto, a un cristianismo
privatizado, a alguna espiritualidad piadosa divorciada del
resto de la realidad. En cambio, el cristiano se aferra a una fe
integral, que lo abarca todo, una visión religiosa del mundo
y de la *vida, una filosofía de la vida.* Postular lo contrario sería
rechazar la Biblia como la Palabra de Dios. De hecho, sería
rechazar al Dios del teísmo cristiano, porque como Van Til
afirma con realidad, «no hay nada en este universo en lo
cual los seres humanos puedan tener información completa
y verdadera a menos que tomen en cuenta la Biblia».[43]

---

[42] Van Til, *Christian Apologetics*, 19-20.
[43] Ibíd., 20.

1.5. La naturaleza de la apologética

Esta exhaustividad de la fe, sin embargo, se ha perdido en gran medida en los últimos tiempos debido a su creciente privatización, que ha producido nada más que una caricatura del cristianismo bíblico. Como resultado, la misión de la Iglesia también se ha desviado hacia algo que no es. De hecho, en las últimas décadas, la misión de la Iglesia se ha vuelto característicamente más defensiva y retraída que ofensiva y triunfante. Charles H. Spurgeon, el príncipe de los predicadores de finales del siglo XIX, habría estado en desacuerdo con la postura misiológica defensiva reflejada por la mayor parte de la Iglesia actual. Después de todo, no era esa la forma en que había entendido la descripción de Jesús de la Iglesia como «la sal y la luz del mundo». El comentario de Spurgeon se consulta más adelante. Pero antes de considerar su escritura, debe afirmarse que Grudem también, al escribir sobre 1 Pedro 3:15 y su comprensión contextual, identifica correctamente la descripción bíblica de la naturaleza misiológica de la Iglesia como una que se mueve hacia adelante y hacia afuera. Grudem escribe que:

> La postura de los cristianos hacia los incrédulos nunca debe ser meramente pasiva o neutral. [Pedro] continúa alentando la preparación para el testimonio activo que ganará al incrédulo para Cristo ... Pablo proporciona un buen ejemplo de aprovechar la ofensiva y dar testimonio de Cristo incluso estando en juicio (Hch 22:1-21; 24:10-24; 26:1-23, 25b-29). En situaciones hostiles, la oportunidad de dar testimonio de Cristo a menudo llega inesperadamente; el cristiano que no siempre está listo para responder, la perderá.[44]

---

[44] Grudem, *Tyndale New Testament Commentaries: 1 Peter*, 161.

Para comprender mejor la naturaleza de la apologética, tras reconocer lo que implica el mandato apologético, podemos recurrir a la enseñanza de Jesús de que la Iglesia es «la luz» y «la sal» de la tierra. Considera lo que Él dice en su sermón del monte:

> «Ustedes son la sal de la tierra; pero si la sal se ha vuelto insípida, ¿con qué se hará salada otra vez? Ya no sirve para nada, sino para ser echada fuera y pisoteada por los hombres. Ustedes son la luz del mundo. Una ciudad situada sobre un monte no se puede ocultar; ni se enciende una lámpara y se pone debajo de una vasija, sino sobre el candelero, y alumbra a todos los que están en la casa. Así brille la luz de ustedes delante de los hombres, para que vean sus buenas acciones y glorifiquen a su Padre que está en los cielos» (Mt 5:13-16).

¿Cómo podría relacionarse esto con la naturaleza de la apologética? ¿Cómo establece esto el *modus operandi* para el mandato apologético? Antes de poder dar respuesta a estas preguntas, considera lo que Spurgeon tiene que decir sobre este pasaje:

> En [la Iglesia] hay una fuerza preservadora para evitar que el resto de la sociedad se corrompa por completo. Si [la Iglesia] no estuviera esparcida entre los hombres, la raza se pudriría... Debemos eliminar la oscuridad de la ignorancia, del pecado y de la tristeza. Cristo nos ha iluminado para que nosotros podamos iluminar al mundo. Dios quiere que su gracia sea tan visible como una ciudad construida en la cima de la montaña.[45]

---

[45] Charles H. Spurgeon, *The Gospel of the Kingdom: A Popular Exposition of the Gospel according to Matthew* (Nueva York, NY: The Baker & Taylor Co., 1893), 45-46.; «pudrirse» significa «descomponerse o corromperse y producir un olor fétido», según Oxford Languages, Lexico. Consultado el 6 de junio del 2020, https://www.lexico.com/en/definition/putrefy/.

Lo que Spurgeon nos proporciona en su típica escritura deliciosa es la naturaleza de la aplicación de la enseñanza de Jesús, que debería hacer más evidente la conexión o relevancia de este pasaje con la naturaleza misiológica de la apologética. Para elaborar: el mandato apologético implica dos aspectos con respecto a su *modus operandi* (su método operativo), el de (i) preservar y el de (ii) avanzar: estos dos están inseparablemente vinculados al testimonio evangélico de la Iglesia.

¿Cómo es eso? La Iglesia es llamada a ser la sal de la tierra, esto significa que, a medida que se proclama el evangelio, y que la enseñanza de la Palabra de Dios se aplica sabiamente a todas las áreas de la vida, debe haber una *regresión* de la oscuridad y la depravación provocada por la pecaminosidad de la humanidad. Considera, por ejemplo, los miles y miles de sacrificios humanos ofrecidos a ídolos falsos por las antiguas civilizaciones de los aztecas, los incas y los nazcas, por mencionar algunos. Si no fuera por los frutos culturales de un cristianismo holístico, tales prácticas habrían continuado durante quién sabe cuántos siglos más. Si bien históricamente hay muchos factores a considerar, y me arriesgo a simplificar demasiado este proceso de transición que tuvo lugar en Iberoamérica, es indiscutible que la salida de una cultura de muerte fue principalmente el resultado de una introducción de una cultura marcada por la vida y la luz del evangelio.[46] Lamentablemente, con la salida de la cristiandad histórica y la creciente privatización de la fe cristiana, los sacrificios

---

[46] La distorsión evangélica del catolicismo romano y la corrupción del Imperio español durante el período de la colonización del Nuevo Mundo están bien documentadas, sin embargo, lo siguiente todavía ha demostrado ser cierto: Dios todavía puede lograr mucho más de lo que el hombre puede pensar o imaginar, incluso con un pequeño rayo de luz (Ef 3:20).

humanos han regresado a Occidente en forma de aborto médico y eutanasia. Y la mencionada regresión de la oscuridad y la depravación está experimentando ahora un resurgimiento y progresión en toda regla. El filósofo indio Vishal Mangalwadi, autor de *The Book that Made Your World (El libro que dio forma al mundo)*, cita sabiamente a George Orwell en relación con cómo podemos entender lo que ha sucedido en el mundo occidental:

> Durante doscientos años habíamos aserrado y aserrado y aserrado la rama en la que estábamos sentados. Y al final, mucho más repentinamente de lo que nadie había previsto, nuestros esfuerzos fueron recompensados, y caímos. Pero desafortunadamente había habido un pequeño error: la cosa en el fondo no era un lecho de rosas después de todo; era un pozo negro lleno de alambre de púas... Parece que la amputación del alma no es solo un simple trabajo quirúrgico, como extirpar el apéndice. La herida tiende a ser séptica[47]

Dada nuestra realidad actual, y la consecuencia inevitable de apartarse de la cosmovisión religiosa cristiana a nivel personal y cultural, es aún más importante que la apologética ofrecida por la Iglesia se reforme a la enseñanza fiel de las Escrituras, y esto implica preservar la verdad, la belleza y la bondad de la creación de Dios a través del anuncio del evangelio y la aplicación universal de la Palabra de Dios; porque sus efectos son de gran alcance, y afectan primero al individuo, seguido por la familia, la comunidad, la academia y el orden sociocultural. Dicho claramente, la apologética

---

[47] "George Orwell, Notes on the Way, 1940" cited in Vishal Mangalwadi, *The Book that Made Your World: How the Bible Created the Soul of Western civilization* (Nashville, TN.: Thomas Nelson, 2011), 3.

cristiana debe funcionar a modo de *preservación* si ha de estar en línea con la identidad misional y el propósito de la Iglesia. Pero el trabajo de preservación por sí solo es insuficiente. La Iglesia no solo es llamada a detener las tinieblas de este mundo, sino que también es llamada a ser la luz de la tierra. Esto significa que el evangelio que proclama la filosofía cristiana de la vida debe ir a todos los rincones del mundo, a todas las esferas de la sociedad, a todos los aspectos de la cultura, porque al hacerlo, no solo saca todo lo que era oscuro y turbio (corrupto y malvado) a la luz clara para ser juzgado, sino que también produce la derrota de la oscuridad. ¿Cómo es eso? El obispo del siglo IV San Atanasio escribe que a través de la obra evangélica de la Iglesia:

> el Salvador obra poderosamente cada día, al atraer a los hombres a la [verdadera] religión, persuadirlos a la virtud, enseñarles acerca de la inmortalidad, avivar su sed de cosas celestiales, revelar el conocimiento del Padre, inspirar fuerza frente a la muerte, manifestarse a cada uno, y desplazar la irreligión de los ídolos; mientras que los dioses y los espíritus malignos de los incrédulos no pueden hacer ninguna de estas cosas, sino más bien morir ante la presencia de Cristo , con toda su ostentación estéril y vacía. Por el contrario, ante la señal de la cruz toda magia se detiene, toda hechicería se confunde, todos los ídolos son rechazados y abandonados, y todo placer sin sentido cesa cuando el ojo de la fe mira hacia arriba desde la tierra hasta el cielo.[48]

En términos más modernos, el erudito David Chilton explica el aspecto de «avance» de la Iglesia, según lo establecido

---

[48] St. Athanasius, "On the Incarnation" en *A Celebration of Faith Series: Defender of Orthodox Christology | On the Incarnation*, ed., Steven R. Martins, trad., Philip Schaff (Jordan Station, ON.: Cántaro Publications, 2020), 110-111.

por Mateo 5:13-16, en la introducción a su libro *Paradise Restored (Paraíso restaurado)*. Mientras que Atanasio destacó la obra de Cristo a través de la obra de la Iglesia, Chilton elabora en cuanto a lo que implica la obra de la Iglesia:

> Este [pasaje] no es nada menos que un mandato para la transformación social completa del mundo entero. Y lo que Jesús condena es *la ineficacia*, al no cambiar la sociedad que nos rodea. Se nos manda vivir de tal manera que algún día todos los hombres glorifiquen a Dios, que se conviertan a la fe cristiana. El punto es que si la Iglesia es obediente, la gente y las naciones del mundo serán discipuladas al cristianismo. Todos sabemos que todos *deben* ser cristianos, que las leyes e instituciones de todas las naciones *deben* seguir los planos de la Biblia. Pero la Biblia nos dice más que eso. La Biblia nos dice que estos mandamientos son la forma del futuro. *Debemos* cambiar el mundo; y lo que es más, *cambiaremos* el mundo.[49]

Así como la apologética cristiana debe funcionar en la forma de *preservación* para estar en línea con la identidad misional y el propósito de la Iglesia, también debe funcionar en la forma de *avance*. De hecho, estos dos aspectos de (i) preservar y (ii) avanzar se presuponen y se complementan entre sí. Porque ¿cómo puede haber alguna preservación de la verdad, la belleza y la bondad si no hay avance de la filosofía cristiana de la vida? ¿Y cómo puede haber algún avance de la filosofía cristiana de la vida, si no hay preservación de lo que es verdadero, bello y bueno?

Comprender la naturaleza misiológica de la Iglesia nos permite conciliar estos dos aspectos mencionados anteriormente, que son (i) preservación y (ii) avance, con lo que Van

---

[49] David Chilton, *Paradise Restored: An Eschatology of dominion* (Tyler, TX.: Reconstruction Press, 1985), 12.

Til y Frame habían establecido. Lo cierto es que realmente no hay nada que «reconciliar». Por el contrario, lo que deberíamos tener es una imagen más completa y clara del mandato apologético, junto con una sólida garantía bíblica de lo que se ha articulado previamente. El mandato apologético es, en esencia, *la reivindicación de la filosofía cristiana de la vida sobre todas las filosofías no cristianas, implica presentar una base racional para la cosmovisión religiosa cristiana, responder a las objeciones de la incredulidad y destruir todos los sistemas de pensamiento alternativos incrédulos (anticristianos) para la gloria de Dios solo.*

1.6. Observaciones finales

La apologética cristiana no es, por lo tanto, una disciplina limitada a la argumentación evidencial, ya sea sobre la historicidad de Jesús o la fidelidad textual de las Escrituras; es, en contraste, una disciplina que aborda todos los aspectos de la interacción creacional del hombre —la academia, el mercado, la Iglesia, la Familia, el Estado y la sociedad. La Escritura tiene mucho que decir con respecto a todas estas esferas, pero desafortunadamente, la Iglesia ha permanecido en gran medida en silencio debido a la creciente privatización de la fe . El mandato apologético, sin embargo, no puede ser relegado a la periferia por el «cristianismo» privatizado de hoy. Por el contrario, el mandato apologético lo abarca todo en su naturaleza y alcance de acuerdo con la clara enseñanza de las Escrituras. No puede *no* serlo si consideramos la innegable amplitud de la cosmovisión de una persona, y el claro alcance cósmico del evangelio. El cristianismo bíblico es una *visión del mundo y de la vida*, es LA visión del mundo y de la vida, nada menos.

La instrucción apostólica de Pedro a la Iglesia colectiva se extiende mucho más allá de su propio tiempo: la Iglesia debe estar siempre lista para dar una respuesta, una *apología*, para la esperanza de Cristo dentro de nosotros. Que sigamos adelante hacia la preservación de la verdad, la belleza y la bondad de la creación de Dios y el avance de la filosofía cristiana de la vida mediante la proclamación del evangelio y la sabia aplicación de su revelación bíblica. Pablo estaba preparado, como lo estuvieron el resto de los apóstoles, como lo estuvieron los padres de la Iglesia, muchos de los cuales fueron martirizados, y como lo estuvo la Iglesia cristiana durante la mayor parte de su historia. Que nosotros estemos preparados y seamos hallados fieles a nuestro Señor JesuCristo , porque en este mundo caído siempre seremos puestos a prueba, hasta el día en que Cristo ponga todas las cosas en sujeción a Sí mismo (1 Co 15:24:28).

CAPÍTULO 2

LA METODOLOGÍA APOLOGÉTICA
SABIDURÍA PROVERBIAL

«No respondas al necio de acuerdo con su
necedad, para que no seas tú también como él.
Responde al necio según su necedad se merece,
para que no sea sabio ante sus propios ojos»
(Proverbios 26:4-5).

2.1. Sabiduría y necedad

CUANDO UNO HABLA DE SABIDURÍA, los pensamientos que pueden venir a la mente del occidental promedio son el viejo sabio, un gurú oriental, tal vez un consejero de orientación, o incluso un hombre de negocios inteligente que sabe cómo hacerse rico rápidamente. La mayoría de las veces, la sabiduría se caracteriza por el conocimiento que beneficia al *yo* para una vida exitosa. Sin embargo, el éxito en términos del mundo no equivale necesariamente a *la rectitud*, es decir, la vida recta. Debemos preguntarnos, ¿quién define la sabiduría? ¿Quién puede proporcionar una instrucción *sabia* sobre cómo debe vivir el hombre? Sin embargo, antes de que podamos responder a estas preguntas, y puede ser que haya algunas respuestas que nos vengan a la mente, debemos hacer una pregunta calificativa: ¿Quién puede justificar (dar sentido) a los estándares y principios de la vida sabia? Si vivimos, respiramos y pensamos en el mundo de Dios, y ese es el Dios del teísmo cristiano, entonces la sabiduría debe ser lo que se ajuste a la voluntad e intención de Dios para

37

su cosmos creado. Eso significa que si alguien que dice ser
sabio demuestra una «sabiduría» que va en contra de la voluntad y la intención de Dios, entonces esa «sabiduría» es
realmente necedad. Hay una antítesis evidente entre la sabiduría de Dios y la «sabiduría» del mundo, y esta antítesis es
experimentada por los seguidores de Cristo , que luchan por
vivir correctamente en un mundo caído. La pregunta que
debemos hacernos al considerar la disciplina cristiana de la
apologética es: ¿Cómo puede el seguidor de Cristo guiar al
hombre natural y no regenerado hacia el camino estrecho
del reino de Dios? ¿Hacia la adopción de la visión bíblica del
mundo y la vida?

El libro de Proverbios nos presenta la sabiduría de Dios
para los hombres, al hacer un marcado contraste entre los
sabios y los necios; aquellos que caminan en la verdad y
la obediencia y aquellos que caminan en la falsedad y la
rebelión. Y gran parte de su sabiduría se refiere no solo a
cómo el hombre debe vivir ante Dios, sino a cómo debe
vivir con su prójimo, con el «necio» incrédulo que se cree
«sabio». Este libro del Antiguo Testamento es muy instructivo
para el testimonio del cristiano de hoy. Se relaciona con
el mandato apologético de la Iglesia, y mientras buscamos
una metodología apologética bíblica, el pasaje de Proverbios
26:4-5 es el más relevante para nuestra consideración.

Es mi objetivo con este capítulo presentar un método
bíblico para la apologética, al extraer la sabiduría proverbial
de, en primer lugar, no responder al necio de acuerdo con
su necedad (v. 4), y, en segundo lugar, responder al necio
según su necedad (v. 5). Aunque estas declaraciones pueden
parecer contradictorias al principio, llegaremos a entender
que en cambio son complementarias entre sí. De hecho,

una no puede prescindir de la otra. También llegaremos a valorar que, a la luz de la enseñanza del Nuevo Testamento, esta sabiduría proverbial se relaciona directamente con el mandato apologético del cristiano, es decir, con preservar y promover la verdad, la libertad y la belleza del evangelio. Este mandato estaba tan presente dentro del judaísmo del Antiguo Testamento como lo está con el cristianismo del Nuevo Testamento, porque el hombre, habiendo sido creado en la *imago Dei*, debe cumplir su oficio creacional como profeta, sacerdote y rey sobre la creación, lo que significa «interpretar este mundo según Dios... dedicar este mundo a Dios... y gobernarlo para Dios».[1]

2.2. Literatura sapiencial

Para exponer mejor Proverbios 26:4-5, primero debemos desarrollar una comprensión del libro como parte del corpus más grande de la Biblia hebrea. Proverbios, al igual que Eclesiastés y Job, se clasifica como «literatura de sabiduría judía», y se dice que es una antología antigua de una serie de textos proverbiales. Algunos eruditos han sostenido que el libro fue escrito por autores diferentes,[2] mientras otros han atribuido el libro completo al rey de la edad dorada de Jerusalén (Salomón), según la tradición judía.[3] En lo que respecta al capítulo 26, el consenso general es que el rey Salomón fue el autor. Sin embargo, independientemente

---

[1] Cornelius Van Til, *Christian Apologetics*, segunda edición. ed. William Edgar (Phillipsburg, NJ.: P&R Publishing, 2003), 17.

[2] Raymond B. Dillard and Temper Longman III, *An Introduction to the Old Testament*, primera ed. (Grand Rapids, MI.: Zondervan Publishing House, 1994), 236.

[3] Gleason L. Archer, *A Survey of Old Testament Introduction*, Revised and Expanded ed. (Chicago, IL.: Moody Publishers, 2007), 439.

de la autoría, el texto sigue siendo parte de la Palabra de
Dios divinamente inspirada, y por lo tanto, debe considerarse
inerrante, infalible, edificante y autoritario para el pueblo de
Dios.[4] Cualquier postulación académica de que la autoría podría de alguna manera descalificar su validez y aplicabilidad
debe ser descartada por completo, para que no se encuentre
en oposición a todo el consejo de Dios.[5]

Aparte de la autoría, también hay características literarias a
considerar en esta sección del libro, como la composición de
«líneas paralelas cortas y de dos frases (bicola)», que ocasio-
nalmente incluye una «meditación de sabiduría expandida»
(p.ej., Pr 27:20-27).[6] Y dentro de la bicola, también encontramos «paralelismo antitético», definido como «la misma
verdad que examinada desde perspectivas opuestas», contras-
tando, en el marco mayor de Proverbios, al necio malvado y
al sabio justo.[7]

El erudito del Antiguo Testamento Gleason Archer escribe
que, como literatura de sabiduría, Proverbios nos instruye
«en los principios de la sabiduría», pero cuando se trata de
entender la sabiduría, hay tres términos hebreos que se usan
dentro del libro. Estos son *kjokmá, buná y tushiyá*. El término
kjokmá, que significa «sabiduría», se refiere a una comprensión adecuada de los problemas básicos de la vida y de la
«relación de Dios con el hombre como agente moral», e implica un verdadero discernimiento. Esto es complementado
por *buná*, que significa «entendimiento», que busca transmitir la capacidad de discernir inteligentemente entre la

---

[4] Dillard y Longman III, *An Introduction to the Old Testament*, 239.

[5] E.J. Young, *Thy Word Is Truth* (Grand Rapids, MI.: Wm. B. Eerdmans
Publishing Company, 1957), 113.

[6] Dillard y Longman III, *An Introduction to the Old Testament*, 239.

[7] Ibíd.

verdad y el error, lo real y lo ilusorio. Y *tushiyá*, que significa «sabiduría eficiente», es la concepción «de la sabiduría como una visión auténtica o intuición de la verdad espiritual o psicológica».[8] Cuando nos referimos a la sabiduría, por lo tanto, estos tres términos deben ser incorporados en nuestro pensamiento.

Sin embargo, es igual de importante que reconciliemos el libro de Proverbios con su contexto histórico al abordarlo primero como literatura sapiencial escrita para su audiencia judía inmediata. Cuando comprendemos esta relación entre el autor y los lectores, podemos discernir su mensaje específico y su aplicabilidad para nuestros días. Esto se logra estudiando la estructura del contenido literario del libro, donde los capítulos 1–9 hablan del «valor de la sabiduría y el terrible peligro de la necedad», antes de la colección posterior de sabiduría proverbial en los capítulos 10–31. En el primer capítulo, por ejemplo, se le presenta al lector una personificación de la sabiduría, algunos incluso dicen una «sinécdoque para Dios mismo».[9] Esta personificación es una mujer, con fines ilustrativos, que llama y pide a los hombres que entren y reciban una verdadera educación. Más adelante en el octavo capítulo, la personificación de la sabiduría reflexiona sobre su propia naturaleza, propósito y su relación con Dios.

Una de las características más definitorias de la naturaleza de la sabiduría se encuentra en el capítulo noveno, donde leemos que su hogar se encuentra en el lugar más alto de la ciudad (9:3), y, como la audiencia judía inmediata discerniría fácilmente, la única persona que tenía derecho a vivir en el

---

[8] Archer, A Survey of Old Testament Introduction, 437.

[9] Dillard y Longman III, An Introduction to the Old Testament, 242-243.

lugar más alto de la ciudad era «el dios de esa ciudad».[10] Esto era costumbre en el antiguo Cercano Oriente, por lo que, en Jerusalén, el edificio en el punto más alto de la ciudad era el templo.

Pero la personificación de la sabiduría no es el único personaje que se nos presenta en el libro de Proverbios. También se nos presenta la personificación de la necedad, una mujer que realiza el trabajo de una seductora, al aprovecharse de las mentes crédulas de los hombres. Se describe que su hogar está en la parte más alta de la ciudad (9:14), similar a la sabiduría, lo que implica que existe algún tipo de relación entre la sabiduría y la necedad. El propósito del autor no es sugerir que existe alguna síntesis entre las dos, o que una y la otra son iguales, como dos caras en una moneda, sino más bien que ambas se erigen como antítesis entre ellas. Mientras que la sabiduría, sentada en el punto más alto de la ciudad, simboliza al Dios de los judíos, la necedad, subida igualmente en el punto más alto, simboliza a los dioses extranjeros de la tierra que por su propia naturaleza se oponen al Dios verdadero. Las personificaciones de la sabiduría y la necedad llaman a los hombres, ambas los invitan a «cenar, a compartir la intimidad y, para desempacar la metáfora, a adorarlas».[11] Nunca fue un asunto de elegir entre la sabiduría pragmática y la necedad, sino más bien, entre adorar al Dios verdadero de Israel o a los dioses falsos de la creación.

Esto es lo que enfrentaron los judíos del siglo X a. C., la fidelidad del pacto a Yahvé o la desobediencia del pacto a través de la idolatría apóstata. Es al entender esta dinámica que podemos decir que la elección que tenemos ante nosotros

---

[10] Ibíd., 243.
[11] Ibíd.

en Proverbios es adorar al Dios Creador del teísmo cristiano al andar en sabiduría «verdadera», o adorar a la creación al andar en la comprensión vana y caída del hombre. Una es la verdadera adoración del Creador, la otra es la adoración falsa y antitética de la creación y la rebelión moral. Proverbios 9:10 dice: «El principio de la sabiduría es el temor del SEÑOR, y el conocimiento del Santo es inteligencia».

¿Cómo podríamos relacionar esto con Proverbios 26:4-5 y la disciplina de la apologética? Dado el marco teológico del libro, se ha arrojado mucha luz sobre la naturaleza del pensamiento humano en lo que se refiere a la fidelidad del pacto y la rebelión moral. Voy a dar más cuerpo a esto en el examen exegético y la aplicación más adelante.

2.3. Examen exegético

Al examinar primero los versículos cuarto y quinto, encontramos lo que parecen ser dos declaraciones contradictorias; uno nos aconseja no responder al necio, mientras que el otro nos aconseja responderle. Sin embargo, cuando consideramos el paralelismo antitético que caracteriza gran parte de la sabiduría proverbial del libro, podemos entender que estos dos versículos son instrucciones complementarias en lo que se refiere a nuestro discurso. La primera de estas declaraciones dice:

> (v. 4) No respondas al necio de acuerdo con su necedad, para que no seas tú también como él.

¿A quién considera el proverbio como el necio? El corpus del Antiguo Testamento considera al necio como el apóstata, el hombre o la mujer que se opone al Dios de Israel. Esto incluye a todos los adoradores de Baal (Jr 2:8; 4:22), a todos los

que adoran a dioses extranjeros (Is 44:12-20) e incluso a aquellos que afirman que no hay Dios (Sal 14:1; 53:1). En otras
palabras, quien ha rechazado la fe verdadera por un sustituto
falso (Ro 1:18-25), este es el que el Proverbio considera como
el necio. Esto significa que el necio no es el mentalmente
deficiente o de mente superficial, sino que, como escribe el
erudito Gary DeMar, es «a menudo brillante y respetable ante
los ojos del mundo» (Ro 1:22; 1 Co 1:20, 26-27; 3:18-19).[12]
Por lo tanto, el necio se define como aquel «que rechaza a
Dios, la fuente última de sabiduría y verdad».[13]

Después de haber aclarado la identidad del necio, ahora
podemos entender la sabia instrucción de Salomón y su relación con nuestro discurso con el hombre natural. Él no está
argumentando que no debamos hablar con el necio, o que
debamos evitar las conversaciones intelectuales o filosóficas.
Algunos comentaristas han escrito que este puede ser el caso para algunas ocasiones (Mt 7:6),[14] pero esa no es la idea
principal de las palabras de Salomón.

Lo que quiere decir es que no debemos discutir con el
necio en sus propios términos, es decir, de acuerdo con sus
propias presuposiciones.[15] El judío que discute con el adorador de Baal mientras adopta sus presuposiciones paganas
deshonra a Dios en su pensamiento. Lo mismo puede decirse
del judío que discute con el antiguo ateo. Como pueblo esco-

---

[12] Greg L. Bahnsen, *Pushing the Antithesis: The Apologetic Methodology of Greg L. Bahnsen*, ed. Gary DeMar (Powder Springs, GA.: American Vision Press, 2007), 141.

[13] Ibíd.

[14] Charles Bridges, *A Commentary on Proverbs* (Nueva York/Pittsburgh: R. Carter, 1847), 486.

[15] D. A. Garrett, *The New American Commentary: Proverbs, Ecclesiastes, Song of Songs, Vol. 14* (Nashville, TN.: Broadman & Holman Publishers, 1993), 212.

gido de Dios, debemos adoptar la misma presuposición que las Escrituras: «En el principio Dios...» (Gn 1:1). En otras palabras, no hay «neutralidad» en nuestro pensamiento, o estamos sujetos a Dios en obediencia al pacto o en rebelión moral. Abandonar nuestras presuposiciones bíblicas, lo que creemos que es verdad, en busca de un terreno «neutral» es, en realidad, rechazar la revelación de Dios (verdadera sabiduría) y adoptar el entendimiento caído del hombre (Ef 4:18). Esto lleva al hombre natural a pensar que es realmente sabio a sus propios ojos, a pesar de que sus creencias son falsas,[16] y como escribe el erudito Franz Delitzsch, el creyente se muestra igual «que el necio, y fácilmente se convierte en uno».[17]

La siguiente declaración demuestra el paralelismo antitético por el cual Proverbios es conocido. Dice:

(v. 5) Responde al necio según su necedad se merece, para que no sea sabio a sus propios ojos.

Mientras que Salomón primero nos instruye a no responder al necio en sus propios términos, o según las mismas presuposiciones del hombre natural, más tarde nos aconseja responder al necio según sus propias presuposiciones. ¿Cómo conciliamos estas dos afirmaciones? Lo que Salomón pretende decir es que debemos responder al necio de acuerdo con sus propias presuposiciones para que podamos demostrar su propia necedad e inutilidad.[18]

---

[16] R. Jamieson, A. R. Fausset y D. Brown, *Commentary Critical and Explanatory on the Whole Bible, Vol. 1* (Oak Harbor, WA.: Logos Research Systems, Inc., 1997), 400.

[17] C. F. Keil y F. Delitzsch, *Commentary on the Old Testament, Vol. 6* (Peabody, MA.: Hendrickson Publishers, 1996), 382.

[18] Ibíd.

Esta tarea de exponer la inutilidad del hombre es evidente
en el ministerio de los profetas, donde, por ejemplo, el profeta Isaías, el profeta escribe de un hombre que corta su propia
madera, la usa para su propio beneficio, y luego usa lo que
queda de ella para construir un ídolo para poder adorarlo
y orar para que lo salve de la destrucción (Is 44:12-20).[19]
Los profetas esencialmente reducen la adoración pagana al
absurdo. Exponer la cosmovisión del hombre natural como
nada más que una farsa, inútil, imposible e irracional[20] es
elogiado por el puritano Matthew Henry, quien escribe que
un hombre sabio «puede usar su sabiduría para la convicción
del necio».[21]

Por lo tanto, las dos declaraciones de los vv. 4 y 5 no son
contradictorias, sino más bien parte de una unidad comple-
mentaria, destinada a ser tomada cada una en un sentido
diferente.[22] Y esta unidad es en sí misma la «ilustración más
dramática de la aplicación contextual de los proverbios»,
según los eruditos del Antiguo Testamento R. Dillard y T.
Longman III.[23]

---

[19] Por «Isaías» me refiero a Isaías ben Amoz (1:1), el único autor del
libro profético de Isaías. Los eruditos liberales cuestionarían que Isaías
ben Amoz hubiera escrito esta parte del texto, optando por un Deutero-
Isaías, pero esto es incorrecto y un producto del pensamiento racionalista.
Para obtener más información sobre esto, consulte el Capítulo 10: Caso
apologético II: Los eruditos liberales y la autoridad de Isaías.

[20] Bahnsen, *Pushing the Antithesis*, 141.

[21] Matthew Henry, *Matthew Henry's Commentary on the Whole Bible: Complete
and Unabridged in One Volume* (Peabody, MA.: Hendrickson Publishers,
1994), 1013.

[22] W. D. Reyburn y E. Fry, *A Handbook on Proverbs* (Nueva York, NY.: United
Bible Societies, 2000), 558.

[23] Dillard y Longman III, *An Introduction to the Old Testament*, 244.

2.4. La aplicación del pasaje

Esta sabiduría salomónica fue así útil y relevante para los desafíos religioso-culturales que enfrentaban los lectores judíos. Y así como sirvió como consejo sabio para los judíos, también sirve como consejo relevante y sabio para la Iglesia, el nuevo Israel (Ro 11:11-24). A la luz del Nuevo Testamento, ahora podemos entender que este pasaje es una instrucción en discurso apologético. Esto no quiere decir que Salomón estaba enseñando un curso sobre apologética, sino más bien que lo que había establecido eran «principios sabios por medio de una máxima proverbial, muchos de los cuales son útiles en la apologética».[24]

Como se mencionó anteriormente, todo pensamiento o está sujeto a Dios en obediencia o se levanta en rebelión moral contra Él. Esto implica que hay una forma bíblica, que honra a Dios, de discutir y debatir con un incrédulo, e incluso una forma infiel y pecaminosa de hacerlo. La primera implica pensar con una mente que ha sido liberada y renovada por Cristo , libre de los efectos *noéticos* del pecado, es decir, de la depravación moral del intelecto humano.[25] Este pensamiento implica prestar atención a la Palabra de Dios como la máxima autoridad para lo que sabemos y cómo debemos pensar y vivir. La última, sin embargo, implica pensar con una mente entenebrecida y caída, que se apoya en su propio entendimiento y, por lo tanto, queda bajo la influencia del pecado, que es hostil a la verdad de la Palabra inerrante de Dios (Ro 7:23; Fil 4:7). Por eso, en nuestro discurso, no hay término medio, no hay pensamiento «neutral» donde tanto

---

[24] Bahnsen, *Pushing the Antithesis*, 140.
[25] Ibíd., 28.

el cristiano como el hombre natural puedan librarse de sus propias presuposiciones.

Pero hay *un* terreno común cuando consideramos que todos tenemos el conocimiento de Dios en virtud de haber sido creados a su imagen, y por estar rodeados por su revelación natural en la creación (Ro 1:18-20). Es por eso que se nos instruye en 1 Pedro 3:15 que primero «[santifiquemos] a Cristo como Señor en sus corazones», comenzando con nuestras presuposiciones cristianas, y luego «[estar] siempre preparados para presentar defensa [*apologia*] ante todo el que [nos] demande realidad de la esperanza que hay en [nosotros]. Pero [debemos hacerlo] con mansedumbre y reverencia», porque hay un puente que conecta al creyente con el incrédulo. Como escribió el filósofo Cornelius Van Til:

> El hombre natural en el fondo sabe que él es criatura de Dios. Sabe también que es responsable ante Dios. Sabe que debe vivir para la gloria de Dios. Sabe que en todo lo que hace debe enfatizar que el campo de la realidad que investiga lleva sobre sí el sello de propiedad de Dios. Pero suprime su conocimiento de sí mismo como realmente es. Es el hombre con la máscara de hierro... la apologética debe tratar de arrancar esa máscara de hierro.[26]

El cristiano es encomendado por la Sagrada Escritura para dar a conocer las buenas nuevas del reino de Dios (Mt 28:18-20) y proclamar la verdad de la Palabra de Dios en lo que se refiere a cada área de la vida. Como escribe el pensador cristiano Andrew Sandlin, somos llamados a aplicar «el mensaje comprensivo de la salvación a cada pensamiento, tema

---

[26] Van Til, *Christian Apologetics*, 131.

o situación particular de la vida»;[27] pero para hacerlo, esto conlleva inextricablemente abordar y hablar con el mundo incrédulo. Proverbios 26:4-5 es el principio fundador de ese discurso apologético, pues establece una metodología de dos pasos: «presentar la verdad de manera positiva» y «advertir acerca de la necedad de manera negativa».[28]

En cuanto a la presentación de la verdad de la Escritura, es decir, la correcta interpretación metafísica, ética y epistemológica de la realidad, el cristiano no debe responder al necio «de acuerdo con su necedad» (v. 4) o razonar según sus propios términos. No puede adoptar las presuposiciones del hombre natural para presentar la verdad del teísmo cristiano. Debe, en cambio, admitir sin vergüenza y con transparencia que no puede abandonar sus presuposiciones bíblicas. Es solo por estar de pie sobre la roca sólida del teísmo cristiano (Mt 7:24-25) que el cristiano puede demostrar la «belleza, integridad, coherencia y necesidad de la Palabra de Dios como el único fundamento para interpretar la realidad y establecer el conocimiento».[29]

Lo que la verdadera sabiduría bíblica requiere de nosotros es presentar un desafío intelectual integral de la cosmovisión cristiana, sin aceptar ninguna de las presuposiciones del hombre natural. Podríamos preguntarnos: ¿Cómo podría el hombre natural ver la belleza, la libertad y la verdad de la Escritura, si le place a Dios quitar el velo de sus ojos (2 Co 3:16)? En primer lugar, al ver que sin Dios, nada en nuestro universo puede considerarse inteligible o significativo, ya

---

[27] P. Andrew Sandlin, *The Full Gospel: A Biblical Vocabulary of Salvation* (Vallecito, CA.: Chalcedon Foundation, 2001), 256.

[28] Bahnsen, *Pushing the Antithesis*, 142.

[29] Ibíd., 143.

que solo al presuponer el teísmo cristiano se puede hacer posible la predicación de la realidad. Fallar en esto al adoptar inadvertidamente (o incluso advertidamente) fragmentos de la cosmovisión incrédula es ser «tú también como él» (v. 4b).[30] Pero saber por sí solo que la predicación de la realidad es imposible sin el Dios del teísmo cristiano es insuficiente, porque incluso los demonios lo saben (Stg 2:19). El hombre natural debe ir más allá de este punto para renunciar a su autosuficiencia intelectual y depender de Dios para el verdadero conocimiento de todas las cosas.[31]

Esto nos lleva a la advertencia de la necedad, porque cuando en la presentación de la verdad no pudimos adoptar las presuposiciones del hombre natural, podemos, sin embargo, adoptar esas presuposiciones «por el bien de la discusión», es decir, ponernos en sus propios zapatos temporalmente para poder proporcionar una crítica interna de su cosmovisión. Esto implica mostrarle al hombre natural las implicaciones inevitables de sus principios cuando se desarrollan plenamente hasta sus conclusiones lógicas. En otras palabras, demostrar cómo se vería la verdadera consistencia o adhesión a su cosmovisión.[32] Así es como podríamos utilizar mejor la sabiduría salomónica de «[responder] al necio según su necedad» (v. 5). Como escribió el difunto apologista cristiano Greg L. Bahnsen :

> La filosofía del incrédulo ha sido afligida con vanidad (Ro 1:21) de modo que su «conocimiento» no es (en términos de sus propios presupuestos) verdadero conocimiento (1 Ti 6:20), y se

---

[30] Véase Cornelius Van Til, *Why I Believe in God* (Filadelfia: Committee on Christian Education of the Orthodox Presbyterian Church, n.d.).

[31] Greg L. Bahnsen, *Always Ready: Directions for Defending the Faith*, ed. Robert R. Booth (Nacogdoches, TX.: Covenant Media Press, 2011), 20.

[32] Bahnsen , *Pushing the Antithesis*, 144.

opone a sí mismo por este (2 Ti 2:25). Al enfrentar su pensamiento insensato (que él considera «sabiduría») contra la sabiduría del evangelio (que él considera «insensatez»), el incrédulo debe ser desenmascarado de sus pretensiones (1 Co 1:18-21) y se le debe demostrar que no tiene defensa para su punto de vista (Ro 1:20), pero se ha quedado con una mente envanecida, entenebrecida e ignorante que necesita ser renovada (Ef 4:17-24).[33]

¿Cuál podría ser un ejemplo de esto? Bueno, supongamos que estás hablando con un naturalista incrédulo sobre los orígenes biológicos. Él casi siempre argumentará a favor de la evolución darwiniana, mientras que tú argumentas fielmente a favor del creacionismo. Tanto tú como el naturalista podrían referirse a ciertas «evidencias», y de hecho, una argumentación objetiva puede ser necesaria en tal discusión. Sin embargo, ninguna argumentación objetiva puede tener lugar sino hasta abordar primero la filosofía subyacente de esos hechos.

Considera, por ejemplo, que el naturalista no tiene «evidencia» de un origen no teísta de la vida. También podríamos decir que no tiene «evidencia» de la evolución darwiniana, ni de su propio ateísmo, no porque no tenga nada a que hacer referencia, sino más bien porque todos los hechos son hechos de Dios. Son hechos personales, creados, porque todas las cosas en nuestro universo llevan la huella del Creador. Como resultado, el naturalista está tomando los hechos de Dios, malinterpretándolos y leyendo en ellos lo que no es verdad. Podríamos decir que está *tomando prestado* capital de la cosmovisión cristiana. ¿Cómo es eso? El cristiano querrá «responder al necio según su necedad se merece» al preguntarle cómo puede dar sentido a la vida biológica, a los procesos

---

[33] Bahnsen, *Always Ready*, 69.

químicos, etc., y explicarle que un universo orientado por
el azar no puede justificar ni sostener leyes de ningún tipo,
ya sean leyes de la naturaleza o leyes de la lógica, etc. Un
universo de probabilidad raza, gobernado por la causalidad,
es antitético a un universo de leyes fijas. Las implicaciones
de esto serían un universo en el que nada puede considerarse inteligible, porque ciertas leyes deben establecerse para
que el hombre pueda discernir y procesar información, pero
eso es exactamente lo que *cancela* el universo orientado al
azar. El naturalista se ve obligado a tomar prestadas esas leyes
solo justificables dentro del teísmo cristiano para lanzar un
ataque contra Dios.[34]

Van Til retrata excelentemente la inutilidad de la cosmovisión del naturalista (y la de cualquier otra cosmovisión aparte
del teísmo cristiano), la necedad a la que hace referencia
Proverbios, en su ilustración del «hombre de agua». En su
libro, *Christian Apologetics*, Van Til da la ilustración de un hombre hecho de agua, que vive en un océano que se extiende
infinitamente en todas direcciones. Este hombre desea salir
del agua, y así, con el fin de escapar, construye una escalera
hecha de agua, la coloca en posición vertical sobre el agua, y
sube directamente fuera del agua, solo para caer de nuevo
en el agua. Van Til describe articuladamente la inutilidad
de la condición de este hombre, afirmando: «tan desespera-
da y sin sentido debe retratarse la metodología del hombre
natural».[35]

---

[34] Cornelius Van Til, *The Case for Calvinism* (Phillipsburg, NJ.: P&R Publishing, 1979), 147-148.
[35] Van Til, *Christian Apologetics*, 131-132.

2.5. Lo nuevo ilumina lo viejo

Claramente, no se articuló tal metodología apologética en el tiempo de Salomón, ni podríamos decir que Salomón fue el autor de tal metodología, pero lo que Salomón hizo, bajo la inspiración del Espíritu de Dios, fue proporcionar los principios fundacionales sobre los cuales los cristianos pueden participar en el discurso apologético para el cumplimiento del mandato apologético. Esta es la interpretación correcta y verdadera de este pasaje, porque como han advertido los comentaristas, debemos guardarnos de cualquier absolutización del libro de Proverbios, es decir, de aislarlo de todo el consejo de Dios, de todo el corpus de literatura bíblica, porque hacerlo sería malinterpretarlo, limitar su rango de significado y aplicarlo mal.[36] Esta es la realidad por la cual los Proverbios no solo deben ser consultados junto con los demás libros del Antiguo Testamento, sino también junto con el Nuevo Testamento que arroja luz sobre su marco teológico y su sabia instrucción.[37]

Podríamos decir que Proverbios, para el momento en que fue escrito, tenía un rango limitado de significado discernible para sus lectores inmediatos, pero a la luz de la revelación posterior, ahora tenemos una comprensión más profunda de su significado y aplicabilidad. En esto, San Agustín tenía realidad en su principio hermenéutico, como escribe el erudito Bernard Ramm:

> Ningún versículo debe ser estudiado como una unidad en sí mismo. La Biblia no es una cadena de versículos como una cadena de cuentas, sino una red de significado. Por lo tanto,

---

[36] Dillard y Longman III, *An Introduction to the Old Testament*, 244-245.
[37] Ibíd.

debemos tener en cuenta el contexto del versículo; lo que dice la Biblia sobre el mismo tema en otro lugar; y lo que dice el credo ortodoxo... La declaración de Agustín de «distinguir los tiempos [*tempora not sæculæ*] y armonizar las Escrituras» significa que debemos tener en cuenta la *revelación progresiva*.[38]

Hay varios vínculos entre el Nuevo Testamento y el libro de Proverbios. Pablo, por ejemplo, escribe a los corintios: «Sino que Dios ha escogido lo necio del mundo para avergonzar a los sabios; y Dios ha escogido lo débil del mundo para avergonzar a lo que es fuerte» (1 Co 1:27). Emplea un paralelismo sintético, similar a la literatura de sabiduría del Antiguo Testamento. También escribe a los Colosenses: «[Cristo] es la imagen del Dios invisible, el primogénito de toda creación» (Col 1:15). «Primogénito» no se refiere a una distinción entre Creador y creación, porque Cristo es uno con la Trinidad Divina y el Creador, sino más bien a la posición de jefe heredero. Esto también usa el lenguaje de Proverbios 8, donde leemos acerca de la personificación de la sabiduría. Como escriben Dillard y Longman III, «la asociación entre Jesús y la sabiduría es apropiada porque Jesús encarna la sabiduría de Dios», Él *es* la sabiduría de Dios según 1 Corintios 1:30.[39]

Puede ser cierto que Proverbios y el Nuevo Testamento están separados por un milenio en su autoría y contextos históricos, pero teológicamente son inseparables el uno del otro. Por lo tanto, se nos aconseja leer el libro de Proverbios

a la luz de la continua revelación del Nuevo Testamento... [nosotros] enfrentamos la misma pregunta que los antiguos

---

[38] Bernard Ramm, *Protestant Biblical Interpretation*, tercera revisión ed. (Grand Rapids, MI.: Baker Books, 1970), 36-37.

[39] Dillard y Longman III, *An Introduction to the Old Testament*, 245.

israelitas, pero con un matiz diferente. ¿Cenaremos con la sabiduría o con la necedad? La sabiduría que nos llama no es otra que JesuCristo , mientras que la necedad que intenta seducirnos es cualquier cosa creada que ponemos en el lugar del Creador (Ro 1:22-23).[40]

2.6. El veredicto

La exégesis de Proverbios 26:4-5, reconciliada con el marco teológico del libro, el contexto histórico subyacente y a la luz de la revelación posterior del Nuevo Testamento, por lo tanto, nos proporciona los principios fundamentales sobre los cuales se debe construir todo el compromiso y el discurso apologético cristiano. Responder a un necio de acuerdo con su necedad, adoptando las presuposiciones del hombre natural, ya sea en su totalidad o en parte, no solo debe considerarse ser uno también como el necio, sino ser seducido por la personificación de la necedad que amenaza con destruir por el poder y la influencia del pecado. Y responder a un necio según su necedad, es decir, adoptar temporalmente las presuposiciones del hombre natural para demostrar la inutilidad del necio, es utilizar la sabia educación que la personificación de la sabiduría tiene para ofrecer. O, en otras palabras, es honrar y ser fiel a Cristo nuestro Señor (Ro 1:16) al pensar con la mente de Cristo (1 Co 2:16), quien es *verdadera* sabiduría para todas las cosas (1 Co 1:30). Solo Él nos proporciona una sabiduría completa y verdadera constituida por de *kjokmá* , *buná* y *tushiyá*. Al comprender esto, podemos entonces diferenciar adecuadamente entre la verdadera sabiduría del teísmo cristiano y la falsedad de las cosmovisiones antitéticas; comunicar eficazmente esta diferencia; y

---

[40] Ibíd.

proclamar con competencia las buenas nuevas del evangelio al mundo incrédulo, todo mientras nos adherimos fielmente a la Palabra de Dios tal como se transmite en la sabiduría proverbial. Como dice Proverbios 8:34-36:

> Bienaventurado el hombre que me escucha,
>   velando a mis puertas día a día,
>   aguardando en los postes de mi entrada.
> Porque el que me halla, halla la vida
>   alcaza el favor del SEÑOR.
> Pero el que peca contra mí, a sí mismo se daña;
>   todos los que me odian, aman la muerte.

CAPÍTULO 3

LA DEMOGRÁFICA APOLOGÉTICA
INELUDIBLEMENTE RELIGIOSA

«Pero lo que se conoce acerca de Dios
es evidente dentro de ellos,
pues Dios se lo hizo evidente»
(Romanos 1:19).

3.1. Pablo y la orientación religiosa humana

EN NUESTRA SOCIEDAD SECULAR, cuando se dice que el hombre es un ser religioso, entendemos que eso significa que él se adhiere a alguna red de creencias religiosas. Esto es en parte cierto, pero los presupuestos del secularismo sugieren que el hombre también puede ser *irreligioso*, neutral en religión (o libre de religión) en lo que respecta a asuntos de la vida cotidiana. Considera las palabras de Phil Zuckerman, sociólogo de Pitzer College, quien declaró que:

> ser secular significa que, 1) la persona no cree en seres, entidades ni reinos sobrenaturales, 2) la persona no se involucra en comportamientos religiosos y 3) la persona no se identifica como religiosa y no es miembro de una comunidad religiosa.[1] O consideremos, también, al fallecido ateo Christopher Hitchens, quien escribió: La crítica más suave de la religión es también la más rasa y la más devastadora. La religión está hecha por el

---

[1] Phil Zuckerman, "What does Secular Mean? It means non-religious, but what does it mean?" *Psychology Today*. Consultado el 26 de abril del 2018, https://www.psychologytoday.com/ca/blog/the-secular-life/201407/what-does-secular-mean/.

hombre... La persona que está segura, y que reclama una justificación divina para su certeza, pertenece ahora a la infancia de nuestra especie.[2]

Ser superior en nuestra especie, según Hitchens, significa ser irreligioso. Este concepto, esta ilusoria irreligiosidad, ha sido el objetivo predominante de Occidente desde la Ilustración, cuando se postuló que nuestras mentes originalmente comenzaron como pizarras en blanco, libres de cualquier influencia religiosa, el concepto de la *tabula rasa*.[3] Aunque tal vez sorprenda a algunos, muchos cristianos de hoy se han creído esta idea. La pregunta que debe hacerse, sin embargo, es si esto es bíblicamente preciso. ¿Es cierto? ¿Puede el hombre ser irreligioso en pensamiento y vida? ¿Es una pizarra en blanco? ¿Puede sentarse en la valla en lugar de tomar uno u otro partido? Si fuéramos a consultar la Palabra de Dios inscrita, encontraríamos que esta idea de la «irreligiosidad» del hombre es falsa. El hombre es, después de todo, una criatura de pacto, creada por Dios y a su imagen. El apóstol Pablo, por ejemplo, al escribir a la Iglesia en Roma, nos proporciona un resumen introductorio de la ineludible *religiosidad* del hombre, haciendo una clara distinción entre el creyente y el hombre natural no regenerado.

Dada la división actual sobre este asunto, una división provocada por el dualismo secular sagrado (imaginativo) del pensamiento posterior a la Ilustración, mi objetivo con este capítulo es demostrar el paradigma teológico del apóstol Pablo en lo que se refiere a la naturaleza de la adoración del hombre en Romanos 1:16-25, en que el hombre adora

---

[2] Christopher Hitchens, *God is Not Great: How Religion Poisons Everything* (USA: McLelland & Stewart, 2007), 10-11.

[3] See John Locke, *Essay on Human Understanding* (1689).

al Creador, sosteniendo una perspectiva de dos capas de realidad, o adora la creación, sosteniendo una perspectiva de una sola capa. Y que mientras se sostiene una perspectiva de una sola capa, el hombre está en realidad *suprimiendo* la verdad objetiva de Dios y sustituyéndola por una mentira. Esto incluiría la idea de que el hombre es *irreligioso y neutral*, ya que no es más que una ilusión y un autoengaño. En otras palabras, no hay una tercera opción; no se puede permanecer neutral.

3.2. Introducción a la epístola romana

La carta de Pablo a la iglesia en Roma se escribió con tres propósitos: (1) para expresar sus planes misionales, (2) para instruir a los creyentes cristianos en la apologética misional adecuada y (3) para proporcionar consejo pastoral. En primer lugar, dado que Pablo era reconocido como un «apóstol de los gentiles», y como resultado de haber establecido con éxito el fundamento misional en el cuadrante noreste del Mediterráneo (Ro 15:19, 23), él deja clara su intención de enfocarse en el cuadrante noroeste, en particular, España (Ro 15:24-28). Sin embargo, para ministrar allí, necesitaba una iglesia que pudiera servir como base de operaciones y brindarle el apoyo misionero adecuado.[4] Su esperanza era que la Iglesia en Roma pudiera desempeñar ese papel.

También trató de instruir a la Iglesia en la apologética misionera apropiada, dado que Roma probablemente se haría la Iglesia más influyente en el Imperio. Por lo tanto, Pablo percibió que era importante que la Iglesia compartiera la misma comprensión del evangelio que él y el resto de los

---

[4] James D.G. Dunn, *Word Biblical Commentary: Vol. 38A: Romans 1-8* (Dallas, TX.: Word Books Publisher, 1988), lv.

apóstoles. Y no solo en la creencia, sino también en la aplicación, ya que pastoralmente trató de contrarrestar cualquier división potencial dentro de la Iglesia, particularmente con respecto a los gentiles que tenían una visión inferior de los creyentes judíos.[5]

Como resultado de la expulsión de los judíos de Roma, bajo el decreto del emperador Tiberio en el año 19, hubo una mayor animosidad hacia los judíos que había estado fermentando entre las élites romanas. El consejo de Pablo viene en respuesta a la influencia corruptora que la Roma pagana podría haber infligido a la comunidad cristiana. En el pensamiento de Pablo, una *apología* era necesaria para la preservación efectiva y el avance del evangelio y sus mensajeros.

3.3. Exposición de Romanos 1:16-25

El pasaje en estudio se refiere al propósito apologético de Pablo, que la iglesia pueda ser instruida en la comprensión adecuada del evangelio, y esto no solo significa la «fe salvadora» que tenemos en Cristo , sino una comprensión adecuada de la realidad misma: una visión *del mundo y de la vida*. Pablo comienza esta sección con el versículo dieciséis:

> (v. 16) Porque no me avergüenzo del evangelio, pues es el poder de Dios para la salvación de todo el que cree, del judío primeramente y también del griego.

Cuando consideramos el pensamiento vano prominente del primer siglo, la declaración de Pablo es audaz y refrescante. Esto se debió a que, para muchos, el panteísmo y el politeísmo habían sido la norma de las creencias religiosas.

---

[5] Ibíd., lvi-lvii.

Roma había sido pesadamente influenciada por la mitología griega, incluso los grupos religiosos regionales que había en todas partes del Imperio contribuían al pluralismo religioso de la sociedad romana. Uno podría pensar que la fe cristiana también habría sido bien recibida por la Roma pluralista; sin embargo, no del todo. La religión cristiana era exclusivista en sus afirmaciones, y enseñaba lo que era contrario al pensamiento griego, descartando los mundos platónicos de la forma y la materia. También negaba todas las demás religiones idólatras, incluidos los dioses de Roma y el culto al emperador, lo cual se consideraba una forma de traición. Como resultado, la fe cristiana fue pintada públicamente como una religión «desleal», considerada con desdén, calumniada como una forma de «ateísmo» por su negación de la divinidad del Emperador, y finalmente criminalizada. Pero como escribió el erudito bíblico William Barclay:

> Pablo había sido encarcelado en Filipos, expulsado de Tesalónica, sacado a escondidas de Berea, escarnecido en Atenas. Había predicado en Corinto, donde su mensaje fue una necedad para los griegos y una piedra de tropiezo para los judíos, y con ese trasfondo Pablo declaró que estaba orgulloso del evangelio.[6]

Esta confesión pública de fe y lealtad inigualable está arraigada en la esperanza de Pablo en el evangelio, porque para él no fue un mero consejo del cielo, sino el poder de Dios que levanta al hombre mortal de entre los muertos, lo lleva a la vida y a la santificación, y lo rescata de la perdición a la salvación. Pablo escribe, como observa Leon Morris: «Aunque el fuego mismo de Dios había venido sobre él. Hay

---

[6] William Barclay, *The Letter to the Romans* (Edimburgo: St. Andrew's, 1957), 22.

calor y luz en su vida».[7] Esto no era simplemente un seguro de fuego del infierno, o una garantía del cielo, sino una restauración del hombre a su llamado original por la gracia de Dios, y la promesa de la restauración de toda la creación.[8]

Es a la luz de este evangelio que el creyente debe entender su lugar en la comunidad de pacto de la Iglesia, porque Pablo escribió «del judío primeramente y también del griego». Pablo aquí no dice que los judíos sean de ninguna manera superiores a los gentiles, porque eso habría derrotado el propósito de su consejo y habría contradicho su enseñanza. En cambio, Pablo afirma que el evangelio había sido llevado primero a los judíos, y luego a los gentiles. Esto significa que los judíos tenían una ventaja en muchos aspectos. Ya estaban familiarizados con la ley del Antiguo Testamento y los profetas, que apuntaban a la persona y el ministerio de JesuCristo . Los gentiles, por otro lado, no estaban tan bien familiarizados con estos textos. Esto no era motivo para que los judíos se enseñorearan de los gentiles, sino más bien, en humildad debían ser valorados por los gentiles y alentados a enseñar a la Iglesia. Porque como Pablo había escrito a la iglesia en Galacia, independientemente de quién recibió el evangelio primero, tanto el judío como el gentil son uno y el mismo en el cuerpo de Cristo (Gá 3:28), porque ambos han sido salvos solo por gracia.

El versículo diecisiete extiende el pensamiento de Pablo:

> (v. 17) Porque en el evangelio la justicia de Dios se revela por fe y para fe, como está escrito: Mas el justo por la fe vivirá.

---

[7] Leon Morris, *The Pillar New Testament Commentary: The Epistle to the Romans* (Leicester, Inglaterra: Inter-Varsity Press, 1988), 67.

[8] Véase Rousas John Rushdoony, *Romans & Galatians* (Vallecito, CA.: Ross House Books, 1997), 7-10.

La frase «justicia de Dios» necesita ser entendida como Pablo la quiso decir, como mucho más inclusiva que la justificación por gracia a través de la fe, de hecho, es *vivir* por gracia a través de la fe. Es una fe inicial que progresa hacia una fe integral y culminante. Algunos han percibido «la justicia de Dios» como soteriológica o eclesiológica, cuando en realidad se extiende más allá de la soteriología y la eclesiología y se refiere también a la «justicia» de Dios, «que debe gobernar todas las áreas de la vida y el pensamiento».[9] Este es un pasaje comúnmente malinterpretado con muchos comentaristas que traducen el significado de «justicia de Dios» como algo que se limita «a las doctrinas y consideraciones eclesiásticas».[10]

El reformador protestante Martín Lutero tiene parte de la culpa por haber influenciado a muchos cristianos a malinterpretar este pasaje. Esto se debe a que, a pesar de su importante contribución a la Reforma Protestante, erróneamente limitó el alcance de este pasaje a la justificación sola.[11] Esto contribuyó a un creciente pietismo en la Iglesia en su historia posterior a la reforma, como escribió el teólogo R. J. Rushdoony:

> Al enfatizar la gracia soberana de Dios en la justificación y salvación del hombre, la Reforma fue una gran fuerza liberadora. Sin embargo, a medida que los teólogos posteriores restringieron cada vez más Romanos 1:17 a la salvación, el protestantismo se ha convertido en un movimiento de retirada y restrictivo. Ha caído

---

[9] Ibíd.

[10] Ibíd., 3.

[11] Martín Lutero, *Commentary on the Epistle to the Romans*, trad. J. Theodore Mueller (Grand Rapids, MI.: Zondervan, 1954), 25.

en el pietismo, ha limitado el significado de la Gran Comisión y ha perdido su relevancia para el mundo que nos rodea.[12]

Al volver a la comprensión más inclusiva y expansiva de la «justicia» de Dios como la «justicia» de Dios, que gobierna todas las áreas de la vida y el pensamiento, podemos entender lo que Pablo quiere decir con «por fe y para fe». Él está enfatizando la *absoluta centralidad de la fe en nuestras vidas*. Y esta fe consiste en reconocer (i) nuestra propia depravación; (ii) que somos insuficientes para cualquier fin superior de la vida; y (iii) que debemos depender totalmente de la suficiencia de Dios para la realización de todos los fines superiores de la vida.[13] Por lo tanto, no solo somos salvos por gracia por medio de la fe, sino que, como cita Pablo, «el justo por la fe *vivirá*». Debemos dar testimonio público del evangelio, al hacer avanzar el reino de Dios en todas las esferas de la vida a través de nuestro compromiso cultural respectivo. Esto es lo que Pablo quiso afirmar en sus escritos a los romanos.

Estos dos versículos entonces, vv. 16-17, forman una unidad cohesiva, que vincula la confesión de Pablo de lealtad a Cristo y su fe en el poder del evangelio, a su instrucción a la Iglesia en Roma, declarando enfáticamente que no solo somos hechos justos ante Dios (justificación), sino que debemos *vivir* correctamente ante Dios. Es en este punto, en el versículo dieciocho, que Pablo hace un marcado contraste entre el creyente y el hombre natural no regenerado:

(v. 18) Porque la ira de Dios se revela desde el cielo contra toda impiedad e injusticia de los hombres, que con injusticia restringen la verdad.

---

[12] Rushdoony, *Romans & Galatians*, 6.

[13] Morris, *The Pillar New Testament Commentary: The Epistle to the Romans*, 70.

Pablo comienza presentando la relación entre la justicia y la ira de Dios, que para que Dios sea justo, debe estar enojado con la maldad, porque cualquier indulgencia hacia la injusticia pondría en duda la justicia de Dios. Como resultado, el erudito Robert H. Mounce escribe: «aunque la ira de Dios es principalmente escatológica, es al mismo tiempo una realidad presente».[14] Su carácter santo lo requiere.

Esta «ira» está dirigida a la «impiedad e injusticia de los hombres», que puede interpretarse como la falta de reverencia del hombre hacia Dios, lo que a su vez produce una falta de justicia para los hombres.[15] Lo que Pablo proporciona aquí es una descripción de la condición pecaminosa del hombre, en la que él es (i) un enemigo de Dios, que se levanta hostil contra su gobierno soberano y su ser, y (ii) autodestructivo para sí mismo como resultado de su alienación y depravación. Esta falta de reverencia por Dios, sin embargo, no se debe a la ignorancia del hombre, o a falta de conocimiento, como si no pudiera comprender la revelación natural de Dios, sino como escribe Pablo, «con injusticia *restringen* la verdad».

El hombre justo es justificado por la gracia de Dios solo a través de Cristo , pero el hombre natural no sólo se pierde en su propio pecado, sino que se levanta en hostilidad contra Cristo como resultado de su propia naturaleza pecaminosa. Él es muy consciente de esto en su corazón, aunque no lo admita. Entre el creyente y el hombre natural, hay un terreno común de conocimiento, en que ambos han recibido la revelación de la verdad en virtud de haber sido creados

---

[14] Robert H. Mounce, *The New American Commentary: Romans*, Vol. 27 (Nashville, TN.: Broadman & Holman Publishers, 1995), 77.
[15] Ibíd.

a imagen de Dios y como resultado de la revelación natural
que los rodea. La diferencia, sin embargo, radica en que el
creyente ha sido liberado de los grilletes de su pecado, ha
sido tocado por el Espíritu de Dios. Esto significa que, como
resultado del poder del evangelio, el creyente pudo bajar sus
brazos y rendirse a Cristo porque sus ojos han sido abiertos a
la verdad. El hombre natural, sin embargo, que no ha sido
tocado por el Espíritu, tiene un corazón de piedra y ojos
velados (2 Co 4:4), y como resultado no puede evitar operar
de acuerdo con su propia naturaleza caída. Mounce lo pone
de esta manera:

> La verdad no puede ser cambiada, pero puede ser retenida
> o sofocada. La gente se niega a creer, y como resultado su
> entendimiento se oscurece. Volverse voluntariamente contra
> Dios es pasar de la luz a las tinieblas. La ceguera que sigue es
> autoimpuesta.[16]

La ignorancia del hombre, por lo tanto, es una ignorancia
voluntaria. Se considera un subproducto de la «impiedad» y la
«injusticia» del hombre, que fluye de su deseo de «ser como
Dios» de una manera que no es adecuada para una criatura,
que es el pecado original del hombre. En consecuencia,
Pablo usa el griego *asebeia* para 'impiedad', que significa
impiedad, maldad e iniquidad. Es, esencialmente, una vida
vivida consciente y consistentemente en oposición a Dios y
su voluntad.[17]

Esto lleva a Pablo a su siguiente punto en el versículo
diecinueve:

> (v. 19) Pero lo que se conoce acerca de Dios es evidente dentro
> de ellos, pues Dios se lo hizo evidente.

---

[16] Ibíd.

[17] Rushdoony, *Romans & Galatians*, 12.

La verdad concerniente a la realidad es innegable, hasta el punto de que el hombre no puede negar a Dios sin negar su propio ser. Pablo, evidentemente, escribe que todo es «evidente dentro de ellos, pues Dios se lo hizo evidente». Es lo que los teólogos han llamado «revelación natural», porque mirar a la creación significa que miramos la obra del Creador.

Cuando estudiamos y analizamos la naturaleza, presuponemos la existencia de Dios. De hecho, no podemos dejar de presuponer su existencia en nuestra propia vida y pensamiento. Por ejemplo, esperamos regularidad en la naturaleza, y esperamos que las leyes naturales (creacionales) gobiernen sus respectivas esferas. Además, nos atenemos a leyes que no podemos verificar mediante la observación empírica, como las de la lógica. Todo esto implica un legislador, un Creador, una mente inteligente que trasciende en gran medida la nuestra, porque sin el Dios del teísmo cristiano, tales cosas no podrían existir. Es, esencialmente, solo desde la cosmovisión cristiana que somos capaces de dar sentido a la realidad. Sin embargo, a pesar de esto, el hombre natural todavía exige algún tipo de evidencia, no porque no pueda verla, sino porque no desea verla, por lo que se engaña a sí mismo para creer la mentira. Como comenta Mounce, Pablo proporciona en estos versículos la descripción precisa «de la naturaleza recalcitrante de la humanidad caída».[18]

El veredicto se presenta en el versículo veinte:

> (v. 20) Porque desde la creación del mundo, Sus atributos invisibles, Su eterno poder y divinidad, se han visto con toda claridad, siendo entendidos por medio de lo creado, de manera que ellos no tienen excusa.

---

[18] Mounce, *The New American Commentary: Romans*, 78.

El hombre natural no tiene ninguna excusa justificable ante su Creador para negar la verdad. Este veredicto se desarrolla en dos simples pasos: (1) la naturaleza de Dios se ha visto claramente desde la creación del mundo; y (2) su naturaleza debe entenderse a través de lo que Él ha hecho. Por lo tanto, sobre esta base, la humanidad no tiene excusa por no honrar a Dios por lo que Él es.[19] Esto es afirmado por el reformador del siglo XVI, Juan Calvino, quien escribió que «la manifestación de Dios, por la cual da a conocer su gloria en su creación, es, con respecto a la luz misma, suficientemente clara».[20] Es solo a causa de los efectos *noéticos* del pecado que el hombre natural la considera «insuficiente», pues se ha cegado a la verdad, pero el alcance de esta ceguera no va tan lejos como para alegar su ignorancia como una excusa justificable.[21]

Pablo continúa en el versículo veintiuno:

> (v. 21) Pues aunque conocían a Dios, no lo honraron como a Dios ni le dieron gracias, sino que se hicieron vanos en sus razonamientos y su necio corazón fue entenebrecido.

Esta supresión de la verdad (v. 18), que es el resultado de la rebelión moral de la humanidad, ha llevado al pensamiento del hombre natural a ser vano, fútil e insensato, y lo ha sumergido en una oscuridad indiscernible. Lo que Pablo quiere decir es que, aunque el hombre natural no ha perdido totalmente su conocimiento original, debido a su

---

[19] Colin G. Kruse, *The Pillar New Testament Commentary: Paul's Letter to the Romans*, ed. D.A. Carson (Grand Rapids, MI.: William B. Eerdmans Publishing Company, 2012), 92.

[20] Juan Calvino, *Commentary on the Epistle of Paul the Apostle to the Romans*, trad. y ed. John Owen (Bellingham, WA.: Logos Bible Software, 2010), 71.

[21] Ibíd.

condición de caído, intenta construir cosmovisiones alternativas que conserven su lugar de pretendida «divinidad», sin darse cuenta de que sus presuposiciones imaginadas, lo que él considera verdadero, no son consistentes con la forma en que vive y piensa. De hecho, no se corresponden con la realidad, y esto está en la raíz porque no puede dar sentido a nada si está aparte de presuposiciones claramente bíblicas.

Cuando Pablo habla de una mente vana, o un corazón necio, habla del estado caído del hombre no regenerado, ese estado del cual el creyente ha sido liberado. El hombre natural sufre de una falsa creencia en su completa «autonomía», es decir, la independencia de Dios en todos los aspectos. Esta es la creencia de que el hombre puede de alguna manera adquirir conocimiento sobre la realidad, la ética y la epistemología independientemente de Dios. Esto es, como escribe Pablo, «razonamientos necios», porque realmente no pueden saber nada a menos que tomen prestado de la verdad de la cosmovisión cristiana. Como escribió el difunto apologista Greg L. Bahnsen :

> Los incrédulos son declarados «vanos en sus razonamientos» (Ro 1:21): profesando arrogantemente «sabiduría», mientras que de hecho son francamente «necios» (v. 22 Las objeciones que incluso los incrédulos «pensantes» plantean contra la verdad del cristianismo no se respetan en el Nuevo Testamento, sino que representan «ignorancia» (Ef 4:18) y «conocimiento falso» (1 Ti 6:20).[22]

Este falso conocimiento puede ser considerado «falsa sabiduría» cuando consideramos la enseñanza de la sabiduría y la locura en el libro de Proverbios. Uno honra a Cristo

---

[22] Greg L. Bahnsen, *Van Til's Apologetic: Readings & Analysis* (Phillipsburg, NJ.: P&R Publishing, 1998), 71-72.

como Señor sobre todo en el ámbito del pensamiento, al comenzar con sus presuposiciones, el otro hace la guerra contra el señorío de Cristo , al proponer un nuevo conjunto de presuposiciones que son antitéticas a la verdad y destinadas a erradicar por completo al Dios del teísmo cristiano de la realidad. En última instancia, sin embargo, solo un conjunto de presuposiciones corresponderá y dará sentido a la realidad, y esa es la cosmovisión bíblica.

El problema con la «incredulidad» del hombre natural entonces no es racional como a menudo se describe, sino más bien, como se desenmascara, la rebelión moral y la rebeldía en el corazón.[23] Como escribe el erudito bíblico R. C. H. Lenski: «La luz, de hecho, abunda; toda la naturaleza irradia y busca iluminar el corazón, pero este corazón insensato [necio] ve y sin embargo no ve, sabe y sin embargo no sabe».[24] Este es el estado doloroso del corazón y la mente del pecador.

Es por eso que Pablo escribe en los siguientes versículos:

(v. 22) Profesando ser sabios, se volvieron necios,

(v. 23) y cambiaron la gloria del Dios incorruptible por una imagen en forma de hombre corruptible, de aves, de cuadrúpedos y de reptiles.

La declaración de Pablo del «necio sabio» debe verse bajo la luz de su proclamación anterior, de que él no se avergüenza del evangelio (v. 16). Lo que está tratando de dejar claro para la Iglesia romana es que, lo que el mundo considera «sabiduría» es de hecho «necedad», y lo que el mundo considera «locura», que es el evangelio y todo lo

---

[23] Rushdoony, *Romans & Galatians*, 12.

[24] R.C.H. Lenski, *The Interpretation of St. Paul's Epistle to the Romans* (Columbus, OH.: Lutheran Book Concern, 1936), 104.

que conlleva, es de hecho «sabiduría».[25] La cosmovisión del creyente, el seguidor de Cristo, y la del hombre natural se oponen entre sí, son incompatibles entre sí, opuestos irreconciliables que no pueden sintetizarse en uno solo.

Esta locura del hombre natural se hace más evidente en el rechazo de Dios y su gloria por abrazar lo creado, que en los días de Pablo era mucho más explícito. Los egipcios todavía adoraban a dioses que se parecían a las aves y a los animales; los griegos y los romanos adoraban a dioses que se parecían al hombre mortal; y todo el Imperio romano adoraba al César como un dios y señor supremo.[26] Eran, después de todo, los heraldos de César Augusto quienes proclamaban en todo el Imperio que: «¡No hay otro nombre bajo el cielo por el cual los hombres puedan salvarse que el nombre de César Augusto!»[27]

Pablo estaba haciendo clara la distinción entre el creyente y el hombre natural, porque mientras los justos viven por la fe, en dependencia total de la suficiencia de Dios, los injustos viven por la infidelidad, sustituyendo su adoración a Dios por la adoración de la creación. Son, en otras palabras, quebrantadores del pacto, pues se volvieron de su Creador a la idolatría. Esta adoración idólatra es ineludible para el hombre, porque si Dios es un ser ineludible y necesario, y realmente lo es, entonces rechazarlo significa que «los sustitutos de Dios son creados, criaturas y principios de ultimidad

---

[25] Ibíd.

[26] Véase Ethelbert Stauffer, *Christ and the Caesars* (Eugene, OR.: Wipf & Stock, 1952).

[27] Rousas John Rushdoony, *The 'Atheism' of the Early Church* (Vallecito, CA.: Ross House Books, 1983), 7.; para más información sobre el culto imperial y la yuxtaposición del César y el Cristo , véase Appendix I: A Comparative Analysis between Suetonius' *Life of Augustus and The Gospel of Luke.*

hechos por el hombre».[28] En esencia, somos por naturaleza seres religiosos, y eso significa que al rechazar al Dios del teísmo cristiano, el hombre solo puede sustituir la verdadera religión con alguna otra religión falsa, incluso si es naturalista.

A la raíz de todo esto se encuentra la búsqueda vana y necia del hombre natural, como escribe el difunto apologista Cornelius Van Til:

> La caída del hombre fue, por lo tanto, un intento de prescindir de Dios en todos los aspectos. El hombre buscó sus ideales de verdad, bondad y belleza en otro lugar más allá de Dios, directamente dentro de sí mismo o indirectamente del universo a su alrededor. El hombre se hizo a sí mismo un falso ideal de conocimiento, el ideal de la comprensión derivativa absoluta.[29]

Pero el hombre no puede vivir sin Dios. Como criatura creada a imagen de Dios, que tiene un ser y un conocimiento derivados, no puede evitar depender de Dios y vivir bajo la ley de Dios porque *vive en el mundo de Dios*. Pensar que puede vivir independientemente de Dios es necedad, que es exactamente el punto de Pablo.

Esto nos lleva a la respuesta de Dios a la impiedad e injusticia del hombre en el versículo veinticuatro:

> (v. 24) Por lo cual Dios los entregó a la impureza en la lujuria de sus corazones, de modo que deshonraron entre sí sus propios cuerpos.

El resultado de la necedad del hombre natural es la invitación del juicio divino, que consiste en tres partes unificadas:

---

[28] Rushdoony, *Romans and Galatians*, 15.

[29] Cornelius Van Til, *Christian Apologetics*, segunda edición. ed. William Edgar (Phillipsburg, NJ.: P&R Books, 2003), 42.

(1) impureza, (2) bajas pasiones y (3) una mente reprobada.[30] En otras palabras, Dios entregó al hombre natural a su propia depravación, para que sufriera la plena medida de las consecuencias de su pecado. Este no era, por supuesto, el estado original del hombre, porque habiendo sido creado a imagen de Dios, el hombre fue creado originalmente con verdadera justicia, y destinado a la vida en comunión con Dios. Pero el pecado resultó en la pérdida de esta justicia, y la consecuencia fue doble, como escribe el teólogo Geerhardus Vos:

> Al alejarse de algo a lo que estaba totalmente dispuesto, que constituye su destino propio y más elevado, el hombre [fue] cambiado en lo más profundo de su ser; [1] una inversión radical tendrá lugar dentro de él... Entonces, si la justicia original se desvanece, [2] la injusticia la reemplaza como el estado natural.[31]

Cuando el hombre se desvía de su verdadero propósito, y cuando rechaza la única cosmovisión verdadera y al Dios de la vida verdadera, entonces todo lo que puede hacer y hará, a pesar de todos sus mejores esfuerzos, finalmente conducirá a la ruina, ya sea individualmente, debido a una vida pecaminosa, o colectivamente como una sociedad comunitaria caprichosa donde la justicia deja de existir en ausencia de los absolutos morales de Dios.

En cualquier caso, ya sea que nos refiramos a infracciones menores o violaciones graves, el juicio de Dios al entregar al hombre a su propia naturaleza pecaminosa incluye completamente todas las consecuencias negativas. Como comenta Lenski: «La descripción de Pablo del castigo de la impiedad

---

[30] Lenski, *The Interpretation of St. Paul's Epistle to the Romans*, 108.

[31] Geerhardus Vos, *Reformed Dogmatics, Volume Two: Anthropology*, Richard B. Gaffin, Jr., trans. and ed. (Bellingham, WA.: Lexham Press, 2014), 14.

encaja con el mundo de hoy incluso en lo que respecta a los extremos que alcanza en vileza y perversidad».[32]

Es en el versículo veinticinco que Pablo luego expone la raíz del pecado del hombre y su juicio, la causa subyacente de su impiedad, lo que podríamos referirnos como «el intercambio de la verdad»:[33]

> (v. 25) Porque ellos cambiaron la verdad de Dios por la mentira, y adoraron y sirvieron a la criatura en lugar del Creador, quien es bendito por los siglos. Amén.

La enseñanza de Pablo a la Iglesia en Roma es que sólo existen dos tipos y direcciones de adoración, o bien (i) la verdadera adoración del Creador, como los justos obedientemente cumplen en fe y amor, y (ii) la adoración apóstata de la creación, que es la adoración por defecto del hombre natural y no regenerado. La primera es la adoración vertical, la segunda es horizontal. Esto se manifiesta de una forma u otra en cada cosmovisión religiosa, no hay un tercer tipo o dirección de adoración. Por lo tanto, el hombre no puede no tomar partida con la esperanza de ser irreligioso y neutral. Como lo expresa Vos, «[El hombre] es positivamente bueno o positivamente malo; no hay un estado medio»,[34] porque todos somos adoradores o del Creador o de la creación.[35]

3.4. La naturaleza de la religión

El erudito del Nuevo Testamento Peter Jones introdujo una comprensión más filosófica de la división de Pablo de la

---

[32] Lenski, *The Interpretation of St. Paul's Epistle to the Romans*, 108.

[33] Ibíd., 110.

[34] Vos, *Reformed Dogmatics*, Vol. Dos, 15.

[35] Peter Jones, *One or Two: Seeing a World of Difference* (Escondido, CA.: Main Entry Editions, 2010), 18.

adoración del Creador y la creación en su libro *One or Two: Seeing a World of Difference*. Él acuñó los términos «unismo» y «dosismo», aunque originalmente son conceptos bíblicos de Romanos 1. La primera es la teoría de la unidad, y la última es la teoría de la dualidad. Esto también puede considerarse como las perspectivas de una sola capa y de dos capas de la realidad respectivamente.

Esencialmente, el unismo es la creencia de que «todo es uno», y que todo comparte «la misma naturaleza esencial». Mientras que el dosismo es la creencia de que aunque:

> toda la creación comparte una cierta esencia (todo aparte de Dios es creado), el Creador de la naturaleza, es decir, Dios, es un ser completamente diferente, cuya voluntad determina la naturaleza y la función de todas las cosas creadas.[36]

La cosmovisión cristiana es claramente «dosista», en el sentido de que hay una clara distinción entre el Creador y la creación. Aunque es cierto dentro de la teología cristiana que el hombre es creado a imagen de Dios, sigue siendo una criatura y solo puede parecerse a su Creador tanto como es posible para una criatura. Por ejemplo, mientras el Creador tiene un ser autosuficiente, el hombre creado tiene un ser derivado; y mientras el Creador tiene un conocimiento autorreferencial, el hombre creado tiene un conocimiento derivado.[37] Esta distinción entre el Creador y la creación no está de ninguna manera presente en cualquier otra cosmovisión religiosa, ya que rechazar el teísmo cristiano resulta en la adoración de la creación, que es en última instancia de naturaleza «unista». Como escribió Van Til:

---

[36] Ibíd., 17.
[37] Van Til, *Christian Apologetics*, 31.

O el ser y el conocimiento de Dios son llevados al nivel del ser y el conocimiento del hombre o el ser y el conocimiento del hombre son elevados al ser y el conocimiento de Dios. Siempre está operando la misma suposición monista, que reduce todas las distinciones a correlativos de otro.[38]

Por lo tanto, si el hombre tiene una cosmovisión unista o dosista, y esa cosmovisión es la lente a través de la cual interpreta el mundo, incluida la vida pública, entonces la dirección religiosa de su cosmovisión no puede limitarse a una realidad «privada». Contrario a esta idea de la privatización de la religión, podemos considerar a Evo Morales, el ex presidente de Bolivia, como un ejemplo moderno de la expresión pública de la adoración monista de la creación. Como marxista político y humanista ateo, había planeado hace unos años hacerse cargo de hasta tres ramas del gobierno con el fin de hacer realidad lo que él creía que sería una sociedad utópica. Pero como todos los hombres que niegan la verdad de lo espiritual, no pudo evitar llenar el vacío con el renacimiento de alguna forma de misticismo, particularmente, el animismo andino. Fue considerado un «marxista*chamanista*... al insistir en que el paganismo andino refleja la verdadera alma de Bolivia».[39] Se puede asegurar que Morales no se ganó el título de «marxista chamanista» por sus creencias religiosas «privatizadas», sino más bien, debido a la introducción de varios chamanes como sus asesores de política nacional. Morales no es más que un ejemplo entre miles de cómo las creencias religiosas propias con respecto a la realidad influyen en la dirección de sus asuntos públicos.

---

[38] Van Til, *Christian Apologetics*, 31.

[39] Jones, *One or Two*, 45-46.

Incluso mientras negaba al Creador bíblico como ateo, Morales era tan adorador de la creación como lo es ahora, ya que como escribe Rushdoony, el humanismo «tiene como objetivo salvar al hombre y rehacer la sociedad. Para el humanismo, la salvación es un acto del Estado...»; con la ausencia del Dios cristiano «... es el gobierno civil el que regenera al hombre y a la sociedad y lleva al hombre a un paraíso en la tierra».[40] Ya sea que nos refiramos a las formas religiosas o seculares del humanismo, debe verse por lo que es, la adoración del yo-dios, incluso si se expresa individualmente (como egotismo) o colectivamente (como estatismo), pues todas las cosmovisiones antitéticas a la Escritura buscan preservar la noción de autonomía radical del hombre. El humanismo es, por lo tanto, la adoración de la creación, una fusión de la distinción entre el Creador y la creación.

La Bolivia de Morales no fue más que un ejemplo de la caída de Occidente de un consenso cristiano histórico, una regresión de la cultura desde los fundamentos bíblicos y una expresión hacia un culto pagano generalizado de la creación. La sociedad occidental ya no cuenta con un amplio consenso cristiano. En cambio, es cada vez más pagana y humanista con el paso del tiempo. Como escribió Jones:

> La década de 1960 dio inicio a un apocalipsis pagano que destruyó lo que el sociólogo Peter Berger llama el «dosel sagrado» de nuestra cultura, es decir, sus presuposiciones y su visión del mundo. El dosel del «dosismo» cristiano está hecho jirones y un nuevo dosel de unismo pagano se está extendiendo sobre nuestra cultura.[41]

---

[40] Rousas John Rushdoony, *Law & Liberty* (Vallecito, CA.: Ross House Books, 2009), 6.

[41] Jones, *One or Two*, 31.

Esto no quiere decir que el paganismo triunfará como la cosmovisión global, sino más bien que un abandono constante (aunque en algunos casos drástico) de las presuposiciones bíblicas se remonta a la caída de la cristiandad. Lo que estamos presenciando en nuestros días es la lucha cósmica entre dos tipos de adoración, o como dice Jones, «dos tipos de espiritualidad... unismo y dosismo».[42] Esta lucha entre la visión de la realidad de una sola capa y la de dos capas se refleja inevitablemente en la cultura humana, lo que algunos han llamado «las guerras culturales».

Para una comprensión bíblica de las guerras culturales, recomendaría el libro de Joseph Boot *cultura centrada en el evangelio: viviendo en el Reino de Dios*. Por ahora, sin embargo, basta con decir que las guerras culturales revelan una verdad que los laicos se avergüenzan demasiado de admitir, que la cultura *no es irreligiosa*, de hecho, ni un solo aspecto de la cultura puede serlo. En cambio, como escribe Boot :

> La cultura es la manifestación pública del motivo religioso fundamental (es decir, la adoración) de un pueblo... un estado de ser cultivado por labranza intelectual y moral en términos de un *culto* prevaleciente y, por extensión, forma un tipo particular de civilización.[43]

Por lo tanto, la cultura puede deconstruirse y analizarse para descubrir su cosmovisión subyacente o presuposiciones religiosas. Sin embargo, independientemente de si se trata de una cultura islámica, una cultura hindú, una cultura humanista secular, una cultura pluralista religiosa, cuando tomamos en cuenta las palabras de Pablo a la iglesia en Roma, llegamos a un entendimiento de que solo hay dos

---

[42] Ibíd., 49.
[43] Ibíd., 3.

cosmovisiones en juego: la falsa religión de la adoración unista de la creación y la verdadera religión de la adoración dosista del Creador.[44] Esto hace que toda cultura sea esencialmente religiosa, porque se cultiva mediante un conjunto de presuposiciones religiosas. Dado que la cultura es el resultado de la interacción beneficiosa del hombre con la creación de Dios, y dado que el hombre es un ser religioso por naturaleza, entonces cualquier cultura que el hombre pueda cultivar también será de naturaleza religiosa.[45]

Si bien la visión unista y de una sola capa de la realidad es la composición religiosa cultural predominante de nuestros días, este no siempre fue el caso, ni siempre lo será. Hubo, de hecho, un tiempo en que lo fue la visión dosista, de dos capas de la realidad, del cristianismo. Y esto se cumplirá de nuevo cuando el reino de Dios se manifieste plenamente en la tierra al regreso de Cristo y cuando el pueblo de Dios cumpla su mandato misional.

En resumen, se deduce que, si hay verdadera adoración, en términos de la Palabra de Dios y el orden de la ley, y verdadera cosmovisión, entonces también debe haber verdadera cultura, consistente con la enseñanza de la Palabra de Dios. Esto es lo que aprendemos de la escritura de Pablo cuando habla de los justos que *viven* por fe, una «vida» que lo incluye y abarca todo y que concierne al gobierno justo de Dios sobre todas las cosas. Este es el evangelio que proclamaron los apóstoles, una recuperación del verdadero propósito del hombre en Cristo , para cultivar la creación de Dios en una

---

[44] Para más información sobre el unismo del hinduismo, budismo, islam, etc., ver Steven R. Martins, *God, Man, the Bible & Life: The Costa Rica Conference Lectures* (Jordan Station, ON.: Cántaro Publications, 2020).

[45] P. Andrew Sandlin, *Christian Culture: An Introduction* (Mount Hermon, CA.: Center for Cultural Leadership, 2013), 21.

civilización piadosa, para construir su reino en la tierra, ya que todas las cosas se renuevan y se someten al señorío de Cristo que reina sobre el cielo y la tierra (1 Co 15:25-28).

3.5. Observaciones finales

El hombre, por lo tanto, como ser creado, no puede ser irreligioso o neutral; de hecho, sus presuposiciones religiosas son ineludibles. Ser irreligioso se asemeja a un leopardo que pierde sus manchas, o un pájaro que pierde sus alas; esto va en contra de la naturaleza de nuestro ser. Y entretener la idea de que el hombre podría no tomar partida, o que podría acordonar algunas áreas de la vida como irreligiosas y seculares, es caer engañosamente en presuposiciones antibíblicas. Pablo se estaba asegurando de que la Iglesia en Roma no confundiera el evangelio como solo uno entre muchos, sino más bien, que vieran estas buenas nuevas como la única verdad, mientras veían todo lo demás fuera de esta como falsedad antitética. Y no solo eso, sino que todos los aspectos de la vida deben centrarse en nuestra fe en Dios, sabiendo muy bien que todas las esferas de la sociedad humana son ineludiblemente religiosas.

Cualquier desviación de la verdad, o cualquier rechazo del evangelio, ya sea explícitamente declarado o vivido por infidelidad, es caer en la mentira de la adoración de la creación, que es adoptar una visión de la realidad de una sola capa. Esto inevitablemente destruye todo significado, porque negar la verdadera distinción entre el Creador y la creación es negar todas las distinciones dentro de la creación misma. Es por eso que Pablo consideró importante escribir este pasaje en su epístola a la Iglesia en Roma, porque una fe saludable construida sobre la roca de Cristo, con la verdadera comprensión de la realidad, es crucial para el crecimiento espiritual y el desarrollo de la comunidad de pacto de los creyentes.

Con todo, Pablo enseñó de acuerdo con todo el texto de la Escritura que el hombre es un ser religioso, y que él es o (i) adorador del Creador o (ii) adorador de la creación. No hay una tercera dirección posible en nuestra orientación religiosa. El hombre natural es, por defecto, un idólatra, porque no puede evitar suprimir la verdad por su propia injusticia, pero el creyente, que ha sido liberado de la influencia corruptora del pecado por el poder de Dios, puede vivir rectamente por la fe como un verdadero adorador, permaneciendo en Cristo, el guardador del pacto.

Lo que Pablo instruye a la Iglesia en Roma, que es de gran importancia para la iglesia moderna; es que todas las cosas deben ser vistas y entendidas desde la perspectiva de las Escrituras, porque solo entonces puede el hombre dar sentido a la realidad, y solo entonces puede el hombre defender la verdad en justicia y fidelidad. Esto implica no ver e interpretar el mundo desde la comprensión de los hombres caídos, que consiste en diferentes y siempre cambiantes tonos de gris hasta la indiferenciada falta de color, sino más bien desde la mente renovada en Cristo, donde las distinciones son tan claras como la noche y el día, o tan claras como las distinciones en el espectro de color creado.

CAPÍTULO 4

EL FUNDAMENTO APOLOGÉTICO
LA REVELACIÓN UNIFICADA DE DIOS

«Porque desde la creación del mundo,
Sus atributos invisibles,
Su eterno poder y divinidad,
se han visto con toda claridad,
siendo entendidos por medio de lo creado,
de manera que ellos no tienen excusa»
(Romanos 1:20).

4.1. En busca de una comprensión bíblica de la realidad

EL MANDATO APOLOGÉTICO DE LA IGLESIA implica preservar y promover la verdad, la libertad y la belleza del evangelio, pero para cumplir con este mandato, primero debemos ser capaces de articular una comprensión bíblica de la realidad, la cual consiste en tres aspectos interconectados: la metafísica, la epistemología y la teoría de valores. Estos aspectos se presuponen mutuamente, porque decir algo de los valores es hacer una declaración sobre la metafísica, y decir algo sobre la metafísica es decir algo sobre la epistemología.[1] Estos son parte integral de cualquier cosmovisión, porque todos tenemos un concepto de la realidad, todos tenemos un concepto

---

[1] John M. Frame, *A History of Western Philosophy and Theology* (Phillipsburg, NJ.: P&R Publishing, 2015), 14.

de cómo debemos vivir, y todos tenemos un concepto de cómo sabemos lo que sabemos.

Poco importa lo bien que podamos refutar y deconstruir las cosmovisiones que son antitéticas a la verdad de las Escrituras si no somos capaces de presentar una filosofía cristiana holística y completa de la vida para tomar su lugar. El seguidor de Cristo promedio puede estar acostumbrado a compartir las buenas nuevas de salvación en JesuCristo , pero esto a menudo se limita a la soteriología personal. Esto en sí mismo es insuficiente, ya que el hombre natural podría percibir que la doctrina cristiana de la justificación podría sintetizarse con su propia filosofía de vida. Como escribió el difunto apologista Cornelius Van Til, «la filosofía, como se define generalmente, trata con una teoría de la realidad, con una teoría del conocimiento y con una teoría de la ética. Es decir, las filosofías generalmente se proponen presentar una visión de la vida y el mundo».[2] La vida es más que solo nuestra soteriología personal. El hombre natural tiene su propia visión de la vida y del mundo, y lo que a menudo sucede en la cultura occidental, dada la prevalencia del sincretismo religioso, es que tiene una filosofía de vida similar a Frankenstein.[3] Es por eso que es importante que el cristiano presente una *visión del mundo y la vida* que sea bíblica, holística y unificada, con su alcance e implicaciones que lo abarcan todo, mientras se mantiene alejado de las falsas dicotomías y paradigmas dualistas de la filosofía griega pagana

---

[2] Cornelius Van Til, *Christian Apologetics*, Second edition, ed. William Edgar (Phillipsburg, NJ.: P&R Books, 2003), 55.

[3] Michael Nazir-Ali, *The Unique and universal Christ: Jesus in a Plural World* (Milton Keynes, Reino Unido: Paternoster, 2008), 14.

y el escolasticismo medieval, que, en nuestro detrimento, ha infectado gran parte del pensamiento cristiano moderno.[4]

Por nombrar algunos, por ejemplo, que han articulado y enseñado tal paradigma dualista «cristianizado» de la realidad, podemos considerar a Meredith G. Kline,[5] David Van-Drunen,[6] Michael Horton[7] y Matthew Tuininga,[8] entre otros que sostienen un entendimiento de que Dios estableció (1) un orden secular, «no sujeto a los requisitos de la revelación divina especial, sino solo a la "ley natural"» (Gn 4-9); y (2) un orden sagrado, la comunidad del pacto de Dios.[9] Esto ha llegado a conocerse como la *teología de Dos Reinos* y ha sido criticado por eruditos como John M. Frame,[10] Willem J. Ouweneel[11] y Joseph Boot. [12] Pero estos no son los únicos

---

[4] Bernard Zylstra, "H. Evan Runner: An Assessment of his Mission." En *Life is Religion: Essays in Honor of H. Evan Runner,* editado por Henry Vander Groot (St. Catharines, ON: Paideia Press, 1981), 2-3.

[5] Meredith G. Kline, *Kingdom Prologue: Genesis Foundations for a Covenantal Worldview* (Eugene, OR.: Wipf and Stock Publishers, 2006).

[6] David VanDrunen, *Natural Law and the Two Kingdoms: A Study in the Development of Reformed social Thought* (Grand Rapids, MI.: Wm. B. Eerdmans Publishing Co., 2010).

[7] Michael Horton, *Beyond Culture Wars: Is America a Mission Field or Battlefield?* (Chicago, Il.: Moody Press, 1994).

[8] Matthew Tuininga, *Calvin's Political Theology and the Public Engagement of the Church: Christ's Two Kingdoms* (Cambridge, Reino Unido: Cambridge University Press, 2017).

[9] John M. Frame, *A History of Western Philosophy and Theology,* 68.

[10] John M. Frame, *The Escondido Theology* (Lakeland, FL.: Whitefield Media, 2011).

[11] Willem J. Ouweneel, *The World is Christ's: A Critique of Two Kingdom Theology* (Toronto, ON.: Ezra Press, 2017).

[12] Joseph Boot, "The Accommodation Motive in Christian Culture: How Many Kingdoms?" Enn *Gospel Culture: Living in God's Kingdom* (Toronto, ON.: Ezra Press, 2017).

«dualistas», aunque son quizá los más explícitos. También hay quienes afirman enseñar una visión cristiana holística del mundo y la vida sin darse cuenta de su error al haber adoptado gran parte del racionalismo y el dualismo griegos que impregnaban el escolasticismo medieval, de los cuales derivan su estructura y dirección teológica.[13] El peligro de este error es que en lugar de enseñar un evangelio bíblicamente consistente, es decir, la filosofía cristiana de la vida que lo abarca todo, se manifiesta y proclama una síntesis de la verdad y el paganismo de Dios, que debe considerarse una forma de «fuego extraño» a los ojos de Dios (Lv 10:1) y un coqueteo con el pensamiento apóstata.

El hecho de que somos testigos de una apatía significativa en el cumplimiento del mandato cultural de la Iglesia, y una mayor inclinación hacia el individualismo espiritual, es evidencia de la influencia griega y escolástica en la teología de la Iglesia, ya que cualquier cosa que ésta pueda hacer fluye de su visión de la vida y el mundo.[14] Hemos sido testigos de esta influencia dualista, por ejemplo, en la forma en que la Iglesia ha dividido lo sobrenatural de lo natural en su comprensión de los aspectos de la metafísica (milagros y eventos naturales), la epistemología (revelación especial y teología natural) y la ética (revelación especial y ley natural).[15] Esto no quiere decir que no haya distinciones dentro de la realidad, ya que reconocemos correctamente lo material y lo espiritual, sino que lo sobrenatural y lo natural a menudo se perciben como totalmente independientes entre sí (lo cual es consistente con el esquema griego de materia y forma, y el escolástico de

---

[13] Véase, de Norman L. Geisler, *Systematic Theology in One Volume* (Minneapolis, MN.: Bethany House, 2011), 53-55.

[14] Zylstra, "H. Evan Runner: An Assessment of his Mission," 4.

[15] Ibíd., 3.

naturaleza y gracia) e incapaces de reconciliarse. Esta falsa dicotomía de revelación especial y general no se encuentra en
ninguna parte de las Escrituras. Si esperamos desarrollar una
comprensión de la realidad que sea pactual y fiel a la Biblia,
para poder cumplir nuestro llamado de dar testimonio de
una filosofía de vida cristiana holística e integral, entonces
necesitamos adoptar la *unidad* bíblica de la revelación de la
ley-palabra de Dios.

Bien puede preguntarse cómo se puede relacionar nuestra
filosofía con nuestra teología, dado que normalmente se
dice que la filosofía trata con el dominio de la realidad
natural, mientras que la teología trata con la fe. Pero Van
Til señala con realidad,[16] junto con varios otros pensadores
reformados,[17] que aunque existe una distinción entre las
dos disciplinas,[18] la distinción no es entre la realidad y la
fe. Hay, de hecho, una unidad entre la verdadera teología
cristiana y la verdadera filosofía cristiana, las cuales hablan
de principios religiosos *a priori* derivados de las Escrituras.
Esta unidad debe enfatizarse en la presentación de la visión
cristiana de la vida y el mundo.[19]

Esta falsa dicotomía entre la realidad natural y la fe se ma-
nifestó de manera más prominente en la escolástica medieval,

---

[16] Van Til, *Christian Apologetics*, 57.

[17] Véase L. Kalsbeek, *Contours of a Christian Philosophy: An Introduction to Herman Dooyeweerd's Thought* (Toronto, ON.: Wedge, 1975).

[18] Para notar la distinción, la teología, como disciplina, examina toda la realidad desde un ángulo particular; mientras que la filosofía es la disciplina de las disciplinas. Véase, Willem J. Ouweneel, *Wisdom for Thinkers: An Introduction to Christian Philosophy* (Jordan Station, ON.: Paideia Press, 2020) y *What Then Is Theology?: An Introduction to Christian Theology* (Jordan Station, ON.: Paideia Press, 2020).

[19] Van Til, *Christian Apologetics*, 57.

que fue influenciada en gran medida por el pensamiento griego; pero en contra de la síntesis de la filosofía pagana con el teísmo cristiano que se encuentra en gran parte del cristianismo moderno, este capítulo demostrará la unidad de la ley-palabra de Dios al examinar la presuposición y la suplementación de la revelación general y especial en su necesidad, autoridad, perspicuidad y suficiencia; al tiempo que expone el dualismo antibíblico detrás de la división explícita de estas revelaciones como independientes entre sí. Es, después de todo, sobre la unidad de la ley-palabra de Dios que se sostiene nuestra apologética cristiana.

4.2. La infiltración del racionalismo griego

La escolástica medieval alcanzó su punto álgido en el siglo XIII, un período de tiempo en el que la teología, una vez enseñada en los monasterios, se volvió más central para la enseñanza en las universidades. El precursor de este movimiento fue Anselmo de Canterbury, un cristiano devoto que creía que la fe cristiana no era irracional, sino más bien inteligible para la mente humana.[20] Fue influenciado, como muchos otros, por Platón en su filosofía, pero en su teología era más ortodoxo que la mayoría en la época medieval. Frame, por ejemplo, escribe que «el pensamiento de Anselmo está mucho más cerca del de Agustín [dots] y a veces se le llama el "segundo Agustín"».[21] Podemos ver por qué Frame diría esto cuando leemos la oración de Anselmo en su *Proslogion*:

---

[20] Justo L. González, *The Story of Christianity: Vol. 1, The Early Church to the Dawn of the Reformation* (New York, NY.: Harper Collins, 2010), 369.

[21] Frame, *A History of Western Philosophy and Theology*, 128-129.

No busco, Señor, alcanzar tus alturas, porque mi intelecto no es nada comparado con ellas. Pero busco de alguna manera entender tu verdad, la cual mi corazón cree y ama. Porque no busco entender para creer, sino creer para entender.[22]

Los escolásticos, de los que formaba parte Anselmo, no fueron los primeros en luchar con la influencia de la filosofía griega, y los patrísticos (padres de la iglesia) también lucharon con esto, y a menudo sintetizaron su filosofía cristiana de la vida con la de los griegos. Por ejemplo, Justino y Clemente afirmaron que ambos eran complementarios entre sí, mientras que Tertuliano respondió que eran irreconciliables.[23] Frame señala que «al menos una vez, en la controversia trinitaria, la iglesia libró una gran batalla para liberar su doctrina de las distorsiones que se debían a la filosofía griega».[24] Y fue en medio de este debate que encontramos a Agustín, que aunque no respondió directamente al problema, sin embargo, mostró su lealtad a la enseñanza bíblica como superior a su respeto por la filosofía griega.[25] Esta es la realidad por la que Agustín escribió, «cree para que puedas entender»,[26] palabras que fueron abrazadas por Anselmo. Y en cuanto a lo que esto significa, Frame escribe:

estas fórmulas [son] expresiones de *presuposicionalismo*... el pensamiento humano no es neutral, autónomo ni independiente, sino que presupone criterios de cualquier fuente que se necesite para ser más autoritario. Para algunos, el criterio final de la verdad puede provenir de la realidad humana, o de la experiencia sensorial, o de una religión o ideología. Para un cristiano,

---

[22] Anselmo, *Proslogion*, I.

[23] Frame, *A History of Western Philosophy and Theology*, 129.

[24] Ibíd.

[25] Ibíd.

[26] Agustín, *Tratado sobre el Evangelio de Juan*, 29.6.

el estándar final de la verdad es Dios mismo, tal como se revela en su creación y en las Escrituras... Decir «creo para poder entender» hace que nuestra fe sea la base, la presuposición, de la investigación racional. Anselmo es bastante explícito en que su eslogan se opone a la idea de «entender para poder creer». La fe es el fundamento del conocimiento, no una conclusión del mismo.[27]

Agustín y Anselmo fueron, por lo tanto, dos figuras estelares (aunque no perfectas) en la historia de la Iglesia que buscaron conocer la verdad presuponiéndola primero. Pero eran la minoría, y como muestra la historia, la influencia del pensamiento griego en la Iglesia no comenzó en el escolasticismo medieval, sino en la época de la patrística. Sin embargo, no fue hasta la época medieval que la síntesis de la filosofía griega con la filosofía cristiana de la vida se hizo mucho más formalizada y normativa. Aunque los patrísticos y los escolásticos medievales tenían buenas intenciones al intentar presentar la fe cristiana como *racional*, ejemplificando en algunos aspectos la lealtad a la Palabra de Dios, su apelación a la filosofía griega fue en última instancia también su traición.[28]

Junto a Anselmo estaba el distinguido monje franciscano San Buenaventura, otra figura que contrastaba con la dirección predominante del pensamiento escolástico. Él, como Anselmo, adoptó el mismo presuposicionalismo de Agustín al insistir en que «la fe es necesaria para lograr una comprensión correcta».[29] El historiador de la Iglesia Justo L. González señala la dirección del pensamiento de Buenaventura : «La doctrina de la creación nos dice cómo se debe entender el

---

[27] Frame, *A History of Western Philosophy and Theology*, 129.
[28] Ibíd.
[29] González, *The Story of Christianity: Vol. 1*, 374.

mundo, y aquellos que no parten de esa doctrina pueden llegar fácilmente a la conclusión errónea de que la materia es eterna».[30] Y de hecho, esto es lo que muchos de los griegos creían. La realidad por la que Agustín, Anselmo y Buenaventura pensaron que sería fácil llegar a una conclusión tan falsa sin partir de la Palabra de Dios, a pesar de la revelación general de Dios, se debe a lo que Pablo escribió a los romanos: «Porque la ira de Dios se revela desde el cielo contra toda impiedad e injusticia de los hombres, que con injusticia *restringen la verdad*» (Ro 1:18). Esta «supresión de la verdad» y «entendimiento entenebrecido» (Ef 4:18) serían reconocidos más tarde como los efectos *noéticos* del pecado, la caída del intelecto del hombre que solo puede ser restaurado por Dios. En otras palabras, la maldición del pecado no solo deja al hombre muerto en sus delitos, sino que también le impide reconocer y aceptar libremente la revelación natural de Dios.[31] El hombre primero debe ser regenerado en Cristo para que pueda entender la revelación de Dios en la naturaleza, porque sin la intervención divina, el hombre está destinado a suprimir para siempre la verdad de Dios en una rebelión moral consciente.

Sin embargo, esto no se reflejó en el pensamiento de los escolásticos, quienes consideraban que el poder de los efectos *noéticos* del pecado era nulo o inferior a la potencialidad de la «razón» del hombre. En cambio, pensaban que el hombre podría llegar a la verdad de Dios independientemente de la revelación especial (Escritura), confiando completamente en la revelación de Dios en la naturaleza. Esto es

---

[30] Ibíd.

[31] "Noetic Effects of Sin," *Ligonier Ministries*. Consultado el 13 de junio del 2017, http://www.ligonier.org/learn/devotionals/noetic-effects-sin/.

lo que creía Tomás de Aquino, ya que primero comenzó, epistemológicamente, con datos sensoriales (lo que se puede ver, oír, tocar, etc.), y de eso «pasó a la existencia de Dios».[32] Este método de pensamiento fue influenciado por su aprendizaje de Aristóteles, y tipificaría la naturaleza de gran parte del pensamiento escolástico. Anselmo tampoco era inmune a esto, ya que aunque operaba opuesto a Tomás de Aquino en la dirección de su pensamiento, fue influenciado en gran medida por Platón en la estructura de sus ideas, desarrollando su teoría sobre la «idea de Dios».[33]

Originalmente fue Platón quien enseñó que, muy por encima de este mundo de cosas fugaces, «había un mundo superior de verdad permanente».[34] Este era el esquema de *materia y forma* de los griegos, que dividía la realidad en dos pisos diferentes. Según Platón, el hombre no puede confiar en sus sentidos para no ser fácilmente engañado, de ahí que Anselmo pensara que esta parte de la filosofía platónica era compatible con la teología cristiana. Sin embargo, Platón también enseñó que la capacidad racional del hombre podría ayudarlo a corregir estos engaños y comprender la verdad, ya que, como agrega Frame, supuestamente es «por nuestra realidad que formamos conceptos de las cosas».[35] Lo que Platón quiso decir con esto es que todos tenemos un concepto de las cosas, aunque en realidad no las vemos. Por ejemplo, no vemos la justicia perfecta, pero sabemos que la tal existe, porque ¿de qué otra manera podríamos saber qué es la justicia? De la misma manera, tenemos conceptos perfectos de colores, nubes, árboles, humanidad, virtud, bon-

[32] González, *The Story of Christianity: Vol. 1*, 378.
[33] Ibíd.
[34] González, *The Story of Christianity: Vol. 1*, 22.
[35] Frame, *A History of Western Philosophy and Theology*, 64.

dad y mucho más. Sin embargo, en el mundo de la materia, donde moramos, no podemos encontrar estas «formas» y, como resultado, el razonamiento es que debe haber otra dimensión donde se encuentren estas formas. Debe haber un lugar, pensaba Platón, llamado el mundo de las formas donde hay un color perfecto, una nubosidad perfecta, un árbol perfecto, una humanidad perfecta, etc. El mundo de la materia, en el que vivimos, está modelado según el mundo de las formas, pero se resiste a ser «formado» y, por lo tanto, los dos pisos de la realidad son irreconciliables.[36] Podemos discernir inmediatamente un elemento de esto en el pensamiento de Anselmo si estamos familiarizados con sus escritos, pues él sabía que existía la bondad *perfecta*, pero que no la vemos aquí en la tierra; por lo tanto, pensó, debe estar en Dios como el bien supremo, y esta es una de las cosas que hacen *grande* a Dios.[37] Sin embargo, Anselmo, junto con el resto de los escolásticos, no adoptó el esquema completo de *materia y forma*; lo que sí hicieron fue sintetizar las dos visiones del mundo que eran antitéticas entre sí, la del cristianismo y la cosmología griega, en un esquema de *gracia y naturaleza*.

En este esquema, que fue presentado originalmente por el filósofo cristiano Herman Dooyeweerd, la historia de[38] la «gracia» consiste en la revelación, la fe, la Escritura, la vida eterna, la salvación y la Iglesia, mientras que la historia de la «naturaleza» consiste en la realidad natural (filosofía),

---

[36] Ibíd., 64-65.; Platón, *Republic*, trad. G. M. A. Grube, ed. C. D. C Reeve (Indianápolis, IN.: Hackett Publishing Company, 1992), 508b.

[37] Anselmo, *Monologion*, I.

[38] De lo contrario, estos esquemas pueden entenderse como *motivos fundamentales* o diferentes presuposiciones sobre la naturaleza de la realidad. A Dooyeweerd se le atribuye la articulación y la crítica de estos motivos fundamentales en su filosofía cosmonómica.

Aristóteles, la forma de la materia, este mundo y el Estado.[39]
Para citar a Frame sobre las implicaciones de este esquema,
afirma:

> Lo que hace el esquema [gracia y naturaleza] es tomar la dis-
> tinción griega forma y materia y colocarla en el nivel inferior,
> complementándola con un nivel superior descrito por el tér-
> mino *gracia*. Entonces, en el nivel inferior, el cristiano medieval
> podía tomar el pensamiento griego tal como era, considera-
> do la revelación como un complemento de la realidad natural,
> tratando un tema más allá del alcance de la realidad natural.
> Desde este punto de vista, Aristóteles es generalmente suficiente
> para enseñarnos sobre asuntos terrenales. Pero para aprender
> del cielo, necesitamos una palabra de Dios.[40]

La filosofía griega siempre había sido atractiva para los
cristianos, incluso desde la Patrística. Y debido a que los
cristianos deseaban ser considerados *sabios* por el hombre
natural, en lugar de ignorantes e incrédulos,[41] este motivo
se convirtió en el principal impulso detrás del desarrollo del
esquema de *gracia y naturaleza*. Fue un esfuerzo por presentar
el cristianismo como más racional en su testimonio, invitando
al hombre radicalmente autónomo a buscar sus verdades.
Y en esto los estoicos fueron de gran influencia, ya que
sugirieron que la verdadera filosofía era «entender la ley
de la naturaleza, y obedecerla y ajustarse a ella», para que
al estar bien en sintonía con la «ley universal» el hombre
pudiera encontrar la verdad por la victoria de la «razón».[42]

---

[39] Frame, *A History of Western Philosophy and Theology*, 145.
[40] Ibíd., 146.
[41] González, *The Story of Christianity: Vol. 1*, 23.
[42] Ibíd.

El problema, encontramos aquí, es doble, ya que ni las concepciones autónomas de «hombre» y «realidad» son bíblicas. El hombre, en primer lugar, no es *verdaderamente* autónomo, no puede ser existencial, moral y epistemológicamente independiente de Dios, porque vive en el mundo de Dios y, por lo tanto, vive y respira de tal manera que presupone al Dios de la Escritura.[43] Él es un ser pactual, y se encontrará que está en obediencia al pacto o en desobediencia. Si está en desobediencia, no puede llegar a la verdad por la «razón» natural debido a (1) los efectos *noéticos* del pecado, y (2) el hecho de que la «razón» en realidad no existe. El filósofo cristiano H. Evan Runner lo explica de esta manera:

> Dios nos dotó de *comprensión* en la creación; «Razón» es esa comprensión distorsionada en la teoría apóstata al ser «ampliada» para incluir la Ley como *contenido de conocimiento a priori* (la Verdad). En la distorsión, la «Razón», en lugar de la Palabra de Dios, se convierte en el Principio, el Director, la Guía de la vida, la Fuente de la Verdad.[44]

La «Razón», en otras palabras, se ha convertido en la luz interior del ser más profundo de cada hombre, el supuesto medio de salvación para el hombre natural; y se establece en oposición a la «luz natural» del orden de la creación de Dios, Su revelación divina.[45]

En segundo lugar, la gracia no completa la naturaleza, como creen Tomás de Aquino y los católicos romanos, sino que *renueva* la naturaleza. La verdadera estructura de la

---

[43] Frame, *A History of Western Philosophy and Theology*, 152.

[44] H. Evan Runner, *Walking in the Way of the Word: The Collected Writings of H. Evan Runner*, ed. Kerry J. Hollingsworth (Grand Rapids, MI.: The Reformational Publishing Project, 2009), 60.

[45] Ibíd.

realidad no es ni la de *materia y forma* ni la de *naturaleza y gracia*, ni siquiera la de *naturaleza y libertad* de la Ilustración posterior. No, sino que lo es el tema bíblico fundamental (el marco formativo) de *creación, caída y redención*.[46]

La Escritura nos dice que la Iglesia, como elegidos de Dios, ha sido llamada a salir de la oscuridad para ser la luz y la sal de la tierra, preservando la verdad, la bondad, la libertad y la belleza de la creación de Dios y promoviendo la filosofía cristiana de la vida (y el reino de Dios), esencialmente la obra del evangelio (Mt 5:13-16). Pero al mirar hacia atrás en la historia, vemos que lo que ha ocurrido en el desarrollo del pensamiento escolástico cristiano fue la adopción de una síntesis pagana,[47] esencialmente la filosofía de aquellos que se llamaban a sí mismos los «ciudadanos del mundo» y la filosofía cristiana de la vida.[48] En otras palabras, los escolásticos intentaban proclamar las buenas nuevas de la victoria de la salvación de Cristo , pero bajo la apariencia de un entendimiento caído, aquello contra lo que Pablo advirtió fuertemente (Ef 4:17-18). Y esto ha demostrado ser perjudicial para el desarrollo de la Iglesia, infectando nuestra formación del pensamiento cristiano e incluso contribuyendo a la caída de la cristiandad.

Ouweneel nos ayuda a comprender los efectos dañinos de la escolástica en su libro *El mundo es de Cristo*, escribiendo que fue la influencia *escolástica* la que condujo a la comprensión dualista de la realidad prevaleciente en el pensamiento cristiano moderno. Escribe que en su forma más simple, el escolasticismo siempre postula lo siguiente:

---

[46] Ibíd., 32.

[47] Zylstra, "H. Evan Runner: An Assessment of his Mission," 2.

[48] González, *The Story of Christianity: Vol. 1*, 23.

Hay un dominio espiritual (sagrado, gobernado por Cristo) y un dominio natural (secular, común, neutral), que deben mantenerse cuidadosamente separados. Hay un dominio bajo la autoridad de la Palabra de Dios y un dominio que supuestamente está gobernado por la «ley natural» dada por Dios, pero... en realidad por principios paganos (o cristianos apóstatas).[49]

Este dualismo es evidente en la forma en que algunos cristianos han articulado la revelación general y especial de Dios, utilizando la misma formulación contenida en el pensamiento escolástico.[50] El difunto Norman L. Geisler, por ejemplo, en su *teología Sistemática,* declaró que la revelación general de Dios solo revela a Dios como Creador, la norma para la sociedad y los medios de condenación, mientras que la revelación especial revela a Dios como redentor, la norma para la Iglesia y los medios de salvación.[51] Esto sigue el mismo dualismo tomista de *naturaleza y gracia* donde:

> El reino inferior de la naturaleza contiene asuntos como la filosofía, la realidad, el cuerpo, el Estado, la tierra, la revelación general, la ley natural, etc. El reino superior de la gracia contiene la teología, la fe, el alma, la Iglesia, el cielo, la revelación especial, y así sucesivamente.[52]

Hay una distinción bastante clara entre la revelación general y especial de Dios, y la articulación de Geisler de esta distinción es *parcialmente* cierta en el mejor de los casos, pero no hay un dualismo estricto e irreconciliable entre los dos como los esquemas griego de *forma y materia* o escolástico de naturaleza y gracia. De hecho, en lugar de ser independientes

---

[49] Ouweneel, *The World is Christ's*, 23.
[50] Van Til, *Christian Apologetics*, 63.
[51] Geisler, *Systematic Theology in One Volume*, 53.
[52] Ouweneel, *The World is Christ's*, 44.

entre sí, tanto la revelación general como la especial se *unifican* como una revelación divina. Esto es parte integral de nuestra comprensión de la realidad, ya que solo al comprender la unidad de la ley-palabra de Dios podemos articular una filosofía de vida cristiana holística y bíblicamente consistente. Sin embargo, para hacer esto, primero debemos, como lo intentaron los reformadores protestantes, desechar todo pensamiento de síntesis y abrazar la naturaleza integral de las Escrituras inspiradas.[53] Esto significa que debemos renunciar a la falsa «autonomía», autosuficiencia intelectual y neutralidad del entendimiento humano, que de hecho está caído, y adoptar la Escritura como nuestra máxima autoridad para todo conocimiento *verdadero*.[54] Para que por la fe en la Palabra de Dios podamos dar sentido a nuestra realidad, que es la maravillosa creación de Dios.

4.3. Revelación general y especial

Fue Van Til quien escribió que «la revelación de Dios en la naturaleza, junto con la revelación de Dios en las Escrituras, forman el gran esquema de Dios de revelación pactual de Sí mismo al hombre», lo que significa que presuponen y se complementan entre sí, formando «aspectos de una filosofía general de la historia».[55] Con esto Van Til quiere decir que el hombre no podría haber disfrutado fructíferamente de Dios

---

[53] Ibíd., 23.

[54] El filósofo cristiano Herman Dooyeweerd enfatizó que una «filosofía cristiana radical sólo puede desarrollarse en la línea del punto de partida religioso de Calvino», y con esto Dooyeweerd se refiere a la Escritura, ya que Calvino enfatizó la corrupción de la realidad por la caída, en *A New Critique of Theoretical Thought*, trad. David H. Freeman y William S. Young, 4 vols. (Jordan Station, ON.: Paideia, 1984), 1:515.

[55] Van Til, *Christian Apologetics*, 66.

solo en la revelación de la naturaleza, y por esta realidad se agregó otra revelación, «la revelación positiva comunicada sobrenaturalmente».[56] Si los dos se presuponen y se complementan entre sí, entonces no pueden ser independientes entre sí. Pero, ¿cómo podríamos entender este gran esquema de relación de pacto?

Cuando la humanidad fue creada por primera vez, la revelación natural se incorporó a la idea de una relación de pacto de Dios con el hombre. Esto significaba que cada dimensión de la creación, cada acto creado, incluso lo que podría percibirse como el más insignificante, estaba «envuelto en una forma de relación exhaustivamente personal entre Dios y el hombre».[57] Nada, entonces, fuera de esta relación de pacto, puede verse como «neutral», porque el hombre está o en obediencia o en desobediencia pactual a Dios.

El propósito al que sirve la revelación general de Dios es ser la «arena de dos fuerzas opuestas», elaborada a lo largo del tiempo.[58] Van Til se refirió a esto como el «patio de recreo de la diferenciación» entre los elegidos de Dios, la ciudad de Dios, y los hijos de perdición, la ciudad terrenal, como se describe en *Ciudad de Dios* de Agustín. El erudito cristiano Albert M. Wolters define estas dos fuerzas opuestas como:

> ...la fuerza del pecado y la desobediencia a Dios que pervierte y distorsiona el todo, y [...] la fuerza de restauración y renovación

---

[56] Ibíd., 67.

[57] Ibíd.

[58] Albert M. Wolters, "The Intellectual Milieu of Herman Dooyeweerd." En *The Legacy of Herman Dooyeweerd: Reflections on Critical Philosophy in the Christian Tradition*, ed. C.T. McIntire (Toronto, ON.: Institute for Christian Studies, 1985), 9.

en JesuCristo que busca deshacer toda la perversión y distorsión para restablecer el propósito original de Dios para la creación.[59]

Esta es la filosofía cristiana de la historia, y tanto la revelación general como la especial son aspectos de esta filosofía, ya que se presuponen y se complementan entre sí. ¿Cuál podría ser un ejemplo de esto? Podemos considerar el pacto de Noé, que es comúnmente citado por varios defensores de los Dos Reinos.

En Génesis 9:11, leemos que Dios había hecho un pacto con Noé de que «el verano y el invierno, el día y la noche» continuarían hasta el final de los tiempos. Este pacto vino después de que Dios había manifestado su ira en la naturaleza para destruir a todos los hombres por su iniquidad (perdonando a Noé y a su familia).[60] Sin embargo, contrario a la interpretación de VanDrunen, en ninguna parte de las Escrituras se considera este pacto como el establecimiento de un orden secular, o una sociedad civil e irreligiosa; en cambio, el texto establece explícitamente que Noé ofreció sacrificios a Dios, lo cual era claramente un acto religioso pactual.[61] El pacto de Noé no tiene sentido, y puede distorsionarse fácilmente, cuando está divorciado (como resultado de algún dualismo) de la revelación especial de Dios de la gracia salvadora. El diluvio, después de todo, sirve como un tipo profético del juicio final de Dios sobre el pecado, y Noé como un modelo de fe salvadora que finalmente fue salvado por la gracia de Dios. Lo que el texto bíblico transmite es la continuación del «pacto de gracia, así como del pacto

---

[59] Ibíd.

[60] Van Til, *Christian Apologetics*, 68.

[61] Frame, *Systematic Theology: An Introduction to Christian Belief* (Phillipsburg, P&R Publishing, 2013), 68.

universal»,[62] hasta que Cristo complete la obra de redención y la incorporación de todos los elegidos de Dios a su reino.[63] Van Til extrae la unidad de la revelación general y especial de Dios de esta manera:

> Los profetas, y especialmente el gran profeta, predicen el curso futuro de la naturaleza. Los sacerdotes de Dios, y sobre todo el gran Sumo Sacerdote de Dios, escuchan las respuestas a sus oraciones por medio de la naturaleza. Los reyes bajo Dios, y sobre todo el Gran Rey de Israel, hacen que la naturaleza sirva a los propósitos de la redención. Las fuerzas de la naturaleza siempre están a la orden del poder de diferenciación que trabaja hacia la redención y la reprobación.[64]

Para comprender mejor la unidad de la ley-palabra de Dios, debemos recurrir a los atributos de la revelación general y especial, que son su necesidad, autoridad, perspicacia y suficiencia.

4.4. La necesidad de una revelación general y especial

Al abordar la necesidad de la revelación general, primero debemos tener en cuenta al hombre como una criatura pactual y que todas sus dimensiones de existencia creada son de naturaleza pactual. Esto se relaciona directamente

---

[62] John Frame define el *pacto universal* como «Cuando tienes un Señor [Creador] y un siervo [hombre de la creación], tienes un pacto. Cuando Adán es creado, automáticamente queda bajo la jurisdicción de este pacto... Incluso antes de que Dios le hable en Génesis 1:28, Dios lo ha rodeado de testimonios de su soberanía y sus requisitos. Así que el pacto universal tiene un contenido moral, y podemos suponer que hay bendiciones por la obediencia a los estatutos de Dios y maldiciones por la desobediencia». En Ibíd., 62.

[63] Ibíd., 69.

[64] Van Til, *Christian Apologetics*, 68.

con la actividad del hombre en el mundo anterior y posterior a la caída, donde antes de la caída del hombre, como afirma Van Til, Dios había elegido «un árbol de entre muchos y "arbitrariamente" le dijo al hombre que no comiera de sus frutos».[65] Dios nunca es «arbitrario», por lo que cuando Van Til usa ese término en sus escritos, quiere decir que el árbol tenía que parecer como cualquier otro árbol, porque si fuera naturalmente diferente del resto, entonces no podría haber cumplido su propósito único.[66]

La verdadera intención de Dios no era que el hombre obedeciera ese mandamiento solo por ese momento en particular, sino que el hombre debía ser «conscientemente obediente en todo lo que hacía con respecto a todas las cosas y a lo largo del tiempo».[67] En otras palabras, el árbol del conocimiento sirvió como ejemplo de cómo el hombre «debía o no respetar a todos los demás árboles».[68] Al vivir en obediencia al pacto en lo que se refiere al árbol del conocimiento (al no comer de este), el hombre podría vivir en obediencia al pacto en todas las demás dimensiones de la existencia creada.

Sin embargo, el hombre cayó al comer del fruto del árbol prohibido, y como resultado, la naturaleza dejó de ser «regular» o «natural», y lo que ocurrió fue una caída del estado original de la creación. La naturaleza tomó la apariencia de necesitar redención, y esto incluyó al hombre mismo como una criatura pactual.[69] Es un sentimiento universalmente reconocido que nuestro mundo no es lo que debería ser, porque ¿por qué otra realidad el hombre natural tie-

---

[65] Ibíd., 69.
[66] Ibíd.
[67] Ibíd., 69-70.
[68] Ibíd., 70.
[69] Ibíd.

ne sentimientos tan fuertes acerca de la muerte? ¿Y por qué intenta continuamente reconstruir un paraíso edénico en términos de su propia incredulidad? Podríamos considerar a los socialistas, los marxistas culturales, los transhumanistas, los musulmanes y muchos otros movimientos religioso-culturales que tienen un objetivo utópico; todos intentan recuperar el paraíso perdido, pero al hacerlo, solo «manifiestan la "fuerte ilusión" que cae como el castigo de Dios sobre aquellos que abusan de su revelación natural».[70] La necesidad de la revelación natural es, esencialmente, «la presuposición del proceso de diferenciación que la historia estaba destinada a ser».[71] Y a medida que esta arena de dos fuerzas opuestas se desarrolla hacia su fin, donde la victoria de la salvación de Cristo se manifestará plenamente en toda la creación, la naturaleza mientras tanto aparece como necesitada del don de la gracia de Dios.

Esto nos lleva a la revelación especial de Dios, que se hizo necesaria como resultado de la desobediencia pactual de Adán. Cuando el hombre cayó, su corazón se alejó de Dios y se hizo esclavo de Satanás, el acusador que usurpó este mundo en rebelión contra el Creador. Y dado que Satanás ha intentado e intentará todo lo que esté a su alcance para evitar que la obra redentora de Dios logre su misión global, por lo tanto, era necesario que la revelación de Dios fuera palabra y escrita.[72] Si no se hubiera dado como una «interpretación autorizada de los hechos redentores», y si la interpretación se hubiera dado al hombre caído, debido a los efectos *noéticos*

---

[70] Ibíd., 71.

[71] Ibíd., 70.

[72] Cornelius Van Til, *An Introduction to Systematic Theology: Prolegomena and the Doctrines of Revelation, Scripture, and God*, ed. William Edgar (Phillipsburg, NJ.: P&R Publishing, 2007), 225.

del pecado y las maquinaciones de Satanás, la revelación de la redención de Dios nunca habría podido llegar a los cuatro rincones del mundo ni durar hasta el final de los tiempos.[73] Esta es la realidad por la cual la Iglesia protestante reconoció que era necesario que el contenido de la revelación especial fuera puesto por escrito y en todos los idiomas,[74] para que pudiera (1) permanecer a través de los siglos; (2) llegar a toda la humanidad; (3) ser ofrecida a todos los hombres objetivamente; y (4) tener el testimonio de su veracidad, para que la Escritura sirviera al propósito para el cual fue dada (Is 55:11).[75] Y, de hecho, su necesidad es evidente, porque aunque la revelación natural puede transmitir la necesidad de la redención, sin embargo, no comunica los *medios* de redención. Dios siempre había tenido la intención de que tanto la revelación general como la especial se presupusieran y complementaran entre sí como una revelación divina. Esencialmente, negar la una es negar la otra, porque la naturaleza (la creación de Dios) no puede entenderse sin la Palabra de Dios (la interpretación), y la Palabra de Dios no puede entenderse si no es en relación con la creación de Dios (lo que se interpreta).

4.5. La autoridad de la revelación general y especial

Cuando recurrimos a la autoridad de la revelación general, vemos que también corresponde a la autoridad de la revelación especial de Dios. Vemos esto en que Dios le dijo a Adán, como una forma de revelación especial, que no podía comer

---

[73] Ibíd.

[74] Richard Muller, *Post-Reformation Reformed Dogmatics, Volume Two*, segunda ed. (Grand Rapids, MI.: Baker Publishing Group, 2009), 179.

[75] Van Til, *An Introduction to Systematic Theology*, 225.

del árbol del conocimiento, pero sí de todos los demás árboles, incluido el árbol de la vida. Esta revelación es «especial» en el sentido de que era excepcional, es decir, diferente de los medios ordinarios que Dios comunicó al hombre.[76] ¿Cuál fue esta comunicación ordinaria? La revelación natural. Van Til afirma que, como a Adán se le encomendó cultivar la creación de Dios en una civilización piadosa (un mandato que se restaura en Cristo), encontraría, a través de su mente investigadora, que «en y a través de las cosas de la naturaleza, hablaba la misma voz del mandato de Dios».[77] Van Til hace una distinción importante en su escrito aquí, porque Adán no encuentra la «misma voz de Dios» en la naturaleza como alguna forma de panteísmo, sino «la misma voz del *mandato* de Dios», que es la ley de Dios, un límite que preserva la distinción entre el Creador y la creación.[78] Más sobre esto más adelante, pero esencialmente Adán descubriría, en su procedimiento científico, que la muerte seguiría en todas partes si manipulaba la creación de Dios de una manera distinta a la prescrita por el Creador y Señor de todo.[79] Cada acto es un acto pactual, y Adán debía ser obediente en todas las dimensiones de la existencia creada.

---

[76] Van Til, *Christian Apologetics*, 72.

[77] Ibíd.

[78] Dooyeweerd enseñó que Dios y la creación no podían estar juntos bajo la misma ley, sino que todas las leyes y normas constituyen las condiciones de gobierno que Dios estableció para la creación. El Creador no puede estar sujeto a la misma ley que la criatura, ya que esto desdibujaría la distinción entre el Creador y la creación y sugeriría una única capa monista de realidad, según James W. Skillen en «Philosophy of the Cosmonomic Idea», *First Principles ISI Web Journal*. Consultado el 8 de junio del 2017, http://www.firstprinciplesjournal.com/print.aspx?article=1591/.

[79] Van Til, *Christian Apologetics*, 72.

Pero, ¿qué pasaría si después de la caída Adán negaba la revelación de la creación de Dios? Esta es la negación que vemos en el hombre natural, la supresión de la verdad y su sustitución por una ilusión (Ro 1:18-32). Incluso si el hombre suprime la verdad comunicada por la revelación natural, la cual se conoce inequívocamente en virtud de la creación de Dios y por haber sido creado a imagen de Dios, descubrirá que no puede escapar de la autoridad de la ley-palabra de Dios. Esto se debe a que, mientras vive en el mundo de Dios, piensa en el mundo de Dios y trabaja en el mundo de Dios, se enfrentará, una y otra vez, a la misma voz del mandato de Dios.[80] ¿Qué mandato es este? Caminar en obediencia al pacto en todas las dimensiones de la existencia creada; y debido a que el hombre no puede, por sus propios medios, cumplir esta tarea, aparece como necesitado de redención junto con el resto de la creación. Esta es la realidad con la que el hombre natural se enfrenta continuamente.

La tendencia del hombre natural a negar la realidad está arraigada en su vana búsqueda de la autonomía raza, y por «autonomía» se entiende la independencia existencial, moral y epistemológica de Dios. Este fue el pecado original cometido por Adán : *quiso* ser como Dios de una manera que no era apropiada para una criatura. El hombre, en otras palabras, busca ser juez sobre lo que se le presenta, para poder determinar por sí mismo lo que es real, lo que es moral y lo que se conoce. Esto es lo que significa autonomía, *autos* 'sí mismo' y *nomos* 'ley', ser una ley para uno mismo. Por lo tanto, el hombre natural considera que la Biblia es solo otro libro de literatura que puede descartar por su propio razonamiento. Sin embargo, como Van Til señala correctamente,

---

[80] Ibíd., 74.

«la Escritura es necesaria porque es necesaria una revelación autorizada».[81] Lo que quiere decir con esta declaración es que, si la Escritura se presentara como sujeta al juicio «autónomo» del hombre, es decir, que el hombre pudiera juzgar su veracidad por sí mismo, entonces el hombre nunca podría escapar de su autonomía, y permanecería en su rebelión y orgullo pecaminosos.[82] La Escritura, sin embargo, no se presenta como respetuosa de la afirmación del hombre de una autonomía radical, sino que se presenta como absolutamente autoritaria y evidentemente verdadera.[83] Por lo tanto, el hombre debe someterse a sus mandamientos, porque es una criatura y está sujeto al Creador, y tal acto de humillación solo es posible por la obra regeneradora del Espíritu de Dios.

Es en la revelación general y especial que la misma voz de Dios confronta con autoridad el pensamiento vano e inútil del hombre natural, exponiendo su búsqueda de autonomía como desobediencia flagrante del pacto y llamándolo al arrepentimiento y la reconciliación en el Señor JesuCristo . La naturaleza deja en claro la caída del hombre, la Escritura deja en claro el camino de la salvación, y ambas dejan en claro que la redención y la restauración ocurren en los términos de Dios, no en los del hombre.

4.6. La perspicuidad de la revelación general y especial

Eso nos lleva a la perspicuidad (o claridad) de la revelación general y especial, y en este frente, ha habido cierto debate sobre la claridad de la ley-palabra de Dios. El difunto teólogo Gordon H. Clark, por ejemplo, enseñó que para que

---

[81] Van Til, *An Introduction to Systematic Theology*, 225.
[82] Ibíd., 226.
[83] Ibíd.

se sepa algo sobre Dios, la única diferencia en el conocimiento entre el hombre y Dios debe ser la cantidad y no la
calidad.[84] Como explica un expositor de Clark : «El conocimiento que el hombre posee es *cualitativamente* el mismo
que el conocimiento de Dios. Cuando Dios dice: 'el gato es
negro', significa lo mismo que cuando el hombre lo dice».[85]
Clark, sin embargo, es contrarrestado por Van Til, quien
desentraña las implicaciones negativas de esta concepción
del conocimiento del hombre. Para Van Til, para que Dios
sea Dios, debe ser incomprensible. Y con esto, no quiere
decir que no se pueda saber nada sobre Dios. El hombre
tiene, de hecho, un entendimiento analógico (similar) a su
Creador, lo que significa que la diferencia entre el conocimiento del hombre y el de Dios es tanto la cantidad como
la calidad. Pero aquí es donde se impone la crítica de Clark
contra Van Til: Si la criatura es análoga al Creador, entonces
¿cómo puede conocer verdaderamente a Dios o discernir Su
revelación? La respuesta, proporcionada por Van Til, es que
es precisamente debido a esta distinción entre el Creador
y la creación que la revelación de Dios en la naturaleza y
las Escrituras son inteligibles para nosotros. Porque como
escribe: «La claridad de la revelación de Dios en la naturaleza
depende por su propio significado del hecho de que es un

---

[84] Douglas Douma, "Elements Of Gordon Clark's Theory Of Knowledge",
A Place For Thoughts, last modified 2017, recuperado el 19 de junio del
2017, https://douglasdouma.wordpress.com/2016/09/28/elements-of-
gordon-clarks-theory-of-knowledge/.
[85] C. Jay Engel, "Cornelius Van Til Vs. Gordon H. Clark: A
Personal View. Part 3/3", *Reformed Libertarian*, modificado por
última vez en el 2017, recuperado el 19 de junio del 2017,
http://reformedlibertarian.com/articles/theology/cornelius-van-
til-vs-gordon-h-clark-a-personal-view-part-33/.

aspecto de la revelación total y totalmente voluntaria de un Dios que es autónomo».[86]

¿Cómo es eso? En una realidad monista de una sola capa, donde no existe distinción entre el Creador y la creación, no puede haber distinciones dentro de la realidad y esto, a su vez, haría que todo en la existencia creada fuera ininteligible. La cosmovisión cristiana, sin embargo, es la única realidad de dos capas (distinción entre el Creador y la creación) que proporciona las condiciones previas para la predicación (dar sentido a la realidad).[87] Por lo tanto, podemos dar una explicación inteligible de cualquier aspecto de la realidad debido al Dios autónomo. Pensar que el conocimiento del hombre es el mismo que el de Dios en términos de calidad (como afirma Clark) sería erróneo, ya que la criatura solo puede pensar como una criatura, y suponer que la criatura puede pensar como el Creador es reforzar la ilusión de que Adán es como Dios de una manera que no es adecuada para una criatura. En otras palabras, decir que la diferencia entre el conocimiento del hombre y el de Dios es únicamente la cantidad y no la calidad es elevar a la criatura al nivel del Creador o bajar al Creador al nivel de la criatura.[88] El hombre es, por lo tanto, un ser analógico para el Creador, incluso en su pensamiento, y esto encontramos que está de acuerdo con los principios bíblicos. Isaías 55:8-9, por ejemplo, afirma:

> Porque mis pensamientos no son
> los pensamientos de ustedes,
> ni sus caminos son mis caminos,
> declara el SEÑOR.

---

[86] Van Til, *Christian Apologetics*, 76.

[87] Ibíd., 30-31.

[88] Ibíd., 32.

Porque como los cielos son más altos que la tierra,
así mis caminos son más altos que sus caminos,
y mis pensamientos más que sus pensamientos.

Entonces, ¿cómo debemos entender la incomprensibili-
dad de Dios? Van Til afirma que, en última instancia, es
debido a la exhaustiva comprensibilidad de Dios que es incomprensible para el hombre finito. Pero el hombre no
necesita conocer exhaustivamente «para conocer verdadera
y ciertamente».[89] La revelación de Dios es claramente discernible para nosotros debido al hecho de que somos creados a
Su imagen y, por lo tanto, pensamos analógicamente con el
Creador. El problema, sin embargo, en lo que se refiere a la
epistemología, es la recepción de esta revelación, ya que el
receptor (el hombre) está cegado por su caída y suprime la
verdad de Dios.

Los efectos *noéticos* del pecado no pueden ser subestima-
dos, porque no podemos pensar que la influencia del pecado
es mínima y no *total* (Gn 6:5; Sal 58:3; Mr 7:21-23; Ef 2:1-3; 1
Co 2:14), como si la voluntad del hombre pudiera dominar
su naturaleza depravada y de alguna manera llegar de forma
independiente a una verdadera interpretación de la realidad.
Pero cuando el Espíritu de Dios da vida al hombre natural,
cambiando su corazón de piedra por un corazón de carne y
liberando su mente de la futilidad, entonces puede, en un
nivel creado, pensar los pensamientos de Dios después de Él.
Es solo entonces, como resultado de la obra regeneradora
del Espíritu, que el hombre puede discernir la revelación
de Dios tanto en la naturaleza como en las Escrituras. Como escribe Van Til: «Cuando el hombre piensa en sumisión
consciente a la revelación voluntaria del Dios autosuficiente,

---

[89] Ibíd., 77.

tiene allí el único fundamento posible de certeza para su conocimiento».[90]

La revelación de Dios en la naturaleza es clara, pero no puede entenderse independientemente de Su revelación especial. Debemos, en todo momento, abandonar esta noción de «autonomía» epistemológica y, como escribe Frame:

> ...interpretar la creación solo pensando los pensamientos de Dios después de Él. Y esto significa que cuando analizamos la creación, debemos escuchar las palabras de Dios en otros medios, como la Palabra escrita, si queremos entender la naturaleza tal como Él la creó.[91]

Podemos interpretar la creación de Dios porque podemos entender las Escrituras, y esto se debe al tercer atributo de la Palabra de Dios, su perspicacia. El término «perspicuidad» no significa, de ninguna manera, que no haya pasajes difíciles de interpretar dentro de la Palabra de Dios, sino que, con «inteligencia ordinaria, cualquier persona puede obtener, sin la intervención de los sacerdotes, el punto principal de las cosas que necesita saber».[92] Y por la «intervención» que Van Til señala, se refiere al clericalismo que ha definido el catolicismo romano y al que la Reforma protestante se opuso fuertemente, la noción misma de que ningún miembro ordinario de la Iglesia podía interpretar las Escrituras por sí mismo.[93]

---

[90] Ibíd.
[91] Frame, *Systematic Theology*, 539.
[92] Van Til, *An Introduction to Systematic Theology*, 226.
[93] Ibíd.

4.7. La suficiencia de la revelación general y especial

Finalmente, llegamos a la suficiencia de la revelación general
y especial de Dios, y estas también vemos que se presuponen
y complementan entre sí. Pero digamos, por ejemplo, que
la revelación de Dios al hombre fue únicamente natural. Sabemos que este no es realmente el caso, ya que solo sería
limitado en su alcance y sería insuficiente para comunicar
los medios de redención, y esto se debe a que la revelación
de Dios en la naturaleza se completa totalmente con la revelación especial de Dios. Sin embargo, la revelación de Dios
en la naturaleza es *históricamente* suficiente por sí sola, ya
que sirve al propósito al que estaba destinada a servir, ser
la arena de dos fuerzas opuestas, o el patio de recreo de la
diferenciación entre «los que quieren servir a Dios y los que
no quieren».[94]

Esencialmente, la revelación general es suficiente para
dejar al hombre sin excusa, porque, como escribió el apóstol
Pablo: «Porque desde la creación del mundo, [los] atributos
invisibles [de Dios], Su eterno poder y divinidad, se han visto
con toda claridad, siendo entendidos por medio de lo creado,
de manera que ellos no tienen excusa» (Ro 1:20). Van Til
utiliza la siguiente ilustración para comunicar este hecho
con mayor claridad: Si hay un hombre en prisión donde
el sol no brilla, es porque primero abusó de esa luz.[95] La
humanidad abusó de la creación de Dios, la manipuló de
una manera que no fue fiel a su pacto, y como resultado
de esta transgresión, la tierra gime de dolor, «clamando a
Dios por venganza y por medio de ella, por redención».[96]

---

[94] Van Til, *Christian Apologetics*, 75-76.
[95] Ibíd., 74.
[96] Ibíd., 75.

En respuesta, Dios hizo una promesa a la creación, en el *protoevangelio* (Gn 3:15), con un doble aspecto que consiste en la venganza (la destrucción de Satanás, la serpiente, que usurpó el mundo), y el servicio fiel de la naturaleza en dar expresión a la comunicación sobrenatural de Dios.[97]

En este último ya podemos discernir que la naturaleza exhibe «tendencias», en el sentido de que los impíos reciben las consecuencias justas de sus acciones y los justos son bendecidos, pero Asaf señaló en el Salmo 73:1-15 que este no es siempre el caso. La naturaleza demuestra la maldición de la maldad del hombre, pero también demuestra la misericordia de Dios en que envía lluvia incluso sobre los malvados (Mt 5:45). Pero estas «tendencias» en la naturaleza que siguen a la fidelidad y la infidelidad del pacto pronto se convertirán en la regla sin excepción (Sal 73:16-28), porque como escribe Van Til, «la tendencia en sí misma no tiene sentido sin la certeza del clímax».[98] Este es el gran clímax de nuestra esperanza cristiana, el juicio final de los malvados y la redención y renovación cósmica completa de la creación, donde el reino de Dios, que consiste en el pacto de los fieles bajo el gobierno de Cristo , se manifestará plenamente en la tierra.

Esta esperanza, que no solo es futura sino presente, y se manifiesta en nuestra fe activa, se nos da a conocer a través de la revelación divina de Dios tanto en la naturaleza como en las Escrituras. Porque la regeneración del hombre en Cristo se hace evidente y se revela en la naturaleza, y tal revelación afirma la verdad de la revelación redentora de las Escrituras. Y así como la revelación general es históricamente suficiente, también lo es la Escritura, ya que negar esto sería

---

[97] Ibíd.
[98] Ibíd.

sugerir la incompletitud de la revelación de Dios y, por lo tanto, la falta de una revelación e interpretación autorizadas de la realidad.[99] De hecho, es debido a la suficiencia de las Escrituras que el hombre natural no puede salirse con la suya con su interpretación caída de la realidad, ya que no le otorga escape de la verdad de Dios, ni excusa para su negación. Para decirlo de manera más simple, el hombre natural no puede entrometerse, contribuir ni reemplazar la revelación especial de Dios.[100] El hombre está ligado a esta como criatura pactual. El atributo de suficiencia de las Escrituras está, por esta realidad, vinculado interdependientemente con su necesidad, autoridad y perspicacia, ya que, como explica Van Til:

> Los reformadores pensaron en este atributo particularmente en oposición a todo tipo de *sectarismo*, ya que pensaron en la perspicuidad principalmente en oposición al *clericalismo*, como pensaron en la necesidad en oposición al *racionalismo*, y como pensaron en la autoridad en oposición a la *autonomía*. Los cuatro atributos de las Escrituras son igualmente importantes porque si no los tuviéramos todos, no tendríamos ninguno.[101]

Por lo tanto, tanto la revelación general como la especial son dos aspectos (no partes independientes) de la palabra-ley de Dios. De hecho, la revelación especial es la nueva publicación de la tesis de la creación, la luz brillante sobre quiénes somos, qué posición ocupamos según lo establecido por Dios y, a la luz de estos dos, cómo debemos caminar (o vivir). Como escribe Runner: «La Palabra de Dios es la TESIS de Dios, la única declaración verdadera por la cual la

---

[99] Van Til, *An Introduction to Systematic Theology*, 227.
[100] Ibíd.
[101] Ibíd.

naturaleza de nuestra vida en el mundo es dilucidada y su camino así dirigido».[102]

Desafortunadamente, en gran parte del pensamiento cristiano moderno, la revelación general ha sido relegada al piso inferior de la naturaleza (o al reino «común» de la teología de dos reinos), mientras que la revelación especial se eleva al piso superior de la gracia. Esta concepción dualista de la revelación de Dios es el producto del esquema escolástico de *naturaleza y gracia*, que es esencialmente la síntesis del dualismo de *materia y forma* de los griegos y la filosofía cristiana de la vida. Esta síntesis no bíblica, como todas las demás síntesis de verdad y error, es una falsa concepción de la realidad. Es, de hecho, un pensamiento apóstata, una rebelión contra el señorío de Dios que todo lo[103] abarca, porque el hombre o está sujeto a la ley-palabra de Dios o se levanta en hostilidad contra ésta. Es necio pensar que el hombre natural podría agregar significativamente a la verdad de Dios, ya que está ineludiblemente vinculado a ella y debe honrarla como absoluta.

4.8. La unidad de la ley-palabra de Dios: la ley natural

He demostrado, hasta este punto, la interdependencia de la revelación general y especial de Dios, pero para enfatizar aún más la unidad de la ley-palabra de Dios, podemos recurrir a Dooyeweerd, el filósofo cristiano, que dedicó su vida a articu-

---

[102]Runner, *Walking in the Way of the Word*, 24.

[103]E.E. Carpenter & P.W. Comfort, en *Holman Treasury of Key Bible Words: 200 Greek and 200 Hebrew Words Defined and Explained* (Nashville, TN: Broadman & Holman Publishers, 2000), 227.

lar una filosofía de vida cristiana integral y holística.[104] Para
Dooyeweerd, el cosmos es una «creación ordenada por la
ley y la norma», una afirmación bíblica con la que todos los
cristianos estarían de acuerdo, pero debemos aclarar exactamente qué significa «ley y norma» antes de proceder.[105]
Esto podría confundirse en el sentido de que Dooyeweerd es
un filósofo de la «ley natural», y en algunos aspectos, esto es
correcto, porque enseña que «los humanos están de alguna
manera obligados por leyes y normas que no son reducibles
o creadas por los propios sujetos humanos».[106] Pero la «ley
natural» en el sentido más racionalista del término, según lo
articulado por Aristóteles, los estoicos o Tomás de Aquino,
no es lo que afirma Dooyeweerd. De hecho, su filosofía es
antitética a la teoría de la «ley natural» del racionalista.

La ley natural se puede definir ampliamente de dos maneras: o bien (1) es el proceso último que gobierna el mundo,
y esto lo reconocemos como los decretos de Dios; o (2) es
la estructura mecánica básica del universo. Hay otras defi-
niciones competitivas de la ley natural de pensadores no
cristianos, pero estas son debatibles ya que nunca se ha llegado a un consenso general. ¿Qué más se puede esperar de
una abstracción inmaterial?

La primera definición proporcionada anteriormente es
bíblica, la segunda no. Esto se debe a que, según varios escritores cristianos y no cristianos, la estructura mecánica del
universo «no es la voluntad de Dios como tal, ni las eleccio-
nes personales de Dios, ni algo en la mente humana, sino

---

[104]Cf. Andree Troost, *What is Reformational Philosophy?* (Jordan Station, ON.:
Paideia Press, 2020).
[105]Skillen, "Philosophy of the Cosmonomic Idea."
[106]Ibíd.

algo creado en la estructura del mundo mismo».[107] Geisler, por ejemplo, afirmó lo primero, pero fue inconsistente en su articulación teológica porque a menudo abrazó lo segundo, donde la ley natural es esencialmente mecánica, «entendida como la forma habitual, ordenada y general en que opera el mundo».[108] Distingue entre la regularidad de la naturaleza y la interrupción de Dios de dicha regularidad en la ocurrencia de milagros, citando a Antonio Voló sobre la naturaleza como algo «dejado a su suerte».[109] Este concepto de la estructura mecánica es característico del deísmo, que representa a Dios como creador del universo tal como un relojero hace un reloj, para dejarlo solo después de su finalización, libre de cualquier intervención o interrupción. Geisler no es deísta, eso es seguro, pero no fue teológica ni filosóficamente consistente en su comprensión y articulación del doble aspecto de la revelación de Dios.

Este concepto de ley natural, siendo inherente a la creación de Dios, es decir, la ley que está en la creación misma, es de origen pagano, pues emerge de la antigua religión y ley romana. Esto es afirmado por el teólogo cristiano R. J. Rushdoony, quien también afirmó que, contrariamente a la «ley natural» del racionalista, la Biblia afirma que «no hay ley en la naturaleza, porque la naturaleza está caída y no puede ser normativa. Además, la fuente de la ley no es la naturaleza sino Dios».[110] Sugerir que la ley natural está en la creación, y que solo se aplica a los incrédulos (lo que Geisler afirmó),[111]

---

[107]Frame, *Systematic Theology*, 124-125.

[108]Geisler, *Systematic Theology*, 35.

[109]Citado en Ibíd.

[110]R.J. Rushdoony, *Institutes of Biblical Law* (Phillipsburg, NJ.: P&R Publications, 1973), 10.

[111]Ver Geisler, *Systematic Theology*, 55.

es afirmar que el hombre natural puede abrirse camino hacia Dios y hacia una ley universal. Esto esencialmente significa que no necesita a Dios ni a la ley de Dios y, por lo tanto, según Rushdoony, «tampoco necesita la Biblia, ni a los teólogos ni ninguna revelación de Dios; el hombre mismo es entonces el principio de la revelación y la verdad, la fuente andante de la ley».[112] Adoptar la ley natural, o teología natural, es satisfacer el deseo del hombre natural de ser radicalmente autónomo, de estar libre del gobierno de Dios en todas las dimensiones de la existencia creada.[113]

La Confesión de fe de Westminster reconoció el compromiso de la «ley natural» del racionalista y, por lo tanto, nunca la consideró como una autoridad moral independiente. Por el contrario, como afirma el difunto apologista Greg L. Bahnsen, la Confesión reconoce que, dentro del contexto bíblico, la ley natural (entendida como revelación natural) es «idéntica en sus demandas a la revelación especial (redentora)».[114]

Pero, ¿qué pasa con la objeción, ofrecida por Geisler, de que debe haber una ley natural (en el sentido dualista), dado que casi todas las religiones del mundo están de acuerdo con alguna ley universal?[115] En primer lugar, esto es discutible, ya que un poeta chino en el siglo V d. C. escribió que: «El mayor disgusto de la mayoría es la ley de la naturaleza».[116] Esto se consideraría una aberración de la supuesta comprensión de la «ley universal»,[117] pero no es un caso atípico, ya que

---

[112]Rushdoony, *Institutes of Biblical Law*, 685.

[113]Greg L. Bahnsen, *Theonomy in Christian Ethics* (Nacogdoches, TX.: Covenant Media Press, 2002), 387.

[114]Ibíd., 521.

[115]Véase, Geisler, *Systematic Theology*, 58.

[116]Pao Chao, *The Ruined City* (ca. 414-466).

[117]Rushdoony, *Law & Liberty* (Vallecito, CA.: Ross House Books, 2009), 27.

incluso podríamos considerar la indiferencia moral expresada dentro de la cosmovisión hindú, como se establece en el diálogo entre Arjuna y Krishna en el *Bhagavad-Gita*. Hay otros ejemplos en las religiones del mundo que cuestionan la veracidad de esta objeción. Pero digamos que encontramos cierta uniformidad en estas religiones, esto no haría que la objeción fuera válida de ninguna manera, sino que solo sirve para afirmar que la revelación original de Dios había sido distorsionada por la pecaminosidad del hombre. De hecho, podemos rastrear los vestigios de la verdad bíblica en varias cosmovisiones a través de estudios etnográficos, encontrando que en lugar de una evolución de la religión, como afirman los secularistas, ha habido una apostasía de una revelación original. Esto no solo lo afirma Ouweneel,[118] sino más ampliamente el erudito en religión Winfried Corduan [119] y su precursor, Wilhelm Schmidt.[120]

Las religiones de nuestra época, aparte del teísmo cristiano, son religiones apóstatas que han sustituido su adoración al Creador por la creación, todo mientras toman prestado del capital bíblico, ya que por sí solas no pueden ser sostenidas por sus falsas presuposiciones. El ateo, el hindú y el budista, por ejemplo, creen cosas diferentes, pero viven y piensan de tal manera que presuponen al Dios Creador de las Escrituras. Vemos esto en que el ateo vive de tal manera que presupone el orden del universo, contrariamente a su convicción de un caos cosmológico constante. El hindú vive de tal manera que presupone el estándar objetivo para la

---

[118]Ouweneel, *The World is Christ's*, 89.

[119]Ver Winfried Corduan, *In the Beginning God: A Fresh Look at the Origin of Monotheism* (Grand Rapids, MI.: B&H Academic, 2013).

[120]Ver Wilhelm Schmidt, *The Origin and Growth of Religion* (Proctorville, OH.: Wythe-North Publishing, 2014).

ética, contrariamente a la indiferencia moral requerida por el hinduismo. Y el budista vive de tal manera que presupone el realismo de lo metafísico, contrario a su creencia de que todo es una ilusión y una extensión de la nada, el Nirvana. El hombre natural, aparte de Cristo , es irremediablemente apóstata en su comprensión e incapaz de discernir una ley natural en la creación.

4.9. La unidad de la palabra de la ley de Dios: dos aspectos

Por lo tanto, una comprensión adecuada de la «ley natural» es que la naturaleza *no* es el estándar, ya que para encontrar el estándar debemos ir más allá de la naturaleza y hacia Dios. Esto se debe a que (1) la naturaleza ha caído y, por lo tanto, no puede ser normativa, y (2) la naturaleza no es personal y, por lo tanto, los orígenes de la ley no se pueden encontrar dentro de una sustancia impersonal y creada.[121] ¿Cuál *es* entonces una articulación bíblica precisa de la «ley natural»? Para evitar confusiones, podemos referirnos a una ley como «orden de la creación» o, más simplemente, «ley creacional». Esto fue desarrollado por Abraham Kuyper, quien razonó de acuerdo con las Escrituras que, si la salvación es de hecho «recreación», porque restaura al hombre y al resto de la creación a su lugar y función creacional adecuados (consistente con el tema fundamental de *creación, caída y redención* de las Escrituras), entonces debe haber una norma o estándar para que la creación sea restaurada.[122]

¿Qué es esta ley? Runner nos dice que no podemos observar esta ley directamente, pero podemos observarla indirectamente «a través de la observación de las respuestas legales de

---

[121]Rushdoony, *Law & Liberty*, 31.
[122]Wolters, "The Intellectual Milieu of Herman Dooyeweerd," 5.

las cosas a la demanda de la Ley».[123] En cuanto a lo que es la ley en sí, podemos aprender esto de la revelación especial de Dios, Su Palabra escrita, porque es la republicación de la tesis de la creación.[124]

En esta «ley creacional», Kuyper también desarrolló el concepto de «diversidad creacional», que fue ampliado por Dooyeweerd, de que las diferentes cosas están definidas por «leyes de vida» específicas (como «tipos») que tienen sus propias identidades garantizadas por leyes creacionales.[125] Esto proporciona las estructuras ontológicas en términos de las cuales «todo proceso puede tener lugar».[126] En términos más simples, Rushdoony explica la ley creacional y la diversidad de esta manera:

> Ahora Dios ha establecido varias esferas de leyes sobre la naturaleza, leyes que rigen la realidad física, leyes que rigen la sociedad, la moralidad, la religión, la Iglesia y todas las demás cosas. En cada área de nuestras vidas, nos regimos por leyes; ya sea que comamos o durmamos, trabajemos, adoremos o juguemos, nos movemos en las esferas de la ley. Nuestra alimentación obedece a las leyes de la nutrición y la digestión; nuestro sueño se rige por leyes fisiológicas; todas nuestras actividades implican una esfera de leyes tras otra. Estas esferas de ley son parte de la creación de Dios; la naturaleza no las desarrolló; aparecieron junto con la naturaleza cuando Dios creó todas las cosas.[127]

Esta comprensión derivada bíblicamente de la ley creacional y su diversidad nos presenta el marco de dos capas de la realidad, con Dios como el Creador, toda la realidad

---

[123]Runner, *Walking in the Way of the Word*, 42.
[124]Ibíd.
[125]Wolters, "The Intellectual Milieu of Herman Dooyeweerd," 6.
[126]Ibíd.
[127]Rushdoony, *Law & Liberty*, 31.

como creación y la ley de Dios sirviendo como límite entre Dios y el hombre, manteniendo la distinción entre el Creador y la creación.[128] De ninguna manera estas leyes habitan en la creación, como creen los deístas, sino que debemos considerar estas leyes como la Palabra de Dios de la que el mundo depende en cada momento.[129] Y en cuanto a lo que son estas «esferas de ley», Dooyeweerd las reduce a 15 esferas irreductibles (o aspectos modales) de la realidad: (1) el aspecto numérico; (2) el aspecto espacial; (3) el aspecto del movimiento extenso; (4) el aspecto energético; (5) el aspecto biótico; (6) el aspecto del sentimiento y la sensación; (7) el aspecto lógico; (8) el aspecto histórico; (9) el aspecto del significado simbólico; (10) el aspecto del intercambio social; (11) el aspecto económico; (12) el aspecto estético; (13) el aspecto jurídico; (14) el aspecto moral; y (15) el aspecto pístico (fe o creencia).[130] Como escribe el propio Dooyeweerd:

> Toda esta diversidad de aspectos modales [o esferas] de nuestra experiencia solo tiene sentido dentro del orden del tiempo. Se refiere a una unidad central supratemporal y a una plenitud de significado en nuestro mundo experiencial, que se refracta en el orden del tiempo, en una rica diversidad de modos, modalidades de significado, al igual que la luz del sol es refractada por un prisma en una rica diversidad de colores.[131]

Todas estas esferas de la realidad constituyen un aspecto de la revelación divina de Dios, considerada por los teólogos —a lo largo de la historia de la iglesia— como *revelación general*.

---

[128]Skillen, "Philosophy of the Cosmonomic Idea."

[129]Frame, *Systematic Theology*, 184.

[130]Skillen, "Philosophy of the Cosmonomic Idea."

[131]Herman Dooyeweerd, *In the Twilight of Western Thought: Collected Works, Series B - Vol. 16*, trad. D.F.M. Strauss (Jordan Station, ON.: Paideia Press, 2012), 7.

Figura 1

Las líneas verticales indican el número de las
funciones sujeto, las *líneas punteadas* el de las
funciones objeto.

Figura 1: Panorámica de los aspectos con sus funciones sujeto y objeto; Andree Troost, *What is Reformational Philosophy: An Introduction to the Cosmonomic Philosophy of Herman Dooyeweerd* (Jordan Station, ON.: Paideia Press, 2020), 353.

Y así, el hombre natural que vive en el mundo de Dios, gobernado por las esferas de la ley de Dios, no puede evitar presuponer al Dios Creador personal de la Escritura en la totalidad de su ser creado y las acciones que se derivan de este. En última instancia, se queda sin excusa, porque así como «la ley de Dios es revelación, también la revelación de Dios es siempre ley».[132] La voluntad de Dios como Creador

---

[132]Ouweneel, *The World is Christ's*, 74.

se expresa en cada aspecto de la realidad, y la voluntad de Dios como redentor se expresa en Su *revelación escrita especial*, el segundo aspecto de la revelación divina de Dios. Estos dos se presuponen y complementan entre sí, y como se había derivado de las Escrituras, la unidad de estos dos aspectos de la ley-palabra de Dios se expresa en la Confesión Belga, que dice:

> Conocemos a Dios por dos medios:
>
> Primero, por la creación, preservación y gobierno del universo;
>> que está ante nuestros ojos
>> como el libro más elegante
>> en el que todas las criaturas,
>> grandes y pequeñas,
>> son como muchas letras
>> que nos llevan a contemplar
>> las cosas invisibles de Dios,
>> es decir, su eterno poder y divinidad,
>> como dice el apóstol Pablo en Romanos 1:20.
>
> Todas estas cosas son suficientes para condenar a los hombres y dejarlos sin excusa.
>
> En segundo lugar, Él se nos da a conocer de manera más clara y completa a través de su Palabra santa y divina;
>> es decir, tanto como nos es necesario
>> saber en esta vida, para su gloria
>> y nuestra salvación.[133]

A medida que nos alejamos de la influencia de la escolástica medieval y su síntesis de la filosofía griega pagana con

---

[133]"Belgic Confession, Article 2: The Means By Which We Know God", *Reformed Church In America*, modificado por última vez en el 2017, recuperado el 23 de junio del 2017, https://www.rca.org/resources/belgic-confession-article-2-means-which-we-know-god/.

la filosofía cristiana de la vida, como lo habían intentado los reformadores protestantes, debemos defender la revelación especial de Dios, no como una comunicación de otro mundo exclusivamente para el pueblo del pacto de Dios, sino como autoridad y vinculante para todos,[134] como la republicación de la tesis de la creación,[135] y como la lente por la cual el hombre puede dar sentido a la revelación de Dios en la naturaleza. Es solo entonces que la Iglesia puede discernir adecuadamente el universo como ese «gran comercio pactual entre Dios y su vicerregente y portador de su imagen, el hombre», como afirma Runner.[136] Para el hombre vivir y ser gobernado por el orden de la ley que está sobre la creación es caminar en obediencia al pacto (santidad) y hacer que todo su trabajo cultural (el cultivo de la creación) «se corresponda con las demandas de las leyes divinas y, por lo tanto, sea su servicio religioso a Dios».[137]

4.10. Observaciones finales

En conclusión, he explicado cómo la división predominante en el pensamiento cristiano moderno de la revelación general y especial de Dios como independientes entre sí es el resultado del racionalismo griego y el escolasticismo medieval, y que esto ha tenido un efecto perjudicial en la Iglesia en su desarrollo teológico y su testimonio de la filosofía cristiana de la vida. En muchos aspectos, ha provocado apatía en el compromiso cultural de la Iglesia y ha promovido un individualismo espiritual que es en muchos aspectos similar

---

[134]Runner, *Walking in the Way of the Word*, 26.
[135]Ibíd., 33.
[136]Ibíd., 26.
[137]Ibíd., 27.

a la herejía gnóstica donde el espíritu o el alma se eleva por encima del cuerpo material, en consonancia con el dualismo griego. Esta influencia dualista, evidente ya en la patrística y más prominentemente en la escolástica, ha contribuido a una apologética cristiana incompleta, ya que opera desde una concepción y construcción no bíblica de la realidad.

Sin embargo, al explicar la unidad de la palabra ley de Dios, he proporcionado en ella la verdadera concepción bíblica de la realidad, en los tres aspectos de la metafísica, la ética y la epistemología. Esto es esencial para nuestra apologética cristiana, ya que al negar esta unidad nos quedamos sin una filosofía de vida cristiana holística y completa.

Si esperamos defender y promover la verdad, la libertad y la belleza del evangelio, sin comprometer sus verdades esenciales y descuidar su plena extensión y alcance, en fidelidad al espíritu de la Reforma, debemos, por lo tanto, recuperar en nuestra enseñanza, y ser testigos de, la comprensión bíblica de la realidad y la unidad de la ley-palabra de Dios, los dos aspectos de su revelación divina.

PARTE II

LOS FUNDAMENTOS DE UNA COSMOVISIÓN

CAPÍTULO 5

FUNDAMENTOS DE COSMOVISIÓN I
EL ORIGEN DEL COSMOS

"En el principio, Dios creó los cielos y la tierra".
Génesis 1:1

5.1. La pregunta de los orígenes

CADA VISIÓN DEL MUNDO Y DE LA VIDA, o filosofía de la vida, debe responder a cuatro preguntas fundamentales con respecto a la realidad: (i) ¿Cuál es el origen de todas las cosas? (ii) ¿Cuál es el significado o propósito del universo? (iii) ¿Qué estándares morales debemos vivir? Y (iv) ¿Cuál es el fin destinado de nuestro universo material creado? Podríamos considerar estas cuestiones, ya sean planteadas cosmológica o existencialmente, como cuatro aspectos de la cosmovisión: origen, significado, moralidad y destino. Sin embargo, ninguna cosmovisión puede responder correctamente a las últimas tres preguntas si no se da una respuesta correcta y verdadera a la cuestión de los orígenes, ya que esto determina en última instancia la inteligibilidad de una cosmovisión dada; ya sea logrando dar sentido a nuestro mundo en su interpretación, o haciendo que nuestra percepción sea lógicamente inconsistente, y por implicación, ininteligible.[1]

---

[1] John D. Currid, "The Hebrew World-and-Life View" in *Revolutions in Worldview: Understanding the Flow of Western Thought*, eds. W. Andrew Hoffecker (Phillipsburg, NJ.: P&R Publishing, 2007), 49.

La visión cristiana del mundo y la vida, como todas las otras visiones del mundo, se basa en su respuesta a la pregunta de los orígenes. En otras palabras, es su fundamento. Pero a diferencia de cualquier otra cosmovisión, es la única percepción e interpretación de la realidad en la que la predicción de la realidad es posible, es decir, que como portadores de la imagen divina, tenemos la capacidad dada por Dios para dar sentido a la creación. De hecho, se puede decir que la cosmovisión cristiana está en una liga propia, siendo la única cosmovisión verdadera en la que podemos dar sentido perfecto a nuestra realidad. La realidad de esto radica en el hecho de que la visión cristiana del mundo y de la vida proporciona una respuesta correcta y verdadera a la cuestión de los orígenes, es decir, una respuesta que corresponde adecuadamente a la realidad, una respuesta que concuerda con el testimonio de la revelación de Dios, y una respuesta que es lógicamente coherente y coherente con toda la cosmovisión cristiana. En otras palabras, proporciona las condiciones previas necesarias de inteligibilidad, lo que debe presuponerse para dar sentido al mundo tal como lo conocemos hoy y vivir correctamente en él. Como el teólogo James R. Mook señaló con realidad, "Los capítulos iniciales del Génesis son los más fundamentales en toda la Escritura. De hecho. . . nada tiene sentido duradero si estos capítulos son socavados".[2]

En los tres primeros capítulos del Génesis, se nos proporciona la narrativa de la creación bíblica, el primero que trata de la creación del cosmos, el segundo, una creación más

---

[2] James R. Mook, "The Church Fathers on Genesis, the Flood, and the Age of the Earth," *Coming to Grips with Genesis: Biblical Authority and the Age of the Earth*, eds. Terry Mortenson and Thane H. Ury (Green Forest, AR.: Master Books, 2012), 24.

enfocada del hombre, y el tercero, la caída del hombre y la corrupción de la creación – que, aunque no implica ninguna actividad creativa, sin embargo, nos proporciona el contexto para comprender nuestro mundo actual. En los últimos años, han surgido decenas de interpretaciones diferentes para esta narrativa de la creación bíblica, algunas variaciones clasificando como creacionismo progresivo, otras como evolución teísta, y lo que ha sido más popular últimamente, el funcionalismo de la cosmología antigua, según la tesis de John H. Walton *El mundo perdido del Génesis Uno*.

Ha habido varios intentos de interpretar el Génesis desde diferentes y variadas perspectivas, más en sintonía, algunos sugieren, con la comprensión científica del mundo de la historia natural, pero en medio de esta plétora de interpretaciones, la interpretación histórica, literal creacionista todavía persiste. Es esta interpretación, en particular, la que refleja y afirma correctamente el ser y los atributos del Dios del teísmo cristiano como se describe en su revelación especial y escrita. Y, de hecho, es la interpretación correcta y verdadera según el testimonio de la Escritura, como lo afirman los exégetas conservadores que defienden la autoridad bíblica, y según el testimonio de la patrística de la iglesia primitiva. Negar esta interpretación es socavar la doctrina bíblica de Dios y la visión cristiana del mundo y la vida como un todo. Este es mi objetivo, demostrar este hecho. En última instancia, esta negación implica alterar el carácter y los atributos de Dios a lo que es extraño a la Escritura, una concepción diferente y antitética de Dios, que hace, como resultado, una visión del mundo completamente diferente. Adoptar tal distorsión de la verdad resulta en severas complicaciones teológicas y epistemológicas, pues adoptar una cosmología no bíblica es errar de la misma manera que el hombre natural se equivoca, fallando en dar sentido a nuestra realidad debido a la ausencia de las condiciones previas de inteligibilidad, o, en otras palabras, lo que se debe presuponer para dar sentido a nuestra realidad, que son los mismos presupuestos de la Escritura.

5.2. Interpretaciones alternativas: una tierra en progreso

Actualmente, una de las interpretaciones más comunes y divisorias de Génesis 1-3 es el creacionismo progresivo, también conocido como la teoría de la "edad del día". Esta interpretación se basa en gran medida en supuestos hallazgos científicos "neutrales", considerando que, a pesar de su afirmación de la suficiencia, inerrancia e infalibilidad de la Escritura, hay una fuerte dependencia de las ciencias naturales seculares para la construcción de una cosmología cristiana. No todo en las ciencias naturales seculares es aceptado fácilmente, como, por ejemplo, la evolución como un medio del proceso creativo de Dios. Pero otros componentes teóricos, no considerados abiertamente contradictorios con las Escrituras, se importan en la composición cosmológica del creacionismo progresivo, como el calendario de la cosmología del Big Bang, los "millones de años que separaron la apariencia (milagrosa) de los diversos tipos de seres vivos",[3] o la teoría del uniformismo geológico de Charles Lyell (1797-1875), la teoría de que la tierra tiene millones de años de antigüedad basada en la tasa actual de procesos geológicos.

El método de interpretación del creacionismo progresivo en realidad refleja un enfoque de selección y elección en

---

[3] John C. Whitcomb, "Progressive Creationism", en Institute for Creation Research, *Impact: Vital Articles on Science/Creation* (junio del 2003), 1.

términos de lo que las tesis podrían encajar en la narrativa de la creación del Génesis; lo que es contrario a ella, lo que debe descartarse y lo que podría ser "contrabandeado", todo mientras se ignoran las visiones del mundo anti-bíblicas de las que importa. En la negación de esta interpretación de la suficiencia de la Escritura, es decir, al no prestar atención a la revelación escrita de Dios como la máxima autoridad para todo conocimiento, se desarrolla una concepción extranjera del teísmo que se encuentra en marcado contraste y oposición al teísmo cristiano de la Biblia. Después de todo, es la revelación escrita de Dios la que nos proporciona la lente por la cual podemos ver e interpretar verdaderamente el mundo, y que incluye las ciencias. Pero si esa lente se quita o de alguna manera se fusiona con otra, solo es posible una interpretación falsa y distorsionada de la realidad, y eso incluye una percepción distorsionada de Dios mismo.

Una organización cristiana prominente que aboga por el creacionismo progresista es Reasons to Believe (RTB), un *thinktank* científico fundado por el astrofísico Hugh Ross en 1986. Ross es considerado uno de los líderes actuales del movimiento creacionista progresista, habiendo reunido un equipo de estudiosos y científicos para el avance del creacionismo progresista. Para articular la posición de RTB sobre la cosmología cristiana, Ross afirma que nuestro punto de partida debe ser primero concebir la 'naturaleza' como el 67º libro de las Escrituras de Dios, y con esto quiere decir que la naturaleza, como la revelación escrita de Dios, sirve como 'revelación proposicional'.[4] Sin embargo, en esta declaración Ross ya comete un error epistemológico, porque aunque la

---

[4] Hugh Ross, *Creation and Time: A Biblical and Scientific Perspective on the Creation-Date Controversy* (Colorado Springs, CO.: NavPress, 1994), 56-57.

naturaleza puede ser uno de los dos aspectos de la revelación
unificada de Dios (especial y general), no es proposicional.
De hecho, sus datos deben interpretarse primero de acuerdo con un marco, un conjunto de presupuestos relativos a
la realidad. Ross, en otras palabras, cree que los hechos y
las evidencias de la naturaleza son hechos "brutos", es decir,
tomados como algo dado e independiente de Dios. Esto significa que tanto el cristiano como el hombre natural pueden
ponerse de acuerdo sobre estos hechos en algún terreno
imaginario y neutral, mientras ignoran el hecho de que una
persona no puede evitar interpretar la evidencia desde una
posición no neutral, es decir, de acuerdo con su propia visión
del mundo.

La concepción de RTB de los hechos entonces es la de los
hechos brutos, *no interpretados*. Sin embargo, el genetista y
evolucionista Richard Lewontin no está de acuerdo con esta
noción de neutralidad en la interpretación de los hechos:

> Nos ponemos del lado de la ciencia *a pesar* del absurdo patente
> de algunas de sus construcciones, a pesar de su fracaso en
> cumplir muchas de sus extravagantes promesas de salud y vida,
> a pesar de la tolerancia de la comunidad científica por historias
> injustas sin fundamento, porque tenemos un *compromiso previo*,
> un compromiso con el materialismo...[5]

Stephen Gordon, economista y profesor de la Universidad
Laval, también señala que "los datos no pueden hablar por sí

---

[5] Richard Lewontin, "Billions and Billions of Demons", *The New York Review*
(9 de enero de 1997), 31. [énfasis añadido].

mismos; tienen que ser interpretados a través de un modelo teórico".[6]

La noción misma de hechos brutos, no interpretados contradice la comprensión bíblica de los hechos y evidencias como *hechos y evidencias de Dios*, porque en última instancia, todo lleva la marca del Creador, todo está bajo Su dominio. Los hechos y las evidencias, por lo tanto, sólo pueden ser interpretados apropiadamente cuando pensamos en los pensamientos de Dios después de Él, es decir, cuando nos adherimos a la Palabra de Dios como la máxima autoridad para todo conocimiento. Es sólo entonces que podemos comprender la revelación general de Dios en la naturaleza, porque como el teólogo reformado Louis Berkhof lo había dicho:

> Desde la entrada del pecado en el mundo, el hombre puede reunir verdadero conocimiento de Dios a partir de su revelación general sólo si lo estudia a la luz de la Escritura, en la que los elementos de la auto-revelación original de Dios, que fueron oscurecidos y pervertidos por la plaga del pecado, son republicados, corregidos e interpretados.[7]

Esto implica que el hombre natural está indefenso en el sentido de que, aunque puede estudiar lo que se le pone delante, es decir, lo que constituye como 'conocimiento inmediato', no puede dar sentido a lo que estudia, porque es

---

[6] Stephen Gordon, "Economists and their Data (so, so much data)," *National Post*. Consultado el 30 de noviembre del 2017, http://nationalpost.com/opinion/stephen-gordon-economists-and-their-data-so-so-much-data/.

[7] Louis Berkhof, Introductory Volume to *Systematic Theology* (Grand Rapids, MI.: Wm. B. Eerdmans Publishing Co., 1932), 60.

incongruente con sus propios presupuestos o cosmovisión.[8]
Ross comete el mismo error aquí en que no presta atención
a la Escritura como su autoridad epistemológica, o en otras
palabras, que no presta atención a la Palabra de Dios como
su 'punto de partida final' en su pensamiento,[9] y en su lugar
utiliza "interpretaciones de larga edad de la naturaleza para
reinterpretar la Palabra escrita de Dios".[10]

Dada la tendencia del creacionismo progresivo a suplantar
la Escritura con los hallazgos y las teorías de la ciencia secular,
no es del todo sorprendente que en su hermenéutica Ross
haga un llamamiento a la amplia gama semántica de *yom* (día)
para justificar su interpretación poco ortodoxa de Génesis
1-3. Esencialmente disfraza su eiségesis por la exégesis, como
se muestra, por ejemplo, en su libro *The Genesis Question*:

> En inglés, la palabra *day* goza de un uso flexible. Nos referi-
> mos al día de los dinosaurios y al día de los romanos, y nadie
> malinterpreta nuestro significado. Pero reconocemos este uso
> como figurativo, reconociendo solo dos definiciones literales:
> un período de veinticuatro horas, desde la medianoche hasta la
> medianoche, y las horas de luz del día (aproximadamente doce,
> pero que varían de una latitud y estación a otra).[11]

El argumento de Ross es que *Yom* no debe limitarse únicamente a su significado literal, sino también expandirse a

[8] Cornelius Van Til, *A Survey of Christian Epistemology*, Vol. 2 of the Series In
Defense of Biblical Christianity (Phillipsburg, NJ.: Presbyterian and Reformed
Publishing Co., 1969), 106.

[9] Ibíd.

[10] Jonathan Sarfati, *Refuting Compromise: A Biblical and Scientific Refutation of
"Progressive Creationism" (Billions of Years) as Popularized by Astronomer Hugh
Ross* (Green Forest, AR.: Master Books, 2004), 35.

[11] Hugh Ross, *The Genesis Question: Scientific Advances and the Accuracy of
Genesis* (Colorado Springs, CO.: NavPress, 1998), 65.

su expresión figurativa, dado que dicha flexibilidad es evidente en su uso bíblico. Ningún cristiano argumentaría en contra de este uso flexible en las Escrituras, ya sea que se identifiquen como progresistas, evolucionistas o creacionistas. Sin embargo, en lo que se refiere a Génesis 1, Ross cree que la única interpretación aceptable de *yom* es no literal, sustituyendo "día" en su sentido literal por la expresión figurativa de "edades".[12] Sólo entonces podremos reconciliar las ciencias naturales y las Escrituras, razona. Pero de nuevo, Ross comete un error, esta vez cometiendo una grave falacia exegética, y el erudito Jonathan Sarfati expone esto en su libro *Refuting Compromise*, escribiendo: "...el significado de una palabra debe determinarse por cómo se usa en el contexto específico, no por posibles significados en contextos no relacionados".[13] Esta falacia es expuesta por el erudito D.A. Carson, quien define este ejemplo como:

> Expansión injustificada de un campo semántico expandido. La falacia en este caso radica en la suposición de que el significado de la palabra en un contexto específico es mucho más amplio de lo que el propio contexto permite y puede traer consigo todo el rango semántico de la palabra.[14]

Este mismo error es cometido por aquellos que insisten en justificar su interpretación de la vieja tierra con el pasaje bíblico de 2 Pedro 3:8-9, que dice:

---

[12] Ibíd, 86

[13] Sarfati, *Refuting Compromise*, 69.

[14] D.A. Carson, *Exegetical Fallacies*, 2a Edition (Grand Rapids, MI.: Baker Book House, 1996), 60.; Carson podría decirse que es un aliado teológico de Ross con respecto a los orígenes, desafortunadamente no ve este mismo error en su propia interpretación. Para obtener más información sobre esto, consulte a Simon Turpin, «Pastores y teólogos influyentes en los días de la creación y la era de la tierra», *Respuestas en Génesis*.

Pero no pasen por alto este hecho, amados, que para el Señor *un día es como mil años, y mil años como un día.* El Señor no tarda en cumplir su promesa como algunos la consideran tardanza, sino que es paciente con ustedes, no deseando que ninguno perezca, sino que todos alcancen el arrepentimiento.

Primero debemos tomar en consideración que este pasaje no tiene nada que ver con la narrativa de la creación del Génesis, no está relacionado. Por lo tanto, no puede ser referido como una *interpretación* de Génesis 1-3. En segundo lugar, la palabra "día", en griego *hēmera*, se usa en un contexto diferente aquí. De hecho, como dice el texto, "un día es *como* mil años", la palabra "como" indica que esta es una figura del habla, un *símil* para enseñar la trascendencia de Dios, que no está limitado al tiempo y el espacio porque él es el Creador, y el Creador no puede estar sujeto a su propia ley creadora.[15]

La noción de que de alguna manera "las edades largas y por lo tanto una vieja tierra" es bíblica es en realidad el resultado de la eiségesis, no la exégesis, teniendo en cuenta que no hay evidencia textual para sugerir esto. De hecho, de otra manera tendríamos que explicar la incómoda incongruencia de Génesis 1-3 con el resto de las Escrituras, si se adoptara la teoría de la 'edad del día'. Como resultado, se puede decir con realidad que el creacionismo progresivo no es la verdadera interpretación de la narrativa de la creación del Génesis, pero para aquellos que afirman que lo es, lo afirman a pesar de las falacias exegéticas que cometen y la burda distorsión teológica que esto causa al teísmo bíblico. Considere, por ejemplo, cómo el origen de la muerte y el sufrimiento, según el creacionista progresista, afecta la doc-

---

[15] Sarfati, *Refuting Compromise*, 86.

trina de Dios y la visión cristiana del mundo y la vida como un todo.

El creacionismo progresivo argumenta que la muerte y el sufrimiento existían antes de la caída de Adán y Eva. Esto significa que el registro fósil –los millones de organismos muertos enterrados en las capas de roca– y las enfermedades encontradas en los especímenes fosilizados, no[16] se deben a la caída en Génesis 3. Este es el marco del creacionista progresista, habiendo adoptado la línea de tiempo geológica uniforme de Lyell de millones de años. Y para aclarar lo que se entiende por muerte y sufrimiento: es la muerte y el sufrimiento de *nephesh jayyah*, en hebreo para "criaturas vivientes", no las plantas y la vegetación. Esto implica que la proclamación de Dios de Su creación como "muy buena" (Gén. 1:31) incluye la muerte y el sufrimiento.[17] Y esto no es de ninguna manera una representación de paja de la teoría de la edad del día, porque el filósofo Holmes Rolston II escribe de acuerdo que la ausencia de muerte y sufrimiento antes de Adán y Eva es una imposibilidad porque "no encaja en el paradigma biológico en absoluto. El sufrimiento en un mundo duro no entró cronológicamente después del pecado y a causa de él".[18] Ross se une a él en la negación de la enseñanza bíblica del origen de la muerte y el sufrimiento, escribiendo:

> Mientras que el pecado que cometemos los humanos nos hace reaccionar negativamente a la decadencia, el trabajo, la muerte

---

[16] Véase, por ejemplo, "Dinosaurs suffered from Cancer too," *The Guardian*. Consultado el 12 de diciembre del 2017. https://www.theguardian.com/science/2003/oct/23/dinosaurs.science/.

[17] Sarfati, *Refuting Compromise*, 195.

[18] Holmes Rolston, III. "Does Nature Need to be Redeemed?" *Zygon*, vol. 29 (junio de 1994), 205.

física, el dolor y el sufrimiento. . . no hay nada en las Escrituras que nos obligue a concluir que ninguna de estas entidades existía antes del primer acto de rebelión de Adán contra Dios.[19]

¿Pero podemos darle sentido a esto? Cuando una persona creada a imagen de Dios descubre que su cuerpo está dando paso al cáncer, ¿se puede decir "Es simplemente una parte de la buena creación de Dios?" Si un perro de la familia es atropellado por un automóvil, ¿se puede decir: "Él experimentó la bondad de la muerte y el sufrimiento?" Si el ganado cercano fuera enterrado vivo por un deslizamiento de lodo, ¿se podría decir que "experimentaron un 'buen evento' en la creación de Dios"? Esta noción de una creación "buena" (*tov*) que incluye la muerte y el sufrimiento se reduce a un absurdo ininteligible, incongruente con todo el consejo de la Palabra de Dios. El Dios de la vida es repentinamente arrojado a la oscuridad como el dios de la muerte, y la definición de la bondad ahora es puesta en duda, ya que está inseparablemente vinculada a la persona de este dios diferente; qué contraste es ese con la verdadera visión cristiana del mundo y la vida.

No es de extrañar entonces que Ross intente reinterpretar la palabra "bueno" en Génesis 1, cometiendo la misma falacia de una expansión injustificada de un campo semántico expandido, afirmando: "La muy buena creación de Dios no significa que sea 'perfecta'. La mayoría de las ocurrencias de esta fase (*tov me'od*) se traducen como 'muy hermosa' o 'muy

---

[19] Ross, *Creation and Time*, 69.

maravillosa"".[20] Sin embargo, Dios no usa las palabras "bello"
o "maravilloso", de lo contrario las traducciones bíblicas habrían usado estos términos. Sólo entendiendo la verdadera
persona de Dios según las Escrituras, como totalmente buena, justa y santa, y reconciliando Su persona con el contexto
de Génesis 1, podemos entender lo que Dios quiso decir
con "muy bueno". Es contrario a la maldad de la muerte, la
enfermedad y el sufrimiento que cayeron sobre el mundo
creado en Génesis 3. Es el reflejo de los atributos morales de
la misma persona de Dios. Postular que el Dios bíblico creó
tal mundo donde la muerte y el sufrimiento son anteriores
a la caída de Adán y Eva es sugerir que la bondad de Dios
incluye tal maldad. Y sabemos que esto es falso, porque la
revelación escrita de Dios no sugiere tal significado equívoco.
Como escribe John C. Whitcomb, "un problema importante
con el 'creacionismo progresivo' es su insistencia en que los
animales (e incluso los 'hombres' pre-Adámicos) murieron
mucho antes de que Adán hubiera pecado. Así se rompe la
fuerte conexión bíblica entre el pecado y la muerte ".[21]

Ross, y otros creacionistas progresistas, sostienen este punto de vista de la muerte preexistente al Adán y Eva históricos,
junto con muchos otros puntos de vista (es decir, las teorías
del Big Bang, el uniformismo, etc.), porque la ciencia secular
ha informado de sus hallazgos supuestamente 'incuestiona-
bles'. Pero estos hallazgos, incluidos los relacionados con la
teoría del uniformismo de Lyell, deben examinarse crítica-
mente para determinar los precompromisos epistemológicos,

---

[20] Hugh Ross, Fazale Rana, Kenneth Samples, M. Harman and K. Bon-
tranger, "Life and Death in Eden, The Biblical and Scientific Evidence for
Animal Death Before the Fall," set de grabaciones en cassettes, Reasons to
Believe, 2001.

[21] Whitcomb, "Progressive Creationism," 2.

es decir, sus presupuestos religiosos, porque ningún hallazgo científico puede ser "neutral" en relación con la interpretación de las evidencias creadas por Dios. El hombre no puede entonces dedicarse a la ciencia "secular", porque ninguna ciencia es verdaderamente secular. La dirección de la ciencia dirigida por los hombres naturales está inevitablemente arraigada en la condición religiosa de sus corazones. Esta noción, entonces, de la ciencia secular que complementa nuestra cosmología cristiana necesita ser corregida si esperamos llegar a una interpretación verdadera y correcta de la realidad. Y esto implica redirigir la ciencia hacia su verdadero objetivo, que es estudiar la obra creativa de Dios, interpretar la realidad creada después de Dios. En otras palabras, implica pensar en los pensamientos de Dios después de Él, en el que la revelación escrita de Dios sirve como el punto de partida en nuestro pensamiento. Como dijo el fallecido apologista Cornelius Van Til:

> Frente a esto [pensamiento autónomo sobre la ciencia] el cristianismo sostiene que Dios es el creador de cada hecho. Por lo tanto, no hay hechos brutos. Así el pensamiento de Dios es colocado detrás de cada hecho. De este modo, el pensamiento del hombre se somete al pensamiento de Dios en la interpretación de cada hecho. No hay un solo hecho que el hombre pueda interpretar correctamente sin referirse a Dios como el creador de ese hecho. El hombre no puede aplicar verdaderamente la categoría de causalidad a los hechos sin el presupuesto de Dios. Es Dios quien ha hecho que todos los hechos se mantengan en cierta relación unos con otros. El hombre debe tratar de descubrir esa relación.[22]

---

[22] Cornelius Van Til, *Christian Theistic Evidences* (Filadelfia, PA.: Westminster Theological Seminary, 1961), 86.

Esta fidelidad a la autoridad bíblica, sin embargo, no ha sido la tendencia más prominente de la iglesia occidental moderna. En cambio, ha habido una desviación del alcance comprensivo de la Palabra de Dios en términos de su interpretación y aplicación, desde la caída de la cristiandad. Lo que ha tomado su lugar, o llenado el vacío, es un dualismo radical que promete mejores relaciones con el mundo caído, y lo promete dividiendo la realidad en dos dimensiones separadas, la natural (*naturaleza*) y la espiritual (*gracia*). Los eruditos bíblicos Henry M. y John D. Morris explican cómo se desarrolla esto: "Un cliché popular de escritores neo-ortodoxos y liberales es en el sentido de que Dios ha revelado en las Escrituras el *hecho* de la creación, pero ha dejado que el *método* de creación sea elaborado por científicos".[23] En otras palabras, que la Biblia instruya a los hombres en su teología, pero cuando se trata de nuestra ciencia, eso es mejor dejarlo a los hombres naturales. Esto implica que tanto los regenerados como los no regenerados pueden igualmente aprender unos de otros, como si los teólogos, operando en la dimensión de la gracia, y los científicos, operando en la dimensión de la naturaleza, estuvieran en el mismo terreno 'neutral' en su pensamiento. Esto ignora completamente la orientación pecaminosa del corazón no regenerado, e ignora las diferencias de cosmovisión entre el cristiano y el hombre natural. También desvía el Señorío de Cristo a la iglesia en lugar del mundo entero al limitar el alcance de la Palabra de Dios. Esta promesa, cabe señalar, de "mejores relaciones con el mundo caído" siempre acompaña el compromiso y la apostasía, no es otra cosa que el intento de empañar o difu-

---

[23] Henry M. Morris and John D. Morris, *The Modern Creation Trilogy: Scripture & Creation*, Vol. 1 (Green Forest, AR.: Master Books, 2004), 36.

minar la antítesis entre la verdad y el error, aunque hacerlo sería ir al lado del error.

5.3. Interpretaciones alternativas: una tierra evolucionada

Como resultado de esta desviación de la autoridad bíblica, el creacionismo progresista, junto con otras perspectivas variadas de la evolución teísta, que incluye la ortogénesis, la nomogénesis y la evolución emergente, intentó crear una síntesis entre la doctrina cristiana de la creación y la cosmología naturalista.[24] Cuando consideramos que los propios naturalistas encuentran difícil creer que el mundo y su ecosistema surgieron por causas naturales puramente aleatorias, no es de extrañar que los cristianos, que adoptan un pensamiento dualista, hayan intentado reconciliar las tesis de origen naturalista con la narrativa de la creación del Génesis. Después de todo, fue el evolucionista de renombre mundial Jerry A. Coyne quien admitió que, contrariamente a sus compromisos previos naturalistas, "si algo es cierto sobre la naturaleza, es que las plantas y los animales parecen intrincadamente y casi perfectamente *diseñados* para vivir sus vidas".[25]

Para comprender la evolución teísta, primero hay que captar la concepción naturalista de la evolución como formada por seis componentes: (i) evolución, (ii) gradualismo, (iii) especiación, (iv) ascendencia común, (v) selección natural, y (vi) mecanismos no selectivos de cambio evolutivo.[26] Una vez que comprendemos estos conceptos, sólo se trata de complementar la teoría evolutiva con elementos teístas para

---

[24] Ibíd.

[25] Jerry A. Coyne, *Why Evolution is True* (Oxford, Reino Unido: Oxford University Press, 2009), 1.

[26] Ibíd., 3.

"llenar las grietas", es decir, para "perfeccionar" la cosmología imperfecta del naturalista.

Podemos recurrir al libro de Coyne *Why Evolution is True*, un libro de texto requerido para muchos estudiantes de pregrado, para la definición de estos seis componentes. El *primer componente, la 'evolución'*, se define como "una especie que experimenta un cambio genético con el tiempo... evolucionando en algo bastante diferente... basado en cambios en el ADN, que se originan como mutaciones".[27] Este concepto de evolución como cambios aleatorios en el tiempo es un reflejo de la cosmovisión naturalista general, que no sólo postula la evolución biológica, sino también la evolución geológica, química y cosmológica; todos los conceptos que adopta el evolucionista teísta. Sin embargo, a los efectos de este capítulo, nuestro alcance se limitará a la evolución biológica.

El segundo componente de la evolución, que es el 'gradualismo', es el período de tiempo requerido para la producción gradual de un cambio evolutivo sustancial, "como la evolución de las aves de los reptiles... por lo general a lo largo de cientos o miles -incluso millones- de generaciones".[28] Este concepto ayuda a explicar, en parte, la diversidad de la vida biológica, pero también requiere *el tercer componente de la evolución, el de la 'especiación'*. El término más simple para esto es "división", que esencialmente implica la separación de grupos particulares de otros grupos como resultado de los cambios evolutivos, y no simplemente en lo que respecta a la apariencia, sino

---

[27] Ibíd.
[28] Ibíd., 4.

más bien en la genética. En otras palabras, grupos que ya no pueden cruzarse con otros grupos.[29]

Esta concepción de la especiación, a su vez, implica *el cuarto componente de la evolución, 'ascendencia común'.* Este componente es a menudo representado por un diagrama de un árbol evolutivo, el más famoso ilustrado por el biólogo alemán Ernst Haeckel (1834-1919), aunque desde entonces se han hecho varias versiones modernas. Según los naturalistas, nuestra supuesta ascendencia común se puede rastrear a través de secuencias de ADN o el registro fósil, un concepto que fue introducido originalmente (aunque no tan desarrollado) por el botánico sueco Carl Linnaeus en 1735, antes de *On the Origin of Species* de Charles Darwin.[30] Pero Darwin siguió su ejemplo e introdujo *el quinto componente de la evolución*, es decir, el proceso de evolución como *"selección natural".* En su libro, Coyne proporciona una definición aceptable para los evolucionistas teístas, la idea de la "supervivencia del más apto":

> Si los individuos dentro de una especie difieren genéticamente entre sí, y algunas de esas diferencias afectan la capacidad de un individuo para sobrevivir y reproducirse en su entorno, entonces en la próxima generación los genes "buenos" que conducen a una mayor supervivencia y reproducción tendrán relativamente más copias que los genes "no tan buenos". Con el tiempo, la población se adaptará cada vez más a su entorno a medida que surjan mutaciones útiles y se extiendan a través de la población, mientras se eliminan las deletéreas.[31]

---

[29] Ibíd., 6.
[30] Ibíd., 8-9.
[31] Ibíd., 11.

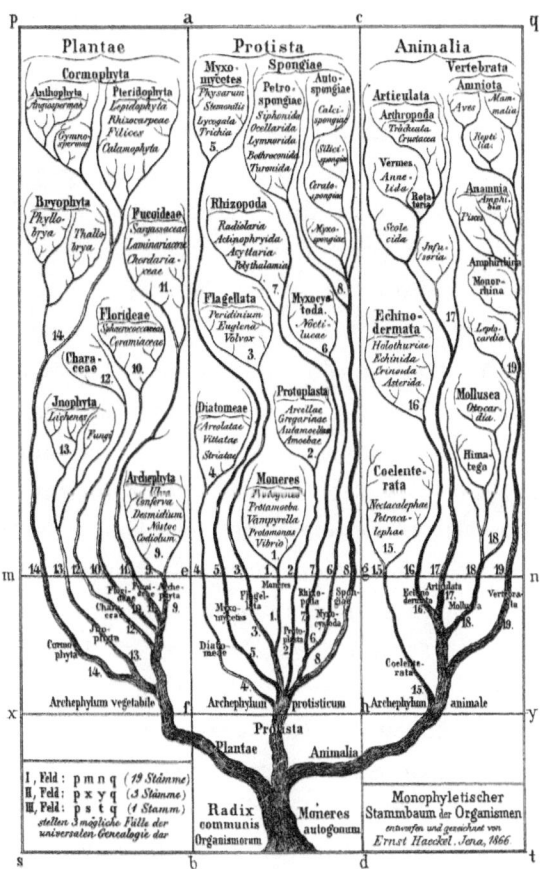

Figura 2: Reproducción del árbol genealógico de la vida de Ernst Haeckel, representando los Reinos *Plantae* (plantas), *Protista* (microorganismos) and *Animalia* (animales); Ulrich Kutschera, "From the *scala naturae* to the symbiogenetic and dynamic tree of life". *Biology Direct*, 6. 33. (2011). 10.1186/1745-6150-6-33.

Lo que sigue es *el sexto componente de la evolución, "mecanismos no selectivos de cambio evolutivo"*, que, aunque no es tan significativo como la selección natural de Darwin, o tan impactante como la ascendencia común, es sin embargo parte integral de la comprensión del naturalista de la evolución biológica, en el sentido de que hay "procesos distintos de la selección natural" que pueden causar un cambio evolutivo. Esto se dice simplemente que son los cambios aleatorios en la proporción de genes causados por diferentes números de descendientes, y por lo tanto, siendo aleatorios, "no tiene nada que ver con la adaptación".[32]

Habiendo expuesto el aspecto biológico evolutivo de la cosmología del naturalista, ahora es posible comprender y criticar la supuesta cosmología "cristiana" de la evolución teísta. La evolución teísta no es más que la vestimenta de las tesis originalmente naturalistas en vestiduras cristianas, es decir, complementando la burda mala interpretación de la creación de Dios y sus evidencias con la revelación autorizada de Dios. Note que no es la ciencia secular la que complementa la Escritura, sino la Escritura la que complementa la ciencia secular. Tal acto es una negación rotunda de la suficiencia de la Escritura, pero dada la influencia del escolasticismo medieval en la iglesia moderna, que es el dualismo de la *naturaleza-gracia*, en que la *gracia* perfecciona la *naturaleza*, y por lo tanto la Escritura perfecciona (complementa) las ciencias 'naturales' –utilizando el significado de la palabra del apóstol Pablo como "no regenerado" (1 Cor. 2:6-16) – esto entonces no es del todo sorprendente. Como resultado, los primeros capítulos del Génesis son descartados como históricos e interpretados como literatura figurativa, alegórica o metafórica; de esta[33] manera la infalibilidad bíblica puede ser

---

[32] Ibíd., 14.

[33] Wayne Grudem, "Biblical and Theological Introduction" in *Theistic Evolution: A Scientific, Philosophical and Theological Critique*, eds. J.P. Moreland, Stephen C. Meyer, Christopher Shaw, Ann K. Gauger y Wayne Grudem (Wheaton, IL: Crossway, 2017), 65.

supuestamente "preservada" mientras que los científicos naturales y seculares son venerados como la máxima autoridad epistemológica, que no es otra cosa que la pretendida autonomía del hombre. Como lo definió el fallecido apologista Greg L. Bahnsen :

> "autonomía" se refiere a ser una ley para uno mismo, de modo que el pensamiento de uno es independiente de cualquier autoridad externa, incluyendo la de Dios. El razonamiento autónomo se toma a sí mismo filosóficamente como el punto final de referencia e interpretación, el último tribunal de apelación intelectual; presume de autogobierno, autodeterminación y autodirección.[34]

Las tres formulaciones más populares de la evolución teísta son: (i) la *ortogénesis*, la creencia de que Dios dirigió el mecanismo de mutación/selección, es decir, el proceso evolutivo biológico; (ii) la *nomogénesis*, la creencia de que Dios meramente diseñó las leyes de la naturaleza para que la naturaleza pudiera producir el origen y el desarrollo de la vida. En otras palabras, el universo es un mecanismo autosostenible, que opera independientemente de Dios. Y (iii) *una forma enmendada de nomogénesis*, en la que Dios creó las leyes de la naturaleza, pero también defiende estas leyes momento a momento. A excepción de la primera formulación, estas dos últimas implican esencialmente que, según el geofísico Stephen C. Meyer:

> ...los mecanismos de selección natural y mutación raza (y/u otros mecanismos evolutivos igualmente no dirigidos) son... el (los) principal (s) actor(es) causal (es) en la producción de

---

[34] Greg L. Bahnsen, *Van Til's Apologetic: Readings & Analysis* (Phillipsburg, NJ.: P&R Publishing, 1998), 1.

nuevas formas de vida. Por lo tanto, Dios no actúa directamente o "interviene" dentro del concurso ordenado de la naturaleza.[35]

Las implicaciones de adoptar cualquiera de estos dos puntos de vista, que contradicen la enseñanza bíblica de la creación de Dios del universo en seis días (Gén. 1-2) y su sustento de todo el cosmos (Hechos 17:28; 1 Cor. 8:6; Col. 1:17; Heb. 1:3), es el desarrollo inevitable de una visión del mundo ajena a la de la Escritura. Para ser más precisos, es adoptar la visión del mundo del deísmo, donde Dios está completamente distante y no está involucrado con el cosmos creado.[36] Esta concepción de "dios" es antitética a la doctrina de Dios en la Escritura, ya que mientras la Escritura enseña una distinción lógicamente consistente entre el Creador y la creación, el deísmo deifica y absolutiza la naturaleza dada la supuesta ausencia del Creador. Y si el hombre puede dominar y controlar la naturaleza, entonces el hombre puede ser deificado; es el motivo de terreno humanístico del deísmo. Esta deificación de la naturaleza, ya sea explícitamente reconocida o no, se rinde a una visión del mundo oneísta donde no hay distinción entre el Creador y la creación, que por implicación debe hacer que todas las distinciones dentro de la creación sean sin distinción. Se puede decir en realidad con confianza entonces, que ser deísta es no ser cristiano, porque la Escritura ha dejado de ser un fundamento autorizado, y por lo tanto una interpretación deísta de Génesis 1-3 está en desacuerdo, no sólo con la comprensión hebrea y cristiana de los textos, sino con la revelación escrita de Dios sobre sí mismo y el mundo.

---

[35] Stephen C. Meyer, "Scientific and Philosophical Introduction," en *Theistic Evolution*, 44.
[36] Ibíd., 45.

Sin embargo, la primera formulación de la evolución teísta es la más defendida en los círculos cristianos debido a su (i) pretensión de evitar el falso concepto de deísmo, y su (ii) afirmación de la Biblia como la revelación especial y autorizada de Dios. BioLogos, por ejemplo, un grupo de defensa evolucionista teísta, afirma que:

...presenta el punto de vista del creacionismo Evolutivo (CE) sobre los orígenes. Como todos los cristianos, afirmamos plenamente que Dios es el creador de toda la vida – incluyendo a los seres humanos a su imagen. Afirmamos plenamente que la Biblia es la palabra inspirada y autorizada de Dios. También aceptamos la ciencia de la evolución como la mejor descripción de cómo Dios produjo la diversidad de la vida en la tierra.[37]

Lo que BioLogos quiere decir con "creador de toda vida" es que Dios creó la materia al principio con "ciertas propiedades físicas y luego las propiedades de la materia fueron suficientes para producir todos los seres vivos" con la dirección y la intervención de Dios.[38] Esto significa que Dios no creó a Adán y Eva del polvo, no literalmente como sugiere el texto, sino que fueron simplemente productos de la evolución biológica, originados de un antepasado común primordial que une todas las formas biológicas de vida. Había entonces, en ese tiempo, unos pocos miles de homínidos, y Adán y Eva estaban entre ellos. Como afirma el teólogo Wayne Grudem, "aquellos cristianos que apoyan la evolución teísta y también quieren conservar la creencia en un Adán y

---

[37]"How is BioLogos Different from Evolutionism, Intelligent Design, and Creationism?" *BioLogos*, http://biologos.org/common-questions/christianity-and-science/biologos-id-creationism/.

[38] Grudem, "Biblical and Theological Introduction" in *Theistic Evolution*, 68.

Eva históricos proponen que Dios eligió a un hombre y una mujer de los miles... que vivían en la tierra".[39]

Esta primera formulación de la evolución teísta es tan antitética a la Escritura como las dos últimas, sin embargo, ya que contradice el claro testimonio de la revelación escrita de Dios como se establece en la Tabla 1: Una Comparación de la evolución Teísta y el creacionismo Bíblico.

EVOLUCIÓN TEÍSTA	CREACIONISMO BÍBLICO
Adán y Eva no fueron los primeros seres humanos	Adán y Eva fueron los primeros seres humanos, y por ende fueron representativos de la raza humana (Gén. 1:26-30)
Dios no creó a Eva de la costilla de Adán	Eva fue creada de la costilla de Adán (Gén. 2:20-23)
Adán y Eva no eran criaturas sin pecado	Adán y Eva eran originalmente justos y sin pecado
Adán y Eva no cometieron el primer pecado	Adán y Eva, como padres primigenos de la raza humana, cometieron el primer pecado (Gén. 3)
La muerte y el sufrimiento no fueron causados por la maldición impuesta a la creación por el pecado de Adán y Eva	La muerte y el sufrimiento entraron en el mundo debido al pecado de Adán y Eva (Gén. 3:16-19)
No todos los humanos son descendientes de Adán y Eva	Todos los seres humanos son descendientes de Adán y Eva (Gén. 5)
Dios no creó "tipos" sino más bien un organismo biológico, a través del cual diversificó todo el ecosistema	Dios creó cada animal de acuerdo con su "tipo" (Gén. 1:20-25)
Dios no descansó de su creación sino que continúa guiándola/dirigiéndola a través del proceso evolutivo	Dios descansó de su trabajo de creación en el séptimo día, mientras que sigue sosteniendo su universo (Gén. 2:1-3; Col. 1:17)
Dios no creó un mundo natural originalmente bueno	Dios creó un mundo natural originalmente "muy bueno" (Gén. 1:31)
No se impuso ninguna maldición a la creación a causa del pecado de Adán y Eva	Se impuso una maldición a la creación como resultado del pecado de Adán y Eva (Gén. 3:16-19)

Tabla 1. Una comparación entre la evolución teísta y el creacionismo bíblico

---

[39] Ibíd., 69.

Un evolucionista teísta necesitaría ser consistente con lo que cree cosmológicamente si espera entender la incongruencia e incompatibilidad entre la evolución y la doctrina bíblica. El proceso evolutivo, por ejemplo, se centra en la supervivencia. Los organismos fuertes y fértiles, en términos de su capacidad para adaptarse a sus entornos, sobreviven y prosperan para ser la especie dominante, mientras que los débiles y endebles se eliminan hasta el grado de extinguirse. Si el hombre es el subproducto de la evolución, y el hombre es la corona de la creación de Dios (como resultado de ser creado en el *imago Dei*), entonces el bien principal de la evolución es la lucha y la supervivencia. [40] Pero esto es contrario al carácter del Dios bíblico, que estableció un sistema ético objetivo que contradice esta noción de la supervivencia de los más aptos. Según los estándares darwinianos, debemos eliminar a los enfermos, los discapacitados, los más defectuosos genéticamente (para ralentizar nuestra entropía genética) concentrando nuestros recursos médicos y sociales hacia aquellos que parecen mucho más valiosos, aquellos más adecuados para la preservación de la raza humana. Pero la Escritura enseña que todos somos creados a imagen de Dios, y como resultado, los enfermos deben ser atendidos, los discapacitados atendidos y los marginados reintegrados a la sociedad.[41] ¿Qué realidad podría dar el evolucionista teísta para el cuidado del hombre, ya sea un espécimen adecuado para la preservación y la procreación de la raza humana, o un marginado, cuando la evolución enseña la supervivencia

---

[40] Morris and Morris, *The Modern Creation Trilogy*, Vol. 1, 39.

[41] Carlisle Percival, "The Imago Dei in Modern Healthcare," en *Jubilee: Recovering Biblical Foundations for Our Time*, ed. Joseph Boot, primavera del 2010 (Toronto, ON.: Ezra Institute for Contemporary Christianity, 2010), 14.

del yo por encima de todo? Sobre esta base, todas las declaraciones de derechos humanos deben descartarse, ya que
obstruyen el proceso natural de la naturaleza de eliminar a
los débiles y recompensar a los fuertes. En el sistema bíblico
de ética, sin embargo, encontramos que allí se refleja la justicia moral y la perfección de Dios, y la gracia y la misericordia
que Él ha otorgado al hombre creado. Mientras que la evolución gira en torno a la supervivencia del más apto, el teísmo
cristiano gira en torno al sacrificio de uno mismo por otro,
como supremamente ejemplificado en la obra redentora de
JesuCristo. [42] En verdad, la estructura del derecho occidental
y los derechos humanos se construyeron originalmente sobre
un *ethos* cristiano que una vez fue prominente en la sociedad,
no debido al pensamiento evolutivo.

Debemos tomar nota del hecho de que las implicaciones
de postular la evolución teísta como *la* cosmología cristiana
son radicales, ya que implica, por ejemplo, que el Dios de la
vida es en realidad el dios de la muerte. Esto no es lo que
leemos en las Escrituras en absoluto, porque como dice Job:
"Me has dado vida y misericordia; y tu cuidado ha guardado
mi espíritu" (Job 10:12). Esta desviación radical del Dios de
la vida, sin embargo, tiene sus raíces en el proceso evolutivo, que requiere la muerte de millones de organismos para
llegar al final de los subproductos de la evolución como la
creación "muy buena" de Dios. Este proceso, ya sea que el
evolucionista teísta reconoce o no, implica la impotencia
de Dios, porque si la Escritura enseña que Él es omnipotente (Isa. 14:27), y plenamente capaz de crear el universo en
un instante, entonces ¿por qué requirió eones de tiempo

---

[42] Morris and Morris, *The Modern Creation Trilogy*, Vol. 1, 39.

para crear el cosmos?[43] ¿Por qué fue un proceso tan largo, doloroso y agotador? Y por implicación, la personalidad de Dios también debe ser cuestionada, porque ¿por qué Dios esperó hasta el final del tiempo geológico antes de crear personalidades? Parece que hubo una gran dificultad en crear personalidades de acuerdo con la línea de tiempo evolutiva, lo cual es contrario al claro testimonio de la Escritura (Génesis 1:25-28).[44] También leemos a lo largo de la Biblia la omnisciencia de Dios, porque como el Creador y Señor sobre todo, Él sabe todas las cosas pasadas, presentes y futuras (Isa. 46:9-10). Y sin embargo, de acuerdo con el evolucionista teísta, el registro fósil testifica de las mutaciones evolutivas fallidas de Dios, que están plagadas de eventos de extinción y supuestos inadaptados biológicos.[45] ¿Fue la obra creativa de Dios construida sobre experimentos anteriores fallidos? ¿Acaso Dios no 'lo sabía todo' después de todo? Si evaluamos estas implicaciones radicales y consideramos lo que la Escritura enseña sobre la soberanía de Dios, H. y J. Morris escriben que:

> Si el propósito de Dios era la creación y redención del hombre, como presumiblemente creen los evolucionistas teístas, parece incomprensible que Él desperdiciaría miles de millones de años en un vagabundeo evolutivo sin rumbo antes de llegar al punto.[46]

En otras palabras, donde la interpretación literal del Génesis deja en claro el propósito de Dios en su obra providencial, la teoría evolutiva lo reduce a la falta de objetivo. Estas son

---

[43] Ibíd, 39.

[44] Ibíd., 40.

[45] Ibíd.

[46] Ibíd.

sólo algunas de las implicaciones de la evolución teísta, pero son un reflejo del hecho de que los cambios en la cosmología bíblica no sólo afectan a ciertos aspectos del carácter y los atributos de Dios, sino que afectan a toda la doctrina de Dios. El dios del evolucionismo teísta, entonces, puede caracterizarse como un dios cruel y caprichoso del sufrimiento y la muerte. No es omnipotente, ni omnisciente, ni siquiera está cerca de ser moralmente recto. Se queda corto de un ser personal o relacional, y como es evidente en el proceso evolutivo, está vacío de todo propósito general. Este no es el Dios de la Biblia, y este no es el Dios del Génesis. Así, el dios de la evolución teísta es un dios completamente diferente, un ídolo falso, creado y moldeado por los pensamientos vanos del hombre, de acuerdo con los patrones de este mundo (Rom. 12:2). Pero los evolucionistas teístas no son los únicos "cristianos" que cometen este grave error; los creacionistas progresistas están en el mismo barco, sufriendo las mismas implicaciones radicales.[47] Es el resultado inevitable de distorsionar la Palabra de Dios al leer el pensamiento no regenerado del hombre en el texto. Como resultado, tanto las interpretaciones alternativas del creacionismo progresista como la evolución teísta deben descartarse en nuestra respuesta a la cuestión de los orígenes.

5.4. Interpretaciones alternativas: una tierra funcional

La tercera alternativa a la interpretación de la narrativa de la creación bíblica es la "cosmología antigua", lo que se puede discernir correctamente como una táctica de cortina de humo o de distracción, considerando que desvía nuestra atención del significado literal pretendido del texto y hacia

---

[47] Ibíd., 41.

un enfoque o perspectiva diferente y más oscura. Esta interpretación se plantea con el fin de que la puerta pueda quedar abierta a varias tesis de origen cosmológico, una de las cuales es, por ejemplo, el "pie evolucionista en la puerta", como podría decirse. Varias interpretaciones caen dentro de esta categoría, como la Hipótesis Marco, que considera a Génesis como un mero dispositivo literario mientras descarta su valor histórico,[48] y la Teoría de la Brecha, que intenta abarrotar millones de años entre los dos primeros versículos de Génesis 1.[49] Sin embargo, el más destacado y novedoso de ellos es el *marco funcional* de Walton, aquí referido como 'funcionalismo'.

Walton, un evolucionista teísta autoproclamado,[50] no hace ningún intento de distorsionar el texto del Génesis para que se ajuste a los orígenes cosmológicos propuestos por la ciencia secular, sino que postula una *lectura completamente diferente* del Génesis, que complementa la evolución biológica, geológica, química y cosmológica. Esto lo llama "cosmología antigua", con respecto al Génesis, no como un documento histórico tal como se entiende modernamente, sino como una forma de comunicar la historia que no es familiar para las mentes del siglo XXI. Él lo dice de esta manera: "El problema es que no podemos traducir su cosmología a nuestra cosmología, ni debemos hacerlo".[51] La realidad de esto es que Dios no podría haber revelado una ciencia a los hebreos que estaba más allá de su cultura, o que no podría haber

---

[48] Véase, de Sarfati, *Refuting Compromise*, 94-101.

[49] Morris and Morris, *The Modern Creation Trilogy*, Vol. 1, 39.

[50] Véase, de John D. Currid, "Theistic Evolution is Incompatible with the Teachings of the Old Testament" en *Theistic Evolution*, 843.

[51] John H. Walton, *The Lost World of Genesis One: Ancient Cosmology and the Origins Debate* (Downers Grove, IL.: IVP Academic, 2009), 14-15.

comunicado un idioma más allá de su primitividad, pero Walton asume falsamente que la interpretación literal del Génesis hace que el texto sea un relato científico de orígenes cosmológicos, o un relato que va más allá de las cabezas de los destinatarios originales. Esto no podría estar más lejos de la verdad. Los capítulos iniciales del Génesis no son científicos, son históricos, y como tales tienen implicaciones científicas. Este hecho Walton no entiende, en cambio, considera el texto ya sea como "cosmología antigua" o como un texto científico de la modernidad, y debido a la imposibilidad de este último, debe ser el primero. De hecho, hay otras opciones, pero Walton cree firmemente que la revelación progresiva de Dios está limitada por la naturaleza primitiva de la humanidad.

Así, esta cosmología antigua, según Walton, no proporciona un relato de los orígenes materiales. En cambio, proporciona un relato de la asignación de funciones de Dios a diferentes elementos del universo material. Esto significa que el "acto creativo real es asignar a algo su papel funcional en el sistema ordenado... un sistema ordenado en términos humanos, es decir, en relación con la sociedad y la cultura".[52] Se trata, por tanto, de una lectura antropocéntrica del texto, donde todas las cosas creadas sirven a algún propósito o función en relación con la vida y la cultura humanas.

La asignación de funciones a la creación de Dios no puede ser negada. Después de todo, Dios creó todas las cosas con un propósito divino en mente, y así en este sentido, podemos agradecer a Walton por resaltar la relación de las cosas creadas con el portador de la imagen, y cómo la creación podría servir como un templo cósmico que glorifica a Dios.

---

[52] Ibíd., 24-25.

Sin embargo, Walton deambula más allá de los confines del texto haciendo *demasiado hincapié* en la asignación de roles y funciones en su tesis, limitando con fuerza el significado del texto al funcionalismo y descartando por completo los orígenes materiales de la narrativa.[53] En otras palabras, Walton propone que Génesis 1-2 trata más sobre la asignación de roles y funciones que cualquier historia real y literal de la creación material de Dios.

En su revisión de la tesis de Walton, el erudito bíblico Vern S. Poythress señala que la definición y el uso de Walton de la palabra "material" es demasiado ambigua, y como resultado de su lectura en el texto, ha construido una visión del mundo dualista no bíblica:

> La palabra "material" puede denotar composición material o apariencia física o ambas juntas. La composición "material" de un edificio universitario es el hormigón, el cableado, las tuberías y otras piezas que componen su estructura. El "material" (apariencia física) para una universidad son los edificios, el paisajismo y los estacionamientos que componen su campus. Podemos describir una universidad en al menos tres niveles, (1) su composición material, (2) su apariencia física, y (3) su propósito humano de aprender... El Dr. Walton y yo acordamos que Génesis 1 no aborda el área #1, composición material. También estamos de acuerdo en que tiene información sobre los servicios a los seres humanos (#3). La dificultad surge con el área #2, apariencias físicas.
>
> Por ejemplo, yo creo que Génesis 1:9 implica que la tierra seca apareció. Del mismo modo, Génesis 1:11-12 implica que las plantas aparecen en la tierra...[Walton] implica que no tienen nada que decir sobre el aspecto "material"... si incluye

---

[53] Véase, de John D. Currid, "Theistic Evolution is Incompatible with the Teachings of the Old Testament" en *Theistic Evolution*, 843.

solo servicios humanos (3) y no apariencias (2), no estamos de acuerdo.[54]

Walton ha leído Génesis con un falso contraste entre material y funcional, y con significados equívocos para los dos términos... Como resultado, separa artificialmente Génesis 1 de las cuestiones de apariencia física y produce una interpretación insostenible.[55]

Este dualismo antibíblico del funcionalismo de Walton es la división de lo material y lo funcional, como si el uno fuera a ser una capa completamente separada de la realidad del otro, ese ser (i) la apariencia física del cosmos, y (ii) el propósito individual y la consagración del templo.[56] Esta dualidad no ofrece espacio para la superposición, según la tesis de Walton; como resultado, son irreconciliables y completamente independientes entre sí.

Walton no comprende que este paradigma *material-funcional* es sólo otra manifestación de la descendencia del dualismo *naturaleza-gracia* del pensamiento escolástico, comparado con la división de lo *secular* (material) y lo *sagrado* (funciones), que va en contra del paradigma bíblico de la creación-caída-redención, es decir, la restauración de todo el orden creado de su estado de corrupción en términos de la proclamación y el avance del reino de Dios. El paradigma bíblico no come-

---

[54] Vern S. Poythress, "Vern Poythress Responds to John Walton", *BioLogos*, consultado el 8 de diciembre de 2017. https://biologos.org/blogs/archive/vern-poythress-responds-to-john-walton/.

[55] Poythress, "Appearances Matter: Author presents a false contrast between the material and functional in Genesis," *WORLD Magazine*, consultado el 11 de diciembre del 2017. https://world.mng.org/2009/08/appearances_matter/.

[56] Poythress, "Vern Poythress Responds to John Walton."

te el error del pensamiento dualista, no divide la realidad en dos capas separadas, la material y la funcional. En cambio, testifica que todo el material creado es inseparable de su función creada, porque ¿cómo puede existir uno sin el otro? Ningún dualismo *natural-gracia* (espiritual) puede ser leído en las Escrituras cuando la revelación escrita de Dios afirma la unidad de lo material y lo funcional, lo natural y lo espiritual, en todo el orden creado por Dios.

Interpretar el Génesis según el funcionalismo de Walton es ignorar abiertamente los rasgos históricos de la narrativa de la creación del Génesis, ir en contra de la interpretación histórica fiel de la iglesia postulando una tesis completamente novedosa[57] con una pobre exégesis,[58] y causar la misma violencia a la doctrina bíblica de Dios que tanto el creacionismo progresista como la evolución teísta. Esta distorsión de la verdad es siempre de esperar cuando la revelación escrita de Dios no es aceptada tal como es – cuando el hombre decide, según su propia autonomía pretendida, conformar la Escritura a sus propios presupuestos, en lugar de permitirle transformar su comprensión de la realidad.

---

[57] N.T. Wright, in "Product Description: Review," *Amazon.ca*, consultado el 8 de diciembre del 2017. https://www.amazon.ca/Lost-World-of-Genesis-John-Walton/dp/0830837043/.

[58] Una comparación de la exégesis de Walton en *The Lost World of Genesis One* con otros comentarios exegéticos conservadores revela el alcance de su eiségesis de acuerdo con su compromiso previo con la idea de la «cosmología antigua». Cabe señalar que una exégesis adecuada implica adoptar las mismas presuposiciones de la Escritura y permitir que dichas presuposiciones desafíen nuestro pensamiento interpretativo.

5.5. El Auto Testimonio de las Escrituras

A medida que tenemos en mente estas alternativas de origen cosmológico, debemos recordar que, aunque la Biblia no es un libro de texto científico, es sin embargo una revelación proposicional, es decir, nos deja claras proposiciones verdaderas, o hechos sobre las cosas, en palabras humanas inteligibles. La Biblia es, dada su inspiración divina, una interpretación escrita autorizada de la revelación general de Dios en la creación. Y como tal, por lo tanto, está sujeta a las reglas gramaticales y el contexto histórico.[59] Esto significa que podemos estudiar la Palabra de Dios y entenderla lingüística e históricamente, incluyendo su afirmación de que Dios creó el universo en seis días, y, de acuerdo con las genealogías registradas, hace unos pocos miles de años.

El hecho es que, si afirmamos la inspiración, la infalibilidad y la suficiencia de la Escritura, entonces en lo que se refiere al estudio de nuestro mundo natural y su origen, no tenemos otro lugar a donde ir que a la Biblia, porque sólo a través de su lente de visión del mundo podemos dar sentido a nuestra realidad creada. Esto implica consultar la Escritura sobre lo que afirma acerca de su propio relato de la creación, es decir, su propia interpretación de Génesis 1-3. ¿Cómo consideraron los profetas y apóstoles bajo el Espíritu de Dios y el Señor JesuCristo la narración de la creación? ¿Lo consideraron literal, figurativo, arquetípico o simbólico? La respuesta, como se pone de manifiesto en los siguientes pasajes, es la de una interpretación literal:

> Acuérdate del día de reposo para santificarlo. Seis días trabajarás, y harás toda tu obra; mas el séptimo día es reposo para Jehová tu

---

[59] Sarfati, *Refuting Compromise*, 35.

Dios; no hagas en él obra alguna, tú, ni tu hijo, ni tu hija, ni tu siervo, ni tu criada, ni tu bestia, ni tu extranjero que está dentro de tus puertas. *Porque en seis días hizo Jehová los cielos y la tierra, el mar, y todas las cosas que en ellos hay, y reposó en el séptimo día;* por tanto, Jehová bendijo el día de reposo y lo santificó. (Éxodo 20,8-11).

Señal es para siempre entre mí y los hijos de Israel; porque en *seis días hizo Jehová los cielos y la tierra*, y en el séptimo día cesó y reposó. (Éxodo 31:17).

Por *la palabra de Jehová* fueron hechos los cielos, y *por el aliento de su boca* todo su ejército (Salmo 33:6).

¡Oh Señor Jehová! he aquí que *tú hiciste el cielo y la tierra* con tu gran poder, y con tu brazo extendido; nada hay que sea difícil para ti (Jeremías 32:17).

Él respondió: "¿No has leído que el *que los creó desde el principio los hizo varón y hembra*, y dijo: 'Por lo tanto, el hombre dejará a su padre y a su madre y se aferrará a su esposa, y los dos serán una sola carne'? Así que ya no son dos, sino sólo uno. Lo que Dios ha unido, no lo separe el hombre" (Mateo 19:4-6).

Jesús, cuando comenzó su ministerio, tenía unos treinta años de edad, siendo el hijo (como se suponía) de José, el hijo de Elí, el hijo de Matat, el hijo de Leví, el hijo de Melqui, el hijo de Jannai, el hijo de José... el hijo de Cainán, el hijo de Arfaxad, el hijo de Sem, el hijo de Noé, el hijo de Lamec... el hijo de Enós, el hijo de Set, *el hijo de Adán, el hijo de Dios* (Lucas 3:23-38).

La Escritura considera explícitamente los capítulos iniciales de Génesis como historia. No hay un solo pasaje del Génesis al Apocalipsis que sugiera que el Génesis debe ser tomado, incluso en parte, como poético, alegórico o simbólico. Negar la historicidad de Génesis 1-3 es dejar el resto de la revelación escrita de Dios sin fundamento, porque queda claro que Dios creó el universo perfectamente bueno (*tov*), en seis días, y que Su creación fue sometida a la inutilidad cuando los primeros padres de la humanidad cayeron de su justicia original (Rom. 8:20). Toda la narrativa redentora de la Escritura no significaría nada si no fuera por los capítulos iniciales del Génesis, porque ¿qué redención podría haber si el pecado no pudiera ser explicado?

Esta comprensión bíblica, entonces, de la creación de Dios en Génesis 1-2 significa que la muerte y el sufrimiento no podrían haber precedido a la creación de Adán y Eva. En cambio, la vida y la salud perfecta fue lo que caracterizó al mundo antes de la caída, hasta los eventos de Génesis 3. Esto es lo que enseña la Escritura, porque Pablo escribió a los romanos que "el pecado vino al mundo por un hombre, y la muerte por el pecado, y así la muerte se extendió a todos los hombres, porque todos pecaron" (Rom. 5:12; Cf. 5:12-19), y a los Corintios, "Porque como por un hombre vino la muerte, por un hombre ha venido también la resurrección de los muertos. Así como en Adán todos mueren, también en Cristo todos serán vivificados" (1 Cor. 15:21-22). Elimine la narrativa histórica de la creación, o elimine el Adán histórico, y usted se quedará sin las doctrinas del pecado y la redención, y un falso contraste entre Adán y Cristo ; estos pasajes efectivamente se volverían sin sentido y vacíos.

En verdad, sería ilógico postular que la muerte preexistía a la creación de la humanidad cuando Pablo se refiere a la muerte "como el último enemigo a ser derrotado" en el gran plan de desarrollo de Dios de la historia redentora y restaurativa (1 Cor. 15:26) Y eso es lo que es la muerte, un enemigo de Dios, una fuerza opuesta que será vencida de la creación en la consumación de todas las cosas (Apocalipsis

21:4). Esto, por supuesto, plantea preguntas en cuanto a los hechos y evidencias de nuestro mundo natural, porque ¿cómo el cristiano entonces tiene sentido de los millones de organismos muertos que se encuentran en el registro fósil?

Si la Escritura no provee espacio para la Teoría de la Brecha, y si no hubo tal línea de tiempo geológica uniforme, entonces ¿qué enseña la Escritura que podría ayudarnos en nuestra interpretación de nuestro mundo creado? La respuesta a esta pregunta se puede encontrar en el relato de la inundación global posterior a la caída de los días de Noé (Gén. 6-9), cuando Dios derramó Su juicio sobre la tierra por la maldad de la humanidad. Este acontecimiento histórico nos comunicó que toda la creación sufre cuando aquellos a quienes se les ha dado dominio sobre la tierra se rebelan contra su Creador. Y, como resultado, el registro fósil ahora sirve como un testamento al hombre de su propia pecaminosidad, y del justo juicio de Dios que nunca falla; también afirma la línea de tiempo bíblica y la revelación escrita de Dios, porque lo que esperamos ver es de hecho lo que encontramos, es decir, millones de organismos muertos enterrados en capas de roca en todo el mundo.[60] Ken Ham, fundador de Respuestas en Génesis, escribe aquí que el diluvio del Génesis "ha hecho que la geología, geografía, biología, etc. de la tierra, sean lo que son hoy... la devastación

---

[60] Se proporciona un estudio más completo del diluvio y el registro fósil en *The Genesis Flood*de Henry M. Morris y John C. Whitcomb, *Noah's Ark: A feasibility Study*de John Woodmorappe y los dos volúmenes de *Earth's Catastrophic Past* de Andrew Snelling, todos los cuales son posiblemente las publicaciones más definitivas sobre el tema.

global causada por el diluvio de Noé debe, por lo tanto, tener parte en cualquier explicación del registro fósil".[61]

La Escritura, por lo tanto, interpreta su propia narrativa de la creación como historia literal, pero ¿cómo podemos estar seguros de su interpretación? ¿Podría presuponerse que el literalismo se considere otra forma de eiségesis al tratar el texto? La eiségesis ocurre cuando el lector impone su propia interpretación sobre el texto, lo que siempre sucede cuando se ignoran los mismos presupuestos de la Escritura, pero la exégesis difiere en que es la extracción del significado del texto de acuerdo con el contexto y el significado del autor. Es la pureza de la exégesis, es decir, su fidelidad al testimonio de la Escritura, y su honesta transparencia en su trato con el texto, lo que en última instancia deja clara la interpretación verdadera y objetiva.

5.6. Hermenéutica Aplicada

Para la narrativa de la creación, podemos recurrir a un estudio de palabras y un análisis literario de Génesis 1, comenzando con la palabra hebrea *yom*, que ha causado la mayor división en su interpretación. El rango semántico de *yom*, traducido como "día", está restringido a solo cinco significados:[62]

1. Un período de luz en un ciclo día/noche;

2. Un período de 24 horas;

3. Un concepto general o vago del tiempo;

---

[61] Ken Ham, "Creation, Flood and Coming Fire," Answers in Genesis, consultado el 1° de diciembre del 2017. https://answersingenesis.org/bible-history/creation-flood-and-coming-fire/.

[62] Sarfati, *Refuting Compromise*, 67-68.

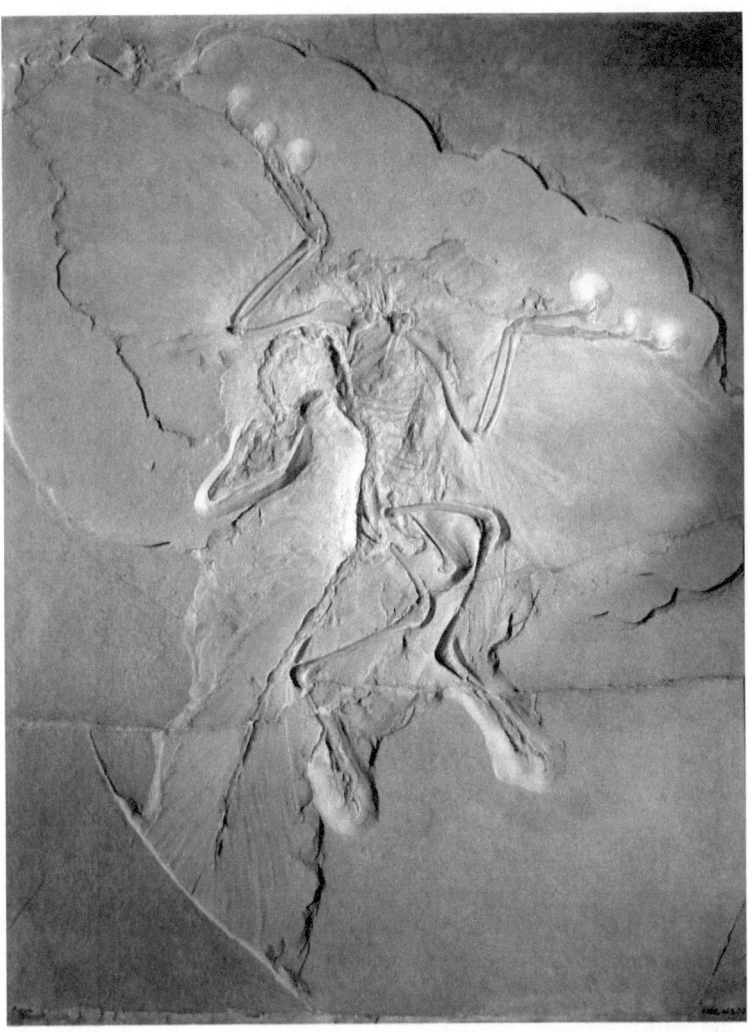

Figura 3: *Archaeopteryx lithographica*, espécimen fosilizado exhibido en el Museum für Naturkunde en Berlin. CC BY-SA 3.0.

4. Un momento específico; y

5. Un período de un año.

En cuanto al significado que se le atribuye a *yom* en Génesis 1-3, la respuesta se encuentra en su contexto literario.

El género del Génesis es histórico, no poético o alegórico.[63] Si el libro del Génesis, y esto incluye los capítulos iniciales (1-11), se comparara con los otros libros históricos del Antiguo Testamento, como Éxodo, Números, Josué, etc., sería evidente que el mismo estilo literario es empleado por su autor. Sarfati, en su *Comentario sobre el Génesis*, escribe que "Génesis utiliza con frecuencia la construcción llamada '*waw* consecutiva' (o wayyiqtol o *pretérito*), una marca singular de narrativa secuencial",[64] que es de hecho un rasgo común de la historia hebraica antigua.[65] Sarfati también señala "otras marcas de la narrativa histórica, como 'partículas acusativas' (*'et*) que marcan los objetos de los verbos, y muchos términos que se definen cuidadosamente".[66] Estas otras "marcas" incluyen verbos hebreos que exhiben características que se esperan para relatar eventos históricos pasados, donde, por ejemplo, *bara* (crear) es *qatal*, y los verbos posteriores son *wayyiqtols*, formando la secuencialidad de la narrativa. Esto es afirmado por el hebraísta alemán H.F. Wilhelm Gesenius (1786-1842), quien escribió:

---

[63] Sarfati, *The Genesis Account: A Theological, Historical and Scientific Commentary on Genesis 1-11* (Powder Springs, GA.: Creation Book Publishers, 2015), 34.

[64] Ibíd., 48.

[65] See J. Weingreen, *A Practical Grammar for Classical Hebrew* (Oxford, Reino Unido: Oxford University Press, 1967), 90-92.

[66] Sarfati, *The Genesis Account*, 48.

Una de las peculiaridades más llamativas en la sucesión *de* tiempos hebreos es el fenómeno de que, al representar una serie de acontecimientos pasados, sólo el primer verbo se encuentra en el perfecto, y la narración se continúa en el imperfecto.[67]

La noción misma de Génesis 1-3 siendo en cualquier forma poética o alegórica es contraria al estilo literario claro del texto, más particularmente teniendo en cuenta la ausencia de paralelismo que es común en la literatura poética hebrea. Aunque es cierto que la narrativa de la creación tiene una estructura repetitiva que puede confundirse con la poesía, que consiste en (1) el mandato de Dios, (2) su cumplimiento, (3) su evaluación y (4) el cierre del día, no hay evidencia literaria o histórica que sugiera que este texto no es histórico.[68] De hecho, tal repetición es un dispositivo literario común para la memorización de *las tradiciones orales*.

También considere que las palabras *boqer* (mañana) y *erebs* (noche) denota un día literal; y contrariamente a aquellos que afirman que estos son términos 'figurativos', fuera de Génesis 1, estas palabras se combinan con *yom* para un total de diecinueve veces, siempre significando un día literal.[69] Incluso sin la palabra *yom*, las palabras boqer y erebs *juntos* siempre significan un período de 24 horas, y esto ocurre "38 veces fuera de Génesis 1, incluyendo 25 en la narrativa histórica".[70] Esencialmente, al comparar el uso de la palabra *yom* (día) con otros pasajes bíblicos (es decir, Núm. 9:15; Deut. 16:4; Dan. 8:26), particularmente cuando está acompañado

---

[67] Heinrich Friedrich Wilhelm Gesenius, *Gesenius' Hebrew Grammar*, 2a edición, trad. Arthur Ernest Cowley (Oxford, Reino Unido: Oxford University Press, 1910), 132-133.

[68] Sarfati, *The Genesis Account*, 50-51.

[69] Sarfati, *Refuting Compromise*, 81.

[70] Ibíd.

por un número, o por las palabras *hebreas* boqer y erebs, sólo puede significar "un día ordinario, nunca un largo período de tiempo", según Safarti.[71]

Cuando consideramos todos estos indicadores, el uso de la palabra y los significados de *yom*, boqer y erebs, el género literario y los dispositivos literarios que lo acompañan, la ausencia de lenguaje alegórico o figurativo, y el hecho de que los hebreos usaron las palabras que pudieron en la comprensión de su día para describir la exhaustividad de la obra creativa de Dios (v. 1, "Dios creó los cielos y la tierra"),[72] está muy claro que negar la naturaleza histórica y literal del Génesis sería negar el significado obvio del texto. Y si se hizo cualquier intento de "extraer" un significado que es diferente del significado pretendido del texto, no sólo debemos evaluar los motivos subyacentes para la distorsión de esa persona de la Palabra de Dios, sino estar cansados del hecho de que tal intento causaría daño estructural y direccional al resto de nuestra comprensión de las Escrituras.

Sólo interpretando la narración de la creación del Génesis según el testimonio de la Escritura, y según los principios hermenéuticos que sostienen la autoridad bíblica, podemos afirmar los verdaderos atributos y carácter de Dios. Siendo ésta la santidad, la justicia, la omnipotencia, la omnisciencia, la perfección, la veracidad, la bondad, la soberanía, la trascendencia, la providencia y la misericordia del Dios personal, creador. Y es precisamente esto lo que vemos reflejado en la narrativa de la creación del Génesis, porque como escriben H. y J. Morris:

---

[71] Ibíd., 67.
[72] Currid, "The Hebrew World-and-Life View", 51.

Seguramente un Dios omnisciente [concebiría] un mejor proceso de creación que la farsa indiscriminada, desmedida e ineficiente de las llamadas eras geológicas, y ciertamente un Dios amoroso y misericordioso nunca sería culpable de un proceso creativo que implicaría el sufrimiento y la muerte de multitudes de animales inocentes en el proceso de llegar al hombre millones de años después.[73]

El estado original de la creación reflejaba la bondad de Dios, la bondad en términos de la palabra-ley de Dios, y es precisamente debido a la bondad de Dios que la creación será restaurada a su estado original de nuevo. Juan Calvino (1509-1564), el reformador ginebrino, escribió en relación con la bondad de Dios y la creación, que Dios pronunció su creación como "perfectamente buena, para que sepamos que hay en la simetría de las obras de Dios la más alta perfección, a la que nada se puede añadir".[74] Matthew Henry (1662-1714), el puritano, también comentó que:

> La obra de la creación fue una muy buena obra. Todo lo que Dios hizo estaba bien hecho, y no había ningún defecto en eso... Bien, porque todo es agradable para la mente del Creador, tal como él lo hubiera querido... Bien, porque todo es para la gloria de Dios; hay eso en toda la creación visible que es una demostración del ser y las perfecciones de Dios...[75]

---

[73] Morris and Morris, *The Modern Creation Trilogy*, Vol. 1, 76.

[74] Juan Calvino, *Genesis*, 1554 (Edimburgo, Reino Unido: Banner of Truth, 1984), 100.

[75] Matthew Henry, *Matthew Henry's Commentary on the Whole Bible: Complete and Unabridged in One Volume* (Peabody: Hendrickson, 1994), 7.

5.7. Comentarios patrísticos

Por difícil que pueda ser de creer, tanto los creacionistas progresistas como los evolucionistas teístas argumentan que la interpretación literal de seis días de la tierra joven es un desarrollo novedoso y reaccionario a la comprensión "científica" más reciente de los orígenes naturales, y que, en lo que se refiere a la historia, los padres de la iglesia primitiva se alinearon con una interpretación de la tierra vieja en oposición al creacionismo reaccionario supuestamente "moderno".[76] Como explica Mook, "Proponen que los exégetas prominentes de la Iglesia primitiva persiguieron el significado *teológico* como de la más alta prioridad (en lugar del significado histórico), y no [por lo tanto] se identificarían con las tesis modernas de la tierra joven".[77]

Esta noción, sin embargo, de la interpretación literal de seis días de Génesis 1-2 como "novedosa" y "reaccionaria"

---

[76] Ross, por ejemplo, declaró que «Muchos de los padres de la Iglesia primitiva y otros eruditos bíblicos interpretaron los días de la creación en Génesis 1 como largos períodos de tiempo. La lista de tales defensores incluye al historiador judío Josefo (siglo I); Ireneo, obispo de Lyon, apologista y mártir (siglo II); orígenes, quien refutó los ataques paganos a la doctrina cristiana (siglo III); Basilio (siglo IV); Agustín (siglo V); y, más tarde, Tomás de Aquino (siglo XIII), por nombrar algunos» en «Biblical Evidence for Long Creation Days», *Reasons*.org, 1 ° de diciembre del 2002.; Véase también Sarfati, "Hugh Ross Church Fathers: Old earther admits 'poor quality' research by other old-earthers", *Creation.com*. Consultado el 30 de noviembre del 2017. https://creation.com/hugh-ross-church-fathers/.

[77] Mook, "The Church Fathers on Genesis, the Flood, and the Age of the Earth," en *Coming to Grips with Genesis*, 25.

no sólo es falsa, sino una vergüenza académica.[78] Aunque es cierto que el naturalismo se remonta a la filosofía griega antigua, con Hípaso, Anaximandro, Tales de Mileto, y Jenófanes, enseñando que todas las cosas originaron de una sola entidad (fuego, aire, agua, o tierra), la patrística de la iglesia temprana rechazó dicho naturalismo en su teología de orígenes cosmológicos.[79] Hipólito (c. AD 170-235), un presbítero de Roma, por ejemplo, cita y rechaza muchas de estas enseñanzas naturalistas griegas en su libro *Refutación de todas las herejías*.[80]

El obispo Basilio de Cesarea (AD 329-379) también rechazó el naturalismo de los griegos, afirmando:

> Algunos recurrieron a principios materiales y atribuyeron el origen del Universo a los elementos del mundo... ¡Una verdadera telaraña tejida por estos escritores que dan al cielo, a la tierra y al mar un origen tan débil y tan poca consistencia!... Engañados por su ateísmo inherente, les pareció que nada gobernaba o regía al universo, y que todo había sido entregado al azar.[81]

Tanto los creacionistas progresistas como los bíblicos pueden estar de acuerdo con la evaluación de San Basilio, después de todo, ambos rechazan la visión atea del mundo, pero esto es lo más lejos que llega el acuerdo, ya que la patrística continúa declarando sus interpretaciones de la narrativa de

---

[78] Véase, de Don Stoner, *A New Look at an Old Earth* (Eugene, OR.: Harvest House Publishers, 1997), 37-41.

[79] Hippolytus, *Refutation of all Heresies* 10.2, in Alexander Roberts, James Donaldson, Philip Schaff, Henry Wace, eds., *The Ante-Nicene Fathers* 10 vols. (Peabody, MA.: Hendrickson, 1994), vol. 5.

[80] Ibíd., 10.2-10.3

[81] Basil of Caesarea, *Hexaemeron* 1.2 en Alexander Roberts, James Donaldson, Philip Schaff, Henry Wace, eds., *The Nicene and Post-Nicene Fathers, Series 2* (Peabody, MA.: Hendrickson, 1994) vol. 8.

la creación del Génesis como "creación en seis días literales y como no hace mucho tiempo". Lactancio (250-325 d. C.), por ejemplo, consejero del emperador romano Constantino I y tutor de su hijo, escribió que los filósofos naturalistas, aquellos "que enumeran miles de edades desde el principio del mundo, [deberían] saber que el sexto milenio aún no se ha completado... Dios completó el mundo y esta admirable obra de la naturaleza en el espacio de seis días."[82] El obispo Victorino de Pettau (c. 304) enseñó que cada día de la creación se dividía en doce horas de luz diurna y doce horas de noche, declarando: "Dios produjo esa entera masa para adorno de Su majestad en seis días; en el séptimo la consagró".[83] Y uno de los pocos patrísticos que dominaron la lengua hebrea, Efrén el Sirio (c. 306-373), escribió: "Así que nadie piense que hay algo alegórico en las obras de los seis días. Nadie puede decir con realidad que las cosas pertenecientes a estos días eran simbólicas".[84]

Ahora bien, puede muy bien ser contrarrestado que estas citas eran de los literalistas patrísticos, pero ¿qué pasa con los alegoristas? Tal vez mantuvieron una perspectiva de "edad del día" sobre los orígenes cosmológicos. No exactamente. De hecho, Orígenes (c. AD 185-254) escribió que "el relato mosaico de la creación... enseña que el mundo aún no tiene diez mil años, pero mucho menos que eso".[85] Su predecesor,

---

[82] Lactantius, *Institutes* 7.14, in *The Ante-Nicene Fathers*, vol. 7.

[83] Victorinus, *On the Creation of the World*, in *The Ante-Nicene Fathers*, vol. 7, 341.

[84] Ephrem the Syrian, *Commentary on Genesis* 1.1, in Kathleen E. McVey, ed., *Ephrem the Syrian: Selected Prose Works*, trans. Edward G. Mathews y Joseph P. Amar, in *The Fathers of the Church* (Washington, DC.: Catholic Univ. of Amer. Pr., 1961), 91:74.

[85] Orígenes, *De Principiis* 1.19, en *The Ante-Nicene Fathers*, vol. 4.

el jefe de la Escuela Catequética de Alejandría, San Clemente (c. 150-211 AD), escribió: "Porque las creaciones en los diferentes días siguieron en una sucesión muy importante; para que todas las cosas traídas a la existencia pudieran tener honor desde la prioridad, creadas juntas en el pensamiento..."[86] Mook, en su capítulo de contribución al libro *Coming to Grips with Genesis*, recoge las citas de varias patrísticas para demostrar que estos padres antes mencionados, y otros como Atanasio, [87] San Agustín [88] y Ambrosio, se[89] aferran a una interpretación literal de la narración de la creación del Génesis.[90] Aunque puede haber diferencias en sus interpretaciones, como debe esperarse entre los literalistas y alegoristas, no obstante rechazaron la noción de una vieja tierra, resistiendo la influencia de la filosofía natural griega en esta área de pensamiento.

Este hecho es significativo, porque el creacionismo progresista ciertamente no es una idea *moderna* (aunque es novedosa en la iglesia), de hecho ha sido la tendencia de las civilizaciones antiguas a "imponer un significado teísta sobre las filosofías evolutivas paganas casi universales de la antigüedad".[91] En la mayoría de los casos, el universo material era percibido como de alguna manera eterno, una creencia que busca-

---

[86] Clemente de Alejandría, *Stromata* 6.16, en *The Ante-Nicene Fathers*, vol. 2.

[87] Véase, de Thomas G. Weinandy, *Athanasius: A Theological Introduction*, en *Great Theologians* (Burlington, Reino Unido: Ashgate, 2007).

[88] Augustine, *The City of God* 12.10, in *The Nicene and Post-Nicene Fathers* Series 1, vol. 2.

[89] Ambrose, *Hexaemeron* 1.10.3-7, en Ambrosio, *Hexameron, Paradise, and Cain and Abel*, trad. John J. Savage, in *The Fathers of the Church* (Washington, DC.: Catholic Univ. of Amer. Pr., 1961), 42:42-43.

[90] Véase, de Mook, "The Church Fathers on Genesis, the Flood, and the Age of the Earth," en *Coming to Grips with Genesis*, 23-52.

[91] Morris and Morris, *The Modern Creation Trilogy*, Vol. 1, 75.

ba descartar la necesidad de un Dios creador omnipotente, santo, eterno, personal. Y así, lo que presenciamos es que, basados en la historia de la iglesia primitiva, los creacionistas progresistas están realmente en el lado equivocado. Esto se debe al hecho de que el apoyo histórico que buscan están con las antiguas naciones *paganas*, mientras que los creacionistas bíblicos encuentran que las enseñanzas de la iglesia primitiva afirman la interpretación correcta y verdadera de Génesis 1-3, de acuerdo con el testimonio propio de la Escritura como creación en seis días, y sólo hace unos pocos miles de años.

5.8. Observaciones finales

Nuestra respuesta a la pregunta de los orígenes entonces debe estar de acuerdo con el testimonio de la Palabra de Dios, porque postular cualquier interpretación alternativa sería socavar la doctrina cristiana de Dios y la visión cristiana del mundo y la vida como un todo. Es, después de todo, la creación según la lectura literal de Génesis 1-3 que, según el erudito bíblico John Currid :

> proporciona el contexto a partir del cual se desarrolla el resto de la narrativa bíblica, con todas sus múltiples dimensiones. No sólo puso la cosmovisión hebrea en contra de sus contrapartes antiguas, sino que también suministró al pensamiento occidental su cuenta distintiva de los orígenes hasta bien entrado el período moderno.[92]

Más allá de las falsas interpretaciones del creacionismo progresivo, la evolución teísta y la cosmología antigua (o

---

[92] Currid, "The Hebrew World-and-Life View," in *Revolutions in Worldview*, 49.

funcionalismo), la Escritura enseña que Dios creó el mundo en seis días, y sólo hace unos pocos miles de años. Es sólo la interpretación proporcionada por la Escritura, y extraída por la exégesis cuidadosa, que fielmente exhibe y preserva el carácter bíblico y los atributos de Dios como santo, justo, omnipotente, omnisciente, perfecto, veraz, bueno, soberano, trascendente, providencial, misericordioso, amoroso y personal. Y que, además, mantiene una clara distinción Creador-creación, exclusiva de la visión cristiana del mundo y la vida, que es vital para la predicación (comprensión) del hombre de la realidad.

Sólo adoptando los mismos presupuestos de la Escritura, viendo e interpretando el mundo según la revelación autori zada escrita de Dios, podemos dar sentido a lo que vemos en el mundo, y eso significa, también, afirmar que lo que esperamos ver es, de hecho, lo que presenciamos. Ya sea la tasa de recesión lunar,[93] la hemoglobina de dinosaurio preservada,[94] el aumento de los niveles de sal en el mar,[95] la decadencia del campo magnético de la tierra,[96] o cualquier otro hecho o evidencia de la creación de Dios, es sólo pensando en los pensamientos de Dios después de Él, es decir, presuponiendo Su verdad revelada, o permitiendo que Su revelación

---

[93] Véase, de D. DeYoung, "The Earth-Moon System", en eds., R.E. Walsh y C.L. Brooks, *Proceedings of the Second International Conference on Creationism* 2:79-84 (1990).

[94] Véase, de Mary Schweitzer y T. Staedter, "The Real Jurassic Park", *Earth* (junio de 1997), 55-57.

[95] Véase, de S.A. Austin y D.R. Humphreys, "The Sea's Missing Salt: A Dilemma for Evolutionists", en eds., R.E. Walsh y C.L. Brooks, *Proceedings of the Second International Conference on Creationism* 2:79-84 (1990), 17-33.

[96] Véase, de Sarfati, "The Earth 's Magnetic Field: Evidence That the Earth is Young", *Creation* 20(2):15-19 (marzo-mayo de 1998).

proposicional dé forma a nuestro pensamiento, que somos capaces de dar sentido a tales cosas, todo mientras el hombre natural reflexiona sobre sí mismo en la oscuridad, perdido en su inconsistencia intelectual e inutilidad. La visión cristiana del mundo y la vida es la única filosofía de la vida que proporciona las condiciones previas de inteligibilidad para la predicción de la realidad, o en otras palabras, lo que debe presuponerse para dar sentido a nuestra realidad, que es los mismos presupuestos de la Escritura.

CAPÍTULO 6

FUNDAMENTOS DE COSMOVISIÓN II
EL SIGNIFICADO DE LA VIDA

«La conclusión, cuando todo se ha oído, es esta: Teme a Dios y guarda
Sus mandamientos, Porque esto concierne a toda persona
(Eclesiastés 12:13).

6.1. La pregunta del significado

EL PREDICADOR DE ECLESIASTÉS comienza su sermón con: «"vanidad de vanidades", dice el Predicador, "vanidad de vanidades, todo es vanidad". ¿Qué provecho recibe el hombre de todo el trabajo con que se afana bajo el sol?"» (Ec 1:1-2). En la articulación de nuestra cosmovisión, nuestra red de presuposiciones mediante las cuales interpretamos el mundo, todos afirmamos tener una respuesta a las preguntas de orígenes, moralidad, significado y destino, pero históricamente todos hemos luchado con la pregunta del significado, más particularmente, el significado de la vida humana. Fue el popular historiador Will Durant quien intentó abordar este tema en su libro *On the Meaning of Life*. En el otoño de 1930, Durant se vio abordado por un hombre bien vestido mientras rastrillaba hojas en Lake Hill, Nueva York. El hombre le informó que iba a suicidarse y le suplicó al filósofo que le diera una realidad válida para no hacerlo. El extraño estaba absolutamente perdido. Percibiendo que todo era vanidad, creía que era mejor morir que seguir viviendo, pero no deseaba morir. Si pudiera encontrar el significado de la vida, entonces tal vez podría seguir viviendo. Debe haber esperado que Durant, el famoso historiador y filósofo, pudiera haber respondido esta pregunta por él. Durant afirma haberle dado algunas razones para continuar su existencia, sin entrar en una filosofía profunda que podría confundir al hombre, pero al final se quedó «atormentado por el encuentro con el extraño abatido».[1] La verdad era que Durant tampoco tenía la respuesta al significado de la vida, y observó impotente cómo el hombre se alejaba con su crisis no resuelta.

En una carta dirigida a varios estudiosos, Durant apeló a una respuesta a esta misma pregunta: ¿Cuál es el significado de la vida? Era una pregunta que no pudo responder satisfactoriamente por sí mismo, como escribe:

> ¿Interrumpirás tu trabajo por un momento y jugarás el juego de la filosofía conmigo? Estoy tratando de enfrentar una pregunta que nuestra generación, tal vez más que ninguna, parece siempre dispuesta a hacer y nunca capaz de responder: ¿Cuál es el significado o el valor de la vida humana? Hasta ahora, esta pregunta ha sido tratada principalmente por teóricos, desde Ikhnaton y Lao-tzu hasta Bergson y Spengler. El resultado ha sido una especie de suicidio intelectual: el pensamiento, por su propio desarrollo, parece haber destruido el valor y el significado de la vida. El crecimiento y la difusión del conocimiento, por el que tantos idealistas y reformadores oraron, ha resultado en una desilusión que casi ha quebrantado el espíritu de nuestra raza.[2]

Durant y el hombre que había encontrado no son los únicos perdidos en su búsqueda del sentido de la vida, como

---

[1] De la descripción de "On the Meaning of Life", *Amazon.ca*. Consultado el 15 de junio del 2018. https://www.amazon.ca/Meaning-Life-Will-Durant/dp/0973769807/.

[2] Will Durant, *On the Meaning of Life* (Estados Unidos: Promethean Press, 2005), Kindle Edition.

acertadamente afirmó, es de hecho la experiencia común de la raza humana. ¿Por qué más busca el hombre continuamente hacer que su vida tenga sentido? ¿Para hacer que su vida cuente para algo? La causa raíz de esta crisis existencial se remonta al principio, al Huerto del Edén confiado a nuestros primeros padres. Se origina en un acto, en una intención rebelde que resultó en la alteración de la naturaleza y la relación del hombre con Dios y la creación: comer del fruto del árbol prohibido para ser como Dios de una manera impropia de una criatura.

Ha sido la búsqueda del hombre, desde la caída, vivir independientemente de Dios y ejercer su autonomía radical remodelando y redefiniendo el mundo en contra de la realidad creada por Dios, para ser su propio dios, su propia ley, en contra de todas y cada una de las autoridades externas. Sin embargo, vivir en deliberada disonancia con la ley creacional y bíblica de Dios es someterse a la futilidad existencial, ya que negar a Dios y la cosmovisión del teísmo cristiano inevitablemente hace que toda la vida carezca de sentido. Es por esta realidad que el hombre no tiene una respuesta satisfactoria a la pregunta del significado. Lo que pretendo demostrar en este capítulo es que al desviarse del propósito creacional de Dios para el hombre, el hombre se vuelve incapaz de predicar (dar sentido a) la realidad, de crear y mantener una cultura y de escapar de su futilidad nihilista. Es solo al estar de acuerdo con la ley creacional y bíblica de Dios, y no solo por el pensamiento sino en la totalidad del ser, que el hombre puede encontrar significado en la vida, ser capaz de predicar la realidad y crear y sostener una cultura. Para decirlo de manera más simple, la recuperación del significado de la vida es por medio de la restauración del hombre a su propósito creacional en Cristo .

6.2. El propósito creacional del hombre

Pero esa, entonces, es la pregunta que ha confundido incluso a las personas más elocuentes: ¿Cuál es el propósito creacional del hombre? Se relaciona directamente con la pregunta de: ¿Cuál es el significado de la vida? Tener la respuesta a una allanaría el camino para la respuesta a la otra. Estas preguntas reflejan el estado perdido y caído del hombre, pues al haber sido creada en la *imago Dei* (Gn 1:27) , la humanidad fue creada originalmente con un propósito claro y significativo. El pensador cristiano Joseph Boot escribe que

> nuestros primeros padres se establecieron en el huerto [...] como sacerdotes reales en el templo cósmico de Dios, para someter y desarrollar todas las cosas bajo Dios y convertir la creación en una cultura glorificadora de Dios, cultivando todo en términos de su voluntad y propósito como un acto de adoración... La creación de cultura es ineludible para todos los portadores de la imagen de Dios.[3]

Sin embargo, después de haberse rebelado contra su Creador, y estando en la forma de hombre como su propio punto de referencia final por todo el conocimiento, el hombre se ha sumido efectivamente en un fango de confusión, suprimiendo todo verdadero sentido de la estructura y dirección creadas en el hombre.[4] Toda *estructura* creada tiene un propósito, y el hombre, siendo una criatura, tiene un propósito

---

[3] Joseph Boot, *Gospel Culture: Living in God's Kingdom* (Toronto, ON.: Ezra Press, 2016), 4.

[4] Greg L. Bahnsen, *Van Til's Apologetic: Readings & Analysis* (Phillipsburg, NJ.: P&R Publishing, 1998), 381.

en su ser (y todo lo que fluye de él), que a su vez se mueve en una *dirección* particular. Como explica Boot : «La *estructura* de algo se refiere a las leyes creacionales de Dios y al patrón ordenado que le pertenece, por ejemplo, con respecto a la Familia, la Iglesia y el Estado [...] la *dirección* de estas esferas se refiere a la orientación religiosa que tienen».[5]

Nuestros primeros padres, Adán y Eva, fueron creados por Dios a su imagen divina, diferenciándolos del resto de la creación. El hombre es similar a Dios en virtud de la naturaleza de su creación, pero no de la misma sustancia, porque el Creador no creado siguió siendo el Creador, y la criatura que lleva la imagen del Creador siguió siendo una criatura. A lo largo del texto de la Escritura revelada, hay una clara distinción entre el Creador y la creación, y por lo tanto, se puede entender mejor que el hombre tiene tanto ser derivado como conocimiento, en el sentido de que su ser, qué y quién es, se deriva de su Creador, y lo que sabe, tanto cuantitativa como cualitativamente, se deriva analógicamente de lo que Dios conoce originalmente y en última instancia.[6]

Es en Génesis 1:28 que entendemos el propósito y el llamado del hombre como estrechamente vinculados al hecho de que porta la *imago Dei*, pues en el texto, Dios comisiona al hombre diciendo: «Sean fecundos y multiplíquense. Llenen la tierra y sométanla. Ejerzan dominio sobre los peces del mar, sobre las aves del cielo y sobre todo ser viviente que se mueve sobre la tierra». En otras palabras, la humanidad debía ser el vicerregente de Dios sobre toda la creación. Fue delegado con autoridad para gobernar la tierra para Dios y

---

[5] Boot, *Gospel Culture*, 5.

[6] Greg L. Bahnsen, *Always Ready: Directions for Defending the Faith*, ed., Robert R. Booth (Nacogdoches, TX.: Covenant Media Press, 2011), 19.

sujeto a Él. Y al ser un ser derivado con conocimiento derivado, él es la única criatura de la creación calificada para tal
tarea designada, que consiste no solo en preservar la creación de Dios, sino en cultivarla en una civilización piadosa
(Gn 2:15).[7]

Por lo tanto, se puede decir que el propósito creacional
del hombre fue cultivar la creación de Dios en una civilización piadosa de acuerdo con los estándares y principios de
la revelación de Dios para la gloria de Dios. Y esto se lograría
mediante el cumplimiento del triple oficio del hombre, como profeta, sacerdote y rey de Dios. Este triple oficio debía
ser claramente vertical en su dirección, adorando no a la
creación, es decir, lo horizontal, sino al Dios Creador Soberano que trasciende la creación. Para decirlo de manera más
simple, debía quedar claro que el hombre, como profeta de
Dios, interpretaría la realidad creada según Dios; como sacerdote, dedicaría la creación a Dios; y como rey, gobernaría en
sujeción a Dios. Como escribe el teólogo Herman Bavinck :

> La idea de humanidad engloba dentro de sí esta triple dignidad y
> actividad. Los seres humanos tienen una cabeza para conocer, un
> corazón para entregarse, una mano para gobernar y liderar; de
> manera correspondiente, en el principio fueron equipados por
> Dios con conocimiento y comprensión, con justicia y santidad,
> con dominio y gloria (bienaventuranza).[8]

Este triple oficio abarca el propósito creacional del hombre, pero el hombre en su mayor parte ha negado la verdadera dirección vertical de su vocación, y en virtud de su
propia idolatría, se ha quedado sin propósito, engendrando

---

[7] Boot, *Gospel Culture*, 4.

[8] Herman Bavinck, *Reformed Dogmatics*, Vol. 3 (Grand Rapids, MI.: Baker
Academic, 2006), 367.

inevitablemente una noción de falta de significado. Esto es con lo que lucha el hombre natural: por haber anulado el fundamento de todo significado, nada en este mundo puede permanecer igual, como escribe Zach Eswine en su comentario sobre Eclesiastés:

> las cosas que tenemos ante los ojos ya no nos satisfacen. Las cosas que suenan en nuestros oídos no nos dan descanso [...] Incluso lo más bello y bueno tiene un «cansancio» dentro de sus huesos (Ec 1:8).[9]

Esto no significa, por supuesto, que el triple oficio del hombre haya cesado de alguna manera, tal vez como resultado de su «caída», dicen algunos. No, continúa por la misma realidad por la que la obligación moral del hombre con la ley de Dios no ha cesado, porque todo lo que el hombre ha hecho, en el espíritu de su autonomía radical, corrompe la naturaleza de su oficio al cambiar su dirección de una orientación vertical a una horizontal. Ha cambiado el final de su vida de glorificar al *Creador* a glorificar la *creación* (Ro 1:25).

6.3. Oficio triple: profeta

Para comprender mejor el propósito creacional del hombre, debemos preguntarnos qué implica el triple oficio del hombre. En primer lugar, como profeta de Dios, el hombre debía interpretar su vida y experiencia de acuerdo con la Palabra autoritativa de Dios, y esto significaba que, como llamado intelectual, el hombre debía prestar atención a la Palabra de Dios como su máxima autoridad para todo conocimiento,

---

[9] Zach Eswine, *Recovering Eden: The Gospel According to Ecclesiastes* (Phillipsburg, NJ.: P&R Publishing, 2014), 31.

para que por ella pudiera pensar los pensamientos de Dios después de Él. Como dijo el filósofo y teólogo cultural R. J. Rushdoony:[10]

> Un profeta es alguien que habla la palabra de Dios e interpreta el mundo y sus eventos en términos de la ley de Dios. El papel de profeta del hombre, por lo tanto, como se le dio a Adán, fue desarrollar el mundo e interpretarlo, analizarlo, estudiarlo en términos de la palabra de Dios.[11]

Para decirlo más claramente, Adán debía presuponer el hecho de que él, junto con el resto de la creación, vivía en el mundo de Dios y su origen vino de la mano del Creador. Y, como resultado de esta verdad, él y sus descendientes estaban sujetos a la palabra-ley de Dios. En otras palabras, epistemológicamente, la revelación proposicional de Dios debía servir como la lente por la cual el hombre podría ver e interpretar el mundo para que las verdades de Dios puedan ser conocidas y aceptadas.[12] Mientras el hombre permaneciera de acuerdo con Dios y su ley, continuaría siendo su verdadero yo, viendo la realidad creada por lo que es y cultivándola hacia su destino previsto, esto es, la realización del reino de Dios en la tierra. Pero cuando el hombre se apartó de Dios y de Su palabra-ley, dejó de ser su verdadero yo, y como resultado, su entendimiento se oscureció (Ef 4:18). La desviación del hombre contaminó su

---

[10] R.J. Rushdoony, "Salvation and Godly Rule: Prophet, Priest & King," *Pocket College*. Consultado el 6 de marzo de 2017. http://www.pocketcollege.com/transcripts/091%20-%20Salvation 20and%20Godly%20Rule/RR136AG62.html/.

[11] Ibíd.

[12] Cornelius Van Til, *Christian Apologetics*, segunda edición, ed. William Edgar (Phillipsburg, NJ.: P&R Publishing, 2003), 17.

mente y corrompió todas sus actividades culturales. Él estaba, en muchos sentidos, alienado de Dios y de Su verdad.

Esto no quiere decir que el hombre no pueda saber o lograr nada en su alienación, ya que tanto el hombre natural como el creyente regenerado estarían de acuerdo en que 2 + 2 = 4, por ejemplo. Pero el punto de contención se encuentra en el punto de partida del conocimiento humano. El hombre debía comenzar todo su pensamiento desde el punto de partida definitivo, sin tratar lo inmediato como si fuera definitivo. Si hiciera esto, bien daría sentido a la realidad creada, a lo que el filósofo cristiano Cornelius Van Til se refirió como la «predicación» de la realidad.[13] Pero si no lo hacía, y en su lugar trataba su punto de partida inmediato como lo último, entonces nunca podría esperar darle sentido a la realidad. El hombre natural puede estar de acuerdo en que 2 + 2 = 4 y que siempre será 4 debido a la ley matemática, pero a diferencia del creyente regenerado, que puede dar sentido a dicha ley desde la cosmovisión bíblica, el hombre natural no tiene ningún fundamento desde el cual pueda dar sentido a la ley matemática. Si fuera un naturalista, sería incapaz de explicar cómo podrían existir leyes absolutas en un universo gobernado por el caos o el azar. Si fuera un panteísta, sería incapaz de explicar cómo las leyes pueden prescribir, regular y prohibir cualquier cosa cuando todo es parte de la misma vasta y pura unidad indiferenciada.

Esto es lo que Van Til expone en su analogía del clavadista en su libro *A Survey of Christian Epistemology*.[14] Si un clavadista

---

[13] Ibíd, 39.

[14] Cornelius Van Til, *A Survey of Christian Epistemology, Vol. 2 of the Series In Defense of Biblical Christianity* (Phillipsburg, NJ.: Presbyterian and Reformed Publishing Co., 1969), 106.

estuviera parado en la punta de un trampolín, y todo lo que pudiera ver es la punta en la que está parado y el agua a su alrededor, podría referirse al trampolín como su punto de partida. Esta noción de punto de partida podría significar dos cosas: (i) si ignorara la conexión entre el trampolín y su base de hormigón, significaría que la punta es su punto de partida permanente o último; (ii) si fuera consciente de la conexión entre el trampolín y su base de hormigón, significaría que la punta es su punto de partida inmediato.[15] El hombre natural percibe la punta de su trampolín, es decir, a sí mismo, como su punto de partida final, y por lo tanto piensa que puede interpretar correctamente los hechos «neutrales» de la realidad desde donde se encuentra. Para decirlo de manera más simple, cree, de acuerdo con su pretendida autonomía, que puede conocer y comprender el mundo tal como es. Pero no comprende que al negar el verdadero punto de partida final para todo el conocimiento, es decir, el Dios Creador de las Escrituras, esencialmente está haciendo que la totalidad de la realidad sea ininteligible. Como concluyó Van Til: «Ahora, de hecho, siento que toda la historia y la civilización serían ininteligibles para mí si no fuera por mi creencia en Dios. Tan cierto es esto, que propongo argumentar que a menos que Dios esté detrás de todo, no puedes encontrar significado en nada».[16]

La realidad de la suficiencia, necesidad, perspicacia y autoridad de las Escrituras es que el hombre no puede interpretar independientemente este mundo tal como es, necesita una interpretación autorizada de la creación debido al sesgo de

---

[15] Ibíd.

[16] Véase, de Cornelius Van Til, *Why I Believe in God* (Filadelfia: Committee on Christian Education of the Orthodox Presbyterian Church, n.d.).

su propia hostilidad hacia Dios y su verdad (Ro 1:18).[17] No puede interpretar correctamente los hechos «neutrales» de la realidad porque ningún hecho es neutral, todos los hechos y evidencias son *hechos y evidencias de Dios*. Y si los hechos alguna vez fueron neutrales, o hechos impersonales «brutos», entonces, por implicación, no deberían ser más que datos indiferenciados, en última instancia indistinguibles entre sí, ya que los hechos brutos son experiencias crudas y no interpretadas.[18] Tanto el hombre natural como el creyente regenerado saben que esto es falso, porque ¿de qué otra manera podemos afirmar que sabemos tales cosas? Esencialmente, lo que había ocurrido en la Caída era el rechazo del *verdadero* conocimiento en favor de un *falso* concepto de conocimiento, el intercambio de Dios por el hombre como el punto de partida final de todo pensamiento; un intercambio que prometió falsamente al hombre la realización de su deificación deseada. Como señaló el teólogo Geerhardus Vos, el efecto del pecado en la totalidad del hombre resultó en su «inversión radical»; mientras que antes de que el hombre fuera creado originalmente recto, con verdadero conocimiento y en estrecha comunión con el Dios vivo, el pecado ha devastado su ser, ha estropeado su mente y ha interrumpido su comunión con lo divino al reorientar la dirección de su adoración hacia la de la creación, lo que inevitablemente resulta en su total depravación, desorgani-

---

[17] Cornelius Van Til, *An Introduction to Systematic Theology: Prolegomena and the Doctrines of Revelation, Scripture, and God*, ed. William Edgar (Phillipsburg, NJ.: P&R Publishing, 2007), 225.

[18] Bahnsen, *Van Til's Apologetic: Readings & Analysis*, 99.

zación y descomposición.[19] El hombre natural, por lo tanto, no puede interpretar la realidad creada en pos de Dios, pero ahora como su propio profeta, interpreta la realidad de acuerdo con su propio pensamiento finito, sin fundamento y caído.[20] Esto no se debe a una falta de conocimiento, como si uno pudiera reclamar la ignorancia ciega como una excusa ante Dios, sino que, como expuso el reformador del siglo XVI, Juan Calvino, toda la humanidad tiene el *sensus divinitatus*, el sentido de lo divino (Ro 1:25),[21] y sin embargo, debido a la supresión de la verdad por parte del hombre, el erudito R.C.H. Lenski dice que «La luz, de hecho, abunda; toda la naturaleza irradia y busca iluminar el corazón, pero este corazón sin sentido ve y, sin embargo, no ve, sabe y, sin embargo, no sabe».[22]

6.4. Oficio triple: Sacerdote

Sin embargo, el llamamiento del hombre como profeta no puede separarse de sus otros dos llamamientos, el del sacerdote y el del rey, porque aunque son distintos, cualquier separación sería meramente artificial y una negación del hecho de que estos tres llamamientos se complementan y presuponen entre sí. Porque como el hombre está llamado a interpretar la realidad creada en pos de Dios como profeta, también está llamado como sacerdote a dedicar toda la

---

[19] Geerhardus Vos, *Reformed Dogmatics, Vol. Two: Anthropology*, ed. Richard B. Gaffin, Jr., trad. Richard B. Gaffin, Jr. et al. (Grand Rapids, MI.: Lexham Press, 2012), 14.

[20] Rushdoony, "Salvation and Godly Rule: Prophet, Priest & King."

[21] Véase, de Juan Calvino, *Institutes of the Christian Religion*, trad., Henry Beveridge (Peabody, MA.: Hendrickson Publishers, 2008), 9-11.

[22] R.C.H. Lenski, *The Interpretation of St. Paul's Epistle to the Romans* (Columbus, OH.: Lutheran Book Concern, 1936), 104.

creación a Dios, para que pueda consagrarse junto con la totalidad de la realidad «al servicio del Dios vivo» a través de su actividad cultural.[23] Naturalmente, se deduce que si el hombre no puede hacer nada menos que representar lo que interpreta del mundo, entonces no puede hacer nada más que dedicar la creación al objeto de su adoración. Y la dirección y la naturaleza de su adoración dependen del estado y la condición de su corazón, porque si ha caído, entonces la dirección y la naturaleza de su adoración es horizontal, es decir, orientada a la creación y, por lo tanto, idólatra; pero si es regenerado por el Espíritu de Dios, entonces su adoración es vertical, es decir, orientada a Dios, y por lo tanto, considerada adoración pura y verdadera.[24]

Como la cultura es el resultado de cultivar la creación de Dios, es decir, la interacción beneficiaria del hombre con su entorno natural, entonces todo lo que el hombre se dispone a hacer, ya sea en la agricultura, la economía, la arquitectura, los académicos, la legislación, el arte o cualquier otra cosa, todo esto debe considerarse como funciones sacerdotales, ya que toda actividad cultural exhibe una dirección de adoración hacia un soberano percibido.[25] Desde el principio, fue la verdadera intención de Dios que los primeros padres de la humanidad glorificaran a Dios en la totalidad de su ser, y esto debía manifestarse no solo en la obediencia a ese único mandamiento en ese momento del tiempo, es decir, no comer del fruto del árbol prohibido, sino también en ser «autoconscientemente obediente en todo lo que hacía

---

[23] Rushdoony, "Salvation and Godly Rule: Prophet, Priest & King."

[24] Joseph Boot, *Gospel Witness: Defending & Extending the Kingdom* (Toronto, ON.: Ezra Press, 2017), 15.

[25] P. Andrew Sandlin, *Christian Culture: An Introduction* (Mount Hermon, CA.: Center for Cultural Leadership, 2013), 20, 23.

con respecto a todas las cosas y a través del tiempo».[26] En otras palabras, el árbol del conocimiento en el Huerto de Edén sirvió como ejemplo para el hombre en cuanto a cómo «debería o no respetar a todos los demás árboles», para que al vivir en obediencia con respecto al árbol del conocimiento, el hombre pudiera vivir en obediencia en todos los demás aspectos de la existencia creada.[27] Su trabajo cultural reflejaría así un carácter piadoso que busca glorificar a Dios en todos sus fines, trabajando para cultivar la creación en el reino de Dios en la tierra. Los teólogos han llamado esto el «mandato cultural»,[28] porque como el reino de Dios debe caracterizarse por los estándares y normas objetivos de Dios, al hombre se le ha confiado la tarea de desarrollar y someter la creación de Dios a su reinado y gobierno soberanos.[29]

Pero cuando la humanidad se apartó de Dios rechazando Su legítima soberanía, todo lo que hacía, todo lo que pensaba y todo lo que creía se había vuelto profano e inútil. Este es el predicamento irremediable del hombre natural, por haber cambiado su adoración al Creador por la creación, dedicando todo como sacerdote a sí mismo, sometiendo al mundo entero, es decir, a cada persona y cosa, a su propio servicio, inevitablemente se ha reducido a lo profano y lo fútil. Cuando el hombre sirve a cualquier otro propósito que no sea el propósito sacerdotal para el que fue creado originalmente, es decir, glorificar a Dios en todos los aspectos de la vida, no puede evitar volverse profano en la totalidad de su ser. La palabra «profano», del griego *profanos*, significa

---

[26] Van Til, *Christian Apologetics*, 69-70.

[27] Ibíd., 70.

[28] A. Cairns, *Dictionary of Theological Terms* (Greenville, SC.: Ambassador Emerald Intl., 2002), 121.

[29] Rushdoony, "Salvation and Godly Rule: Prophet, Priest & King."

«fuera del templo, es decir, fuera de Dios».[30] Como lo define Rushdoony:

> El verdadero significado de profano [...] es cualquier forma de vivir, hablar, pensar que está fuera de Dios. Esta es la realidad por la que algunas obras más antiguas hablaban de una vida santa y profana. El lenguaje es profano cuando está fuera de Dios, ya sea que las palabras sean lo que llamamos profanas o no. Cualquier forma de hablar, vivir o actuar fuera de Dios es profana.[31]

Esta es la realidad por la cual, a pesar de cumplir su deseo pecaminoso de adorarse a sí mismo, ya sea explícita o implícitamente expresado en el desarrollo de su autonomía radical, el hombre natural se pregunta: «¿Qué provecho recibe el hombre de todo el trabajo con que se afana bajo el sol?» (Ec 1:2). El hombre en su vida profana puede mirar a la creación en busca de su respuesta, sintiendo alguna forma de permanencia en ella, pero Eswine escribe que, bajo la maldición del pecado, «la creación es como un esclavo, "sujeto a la futilidad", en "esclavitud a la corrupción" anhelando ser "liberado"».[32] Aparte del Creador, todo es futilidad, todo es vanidad, todo es profano.

El oficio sacerdotal del hombre, por lo tanto, significaba que fue creado, destinado y llamado a dedicar a Dios todo su pensamiento y vida, porque lleva la imagen del Creador, y vive en un mundo donde no existe nada que Dios no reclame como Su dominio soberano. Como escribió el difunto Abraham Kuyper : «Ninguna parte de nuestro mundo mental debe estar sellada herméticamente del resto, y no hay un

---

[30] Ibíd.
[31] Ibíd.
[32] Eswine, *Recovering Eden*, 51.

centímetro cuadrado en todo el dominio de nuestra existencia humana el cual Cristo , que es Soberano sobre todo, no reclame: ¡Mío!».[33] Sinceramente, no tiene importancia para el reino de Dios que el hombre pecador insista en dedicar la creación a sí mismo, porque todo lo que es verdad, todo lo que es justo y todo lo que es bello y bueno en la creación de Dios no puede hacer otra cosa que glorificar al Dios Creador y Rey.

6.5. Oficio triple: Rey

En lo que respecta al llamado del hombre como rey, debe ser inmediatamente evidente que a medida que el hombre natural busca interpretar la realidad siguiendo su propio pensamiento caído y dedicar la creación a su propio servicio, esencialmente está tratando de establecerse como su propio rey. Este reino terrenal se caracteriza por la búsqueda del cumplimiento de los deseos pecaminosos desenfrenados del hombre, en términos de los fines de autoadoración del hombre. La realidad, la moralidad y la epistemología son los temas de redefinición en esta cosmovisión humanista y adoradora de la creación que subyace en el reino del hombre. Es, en otras palabras, la manifestación de la pretendida autonomía del hombre, el *auto* yo, *nomos* ley, ser una ley para uno mismo.

En pocas palabras, ser *auto-nomos* es ser la medida de todas las cosas, esto es lo que Adán y Eva buscaron comiendo del árbol prohibido del conocimiento; ser como Dios de

---

[33] Abraham Kuyper, conferencia inaugural en la Universidad Libre de Ámsterdam, 20 de octubre de 1880, citado en *Abraham Kuyper: A Centennial Reader*, ed. James D. Bratt (Grand Rapids, MI.: Wm. B. Eerdmans, 1998), 488.

una manera impropia para una criatura, ser *libres* de Dios. Pero esta supuesta «libertad», que atrajo a nuestros primeros padres, no es, de hecho, lo que el hombre piensa que es, ya que entierra aún más al hombre en su abismo de falta de propósito y de sentido. Es porque el hombre vive en forma antitética a los estándares y normas de Dios que se encuentra totalmente perdido con respecto al propósito y significado de la vida. Su predicamento es que, en su ser creado, hay un eco del paraíso edénico. Hay un anhelo por el estado de creación previo a la caída, pero en todos sus intentos de volver a tal memoria,[34] no puede evitar secuestrar sus esfuerzos al intentar modelar, remodelar y remodelar nuevamente la realidad como mejor le parezca. Hay, esencialmente, una ruptura en el pensamiento lógico, porque el hombre busca lo que solo Dios puede proporcionar, la restauración de la creación y la predicación de la realidad, pero suprimiendo a Dios y su verdad (Ro 1:18), el hombre no puede evitar cosechar desorden y destrucción, el resultado de sembrar corrupción.

Sin embargo, este no era el estado original del hombre, ni su llamado real debe entenderse de manera negativa. En el principio, Adán fue llamado a gobernar como el rey de Dios, o dicho de otra manera, a servir como su vicerregente sobre toda la creación, para poner todas las cosas bajo el dominio de la ley de Dios (Gn 1:28).[35] La creación del mundo no fue un experimento social o metafísico, una pizarra en blanco para que el hombre hiciera de esta lo que quisiera sin ningún principio rector. En cambio, el mundo fue destinado por Dios desde la eternidad pasada para ser Su reino, y la gloria de

---

[34] Eswine, *Recovering Eden*, 15.
[35] Rushdoony, "Salvation and Godly Rule: Prophet, Priest & King."

ese reino debía ser desarrollada por el hombre sujeto a Dios
en términos del propósito de Dios. Como señala Bavinck :

> Gn 1:26 nos enseña que Dios tenía un propósito al crear al
> hombre a su imagen: a saber, que el hombre *tuviera dominio*
> [...] Si ahora comprendemos la fuerza de este sometimiento
> (dominio) bajo el término de *cultura*... podemos decir que la
> *cultura en su sentido más amplio es el propósito para el cual Dios creó*
> *al hombre a su imagen.*[36]

Pero si el hombre se ha desviado de su propósito creacional, si ha dejado de operar como profeta, sacerdote y rey de
Dios, y ahora interpreta la realidad en pos de su pensamiento
caído, dedica la creación a sí mismo y la gobierna de acuerdo
con su juicio arbitrario y caído, ¿qué significa esto para la
predicación de la realidad del hombre y su preservación y la
construcción de la cultura? En otras palabras, ¿cuáles son las
implicaciones negativas de desviarse del propósito creacional
del hombre? ¿Y por qué la desviación del hombre conduce
inevitablemente a la falta de sentido y propósito?

6.6. La predicación de la realidad y la construcción de la cultura

Me he referido a la predicación de la realidad como «dar
sentido» a la realidad, pero esa es una comprensión superficial del término. Para una comprensión más sólida de lo que
significa la predicación, Greg L. Bahnsen interpreta y define
este término, originalmente atribuido a Van Til, como:

---

[36] Herman Bavinck, "The Origin, Essence and Purpose of Man," in *Selec-*
ted Shorter Works of Herman Bavinck, ed., John Hendryx (West Linn, OR.:
Monergism Books, 2015), loc. 469.

...el acto mental o verbal de atribuir o negar una propiedad o característica (un «predicado») a un sujeto [...] La predicción requiere que uno diferencie y seleccione inteligiblemente cosas individuales (particulares), que dé sentido a conceptos generales o abstractos (universales, clases, conjuntos definibles) y que los distinga (para *no* hacerlos idénticos) mientras que en cierto sentido los *identifica* o los relaciona entre sí.[37]

En realidad, el hombre tiene pocos problemas con la predicación en los asuntos ordinarios de su vida, pero cuando se le pide que proporcione un análisis o un relato filosófico de lo que está haciendo, «lo que asume sobre la realidad y cómo alguien podría conocer», aquí es donde vacila.[38] El hombre natural puede ser representado como una contradicción que camina y habla, porque cuando se ve realmente presionado a ello, sus presuposiciones se revelan en contradicción con la forma en que vive y piensa. Considera, por ejemplo, al hinduismo o al sijismo que se aferran a una cosmovisión panteísta. Su percepción de la realidad es que todo es parte de lo divino, o que todo es uno con la esencia divina de Dios, ya sea el Brahman impersonal, Naam o alguna otra entidad. Si esto fuera cierto, y todas las cosas son una, entonces nunca podría existir lo real y lo no real, o lo bueno y lo no bueno, o el conocimiento y el no conocimiento. En otras palabras, no podría haber verdad o falsedad, bondad o maldad moral, información o datos indiferenciados. Todo es simplemente «igualdad», porque todo es extensión de la «unidad» impersonal.[39] Por lo tanto, si no hay distinciones dentro de la unidad, ya que sugerir tal cosa implicaría su contradicción, enton-

---

[37] Bahnsen, *Van Til's Apologetic*, 22.

[38] Ibíd.

[39] Peter Jones, *One or Two: Seeing a World of Difference* (Escondido, CA.: Main Entry Editions, 2010), 17.

ces no puede haber distinciones en nuestro mundo. Arriba, abajo, derecha, izquierda, bien, mal, luz, oscuridad, amor, odio y tantas otras cosas son indiferenciadas entre sí, iguales y uniformes en su naturaleza y, por lo tanto, ininteligibles. Pero no es así como piensa el hombre natural, no vive de esa manera. Vive y respira en el mundo de Dios, es decir, no puede evitar presuponer las ordenanzas de Dios, y se basa en este conocimiento y experimenta una cosmovisión antitética. En otras palabras, toma prestado capital de la única cosmovisión verdadera para construir una comprensión extraña de la creación, desde la cual puede lanzar un ataque contra la verdad reveladora de Dios. Es la futilidad de la autonomía radical tratar el punto de partida inmediato como lo último, elevar al hombre como criatura al lugar de la divinidad en su interpretación de la realidad.

Esto nos lleva de nuevo al principio del punto de partida final sobre la autoridad de todo conocimiento, o dicho en términos diferentes, el punto de referencia final. La predicación humana, como explica Bahnsen :

> ...debe descansar en última instancia en alguna mente, divina o humana. Es el Dios autónomo [autosuficiente] del cristianismo o el hombre aspirante a ser autónomo que debe ser y se presupone como el punto de referencia final en cada oración que cualquier hombre pronuncia...[40]

Mientras el hombre abrigue la noción de completa independencia de Dios, metafísica, moral y epistemológicamente, fracasará cada vez en predicar la realidad o en dar sentido a la inteligibilidad de la experiencia humana. No es de extrañar, entonces, que la institución del matrimonio en Occidente se esté desmoronando, que las familias se estén rompiendo, que

---

[40] Ibíd., 98.

el crimen y la injusticia estén empeorando en la sociedad, porque el hombre ya no entiende la verdadera estructura de los aspectos, objetos e instituciones creacionales, ni su dirección creacional original. Si el hombre natural no puede dar sentido a la realidad de acuerdo con su naturaleza caída, ¿cómo se puede esperar de él que cree y sostenga una cultura? La verdad es que su bancarrota filosófica y espiritual lo hace incapaz de crear una *verdadera* cultura, allanando inevitablemente el camino a una implosión de cualquier cultura que herede.[41] Porque, ¿cómo puede crear o sostener algo si no puede darle sentido a nada? ¿Cómo puede mantener, por ejemplo, la ley y el orden, la justicia y el sentido de la vida mientras rechaza al Dios del teísmo cristiano en quien todo esto se entiende correctamente? El hombre natural, como dice Rushdoony, es «incapaz de crear cultura» debido a su «naturaleza» filosófica «esquizofrénica y... desarraigada».[42] Esta es la realidad actual de nuestra cultura occidental, como explica Boot :

> Las civilizaciones (el desarrollo comunitario y la aplicación de creencias) o culturas surgen y caen a medida que las creencias toman forma concreta, luego, bajo diversas tensiones, colapsan y caen. La captura generalizada de Occidente por el culto humanista del politeísmo patrocinado por el Estado (pluralismo filosófico) expresado sociológicamente como multiculturalismo, concurrente con la evidente invasión de un islam oportunista, está produciendo una decadencia radical y un colapso social, desde el colapso económico hasta la fragmentación familiar, y

---

[41] Rousas J. Rushdoony, *Intellectual Schizophrenia: Culture, Crisis and Education* (Vallecito, CA: Ross House Books, 2002), 7.
[42] Ibid.

los disturbios y la anarquía que se ven cada vez más en nuestras ciudades.[43]

Tal colapso de la civilización y el orden social son el resultado inevitable del abandono de nuestro fundamento metafísico, moral y epistemológico. Si el hombre busca tener una verdadera comprensión de la realidad, no solo del cómo sino del por qué, no solo la estructura sino la dirección, para poder crear o sostener una cultura en su vida diaria, debe referirse a la revelación bíblica de Dios como la única interpretación autorizada de la realidad, o como el tribunal final de apelación. Por supuesto, todavía aprenderá de la revelación general de Dios, pero «lo que la naturaleza le enseña debe ponerse en relación con lo que enseñan las Escrituras para poder entenderse correctamente...»[44] El hombre debe tratar la Palabra de Dios como el punto de partida final para todo pensamiento, y no cometer el error de tratar lo inmediato como lo último.

6.7. Futilidad nihilista

Sin embargo, a pesar de su crisis existencial, el hombre natural todavía insiste en apartar su rostro de Dios (Ro 3:10-18), porque aunque no puede escapar de la revelación de Dios en la naturaleza y en su propia constitución, que grita «día y noche que Dios es el Creador y controlador y, por lo tanto, redentor del[45] universo», retiene esta revelación y voluntariamente se arroja a la oscuridad total, pensando que puede ser su propia luz, solo para descubrir que, para su temor, en cambio está siendo devorado por la futilidad

---

[43] Ibíd.

[44] Bahnsen, *Van Til's Apologetic: Readings & Analysis*, 98.

[45] Ibíd., 721.

nihilista. Son las palabras del Predicador que resuenan en el corazón mismo del hombre: «¡vanidad de vanidades, todo es vanidad». (Ecl.1:2).

Friedrich Nietzsche, el filósofo y ateo alemán del siglo XIX, diagnosticó correctamente el problema de descartar el teísmo cristiano de la vida personal y pública, ilustrando esto en su poema «El loco»:

> ¿Que a dónde se ha ido Dios? —exclamó—,
> os lo voy a decir. Lo hemos matado:
> ¡vosotros y yo!
> Todos somos su asesino.
> Pero ¿cómo hemos podido hacerlo?
> ¿Cómo hemos podido bebernos el mar?
> ¿Quién nos prestó la esponja para borrar el horizonte?
> ¿Qué hicimos cuando desencadenamos la tierra de su sol?
> ¿Hacia dónde caminará ahora?
> ¿Hacia dónde iremos nosotros?
> ¿Lejos de todos los soles?
> ¿No nos caemos continuamente?
> ¿Hacia delante, hacia atrás, hacia los lados, hacia todas partes?
> ¿Acaso hay todavía un arriba y un abajo?
> ¿No erramos como a través de una nada infinita?
> ¿No nos roza el soplo del espacio vacío?
> ¿No hace más frío?
> ¿No viene de continuo la noche y cada vez más noche?
> ¿No tenemos que encender faroles a mediodía?
> ¿No oímos todavía el ruido de los sepultureros que entierran a Dios?
> ¿No nos llega todavía ningún olor de la putrefacción divina?
> ¡También los dioses se pudren! ¡Dios ha muerto!

¡Y nosotros lo hemos matado![46]

Para Nietzsche, la erradicación de la cosmovisión cristiana significó una erradicación del «mundo real», y el resultado de eso fue «la incapacidad [del hombre] de tomarlo en serio por más tiempo».[47] En otras palabras, si el hombre hubiera resuelto su crisis existencial en el contexto más amplio de «la creación y la salvación, el plan de Dios, la inmortalidad, el cielo y el infierno [...] comprometido con una metafísica [cristiana] que involucra un "mundo real"», ¿qué esperaríamos que sucediera si eso fuera descartado?[48] Esto estaba sucediendo en Occidente, y Nietzsche percibió un grave problema. Como explica el filósofo Norman Melchert:

> Si nuestra cultura se ha nutrido durante dos mil años de estas raíces religiosas, ¿qué sucede cuando las raíces ya no sostienen su vida? Cuando la fuente de nuestros valores se agota, ¿qué les sucede? Cuando el legislador desaparece, ¿qué sucede con nuestra ley? Como dice el loco: «¿Acaso hay todavía un arriba y un abajo? ¿No erramos como a través de una nada infinita? La amenaza es el nihilismo».[49]

Nietzsche estuvo absolutamente en lo cierto con su ilustración del Loco, «un breve momento de genialidad», podría decirse, pero hasta ahí podemos llegar con él. Su solución propuesta era cualquier cosa menos cristiana. Fiel a su autonomía radical, sugirió que el hombre tomara el lugar de

---

[46] Friedrich Nietzsche, *The Gay Science*, trans., Walter Kaufmann (Mineola, NY.: Dover Publications Inc., 2006), 90.

[47] Norman Melchert, *The Great Conversation: A Historical Introduction to Philosophy*, séptima edición (Nueva York, NY.: Oxford University Press, 2014), 537.

[48] Ibíd.

[49] Ibíd., 540.

Figura 4: Edvard Munch, 1893. "El Grito", óleo al temple y pastel sobre cartón, Galería Nacional de Noruega.

Dios, para ser el Übermensch, o el "Superhombre", que se necesitaba para tapar el agujero, para llenar el vacío. Según Nietzsche, el Übermensch es el que justifica a la raza humana, el que «emergería cuando cualquier hombre con un potencial superior se domine por completo y elimine la "moral de rebaño" cristiana convencional para crear sus propios valores».[50] Es, de nuevo, el pecado original de Adán y Eva vestidos con atuendos filosóficos, y como hemos visto a lo largo de la historia humana, la autonomía radical no resuelve nada. En cambio, exhibe las mismas características del nihilismo de las que trata de escapar: «cansancio de la vida: encontrar todo vacío, seco, superficial, sin sentido, más de lo mismo...»[51]

6.8. Redención

En resumen, al desviarse del propósito creacional de Dios, el hombre se ha vuelto incapaz de predicar la realidad, de crear y mantener una cultura y de escapar de su futilidad nihilista. Independientemente, es incapaz de estar bien con Dios, de ponerse de acuerdo con la ley creacional y bíblica de Dios debido a su condición depravada, y esto significa que estando solo es incapaz de predicar la realidad y, por lo tanto, incapaz de sostener una cultura. En pocas palabras, para recuperar el significado de la vida, el hombre debe ser restaurado a su propósito creacional, pero por sus propios medios esta restauración es imposible.

El alcance y la extensión de la caída de la humanidad en el pecado es amplio, no solo afectando a su persona sino toda la gama de la creación.[52] Y, sin embargo, a pesar de su caída, todavía lleva dentro de sí un débil recuerdo del Edén, del momento en que el hombre entendía su lugar en el cosmos,

---

[50] "Superman," *Encyclopaedia Britannica*. Consultado el 23 de julio del 2018. https://www.britannica.com/topic/superman-philosophy/.

[51] Melchert, The Great Conversation, 540.

[52] Albert M. Wolters, *Creation Regained: Biblical Basics for a Reformational Worldview*, segunda edición (Grand Rapids, MI.: Wm. B. Eerdmans, 2005), 69.

cuando el significado de la vida estaba claro y era modelado en su vida diaria.[53] Este recuerdo lo persigue y lo hechiza, lo persigue porque reconoce que dentro de sí mismo y dentro de la creación no hay esperanza posible de regresar al estado edénico, pero lo hechiza porque el anhelo es en sí mismo evidencia de que debe existir alguna esperanza para su redención. Esta esperanza debe ser igualmente integral en su alcance y no meramente individualista, porque cualquier cosa que no sea integral sería insuficiente a la luz de los efectos de largo alcance del pecado. ¿De qué serviría si el hombre fuera restaurado, mientras que el resto de la creación sufriera bajo la maldición del pecado? El hombre todavía estaría sujeto a la futilidad a la que ha sido sometida la creación (Ro 8:20). Como escribe el teólogo Albert Wolters en su libro, *Creation Regained*, el concepto bíblico de redención significa «restauración, es decir, el regreso a la bondad de una creación originalmente indemne y no simplemente la adición de algo supracreacional».[54] Y esta restauración debe afectar «la *totalidad* de la vida creacional», no simplemente un área limitada dentro de esta.[55]

Es a la luz de la crisis existencial del hombre natural que el difunto teólogo Charles Hodge escribió que la única esperanza del hombre debe residir en un personaje redentor y restaurador, porque:

> Nosotros, como hombres caídos, ignorantes, culpables, contaminados e indefensos, necesitamos un Salvador que sea un profeta que nos instruya; un sacerdote que expíe e interceda por nosotros; y un rey que nos gobierne y nos proteja. Y la salvación

---

[53] Eswine, *Recovering Eden*, 15.
[54] Eswine, *Recovering Eden*, 15.
[55] Ibíd.

que recibimos de sus manos incluye todo lo que un profeta, sacerdote y rey en el sentido más elevado de esos términos puede hacer.[56]

El triple oficio de profeta, sacerdote y rey, que ha sido manchado y corrompido por el hombre, se cumple de manera suprema y máxima en toda su perfección únicamente en la persona de JesuCristo , el Hijo de Dios.[57] Fue nombrado desde la eternidad pasada para ser *EL* profeta, sacerdote y rey, y este nombramiento es diferente de todos los demás, porque mientras que los profetas, sacerdotes y reyes fueron nombrados a lo largo de la narrativa redentora bíblica, en la eternidad pasada existieron en el pensamiento y la intención de Dios e históricamente cayeron bajo la maldición del pecado. Pero Cristo ha existido eternamente con el Padre y está libre de toda corrupción.[58] Vino no solo como Salvador de los hombres, sino como redentor del mundo, de la creación en su sentido más amplio. La salvación que ofrece, el ministerio redentor que opera, debe entenderse en el contexto de su triple oficio, ya que este establece el alcance y la extensión de su obra salvífica. Como afirma Wolters, el evangelio señala «el punto básico de que la redención lograda por JesuCristo es *cósmica* en el sentido de que restaura toda la creación».[59]

Considera, por ejemplo, que las palabras bíblicas para la salvación implican un regreso a un «estado o situación originalmente buena».[60] *Redención* significa «comprar la libertad de alguien» y retrata la imagen de uno liberado de

---

[56] Charles Hodge, *Systematic Theology*, Vol. 2 (Peabody, MA.: Hendrickson Publishers, 2016), 461.

[57] Ibíd.

[58] Bavinck, *Reformed Dogmatics*, Vol. 3, 366.

[59] Wolters, *Creation Regained*, 69.

[60] Ibíd.

la esclavitud como resultado del pago de un rescate; es la restauración de la libertad a alguien que una vez la disfrutó.[61] *Reconciliación* utiliza el prefijo *re-* para comunicar un retorno a un estado original, que es la restauración de una relación que se ha roto o ha salido mal.[62] *Renovación* significa ser «hecho nuevo una vez más», porque lo que antes era nuevo se había desgastado, pero ahora ha vuelto a su novedad anterior.[63] Wolters expone otras palabras como salvación, regeneración y restauración en *Creation Regained* como que dejan en claro el acto restaurador integral de Cristo , pero en última instancia, todos estos términos salvíficos se pueden resumir en la palabra «recreación», que no implica:

> que Dios desecha su creación anterior y en JesuCristo hace una nueva, sino más bien... que se aferra a su creación original caída y la *salva*. Se niega a abandonar el trabajo de sus manos; de hecho, sacrifica a su propio Hijo para salvar su proyecto original.[64]

Como profeta, Cristo vino a proclamar la ley y el evangelio como verdad absoluta y exclusiva (Mt 5), hablando como uno que tiene autoridad, porque todas las cosas obedecían su mandato (Mr 1:22; 4:41; Lc 4:32).[65] Como rey, vino al mundo para testificar de la verdad (Jn 18:37), confirmando la veracidad y autoridad de su enseñanza con señales milagrosas y maravillas de naturaleza *restauradora* (Jn 2:11; 10:37), no solo reflejando su poder real (Mt 9:6), sino también su compasión sacerdotal (Mt 8:17).[66] Las narraciones del evangelio no son un registro de que Cristo simplemente haya desempeñado las

---

[61] Ibíd., 69-70.

[62] Ibíd., 70.

[63] Ibíd.

[64] Ibíd.

[65] Bavinck, *Reformed Dogmatics*, Vol. 3, 366.

[66] Ibíd.

funciones de profeta, sacerdote y rey, sino también de *ser* en su totalidad profeta, sacerdote y rey, y lo que ha introducido desde su primer advenimiento es la restauración prometida de toda la creación.[67]

Cristo es la solución a la crisis existencial del hombre, a su esquizofrenia intelectual, a su caída e inutilidad. Él es el Salvador cósmico provisto por el Padre a partir de su gracia inconcebible. Como escribe Bavinck:

> Cristo, como Hijo y como imagen de Dios, para Sí mismo y también como nuestro Mediador y Salvador, tenía que llevar los tres oficios. Tenía que ser un profeta para conocer y revelar la verdad de Dios; un sacerdote, para dedicarse a Dios y, en nuestro lugar, para ofrecerse a Dios; un rey para gobernarnos y protegernos según la voluntad de Dios. Enseñar, reconciliar y dirigir; instruir, adquirir y aplicar la salvación; sabiduría, justicia y redención; verdad, amor y poder: *los tres son esenciales para la integridad de nuestra salvación.* En la relación de Cristo de Dios con la humanidad, Él es un profeta; en su relación de la humanidad con Dios, Él es un Sacerdote; en su liderazgo sobre toda la humanidad, Él es un Rey.[68]

Como profeta, Sacerdote y Rey, Cristo no solo ha salvado al hombre elegido de la ira de Dios reconciliándolo consigo mismo, sino que también ha restaurado al hombre a su propósito creacional, y esto significa que el mandato cultural que el hombre tuvo al principio al orientarse hacia la idolatría se restaura y renueva en términos de la Gran Comisión en JesuCristo (Mt 28:18-20). Esta restauración comienza primero con la recepción de la verdad por parte del hombre, la convicción del corazón, la regeneración de su ser y su

---

[67] Ibíd.
[68] Ibid., 367-368 [énfasis añadido].

entrega total al Señorío de Cristo. Y esto implica renunciar a la autonomía radical, que es la pretendida autosuficiencia intelectual del hombre, en favor de abrazar la revelación autorizada de Dios como el fundamento de todo conocimiento. Esta restauración, o transformación radical, inevitablemente se reflejará en todo lo que el hombre hace, porque donde una vez estuvo perdido en su pecado y orientado horizontalmente en su adoración, en Cristo refleja una orientación vertical, verdadera adoración de la Trinidad Divina en todas sus actividades culturales. Es en este estado renovado y restaurado que el hombre puede comprender correctamente la realidad, predicar la creación de Dios, crear y sostener una cultura estructuralmente arraigada en la revelación de Dios y orientada direccionalmente hacia el Creador, y celebrar el significado de la vida humana y de cada aspecto del cosmos. En Cristo, el hombre puede interpretar la realidad según Dios, es decir, de acuerdo con la Palabra reveladora de Dios; dedicar la creación al servicio de Dios, a través del cultivo de una cultura piadosa; y gobernar la creación para, y sujeto a, el reino eterno de Dios.[69]

6.9. Observaciones finales

¿Cuál es el significado de la vida? La respuesta está enraizada en el Dios del teísmo cristiano, porque habiendo creado el cosmos, la vida se hace significativa, es decir, llena de significado. Toda la vida *es*, por lo tanto, significativa, ya que en el principio, la creación era *cosmos* (del griego κόσμος) y

---

[69] Rushdoony, "Salvation and Godly Rule: Prophet, Priest & King."

no caos. Y el cosmos de la creación debe entenderse en el contexto de la cosmovisión cristiana.[70]

Como resultado de que la creación es *cosmos*, es decir, ordenada, el hombre fue creado en el principio con un propósito claro, someter y desarrollar todas las cosas bajo Dios como profetas, sacerdotes y reyes reales, para cultivar una cultura que glorifique a Dios. La caída del hombre en el pecado, sin embargo, frustró el cumplimiento de este mandato cultural, y en su desviación se hizo incapaz de predicar la realidad, de crear y mantener una cultura, y de escapar de su futilidad nihilista. Es solo al ser restaurado a su propósito creacional que el hombre puede discernir una vez más el significado de la vida, ser capaz de predicar la realidad y crear y mantener una cultura, y como escribe Bahnsen, solo la cosmovisión cristiana puede lograr esto:

> ... sólo el cristianismo tiene una posición filosófica defendible que puede dar una explicación inteligible de la capacidad de hablar de manera significativa, de «predicar», de ser racional, de saber cualquier cosa, etc. El cristianismo no es una de muchas cosmovisiones internamente razonables entre las que los hombres pueden elegir, sino el único candidato si uno está comprometido con la racionalidad (una filosofía defendible de la vida y de la epistemología).[71]

Todos los que prestan atención a las demandas de Cristo, que se rinden en su totalidad al Señorío de Jesús, que se arrepienten de su pecado ante un Dios Santo, son invitados por una gracia inconcebible a participar en la curación y restauración de toda la creación, y esto comienza primero

---

[70] Andree Troost, *What is Reformational Philosophy?* (Jordan Station, ON.: Paideia Press, 2020), 91.

[71] Bahnsen, *Van Til's Apologetic: Readings & Analysis*, 150.

con la exposición de la Palabra de Dios, y en segundo lugar, con su sabia aplicación a todas las esferas de la vida.

¡Qué esperanza podría haber ofrecido Durant al hombre en Nueva York, que estaba en camino al suicidio, si hubiera sabido y se hubiera rendido a la verdad de la revelación creacional y bíblica de Dios! Fue muy parecido al guía ciego que lleva a otro ciego a un pozo de desesperación (Mt 15:14). Aparte de Cristo, la vida no tiene sentido. En Él, la vida tiene sentido.

CAPÍTULO 7

FUNDAMENTOS DE COSMOVISIÓN III
LA MORALIDAD PERMANENTE DE LA LEY DE DIOS

«Maestro, ¿cuál es el gran mandamiento de la ley?».
Y Él le contestó: «Amarás al Señor tu Dios con todo tu
corazón, y con toda tu alma, y con toda tu mente.
Este es el grande y primer mandamiento.
Y el segundo es semejante a este:
Amarás a tu prójimo como a ti mismo.
De estos dos mandamientos dependen toda la ley
y los profetas»
(Mateo 22:36-40).

7.1. La pregunta de la moralidad

EL TEÓLOGO JUDÍO DAVID NOVAK dijo una vez: «La teología siempre tiene implicaciones morales, y la moralidad siempre está respaldada por la teología». En lo que respecta a la moralidad, la cosmovisión cristiana es la *única* cosmovisión que proporciona la base para la vida moral. Esto no quiere decir que el hombre natural, no regenerado, no pueda ser un ser moral. Por el contrario, quien se considera moral es moral a pesar de su ignorancia epistemológica, principalmente, su negación del Dios legislador del teísmo cristiano. Lo que el hombre no regenerado hace más bien inconscientemente es tomar prestado de los estándares morales de la cosmovisión *cristiana*, porque vive y respira en el mundo creado por Dios. La cuestión de defender la moralidad del teísmo cristiano ha sido asumida por muchos apologistas cristianos a través

213

de los siglos. Sin embargo, en lo que respecta a lo que *es* la moralidad cristiana, muchos cristianos hoy en día carecen de una comprensión adecuada de lo que realmente están defendiendo. Esto no quiere decir que los cristianos no sean conscientes de algún estándar moral arraigado en el carácter y la naturaleza de Dios. Ciertamente entienden la esencia de esto, pero más bien, a menudo no saben cuál *ES* ese estándar. ¿Es la nueva ley de Cristo ? ¿Hay siquiera una nueva ley dada por Cristo ? ¿Es la ley de la gracia? ¿Es la ley del Antiguo Testamento? La mayoría se opondría a esto último, ya que perciben erróneamente la ley como algo que no es.

Considera el texto de Mateo 5:17-20, que será el enfoque principal de este capítulo. Es uno de los muchos pasajes difíciles y disputados en la Biblia, uno que ha sido impugnado por aquellos que están clasificados como antinomianos, alegando que la ley y el evangelio son irreconciliables, mientras que otros afirman que la ley y el evangelio no están en conflicto, sino que están en armonía entre sí. La interpretación impugnada ha marcado una división en la Iglesia, con aquellos identificados como *antinomianos* acusando a aquellos que defienden la validez de la ley bíblica como legalistas y fariseos, mientras que aquellos que defienden la ley bíblica acusan a los antinomianos de ser «anti-ley» y, por lo tanto, «sin ley» en su cosmovisión, inevitablemente optando por la *auto-nomos* (ley del hombre) sobre la *teo-nomos* (ley de Dios).

Aunque es cierto que la disputa mencionada anteriormente puede generalizarse en gran medida —pues ¿cuánto se puede decir en un capítulo?—, basta con decir que el debate en curso y la falta de claridad han seguido confundiendo por completo la comprensión de la Iglesia sobre la moralidad cristiana. Este pasaje de Mateo 5:17-20 es vital para nuestra

comprensión de cuál *es* el estándar moral cristiano, y su interpretación correcta se puede lograr mediante una sana
exégesis al reconciliarlo con el contexto del Evangelio según
Mateo y con todo el consejo de la Palabra de Dios. El objetivo
de este capítulo es proporcionar una exposición de Mateo
5:17-20 para una comprensión bíblicamente fiel de la moralidad cristiana, que incluye examinar el contexto histórico
y cultural del texto, su significado dentro de la literatura de
Mateo y evaluar las implicaciones antinomianas.

7.2. Los escritos de Mateo

Desde el principio, es notable que el Evangelio según Mateo
exhibe una «adaptación especial para los lectores judíos»,
comenzando con su versículo de introducción en un estilo
particularmente judío (Mt 1:1).[1] El propósito previsto de la
escritura de Mateo, como afirma el erudito Milton Terry, es
«exhibir a Jesús como el Mesías del que los profetas habían
hablado, el fundador divino del reino de Dios», lo cual se
ajusta al contexto judío y las expectativas mesiánicas de su
época.[2] Por ejemplo, en el quinto capítulo del Evangelio
según Mateo, el Sermón del Monte, presentado como una
unidad coherente, es el discurso inaugural del reino de[3]
Jesús, como si fuera «una reedición de la antigua ley del
Sinaí».[4] Se relaciona con la «unidad de propósito» general
en la literatura de Mateo, de mostrar primero a los judíos, y

---

[1] Milton S. Terry, *Biblical Hermeneutics: A Treatise on the Interpretation of the Old and New Testaments* (Grand Rapids, MI.: Zondervan Publishing House, 1974), 559.

[2] Ibíd.

[3] Mark L. Strauss, *Four Portraits, One Jesus: A Survey of Jesus and the Gospels* (Grand Rapids, MI.: Zondervan, 2007), 228.

[4] Terry, *Biblical Hermeneutics*, 562.

como el Espíritu de Dios pretendía, a todos los hombres y mujeres, judíos y gentiles por igual, que «Jesús es de hecho el Mesías del que los profetas habían hablado».[5]

El pasaje en estudio forma parte de una mayor colección de enseñanzas, siguiendo un arreglo tópico en las *Biografías* de Mateo sobre Cristo, y colocada entre dos sujetalibros.[6] El primer sujetalibros es Mateo 4:23, que resume «lo que Jesús *hará* en los próximos cinco capítulos; predicar y enseñar [...] y sanar», donde los capítulos 5 a 7 son el primer discurso, seguido de los eventos de sanidad en los capítulos 8 a 9.[7] El segundo sujetalibros es Mateo 9:35, que según el erudito Mark Strauss, «concluye la sección repitiendo lo que Jesús *ha estado haciendo* (" proclamando el evangelio del reino y sanando toda enfermedad y toda dolencia ")».[8] El texto, por lo tanto, tiene un contexto homilético más amplio que debe ser considerado.

7.3. Estructura y contexto del pensamiento

Al exponer un pasaje bíblico, reconocemos que, como con todas las demás formas escritas, «las palabras individuales no se suspenden de forma aislada», sino que están, más bien, intrincadamente «unidas entre sí con otras palabras para formar una estructura de pensamiento».[9] Hay esencialmente

---

[5] Ibíd.

[6] David Miller, "NT510 Gospel and Acts: Rhetoric and Bioi Literature.pptx", VES Populi, 2016, consultado el 8 de septiembre del 2016, https://ves.populiweb.com/router/courseofferings/5938178/info#.

[7] Strauss, *Four Portraits, One Jesus*, 227.

[8] Ibíd.

[9] Robertson McQuilkin, *Understanding and Applying the Bible: Revised and Expanded* (Chicago, IL.: Moody Publishers, 2009), 155.

dos elementos fundamentales que constituyen la estructura del pensamiento: *la oración y el contexto*.[10]

Al examinar la estructura de la oración, debemos hacer las siguientes preguntas planteadas por el difunto teólogo Robertson McQuilkin:

1. ¿Cuál o quién es el tema principal del pensamiento?

2. ¿Qué acción realiza el sujeto?

3. ¿Qué o quién es el objeto de la acción?[11]

Podemos estructurar un diseño mecánico para examinar el tema, la acción y el objeto de cada versículo y su significado colectivo,[12] al tiempo que consideramos el trasfondo histórico-cultural del texto del Nuevo Testamento,[13] comenzando con el versículo 17.

> (v. 17) No piensen que he venido
> para poner fin a la ley o a los profetas;
> no he venido para poner fin,
> sino para cumplir.

Esta sección del Sermón del Monte de Jesús, que forma parte de una unidad mayor que comienza con el v. 2, las Bienaventuranzas, puede entenderse como una apología de la enseñanza de Jesús, un elemento «forense» típico de la literatura *bioi*.[14] Era probable que la audiencia judía inmediata percibiera que la enseñanza era un nuevo conjunto

---

[10] Ibíd.

[11] Ibíd., 158.

[12] Ibíd., 167.

[13] Gordon D. fee, *New Testament Exegesis: A Handbook for Students and Pastors*, ed. revisada (Louisville, KY.: Westminster/John Knox Press, 1993), 114.

[14] Un género literario llamado *vidas* (griego: *bioi*; latín: *vitae*). Miller, "NT510 Gospel and Acts: Rhetoric and Bioi Literature.pptx."

de estándares que potencialmente reemplazarían la ley del Antiguo Testamento, lo que provocaría una defensa oral. Como explica el comentarista John Nolland: «En términos judíos, cualquier intento de anular (en griego, καταλύειν) la Ley podría haberse visto solo con horror».[15]

Jesús, aquí, está explicando el propósito de Su encarnación, Él (*sujeto*) entró en el mundo creado no para poner fin a «la Ley o los Profetas» (*objeto*), como los judíos podrían haber creído, sino para cumplirlos (*acción*). Pero, ¿qué significa el griego πληρ ωσαι 'cumplir' en griego? El teólogo R. J. Rushdoony (1916-2001) escribe que «cumplir» (plērōsai) puede significar «poner [la ley y los profetas] en vigor», y postular cualquier otra interpretación contraria a esto sería causar violencia a la lectura simple del texto.[16]

Cuando consideramos la fecha aproximada de composición del evangelio de Mateo como testimonio de testigos presenciales (c. 55-70 d. C.),[17] el cristianismo en ese momento era «percibido como una religión advenediza que buscaba revocar la ley ancestral de los judíos». Por lo tanto, la principal preocupación de Mateo era «relacionar la Ley y los Profetas de la manera más cercana posible», y a su vez cercanos ambos a Jesús, ya que entendía que lo profético permitía que la Ley se comprendiera correctamente, y que ambos se cumplen totalmente en Cristo. [18] Mateo no está

---

[15] John Nolland, *NIGTC: The Gospel of Matthew*, (Grand Rapids, MI.: Wm. B. Eerdmans Publishing Company, 2005), 217.

[16] R. J. Rushdoony, "Jesus and the Law - Research," Chalcedon: Equipping to Advance the Kingdom, 2010, accessed September 8, 2016, http://chalcedon.edu/research/articles/jesus-and-the-law/.

[17] D. A. Carson and Douglas J. Moo, *An Introduction to the New Testament*, Second ed. (Grand Rapids, MI.: Zondervan, 2005), 152.

[18] Nolland, *NIGTC: The Gospel of Matthew*, 218.

escribiendo aquí lo que *quiere* que Jesús diga, sino que, por la iluminación del Espíritu de Dios, pone en primer plano las enseñanzas *genuinas* de Jesús que eran relevantes para la cultura de su tiempo (y, como vemos con el antinomianismo contemporáneo, del nuestro), y para el marco y el objetivo previstos de su evangelio. De hecho, una de las características estructurales más distintivas dentro de la literatura de Mateo es «su uso de fórmulas de cumplimiento» para demostrar que la vida de Jesús, tanto en palabras como en hechos, cumplió las profecías del Antiguo Testamento, y en este caso, el cumplimiento de la Ley y los Profetas por parte de Jesús.[19]

> (v. 18) Porque en verdad les digo que
> hasta que pasen el cielo y la tierra,
> no se perderá ni la letra más pequeña
> ni una tilde de la ley
> hasta que toda se cumpla.

El versículo dieciocho demuestra la autoridad de Jesús (*sujeto*), con lo que es una expresión (*acción*) típica de Mateo, el griego ἀμὴν γὰρ, «porque en verdad», que denota que algo importante seguirá inmediatamente: que, «hasta que pasen el cielo y la tierra», ni una *iota* ni un punto pasaría de la Ley (*objeto*) hasta que «todo se cumpla». Es decir, aunque la totalidad de la creación puede pasar, lo que Dios ha dicho en las Escrituras es mucho más permanente que lo que fue creado; no pasará hasta que el propósito divino de Dios se cumpla como se revela en Su Palabra.[20] El comentarista R.C.H. Lenski escribe sobre lo que esto significa, proporcionando una visión escatológica:

---

[19] Strauss, *Four Portraits, One Jesus*, 216.
[20] Leon Morris, *PNTC: The Gospel According to Matthew* (Grand Rapids, MI.: Wm. B. Eerdmans Publishing Company, 1992), 109-110.

Se hace referencia al cielo y la tierra actuales, pero no una aniquilación de ambos, sino más bien un cambio completo, el cielo de Dios y los ángeles se unen al cielo y la tierra del hombre (Ap 21:1-3).[21]

En cuanto a la «letra más pequeña» (gr. ἰῶτα) o la «tilde» (gr. κεραία) que Jesús menciona, el erudito del Nuevo Testamento Leon Morris explica que:

La *iota* era la letra más pequeña del alfabeto griego, pero aquí [...] generalmente se entiende que se refiere a *la* yod, la letra más pequeña del alfabeto hebreo [...] Jesús está diciendo: «Ni la letra más pequeña, ni la parte más pequeña de una letra».[22]

Es, en otras palabras, una afirmación enfática de la validez de la Escritura, y dado que la ley bíblica es divinamente inspirada, por lo tanto, perdurará (1 Ti 3:15). Como escribe Rushdoony, «hasta el fin de los tiempos, la ley de Dios, en todos sus detalles, permanecerá. Su significado e intención siguen siendo válidos para siempre».[23]

pc (v. 19) Cualquiera, pues que anule uno solo
            de estos mandamientos,
            aún de los más pequeños,
            y así lo enseñe a otros,
            será llamado muy pequeño
            en el reino de los cielos;
            pero cualquiera que los guarde
            y los enseñe,
            este será llamado grande
            en el reino de los cielos.

---

[21] Leon Morris, *PNTC: The Gospel According to Matthew* (Grand Rapids, MI.: Wm. B. Eerdmans Publishing Company, 1992), 109-110.

[22] Morris, *PNTC: The Gospel According to Matthew*, 109-110.

[23] Rushdoony, "Jesus and the Law."

Desde una apología hasta una afirmación enfática, el siguiente versículo sigue con una severa advertencia, una exhortación de Jesús, quien afirma que cualquiera (*sujeto*) que anule (*acción*) uno de los mandamientos, aún los más pequeños (*objeto*), será llamado «muy pequeño en el reino de los cielos». El contraste aquí no es un extremo entre el rechazo o la aceptación de toda la ley, que se aplicaría a los incrédulos y discípulos, sino más bien, según Lenski, que el «anular» el menor de los mandamientos significaría, ya sea por ignorancia o egoísmo, interpretar erróneamente o manipular el significado de un texto vinculante y enseñar a otros a hacer lo mismo.[24] Si bien es cierto que hay requisitos escnciales y primarios de la ley, no se deben descartar los requisitos secundarios e incluso los últimos, ya que incluso dejar de lado cualquiera de los requisitos menores podría llevar a la separación de «alguna parte esencial»,[25] y resultaría en hacerlo a uno «muy pequeño en el reino de los cielos».[26] Mientras que el que vive la ley y la enseña por completo será llamado «grande en el reino de los cielos», porque está viviendo la voluntad de Dios, cómo debe ser percibida siempre la ley bíblica.

> (v. 20) Porque les digo a ustedes que si su justicia
> no supera la de los escribas y fariseos,
> no entrarán en el reino de los cielos.

Una vez más, queda manifiesta la autoridad de Jesús, al declarar «Porque [Yo] (*sujeto*) les digo (*acción*) a ustedes (*objeto*)» como un rey le dice a un subordinado, o como un juez le dice a un acusado, que si la justicia de uno no

---

[24] Lenski, *The Interpretation of St. Matthew's Gospel*, 211-212.
[25] Ibíd.
[26] Rushdoony, "Jesus and the Law."

«supera la de los escribas y fariseos», no puede entrar en el reino de Dios. En los días de los discípulos, los escribas y fariseos eran considerados los más piadosos de todos los partidos político-religiosos debido a su riguroso estudio y enseñanza de la ley (Lc 18:9-14). Pues alguien que trabajaba como «siervo de Dios exponiendo la Ley era, por lo tanto, la persona más importante en la comunidad».[27]

Puesto que Jesús es el Rey soberano, puesto que Él es el legislador supremo y el juez final, Rushdoony afirma en su obra *Institutes* que:

> Jesús también determina las maldiciones y las bendiciones de la ley; aquí [vv. 19-20] habló de las consecuencias temporales y eternas de la ley y se declaró a Sí mismo el determinante de esas consecuencias. Esta fue una identificación implícita de Dios y la ley con Cristo.[28]

El significado llano de este pasaje es claro: uno debe ser mucho más justo que los escribas y fariseos piadosos, lo que culturalmente habría significado «perfección», pero tal estatura es imposible de alcanzar para el hombre, por lo que no puede entrar en el reino de Dios por sus propios medios.[29] Las palabras de Jesús ilustran la necesidad del hombre de un salvador, el requisito de una justicia que el hombre solo no puede autorizar, lo que lleva al ascenso gradual mesiánico en el Evangelio según Mateo y a la reiteración de la «declaración de tesis que unificó todo el sermón [de Jesús]» en el Monte,

---

[27] Walter A. Elwell and B. J. Beitzel, eds., *Baker Encyclopedia of the Bible* (Grand Rapids, MI.: Baker Book House, 1988), 659.

[28] R. J. Rushdoony, *The Institutes of Biblical Law* (Phillipsburg, NJ.: P&R Publishing, 1973), 700.

[29] Craig L. Blomberg, *The New American Commentary: Matthew*, Vol. 22 (Nashville, TN.: Broadman & Holman Publishers, 1992), 105.

como escribe un erudito contemporáneo, «el discipulado cristiano requiere una mayor justicia».[30]

7.4. La unidad colectiva

Al consultar el pasaje como una unidad colectiva, encontramos a Jesús «definiendo su relación con la ley» como el Legislador trascendente, el Dador de la Ley, y también de acuerdo con la ley, porque la ley misma está arraigada en Su naturaleza divina como el justo Hijo de Dios.[31] También aprendemos que Jesús, el ungido (Gn), es el cumplimiento absoluto del Antiguo Testamento (la Ley y los Profetas), «llevados a cabo en su vida... [y] aún desarrollándose en su Iglesia; y continuará hasta que se manifieste perfectamente» tras la reaparición de Cristo. [32] Como lo demuestra el texto, la ley de Dios vino acompañada de un contraste entre «la oposición parcial y el cumplimiento perfecto», porque destruir la ley parcialmente en lo más mínimo, como comentan los eruditos J. P. Lange y P. Schaff, «provoca el castigo de ser llamado el más pequeño en el reino de los cielos».[33]

Por lo tanto, la motivación de la afirmación apologética y la fuerte exhortación de Jesús fue responder a las «diversas tendencias antinomianas», que no sólo incluían a aquellos que podrían tomar una posición en oposición directa a la ley, sino incluso a aquellos en quienes, «bajo la apariencia de obediencia, el espíritu de la ley era contravenida».[34] En otras palabras, la observancia externa de la ley sin la observancia

---

[30] Ibíd.

[31] John Peter Lange and Peter Schaff, *A Commentary on the Holy Scriptures: Matthew* (Bellingham, WA.: Logos Bible Software, 2008), 110.

[32] Ibíd.

[33] Ibíd.

[34] Ibíd.

Figura 5: "Moisés rompiendo las Tablas de la Ley", Gustavo Doré (1832-1883), artista.
Grabador J. Hotelin. 1866. Fuente: *The Holy Bible*.

interna contravenía la ley, como en los casos ilustrados de
odio (Mt 5:21-22) y adulterio (Mt 5:27-38). Cuando Jesús hizo
hincapié en el «cumplimiento de la ley en el Evangelio», fue
para refutar «las expectativas antinomianas [...] como si la
revelación del reino de los cielos implicara la destrucción
de la ley».[35] Y, sin embargo, las perspectivas antinomianas
todavía han surgido y persisten en la historia y la enseñanza
de la Iglesia.

Es el aislamiento de este texto de su esquema general de
la literatura de Mateo, incluso del resto del canon bíblico,

---

[35] Ibíd.

lo que produciría una interpretación errónea tanto de la ley como del evangelio. Por ejemplo, en Mateo 7:12, Jesús enseñó lo que se ha llamado *la regla de oro*: «Por eso, todo cuanto quieran que los hombres les hagan, así también hagan ustedes con ellos, porque esta es la ley y los profetas». ¿Está Jesús dando una nueva ley que abrogaría la antigua? En absoluto, como afirma Nolland, «*La regla de oro* no solo resume la enseñanza de Jesús, sino que también y al mismo tiempo resume la Ley (y los Profetas) [...] tal resumen de la Ley está dentro de la posibilidad de la sensibilidad judía»,[36] evidente, por ejemplo, dentro del Talmud de Babilonia.[37]

Incluso considera Juan 13:34, que también debe reconciliarse no solo con el Evangelio según Juan, sino con toda la literatura juanina (p. ej., 1 Jn 5:2-3) y la totalidad de la Escritura, donde «un mandamiento nuevo les doy: "que se amen los unos a los otros"» no es de hecho un mandamiento «nuevo» (Dt 6:5; Lv 19:18) que abroga el antiguo, sino más bien, como afirma D. A. Carson correctamente, «su novedad está ligada [...] con el nuevo estándar («como Yo les he amado») [y] con el nuevo orden que Él tanto manda como ejemplifica».[38] McQuilkin arroja más luz al aclarar que en los escritos de Juan: «[Él] usó *kainos* [no *neos*], un nuevo as-

---

[36] Nolland, *NIGTC: The Gospel of Matthew*, 330.

[37] «Lo que te es odioso, no lo hagas a tu prójimo: esa es toda la Torá, mientras que el resto es un comentario al respecto; ve y apréndelo», Hillel hablando a un gentil en el Talmud de Babilonia: Shabat 31 como se cita en Ibíd., 330.

[38] Es decir, si entendemos a Carson correctamente. Carson no siempre es consistente en su articulación de la ley bíblica y su relación con el cristiano actual; D. A. Carson, *The Pillar New Testament Commentary: The Gospel According to John* (Grand Rapids, MI.: Wm. B. Eerdmans Publishing Company, 1991), 484.

pecto de un antiguo mandato», el griego *kainos* significa un «nuevo aspecto, nueva profundidad, nueva plenitud o nuevo alcance».[39]

Considera también los escritos de Pablo en el Nuevo Testamento, aunque algunos pueden haber sugerido que son antinomianos, en realidad, sirven como una luz segura por la cual podemos entender la relación entre la ley y el evangelio en Mateo 5:17-20. Pablo, después de todo, consideraba la ley como «santa, justa, buena y espiritual» (Ro 7:12), exhortó a los gálatas a «[amar] a [su] prójimo como a [sí mismos]», un mandamiento de Levítico 19:18.[40] Como escribe el pensador cristiano Joseph Boot, exegéticamente «es, en consecuencia, imposible sostener que Pablo era antinomiano en ningún sentido».[41] La crítica de Pablo (Gá 3:10-13; 4:22-31; Ro 7:1-6), por lo tanto, no se refería a la existencia y relevancia de la ley bíblica, sino a su errónea «función soteriológica» que el judaísmo del segundo templo había asumido (lo que Jesús estaba abordando en Mt 5:17-20), lo que implica entonces que la ley moral «y sus diversas sanciones y aplicaciones (jurisprudencia) siguen vigentes».[42]

La ley, por lo tanto, fue rechazada solo «como mediadora y como fuente de justificación».[43] Esto se debe a que Jesús reconoció plenamente la ley. La afirmó públicamente y la obedeció. Él vino, «no como un destructor o innovador, "sino para cumplirla"».[44]

---

[39] McQuilkin, *Understanding and Applying the Bible*, 130.

[40] Joseph Boot, *The Mission of God: A Manifesto of Hope for Society* (Toronto, ON.: Ezra Press, 2016), 101.

[41] Ibíd.

[42] Ibíd.

[43] Rushdoony, *The Institutes of Biblical Law*, 7.

[44] Ibíd., 409.

7.5. La disputa

El significado simple del texto, sin embargo, a menudo ha sido distorsionado por la práctica de la *eiségesis*, al leer las propias presuposiciones en el texto para que este signifique algo que el autor y el Espíritu no pretendían que significara. Los culpables de cometer este error, en lo que se refiere a nuestro pasaje de estudio y a la relación de la ley y el evangelio, no son menos antinomianos.

El término «antinomianismo» fue acuñado por primera vez por el reformador protestante Martín Lutero (1483-1546) en un vigoroso debate con uno de sus discípulos, Johannes Agricola (1494-1566), sobre la relevancia y validez de la ley bíblica.[45] Culminó con la publicación de Lutero de *Contra los antinomianos*, en la que llamó «sin ley» a aquellos que negaban la ley de Dios. El concepto central del antinomianismo puede verse como «romper u oponerse a la ley de Dios», como escribe el erudito Mark Jones; desafortunadamente, esa es la «imagen de la sociedad en general y, lamentablemente, incluso de la Iglesia».[46] La posición de Lutero fue clara: él expuso los Diez Mandamientos en «varios lugares, los cantaba y los oraba», pero Agricola, por otro lado, argumentó que la ley ni siquiera era necesaria para exponer el pecado o producir arrepentimiento.[47] aunque el término «antinomianismo» puede haber sido introducido en la Reforma protestante, el antinomianismo se remonta al Huerto de Edén, donde Adán y Eva se opusieron al mandato de la ley de Dios después de que Satanás distorsionara su percepción de la justicia de Dios

---

[45] "Antinomianism | Religion", *Encyclopædia Britannica*. Consultado el 8 de septiembre del 2016, https://www.britannica.com/topic/antinomianism/.
[46] Jones, *Antinomianismo*, 1.
[47] Ibíd., 3-5.

(Gn 3).[48] Los comienzos del antinomianismo están, por lo tanto, enraizados en la caída del hombre.

Desafortunadamente, lo que Agricola había comenzado dentro de la comunidad cristiana no se detuvo allí, sino que se extendió a lo largo de la historia, influyendo, por ejemplo, en los anabaptistas, que rechazaron la ley no solo teológicamente, sino que también se opusieron públicamente a «la cooperación de la Iglesia y el Estado, que se consideraba necesaria para la ley y el orden».[49] En el siglo XVII, el antinomianismo experimentó un resurgimiento en la Inglaterra puritana como un movimiento contra «la piedad y práctica puritana», que a su vez se extendió a Nueva Inglaterra[50] y logró, a lo largo de los años, impregnar encubiertamente a la Iglesia moderna.[51]

Como evidencia de esta manifestación moderna, podemos considerar a un antinomiano contemporáneo, Joseph Prince, quien se desempeña como pastor principal de la Iglesia de la Nueva Creación en Singapur. Como un orador internacional influyente, con miles de seguidores, Prince declaró que «la ley bíblica no es para ti, el creyente, que has sido hecho justo en Cristo. La ley no es aplicable a alguien que está bajo el nuevo pacto de gracia».[52] Si uno examinara las enseñanzas de Prince, no habría nada que sugiriera que «la Ley, como los Diez Mandamientos, tiene un uso práctico para la vida

---

[48] Ibíd., 1.

[49] *Encyclopaedia Britannica*, "Antinomianism".

[50] Jones, *Antinomianism*, 6-9.

[51] Boot, *The Mission of God*, 258.

[52] Citado en Warren Nozaki, "Joseph Prince: Unmerited Favor", *The Christian Research Institute*, 2016. Consultado el 9 de septiembre del 2016, http://www.equip.org/article/joseph-prince-unmerited-favor/.

cristiana más allá de la conversión».[53] Sin embargo, contrario a la teología de Prince, la ley tiene un triple propósito, como señala el investigador Warren Nozaki:

> Restringe el pecado y promueve la justicia en la sociedad, lleva a las personas a la convicción del pecado y les enseña a Cristo, y sirve como una regla ética de vida para los creyentes. Es, por lo tanto, el rechazo del tercer uso de la ley lo que hace a Prince culpable de antinomianismo.[54]

Steven Furtick es otro antinomiano contemporáneo que afirmó, en un sermón en Elevation Church, que «Dios violó la ley por amor».[55] Supuestamente, para liberar al hombre de las demandas de la ley y lograr la salvación y la redención, Dios la rompió. Sin embargo, que Dios quebrantara su propia ley por amor sería una contradicción y una imposibilidad, considerando que sería contrario a su naturaleza violar su propia justicia. La teología de Furtick consiste en una oposición y un rechazo a la ley de Dios, al separar el amor de Dios de la persona de Dios y, por lo tanto, no ver la obra expiatoria de Cristo como un cumplimiento de la ley donde el amor y la justicia se encuentran.[56]

Una interpretación antinomiana de Mateo 5:17-20 sería entonces que el cumplimiento de la ley por parte de Cristo significa su abrogación, lo cual es distinto de la anulación. Mientras que la anulación significa hacer que la ley «no

---

[53] Ibíd.

[54] Ibíd.

[55] Elevation Church, "It Works Both Ways", *Elevation Church*, 26 de julio de 2015. Consultado el 9 de septiembre del 2016, http://elevationchurch.org/sermons/it-works-both-ways/.

[56] Tim Challies, "Did God break the law for love?," *Informing the Reforming*, 7 de abril del 2016. Consultado el 9 de septiembre del 2016, http://www.challies.com/articles/did-god-break-thelaw-for-love/.

tenga valor o consecuencia», la[57] abrogación significa «tratar como inexistente»,[58] como en el caso de Prince, donde la ley es tratada como inexistente para el creyente cristiano,[59] mientras que la posición de Agricola sería una negación aún más extrema de la ley de Dios.[60] Como dice Rushdoony, «el antinomiano cree que la fe libera al cristiano de la ley, de modo que no está fuera de la ley, sino que está muerto a la ley», no refiriéndose a ella soteriológicamente, sino absolutamente.[61]

Pero existe un grave peligro en sugerir, en oposición al significado claro de Mateo 5:17-20, que la ley ha sido abrogada de alguna forma, porque es, después de todo, la ley la que «manifiesta el pecado que hay en el hombre», así como la gracia «manifiesta la misericordia que hay en Dios».[62] Mientras que la primera *exige* «justicia del hombre», la segunda «*trae* justicia al hombre».[63] Considera la relación entre la ley y la gracia según lo establecido por el teólogo Ernest Reisinger:

> La ley habla de lo que el hombre debe hacer por Dios. La gracia dice lo que Dios ha hecho por el hombre. La ley trae conocimiento del pecado. La gracia trae el remedio para el pecado. La ley trae la voluntad de Dios al hombre, pero no da

---

[57] Merriam-Webster, "Definition of Nullifying," *Merriam-Webster Dictionary*, 2015. Consultado el 9 de septiembre de 2016, http://www.merriam-webster.com/dictionary/nullifying/.

[58] Merriam-Webster, "Definition of Abrogate," *Merriam-Webster Dictionary*, 2015. Consultado el 9 de septiembre del 2016, http://www.merriam-webster.com/dictionary/abrogate/.

[59] Nozaki, "Joseph Prince."

[60] Jones, *Antinomianism*, 3-4.

[61] Rushdoony, *The Institutes of Biblical Law*, 2-3.

[62] Ernest Reisinger, *The Law and the Gospel* (Phillipsburg, NJ.: P&R Publishing, 1997), 143.

[63] Ibíd.

poder para obedecer. La gracia le da al hombre el deseo de hacer la voluntad de Dios y le da poder para obedecer.[64]

Al reconciliar la ley con la gracia, encontramos que ambas se establecen mutuamente, no «entran en conflicto ni se abrogan mutuamente», como escribe Boot, «la ley es el fundamento, y la gracia y la verdad son el cumplimiento de la ley. Juntos forman una gloriosa trinidad donde el juicio, la misericordia y la verdad se encuentran en perfecta unidad».[65]

A medida que la Reforma protestante produjo, por la iluminación del Espíritu Santo, el redescubrimiento de la justificación del hombre por la gracia sola de Dios (*Sola Gratia*) en Cristo solo (*Solus Christus*), es la santificación del hombre la que es «por medio de la ley de Dios».[66] Al entender esto, Rushdoony escribió que «el propósito de la gracia no es dejar de lado la ley, sino cumplir la ley y capacitar al hombre para guardarla».[67]

El significado simple de Mateo 5:17-20 se hace evidentemente cierto ya que la cultura occidental refleja su deuda con la ley bíblica para su desarrollo, como señala el erudito legal con sede en el Reino Unido Jonathan Burnside :

La ley bíblica continúa ejerciendo un control sobre la cultura popular a un nivel básico, incluida la estructura de la semana laboral y la idea de un día de descanso, las restricciones impuestas a la autoridad política, el uso del lenguaje cotidiano (como las referencias a un «chivo expiatorio»), la idea de misericordia, los derechos de los empleados y el significado especial

[64] Ibíd., 143-144.
[65] Boot, *The Mission of God*, 101.
[66] Rushdoony, *The Institutes of Biblical Law*, 4.
[67] Ibíd.

históricamente vinculado al matrimonio y la unidad familiar monógama.[68]

Que la ley bíblica se haya convertido en «incipiente en la historia de la ley inglesa» y, por lo tanto, sirva como «una influencia para muchos ciudadanos»,[69] significa que la mayoría de la Iglesia cristiana ha percibido históricamente que Mateo 5:17-20 significaba que la ley bíblica todavía está vigente, es válida y relevante, y no ha sido derogada.[70] Después de todo, ¿cómo podría la sociedad occidental entender la justicia, la libertad y la rectitud sin la ley bíblica, cuando la ley «establece y declara [su] significado»?[71] Habría quedado en la oscuridad, aferrándose a amplias nociones abstractas de lo que apenas podía percibir en la revelación general de Dios como resultado de su lente rota y estropeada.

En su notable obra *Institutes of Biblical Law*, Rushdoony afirma la soberanía de Dios sobre todas las cosas (Sal 24:1), argumentando que debido a que Él creó todas las cosas y es dueño de todas las cosas, se deduce racionalmente que «la verdadera *libertad* solo puede estar *bajo Dios y su ley*».[72] La libertad que Cristo ofrece, sin embargo, no es la misma bandera de libertad que la cultura occidental ondea hoy; no es «autonomía radical», porque para el cristianismo bíblico, «autonomía» es «independencia de Dios... una ilusión».[73] Como señala el teólogo R. C. Sproul, «es posible que no vivamos de acuerdo con nuestra propia ley», la verdadera

---

[68] Jonathan Burnside, *God, Justice and Society: Aspects of Law and Legality in the Bible* (Oxford, Reino Unido: Oxford University Press, 2011), xxvi-xxix.
[69] Ibíd.
[70] Rushdoony, *The Institutes of Biblical Law*, 796-797.
[71] Ibíd., 4.
[72] Boot, *The Mission of God*, 283.
[73] Ibíd.

libertad solo puede hacerse realidad bajo la soberanía de Dios (Jn 8:32).[74] La única alternativa a la autonomía (*auto* 'yo', *nomos* 'ley') es la teonomía, que aunque se entiende como una convicción de que el principio de la ley civil de Dios sigue siendo relevante y aplicable hoy en día, también puede entenderse como estar, y por lo tanto vivir, bajo la ley de Dios. Como Sproul Jr. incluso admite, «todos nosotros deberíamos en cierto sentido ser teonomistas», pero yo lo llevaría más allá, en todos los sentidos, ya que solo hay dos opciones: *autonomía* o *teonomía*.[75]

La palabra «teonomía» proviene de las dos palabras griegas para 'Dios' (*Theos*) y 'ley' (*nomos*). aunque actualmente conlleva un estigma negativo, académicamente hablando, designa «un enfoque de la política» con la idea general de que la palabra-ley de Dios «es autoritaria para toda la vida y, por lo tanto, también para la vida de una nación».[76] En lo que se refiere a Mateo 5:17-20, el erudito del Antiguo Testamento Cornelius Van Dam comenta que la interpretación teonomista muestra que Cristo defiende «la validez moral de la ley, de modo que, a menos que Dios revele lo contrario, los gobiernos civiles de hoy están obligados a defender esta ley», y en esto tienen realidad.[77] Es por eso que, en su estudio expositivo, Greg L. Bahnsen (1948-1995) escribió que el corazón de este pasaje (Mt 5:17-20) es «la teonomía de

---

[74] R.C. Sproul, *Essential Truths of the Christian Faith* (Wheaton, IL.: Tyndale House, 1992), 17.

[75] R.C. Sproul Jr., "What is Reconstructionism? What is Theonomy?," *Ligioner*, May 12, 2010. Consultado el 10 de septiembre del 2016, http://www.ligonier.org/blog/what-reconstructionism-what-theonomy/.

[76] Cornelius Van Dam, *God and Government: Biblical Principles for Today: An Introduction and Resource* (Eugene, OR.: Wipf & Stock, 2011), 59.

[77] Ibíd.; Si bien Van Dam no es teonomista, lo admite.

la verdadera justicia del reino».[78] Después de todo, Cristo es Rey (Mateo 5:17-20) y, por lo tanto, los que están en la autoridad civil «necesitan reconocer su supremacía y realizar sus tareas públicas en obediencia a Él».[79] La posición teonomista, entonces, ve la ley bíblica como una «integración de diferentes géneros de instrucción de la Biblia [v. 17 "la ley o los profetas"] que juntos expresan una visión de la sociedad que en última instancia es responsable ante Dios».[80]

7.6. Apoyo académico y de comentarios

Hay un amplio apoyo por parte de los comentaristas críticos y académicos de que la interpretación antinomiana de Mateo 5:17-20 es incorrecta. Considere el rechazo de Nolland de los sentidos alternativos basados en el marco literario de Mateo:

> El cumplimiento puede descartarse [como] agregar a la Ley; reemplazar la Ley antigua con una nueva que la trascienda; reemplazar la Ley con el espíritu de la ley [...] para capacitar a otros para vivir las demandas de la Ley [justicia basada en las obras]. [81]

De hecho, de manera similar a Juan 13:34, lo que Mateo describe en esta parte de su narrativa evangélica es que Jesús proporciona una «nueva profundidad de comprensión de lo que la Ley requiere en comparación con lo que él (Mateo) consideraba una superficialidad general, una perspectiva escorzada» de la ley.[82] Pero Jesús también comunica

---

[78] Greg L. Bahnsen, *Theonomy in Christian Ethics* (Nutley, NJ.: The Craig Press, 1979), 39.

[79] Van Dam, *God and Government*, 60.

[80] Burnside, *God, Justice and Society*, xxxii.

[81] Noland, *NIGTC: The Gospel of Matthew*, 218.

[82] Ibíd., 219.

su intención de «cumplir», que es permitir que el pueblo de Dios «viva la ley de manera más efectiva», a través de su vida, muerte y obra redentora.[83]

Los eruditos críticos Jamieson, R.R. Jamieson, A. R. Fausset y D. Brown comentan que, en lo que respecta a la perspectiva antinomiana, cuando Jesús habló de cumplir la ley, quiso decir:

> No he venido a subvertir, derogar ni anular, sino a establecer la ley y los profetas, a desplegarlos, a encarnarlos en forma viva y consagrarlos en la reverencia, el afecto y el carácter de los hombres.[84]

Jesús habla con la autoridad legislativa más suprema, afirmando la validez de la ley y exponiendo la hipocresía de los escribas y fariseos, que aunque observaban la ley externamente, no la obedecían dentro de sus propios corazones. La justicia requerida es una justicia «interna, vital y espiritual», no la que es estrictamente externa y formal (Mt 23:27).[85]

Por supuesto, hubo otras interpretaciones alternativas de Mateo 5:17-20, como la «concepción perfeccionista» de Joachim Jeremias (1900-1979), la teoría del «ideal imposible» y la «ética provisional».[86] En el primer punto de vista, se percibe que Jesús transmite una ética vinculante que es tan rígida como la ley del Antiguo Testamento; el segundo punto de vista presenta a Jesús provocando desesperación para inculcar una apreciación de la misericordia de Dios; mientras que el

---

[83] Ibíd.

[84] R. Jamieson, A. R. Fausset, and D. Brown, *Commentary Critical and Explanatory on the Whole Bible, Vol. 2* (Oak Harbor, WA.: Logos Research Systems, Inc., 1997), 20-21.

[85] Ibíd.

[86] Véase, de Bahnsen, *Theonomy in Christian Ethics*, 39.

tercer punto de vista sugiere que el Sermón del Monte es una forma de ley marcial aplicable a un momento de expectativa apocalíptica.[87] Estos puntos de vista alternativos de Jeremías fueron desacreditados por el difunto Carl F. H. Henry, quien enfatizó la refutación del humanismo en el texto bíblico y expuso el error de suponer que la nueva ética serviría para un futuro reino milenario y no para la era actual de la Iglesia.[88]

La conclusión de Henry, como lo fue para Bahnsen, fue que «el enfoque histórico reformado del Sermón del Monte es el único que hace plena justicia a todos los datos».[89] En este enfoque del texto de Mateo 5:17-20, Jesús proporciona una definición más clara del requisito moral, sin apartarse de «la ética de la creación ni de la del Antiguo Testamento».[90] Por lo tanto, así como la ley sirve a un triple propósito, igualmente este texto sirve a un triple propósito, que es proporcionar «[1] una norma de conducta que convenza a los hombres de pecado, [2] refrene la maldad pública y [3] gobierne la vida del creyente».[91]

Al igual que Jamieson, Fausset y Brown,[92] Bahnsen también descarta cualquier posible enfoque antinomiano del texto al afirmar que Jesús nunca tuvo la intención de anular

---

[87] Ibíd.; Véase, de Joachim Jeremias, *The Sermon on the Mount en Facet Books: Biblical Series, No. 2*, ed. John Reumann, trad. Norman Perrin (Filadelfia, PA.: Fortress Press, 1963), 1-12.

[88] See Carl F. H. Henry, *Christian Personal Ethics* (Grand Rapids, MI.: Wm. B. Eerdmans Publishing Company, 1957), 278-308.

[89] Véase, de Bahnsen, *Theonomy in Christian Ethics*, 40.; Véase, de Henry, *Christian Personal Ethics*, 308-326.

[90] Véase, de Bahnsen, *Theonomy in Christian Ethics*, 40.

[91] Ibíd.

[92] Jamieson, et al., *Commentary Critical and Explanatory on the Whole Bible, Vol. 2*, 20-21.

públicamente la ley.[93] De ninguna manera la afirmación de Jesús de «cumplir» la ley y los profetas puede tomarse como «cualquier tipo de eufemismo para "anular" o "invalidar"».[94] De hecho, sería contradictorio sugerir que el Señor estaba eliminando la ley, derogándola de ningún modo, cuando dijo que escribiría la ley en las mentes y los corazones de las personas (Jr 31:33-34). En cuanto al propósito de su inclusión en la literatura de Mateo, aparte de una apología de aquellos que afirmaban que el cristianismo era antinómico por naturaleza, Bahnsen argumenta que es fundamental para la Cristología del Evangelio según Mateo presentar a Jesús no derogando la ley, sino restableciendo la voluntad de Dios.[95] Lo hizo al confirmar y restaurar «la plena medida, intención y propósito de la ley del Antiguo Testamento», lo cual solo Dios puede hacer.[96] También argumenta, en lo que respecta a los escribas y fariseos en el v. 20, que no solo debemos ver la refutación de Jesús de la justicia basada en las obras, como otros comentaristas han acordado, sino también la demostración de cómo «caso (ley) tras caso (ley) los escribas habían pasado por alto tantas iotas y puntos de la santa ley de Dios», lo que llevó a su abuso.[97] Este descuido era intencional, por supuesto, lo que implicaba que ellos también podrían considerarse antinomianos, decidiendo por sí mismos como una comunidad farisaica qué leyes hacer cumplir y qué eximir por razones egocéntricas (es decir, Mc 7:11-13), por lo tanto, se opone a lo absoluto de la ley de Dios.

---

[93] Véase, de Bahnsen, *Theonomy in Christian Ethics*, 45.

[94] Ibíd., 46.

[95] Ibíd., 64.

[96] Ibíd.

[97] Ibíd., 86.

Al consultar al erudito de mediados del siglo XXI, George A. Buttrick, encontramos que aconsejó gran cautela en cuanto a cómo hacemos exégesis de Mateo 5:17-20, pero que en última instancia, «el mejor comentario sobre [su] significado se encuentra en toda la enseñanza y la vida de Jesús».[98] En lo que se refiere a la ley, escribió que Jesús la enseñó como que tiene autoridad, y al ser la revelación de Dios, es «permanentemente vinculante» para todas las personas y en todos los tiempos, lo que rechaza cualquier inclinación antinomiana.[99] Según Buttrick, Jesús puede ser considerado un gran pionero en lo que se refiere a la ley, al «llevar sus disciplinas a disciplinas más profundas».[100] En otras palabras, Él «amplió la ley», no agregándole nada, sino revelando la nueva profundidad de la ley (gr. *kainos*), cambiando su expresión negativa a una positiva, en la que «el viejo "no" se convirtió en sus labios y vida en "bienaventurados los que..."», en las Bienaventuranzas.[101]

Los antinomianos, que podrían sugerir en su disputa que los teonomistas, incluso aquellos que se aferran débilmente a la teonomía, son muy parecidos a los escribas y fariseos del v. 20, se muestran equivocados cuando consideramos por qué Jesús excluyó a estas autoridades religiosas (en un sentido general) del reino de Dios. Fue porque buscaron la justificación por medio de la ley, pero «su justicia no fue lo suficientemente *larga*. No tenía alcance».[102] En el versículo

---

[98] George Arthur Buttrick et al., eds., *The Interpreter's Bible: Vol. 7, New Testament Articles, Matthew, & Mark* (Nueva York y Nashville: Abingdon-Cokesbury Press, 1951), 291.

[99] Ibíd.

[100] Ibíd., 292.

[101] Ibíd.

[102] Ibíd., 293.

anterior, Jesús habla muy bien del que enseña fielmente la ley, pero muy mal del que abandona incluso el más pequeño de los mandamientos. No es la enseñanza de la ley lo que Jesús critica, ya que sirve para nuestra santificación después de nuestra salvación, y evita que el hombre pecador en la plaza pública caiga aún más en la depravación pecaminosa, sino más bien la soteriología humanista que el judaísmo del segundo templo había desarrollado, esa era la principal preocupación de Jesús.

Los comentaristas de finales del siglo XIX, Sunderland Lewis y Henry M. Booth, también han comentado sobre Mateo 5:17-20, afirmando que Jesús presenta una «unidad orgánica de la ley moral», que aunque dividida en moral, civil y ceremonial, todavía están estrechamente unidas como una unidad cohesiva.[103] Esta ley se considera infalible, real, suprema, cierta y final porque fue:

> Dada por el Altísimo [...] escrita por Su dedo en tablas de piedra; colocada en el arca del pacto; haciendo una distinción esencial; y ocupando una posición de gloria y supremacía totalmente única.[104]

Cuando Jesús dijo que vino a «cumplir» la ley, no quiso decir que la ley fuera imperfecta, como algunos han sugerido, sino que Jesús era la encarnación de la ley, y que su cumplimiento es «desplegar e interpretar y consagrar la misma en el afecto y el carácter de los hombres».[105] Por lo tanto, aquellos que son laxos con respecto a la enseñanza de la ley

---

[103]Sunderland Lewis and Henry M. Booth, *A Homiletical Commentary on the Gospel According to St. Matthew* (Londres y Toronto, ON.: New York Funk & Wagnalls Company, 1896), 102.

[104]Ibíd.

[105]Ibíd.

bíblica son «los más pequeños», mientras que aquellos que «contienden por la fe» y la viven son «los grandes», pero el que no es más justo que los escribas y los fariseos está excluido del reino de Dios.[106] ¿Dónde se encuentra el «cristiano» antinomiano? ¿Con los más pequeños en el reino de Dios? ¿O con aquellos que están excluidos, dado que sin la ley no pueden ser justificados en Cristo ? Esto depende de cuán severamente su filosofía antinomiana ha usurpado su doctrina cristiana; donde en casos extremos, incluso se puede descartar la necesidad de un arrepentimiento continuo.[107]

El teólogo francés del siglo XVI, Juan Calvino, escribe en su comentario sobre el Evangelio según Mateo que «[Jesús] pretende que haya un excelente acuerdo con la Ley y los Profetas», no puede haber ninguna abrogación de la ley de Dios.[108] Él entendió correctamente el contexto cultural del judaísmo del primer siglo cuando declaró que «los adoradores piadosos de Dios nunca habrían abrazado el evangelio si hubiera sido una defección de la Ley», de hecho, a modo de confirmación, ni una sola «tilde caerá de la Ley», y una maldición se coloca sobre aquellos que enseñan en contra de su autoridad.[109] Esto es cierto, porque si examináramos las apelaciones y exhortaciones de Jesús hacia su audiencia judía, nunca encontraríamos que Él, en ningún momento,

---

[106]Ibíd., 103.

[107]En el caso de Prince, Nozaki afirma que «la visión no bíblica de Prince sobre la gracia lo lleva a rechazar la práctica cristiana de confesar el pecado», citando ejemplos en Nozaki, «Joseph Prince».

[108]Juan Calvino, *Calvin's Commentaries: A Harmony of the Gospels Matthew, Mark and Luke Vol. 1*, ed. David W. Torrance y Thomas F. Torrance, trad. A. W. Morrison (Grand Rapids, MI.: Wm. B. Eerdmans Publishing Company, 1972), 178.

[109]Ibíd., 179.

los atrajo a desviarse de la ley, sino que alentó a sus oyentes para «mantenerlos en obediencia a la ley».[110]

Calvino escribe además que la ley «instruye y enseña [a los elegidos] a progresar diariamente en hacer la voluntad de Dios», los insta «mediante la exhortación a la obediencia».[111] Si bien es cierto que la ley no es la causa de nuestra salvación, la vida de la ley es el mismo «fruto o sello distintivo *de la salvación*».[112] La ley bíblica, por lo tanto, es un «vehículo a través del cual podemos experimentar la bondad de Dios hacia nosotros».[113] Haríamos bien en considerar la respuesta de Calvino a la posición antinomiana, ya que escribió:

> No debemos entender que haya habido ninguna abrogación de la Ley en la venida de Cristo [...] en toda la estructura del universo no hay nada tan estable como la verdad de la Ley, que se mantiene firme, y eso en cada una de sus partes.[114]

Esto se debe a que la ley, como afirma el erudito Johnson, William S. William S. Johnson, sirve para un «uso teológico», al demostrar que la humanidad es pecaminosa y necesita un salvador; sirve para un «uso civil», al restringir el mal en nuestra sociedad; y sirve para un «uso didáctico», al guiar a los creyentes positivamente con respecto a la voluntad de Dios.[115]

---

[110]Ibíd.

[111]Juan Calvino, *Institutes of the Christian Religion*, trad. Henry Beveridge (Peabody, MA.: Hendrickson Publishers, 2014), 218.

[112]William Stacy Johnson, *John Calvin: Reformer for the 21st Century* (Louisville, KY.: Westminster John Knox Press, 2009), 73.

[113]Ibíd.

[114]Calvino, *Calvin's Commentaries*, 180.

[115]Johnson, *John Calvin*, 73-74.

7.7. Profundidad y conocimiento de la aplicación

Sin embargo, a pesar de la defensa veraz y la abundante evidencia que tenemos ante nosotros, al examinar la Iglesia evangélica moderna, descubrimos que la ley de Dios «nunca se consulta y, por lo tanto, no se entiende» o se descarta como irrelevante para la modernidad.[116] De hecho, predicar la ley de Dios como lo hizo Jesús, ya sea en la literatura de Mateo, en la colección literaria de los cuatro Evangelios, o incluso considerando la enseñanza de los apóstoles en el canon del Nuevo Testamento, resulta en «ridículo y acusaciones de fariseísmo, legalismo, dominionismo e incluso herejía».[117] Esto se debe a que la pieza central de la teología evangélica, «la relación entre la ley y el evangelio», se ha perdido, según Boot. De hecho, como dice Rushdoony, «una característica central de la Iglesia y de la predicación moderna y la enseñanza bíblica es el antinomianismo, una posición contra la ley».[118]

Confundir la relación de la ley con el evangelio, y leer nuestras presuposiciones en el texto bíblico sin permitir que este sea nuestra propia presuposición, conduce en dos direcciones posibles, como escribe el teólogo y abogado John W. Montgomery: «En un caso, la ley se traga el evangelio, y el resultado es el legalismo; en el otro, el evangelio absorbe la ley, produciendo antinomianismo».[119] En fiel adhesión a la clara enseñanza de la totalidad de las Escrituras, los cristianos deben rechazar ardientemente el legalismo (salvación por obras) y el antinomianismo (rechazo de la ley) por «una ética

---

[116]Boot, *The Mission of God*, 257.

[117]Ibíd., 257-258.

[118]Rushdoony, *The Institutes of Biblical Law*, 2.

[119]John Warwick Montgomery, *Law and Gospel: A Study Integrating Faith and Practice* (Edmonton, AB.: Christian Legal fellowship, 1994), 9.

de gratitud por nuestra liberación espiritual (justificación) asegurada en la cruz».[120] Como escribe Boot : «Ahora vivimos una vida de obediencia a la ley de Dios, por el Espíritu, en gratitud por la gracia inconmensurable de Dios, porque su ley perfecta se ha convertido en nuestro deseo y deleite».[121] A diferencia de la perspectiva antinomiana, que causa violenta de forma severa al significado simple de Mateo 5:17-20,[122] Calvino expone la ley moral en el sentido de que el Señor entrega «más plena y explícitamente... todo lo relacionado con su propio honor, temor y amor, así como todo lo relacionado con la caridad que, por amor a Él, nos ordena tener hacia nuestros semejantes».[123]

¿Cómo podemos negar que fue la ley bíblica la que dio forma a los pilares fundadores de la sociedad occidental?[124] ¿Que fue la ley bíblica la que formó el fundamento de los derechos constitucionales? Pero en la actualidad, la ley bíblica es ajena a una cultura pluralista que opta por una «mentalidad de elegir y mezclar», construyendo cosmovisiones a partir de una variedad de fuentes: «religiones de origen indio, como el hinduismo o el budismo, el misticismo de la naturaleza, el panteísmo o el monismo»,[125] etc., pero todas unidas por su reclamo de «autonomía» humana (independencia de Dios). Boot tiene realidad al decir que:

---

[120]Boot, *The Mission of God*, 101.

[121]Ibíd.

[122]R.J. Rushdoony, "Jesus and the Law."

[123]Calvino, *Institutes of the Christian Religion*, 239.

[124]Vishal Mangalwadi, *The Book That Made Your World: How the Bible Created the Soul of Western civilization* (Nashville, TN.: Thomas Nelson, 2011), 339.

[125]Michael Nazir-Ali, *The Unique and universal Christ: Jesus in a Plural World* (Colorado Springs, CO.: Paternoster, 2008), 14.

Sin un concepto de la ley cristiana y la clara enseñanza de la
ley de Dios en las iglesias, los jóvenes se encuentran adoptando
teorías éticas y marcos legales paganos y humanistas [es decir,
la ley sharia] que no solo son inferiores sino hostiles a la ley
bíblica.[126]

Esto se debe a que el antinomianismo ha costado severamente a la Iglesia a lo largo de generaciones, produciendo
cristianos bíblicamente analfabetos que son anárquicos en su
teología, «tropezando sin una guía o ancla» en una cultura
que es relativista y está pluralísticamente confundida.[127]

Es entendiendo la verdadera interpretación de Mateo 5:17-
20, reconciliada con la totalidad de las Escrituras, que podemos comprender el llamado de la Iglesia, como lo comunicó
Calvino en su *Institución de la Religión Cristiana*,[128] y como lo
explicó adecuadamente el historiador Lucien J. Richard, a
convertirse «en un sentido real [...] en un agente de la restauración del orden en todo el mundo».[129] Ese «orden», que
restauraremos mediante la proclamación del evangelio, es
«el orden de la ley de Dios mientras servimos a la restitución
de todas las cosas en JesuCristo».[130] Como lo expresó Van
Dam, esto consiste en el pueblo de Dios, su Iglesia, confiando
en una combinación de «evangelismo, oración, reeducación
y reforma legal y legislativa gradual para lograr una reforma»
del orden social.[131]

---

[126]Boot, *The Mission of God*, 258.

[127]Ibíd.

[128]Calvino, *Institutes of the Christian Religion*, 702.

[129]Lucien Joseph Richard, *The Spirituality of John Calvin* (Atlanta, GA.: John
Knox Press, 1974), 177.

[130]Boot, *The Mission of God*, 258.

[131]Van Dam, *God and Government*, 61.

La ley, por lo tanto, es relevante, es autoritaria, es vinculante, y no solo responsabiliza a todos los hombres ante Dios, su uso civil ayuda a la sociedad a restringir el mal y nos guía por el camino de la justicia en la exclusividad de Cristo. Como cristianos, debemos vivir la ley de Dios, no como un medio de justificación, sino como un sello distintivo de nuestra salvación, mientras reeducamos a la Iglesia y a la sociedad sobre la bondad de la ley de Dios para el mejoramiento de nuestra sociedad y para el desarrollo del discipulado cristiano.

7.8. La conclusión ineludible

El texto de Mateo 5:17-20, aunque a menudo disputado, es claro en su significado llano cuando se reconcilia con su contexto histórico, cultural y homilético. Declara explícitamente que Jesús no había venido a derogar la ley, a abrogarla, a anularla, sino a cumplirla, a ponerla en vigor, a permitir que su pueblo hiciera de la ley una realidad interna. Como parte de una homilía mayor, el Rey y Legislador anunció el restablecimiento de la voluntad de Dios y la inauguración de su reino, restaurando las mismas exigencias éticas del Antiguo Testamento y confirmando su enseñanza y autoridad con señales y milagros en capítulos posteriores.

Aunque los antinomianos pueden impugnar el significado del texto, argumentando en contra de su clara intención, la correcta interpretación de este pasaje nos lleva a entender que, como afirma Boot excelentemente:

> [La] ley moral y sus diversas sanciones y aplicaciones (jurisprudencia) siguen vigentes, y las sombras ceremoniales (o restaurativas) son de igual forma plenamente operativas al cumplirlas Cristo de manera redentora.[132]

---

[132]Boot, *The Mission of God*, 101.

El reino de Dios no es de naturaleza anárquica, se caracteriza por su ética divina justa establecida por Dios y habilitada por el Espíritu Santo, para que por la ley los hombres puedan ser condenados por el pecado, para que pueda contener el mal en el mundo, permitiendo que el evangelio haga retroceder la oscuridad, y para que pueda guiar al creyente en su santificación progresiva.

La relación de la ley y el evangelio es verdaderamente vital para la Cristología de Mateo, y dada la orientación judía de la literatura de Mateo, Jesús se presenta como la persona que realmente es, el Mesías tan esperado, el Dios-hombre que «rectifica la norma caída de la ley», como escribió Bahnsen, restaurando «una concepción adecuada del reino en justicia»[133] y haciendo realidad su observancia interna en la mente y el corazón de Sus elegidos. No se puede negar la validez permanente de la ley, es todo lo que podemos quitar del texto, entendiendo su alta visión en la vida y las enseñanzas de Jesús, y su permanencia hasta el final del mundo creado por Dios. Por lo tanto, la enseñanza de la ley es lo que debe ser restaurado en la vida de la Iglesia, y su bondad y belleza enfatizada en la vida del cristiano para todas las edades. Este es el estándar moral que cumplimos, este es el estándar moral que defendemos, el único que es verdadero, el único que resiste la prueba del tiempo, porque es de Dios. Como escribió el salmista:

> ¡Cuán bienaventurado es el hombre
> que no anda en el consejo de los impíos,
> Ni se detiene en el camino de los pecadores,
> Ni se sienta en la silla de los escarnecedores,
> Sino que en la ley del SEÑOR está su deleite,
> Y en Su ley medita de día y de noche!
>
> (Sal 1:1-2).

---

[133]Bahnsen, *Theonomy in Christian Ethics*, 86.

CAPÍTULO 8

FUNDAMENTOS DE COSMOVISIÓN IV
EL DESTINO DE LA REALIDAD CREADA

«No vi en ella templo alguno, porque su templo es el Señor,
el Dios Todopoderoso, y el Cordero. La ciudad no tiene necesidad de sol
ni de luna que la iluminen, porque la gloria de Dios la ilumina,
y el Cordero es su lumbrera»
(Apocalipsis 21:22-23).

8.1. La pregunta del destino

LAS ESCRITURAS TIENEN MUCHO QUE DECIR sobre el destino de la realidad creada. Sin embargo, como ha sido el caso de la pregunta de los orígenes, también ha habido una gran cantidad de interpretaciones y opiniones sobre la estructura y la dirección de la historia. Después de todo, eso es lo que queremos decir con la expresión «destino de la realidad creada», ya que es una pregunta que toda cosmovisión debe responder: ¿Cuál es el destino final de la creación?

Discutir extensamente el escatón y la escatología en todos sus variados aspectos es una tarea demasiado grande para un solo capítulo. Sin embargo, para delinear por qué ciertas interpretaciones predominantes son inconsistentes con toda la enseñanza de las Escrituras, y por qué la interpretación preterista parcial y postmilenial es la más consistente, sin embargo, es necesario un breve estudio y crítica de los cuatro puntos de vista predominantes. Para ser más específico, tengo la intención de demostrar en este capítulo por qué los puntos de vista generalmente categorizados como premile-

nialismo (sus dos variantes más generales) y amilenialismo
son inconsistentes con el texto bíblico, el primero estructural
y direccionalmente, mientras que el segundo parcialmente
en su estructura y completamente en su dirección; y por qué
la escuela de pensamiento postmilenial, que expondré, es la
interpretación más fiel de la estructura bíblica y la dirección
de la historia.

Para la apologética de un cristiano, las implicaciones son
de hecho variadas y de peso, aunque puede que al principio
no sea evidente, ya que negar la interpretación correcta y
verdadera del destino de la realidad creada es cuestionar la
integridad y la armonía de la Palabra de Dios y la misión
de su pueblo del pacto. ¿Qué dice la Palabra de Dios sobre
el futuro? ¿Qué nos promete? ¿Cuál es nuestra esperanza
cristiana (1 P 3:15)? Es de suma importancia para el cristiano
tener una verdadera comprensión bíblica de los «últimos
días», porque si buscamos comunicar una apologética de
la filosofía cristiana de la vida de palabra y obra, sujeta a la
Palabra de Dios, entonces debemos responder a la pregunta
del destino de tal manera que sea coherente con ese sistema
de pensamiento cristiano, igualmente sujeto a la Escritura
como su autoridad última.

Para definir lo que quiero decir con la estructura bíblica y
la dirección de la historia, me refiero a la filosofía cristiana
de la historia, es decir, la historia tiene «un principio y un fin
distintos, a través de los cuales Dios trabaja para proporcionar salvación a la humanidad» y restauración a la creación,
o[1] dicho de otra manera, a través de la cual Dios lleva a cabo

---

[1] Ashley M. Brydone-Jack, *A Christian Philosophy of History: St. Augustine
and The City of God* (Oregon: Oregon State University Press, 2017 [orig.
2012]), 4.

sus decretos desde la eternidad.[2] La estructura de la historia consiste tanto en el marco histórico, en el que el tiempo tiene un comienzo y un final, como en nuestro lugar actual en la historia. La dirección de la historia, por otro lado, es tanto hacia *dónde* avanza la historia como *cómo lo hace* (de manera positiva, negativa o equilibrada). Para evaluar si un modelo escatológico particular retrata correctamente la estructura bíblica y la dirección de la historia, el (i) reinado milenario de Cristo y la (ii) naturaleza del pueblo de Dios deben considerarse dada su centralidad en la filosofía cristiana de la historia, o el destino de la realidad creada. Sin esto, no tendríamos una respuesta adecuada a la pregunta del destino, al no dar sentido al significado de la historia y, por lo tanto, nos quedaríamos con una apologética incompleta.

Para asegurarme de que estoy proporcionando una definición justa de los tres puntos de vista escatológicos, me refiero a aquellos escritores y académicos que se identifican con estos siempre que puedo. Sin embargo, cabe señalar que dentro de estas categorías generales de premilenialismo, amilenialismo y postmilenialismo, existen diferentes tallos y ramas que diversifican estas perspectivas escatológicas. Dado el alcance de este capítulo, basta con proporcionar una visión general de estas categorías, principalmente, lo que es acordado por todos los que sostienen estos puntos de vista, y también lo que los hace diferentes entre sí. Sin embargo, con respecto al premilenialismo, debemos hacer una excepción y dividir esta categoría en dos: (i) dispensacionalismo y (ii) premilenialismo histórico. La realidad de esta excepción es que, aunque están de acuerdo en cuanto al tiempo designa-

---

[2] R. J. Rushdoony, *The Biblical Philosophy of History* (Vallecito, CA.: Ross House Books, 1997), 9.

do del reino milenario de Cristo y la dirección de la historia, difieren lo suficiente (como veremos) como para distinguirse como dos sistemas escatológicos separados.

8.2. La categoría escatológica del premilenialismo: el dispensacionalismo

La categoría de premilenialismo puede definirse como esa doctrina que afirma, según el erudito George E. Ladd, que «después de la Segunda Venida de Cristo, Él reinará durante mil años sobre la tierra antes de la consumación final del propósito redentor de Dios en los nuevos cielos y la nueva tierra de la Era venidera».[3] Este concepto de un futuro reinado milenario se deriva de Apocalipsis 20, donde en el capítulo anterior (Ap 19) se dice que Cristo regresará para vencer a Sus enemigos, el antiCristo, Satanás y la muerte. El pensamiento premilenial, como describe Ladd, se divide en dos fases: *Primero*, Satanás es atado por mil años en un «abismo» (Ap 20:1) para que no engañe más a las naciones (Ap 20:3). En este momento, la «primera resurrección» (Ap 20:5) tiene lugar para los santos que gobernarán sobre la creación con Cristo durante mil años literales. *Segundo*, al final de estos mil años se revela que a pesar del reino benevolente y justo de Cristo, todavía existen hombres no regenerados en la tierra, hostiles a Dios y su gobierno. Al final de este tiempo asignado (el milenio), estalla una rebelión, marcada por el diablo siendo desatado para engañar a las naciones una vez más. El resultado es una gran batalla entre Cristo y sus elegidos y Satanás y sus condenados. Al final, Satanás y

---

[3] George E. Ladd, "Historic Premillennialism" in *The Meaning of the Millennium: Four Views*, ed., Robert G. Clouse (Downers Grove, IL.: InterVarsity Press, 1977), 17.

los que lo siguieron son arrojados al lago de fuego y azufre en el juicio (Ap 20:15), y con ellos, la muerte y el sepulcro.[4] Como escribe Ladd: «Solo entonces, cuando todos los poderes hostiles hayan sido sometidos, la escena estará lista para el estado eterno: la venida del nuevo cielo y la nueva tierra» (Ap 21:1-4).[5]

Sin embargo, uno de los elementos por los que el dispensacionalismo premilenial difiere del premilenialismo histórico es que la teoría dispensacional requiere que las profecías milenarias del Antiguo Testamento se interpreten literalmente para construir el reinado del Mesías. Esto lo expone, por ejemplo, el teólogo Charles Ryrie en su libro *Dispensationalism Today*.[6] Según la teología dispensacional, el templo judío será reconstruido y, con este, su sistema de sacrificios en algún momento durante el futuro reinado milenario de Cristo.[7] Se alega que esto está respaldado por una lectura literal de las profecías del Antiguo Testamento de Ezequiel 40-48,[8] el producto de la hermenéutica dispensacional que intenta encajar el Nuevo Testamento dentro del Antiguo. En otras palabras, en lo que se refiere a la escatología, el dispensacionalismo se basa principalmente en el Antiguo Testamento y hace que el Nuevo Testamento se ajuste a su interpretación del Antiguo Testamento.[9] Esto difiere del premilenialismo

---

[4] Ibíd., 17-18.

[5] Ibíd., 18.

[6] Véase, de Charles Ryrie, *Dispensationalism Today* (Chicago, IL.: Moody Press, 1965).

[7] Utilizo aquí el término «teología», no solo «escatología», debido a la naturaleza integral del dispensacionalismo.

[8] Ladd, "Historic Premillennialism" in *The Meaning of the Millennium*, 26.

[9] Ibíd., 27.

histórico que, en cambio, busca formar su teología «a partir de la enseñanza explícita del Nuevo Testamento».[10]

Otra forma en que el dispensacionalismo difiere del premilenialismo histórico es en la relación de Israel con la Iglesia y con Dios. Ryrie, por ejemplo, afirma al unísono con el erudito Daniel Fuller que «la premisa básica del dispensacionalismo son dos propósitos de Dios expresados en la formación de dos pueblos que mantienen su distinción a lo largo de la eternidad».[11] Otra forma de decirlo es que Dios tiene dos programas en curso, uno para Israel y otro para la Iglesia.[12] Esta distinción es vital para el dispensacionalismo, porque, según su teología, la iglesia del Nuevo Testamento era algo totalmente inesperado para los profetas del Antiguo Testamento; era esencialmente la medida secundaria de Dios después de que los judíos habían rechazado el reino de Dios.[13] Una interpretación histórica premilenial, sin embargo, es que Israel fue cortado como la rama natural del árbol, y las ramas silvestres representativas de los gentiles fueron injertadas (Ro 11:19). Pero cuando se cumpla el tiempo, la rama natural será reinjertada en su propio árbol al cesar la incredulidad de Israel (Ro 11:23-24). Como escribe Ladd, en contraste con el dispensacionalismo, «la salvación de Israel

---

[10] Ibíd.

[11] Ryrie, *Dispensationalism Today*, 45.

[12] H. Wayne House and Thomas Ice, *dominion Theology: Blessing or Curse? An Analysis of Christian Reconstructionism* (Colorado Springs, CO.: Multnomah Publications, 2008), 419.

[13] Un retrato preciso de la postmilenialista Loraine Boettner como está escrito en «A Postmillennial Response» en *The Meaning of the Millennium: Four Views*, ed., Robert G. Clouse (Downers Grove, IL.: InterVarsity Press, 1977), 47.

debe ocurrir en los mismos términos que la salvación de los gentiles, por la fe en Jesús como su Mesías crucificado».[14]

8.3. La categoría escatológica del premilenialismo: premilenialismo histórico

El premilenialismo histórico, entonces, difiere del dispensacionalismo en su hermenéutica y en su comprensión de la nación de Israel a la luz de la Iglesia. Pero en términos de su lectura de Apocalipsis 20:1-6, en su mayoría están de acuerdo con respecto a su interpretación, es decir, ambos puntos de vista están de acuerdo con la lectura *natural* del texto.[15] Esta interpretación *natural* constituye el regreso de Cristo como vencedor para destruir a sus enemigos, el AntiCristo, Satanás y la muerte (Ap 19) antes de su reino milenario en Apocalipsis 20. El primero en ser destruido es el antiCristo, junto con aquellos que apoyaron su reinado ilegítimo, y luego el siguiente capítulo (Ap 20) relata la «destrucción del poder maligno detrás del AntiCristo », es decir, «[el] dragón, la serpiente antigua, que es el Diablo y Satanás» (Ap 20:2).[16] El resto es como se establece en la sección dispensacional anterior, en relación con las dos fases de las cuales se logra el triunfo de Cristo.

Si bien puede ser difícil de creer, el premilenialismo como sistema escatológico se basa en gran medida en un solo verbo griego en Apocalipsis 20:4-5. Es la primera piedra que, si se

---

[14] Ladd, "Historic Premillennialism" in *The Meaning of the Millennium*, 28.; La escatología puede volverse confusa desde el punto de vista del credo a nivel personal. En general, los dispensacionalistas podrían absorber elementos del premilenialismo histórico, como este, en un esfuerzo por ser más ortodoxos desde el punto de vista bíblico.

[15] Ibíd., 17.

[16] Ibíd.

volcara, derribaría por completo la teología premilenial. El
pasaje dice lo siguiente:

> También vi tronos, y se sentaron sobre ellos los que se les con-
> cedió autoridad para juzgar. Y vi las almas de los que habían
> sido decapitados por causa del testimonio de Jesús y de la pala-
> bra de Dios, y a los que no habían adorado a la bestia ni a su
> imagen, ni habían recibido la marca sobre su frente ni sobre
> su mano. Volvieron a la vida [*ezesan*] y reinaron con Cristo por
> mil años. Esta es la primera resurrección. Los demás muertos
> no volvieron a la vida [*ezesan*] hasta que se cumplieron los mil
> años. Bienaventurado y santo es el que tiene parte en la primera
> resurrección.

¿El primer «volvieron a la vida», *ezesan*, refiriéndose a los
santos, significa lo mismo que el *ezesan* para los muertos que
no volvieron a la vida hasta después de los mil años? Y Ladd
aquí califica ese significado como, propiamente, «resurrección corporal».[17] De acuerdo con las perspectivas dispen-
sacionales e históricas premileniales, el primer *ezesan* no es
espiritual, sino corporal, a pesar de lo que Pablo escribió a
los efesios sobre los santos que una vez estuvieron muertos
en sus propios pecados y «Él [les] dio vida [. . .] y con [Cristo
] [los] resucitó» (cp. Ef 2:1-6).[18] Postular que el primer *ezesan*
es espiritual, mientras que el último *ezesan* es corporal, es
socavar todo el sistema premilenial, y por esta realidad, el
erudito premilenial Henry Alford defiende el premilenialismo hasta el extremo al postular que tal cambio de sentido
de la palabra eliminaría efectivamente todo significado en el
lenguaje y el testimonio de la revelación inscrita de Dios en

---

[17] Ibíd., págs. 41 y 42.
[18] Ibíd., 36.

su conjunto.[19] Una declaración sin reservas hecha por pura desesperación dogmática.

8.4. Una crítica del premilenialismo: dispensacional e histórico

Es importante que comprendamos qué razones esgrimen los premilenialistas para justificar sus perspectivas escatológicas, porque conllevan implicaciones de peso para la estructura y la dirección de la historia. Más el dispensacionalismo que el premilenialismo histórico, aunque ambos sistemas de pensamiento han hecho bastante daño al mandato misional de la Iglesia, por involuntario que haya sido. El teólogo holandés C. van der Waal afirmó con realidad en su libro, *The World our Home (El mundo, nuestro hogar)*, que quienes anticipan un reinado literal de mil años en Jerusalén *tienden más* a retirarse del compromiso cultural en el presente, manteniéndose al margen de la vida pública mientras solo se esfuerzan por defender su postura.[20] La realidad de esto radica en la dirección pesimista del premilenialismo, que enseña que el mundo, la iglesia y su gente deben empeorar. Y así, las catástrofes naturales, las guerras, el terrorismo, las persecuciones religiosas, las epidemias y pandemias como la de COVID-19, estas y muchas más se sucederán y formarán parte de un declive gradual y cada vez peor en todos los aspectos creacionales.[21] Si, por cualquier realidad, esta dirección no se

---

[19] Henry Alford, *The Greek Testament* (Boston, MA.: Lee and Shepard, 1872), IV, 732.

[20] C. van der Waal, *The World our Home: Christians between Creation and Recreation* (Neerlandia, AB.: Inheritance Publications, 2004), 76.

[21] W. H. Rutgers, *Premillennialism in America*, VU dissertation (Goes, Oosterbaan en Le Cointre, 1930), 158, citado y traducido en Ibid., 77.

hace evidente en el curso de la historia futura, el premilenialismo no puede hacer otra cosa que desmoronarse.[22] Sin embargo, mientras tanto, el premilenialismo se ha estado alimentando de la decadencia cada vez mayor de la sociedad occidental, sin darse cuenta de que es a causa de este cristianismo «privatizado» catastrofista que la Iglesia ha sido testigo de un retroceso en su progreso misional.[23] El difunto R. J. Rushdoony nos informa sobriamente del resultado de adoptar esta escatología pesimista:

> Con demasiada frecuencia, quienes profesan la fe en Cristo piensan en términos de derrota y retroceso de la Iglesia ante el mal, en lugar de en un decreto y mandato de victoria. El retiro de la Iglesia cristiana es ante todo un retiro de la fe. La historia ha sido entregada al diablo porque la fe ha sido entregada o comprometida.[24]

Esencialmente, lo que el premilenialismo postula para la estructura de la historia es que Cristo, en la actualidad, no está reinando sobre la creación en su totalidad. En cambio, Él reina *solo* sobre la iglesia, y debido al alcance limitado de este reinado, no puede ser considerado el reinado milenario *literal*. El erudito dispensacional Herman A. Hoyte escribe que había una «continua expectación por su establecimiento (Hch 1:6), pero los creyentes eran incapaces de armonizar esta esperanza con la cruz y la tumba (Lc 24:13-27, 44-45). Lo que les desconcertaba era el factor tiempo (1 P 1:10-12)».[25]

---

[22] van der Wall, *The World our Home*, 77.

[23] Joseph Boot, *The Mission of God: A Manifesto of Hope for Society* (Toronto, ON.: Ezra Press, 2016), 83.

[24] Rushdoony, *The Biblical Philosophy of History*, 18.

[25] Herman A. Hoyte, «Dispensational Premillennialism" in *The Meaning of the Millennium: Four Views*, ed., Robert G. Clouse (Downers Grove, IL.: InterVarsity Press, 1977), 88.

En otras palabras, el Rey de reyes había venido, y sin embargo, sufrió la muerte en la cruz y fue sepultado durante tres días. Incluso después de haber resucitado de entre los muertos, el Rey no estableció Su reino, sino que ascendió al cielo para volver al Padre. La pregunta en la mente de los primeros creyentes era, según Hoyte: ¿Cuándo podrán esperar el reino de Dios? Para ellos, aún no se había establecido, al menos de forma visible.

El premilenialismo, como sistema de pensamiento, afirma por tanto que el reino había llegado en la persona de Cristo, pero su ascensión al Padre significó que el reino quedó «en suspenso», temporalmente detenido, desde el momento de Pentecostés hasta la segunda venida de Cristo. Como afirman categóricamente los premilenialistas H. Wayne House y Thomas Ice, «Esta era presente no es el reino... Cristo no instauró el reino durante su primera venida; este espera su regreso».[26] La realidad subyacente de este punto de vista es que los creyentes no gobiernan visiblemente la tierra (1 Co 4:8) como Dios había prometido en Su Palabra, y así las profecías del Antiguo Testamento no han llegado a cumplirse en su sentido más pleno. Sólo puede ser, pues, que estemos a la espera del reinado milenial de Cristo sobre toda la creación, y en cuanto a cómo dar sentido al presente, Hoyte escribe: «La forma actual del reino se describe así... como un misterio o secreto (Mt 13:11)».[27] Israel y la Iglesia, por lo tanto, todavía están esperando que el imperio mundial final caiga como una roca cortada de una montaña, aplastando todos los imperios debajo de esta y creciendo para abarcar todo el mundo

---

[26] House and Ice, *dominion Theology*, 159, 229.

[27] Hoyte, «Dispensational Premillennialism" in *The Meaning of the Millennium*, 90.

(Dn 2:34-35, 44-45). Es supuestamente *cuando* esto suceda
que una gran «cosecha [es] realizada por el Señor JesuCristo,
la Piedra, y los siervos angélicos (Mt 13:36-43, 47-50)».[28]

8.5. Consecuencias de una interpretación errónea

Sin embargo, la interpretación premilenial de Apocalipsis
20:1-6 es errónea. El primer *ezesan* no es corporal, sino espiritual. Y postular tal cosa no es causar ningún daño a las
Escrituras, como pueden sugerir algunos premilenialistas.
Por el contrario, refuerza aún más el elemento redentor de
la Escritura, en el sentido de que, al igual que la primera
muerte fue una muerte espiritual en el Huerto (Gn 2:16-17),
así la primera resurrección es una resurrección espiritual
(Ef 2:5-6; Col 2:11-13; 1 Jn 3:14). El segundo *ezesan*, por otro
lado, es una resurrección corporal, física, que ocurre en el
segundo advenimiento de Cristo tanto para los justos como
para los impíos (Hch 24:15).[29] Como escribe el comentarista
del Nuevo Testamento David Chilton :

> La primera resurrección es espiritual y ética, nuestra regenera-
> ción en Cristo y unión ética con Dios, nuestra recreación a Su
> imagen [...] habla de realidades presentes de la vida cristiana
> [...] hemos sido resucitados a la vida eterna y gobernamos con
> Cristo ahora. Y esto significa, necesariamente, que *el milenio está
> teniendo lugar ahora también*.[30]

Que el lector dé un paso atrás e imagine las implicaciones
de la interpretación premilenial: El Cristo regresa con Sus
santos, la Iglesia, para reinar sobre la creación por mil años

---

[28] Ibíd., 91.

[29] David Chilton, *Paradise Restored: An Eschatology of dominion* (Tyler, TX.:
Reconstructionist Press, 1985), 196-197.

[30] Ibíd, 197.

literales, en asociación con «hombres todavía en la carne».[31] Los santos no son como eran antes, sino que tienen cuerpos glorificados y resucitados, totalmente libres de la corrupción del pecado, mientras que los hombres en su carne, que aún sufren la maldición del pecado, viven en medio de los santos durante todo el milenio. El académico Loraine Boettner tiene realidad al afirmar que:

> Tal estado mixto de mortales e inmortales, terrenales y celestiales, seguramente sería una monstruosidad. Sería tan incongruente como que los santos ángeles ahora se mezclaran en su trabajo y placer y adoración con la población actual del mundo, trayendo el esplendor celestial a un ambiente pecaminoso.[32]

Tal desarrollo de los acontecimientos sería decepcionante para los santos que esperaban con impaciencia los nuevos cielos y la nueva tierra. ¡Qué decepción, saborear un poco de gloria, un anticipo del mundo venidero, solo para volver al mismo mundo caído de donde vinieron![33]

Por supuesto, este no es el único problema. Cuando Pablo, viajando a Damasco, vio a Jesús con sus propios ojos, cayó ciego al suelo. Y si no fuera por el Señor, habría permanecido ciego. Ahora considera la intensidad cruda y pura de la santidad de Cristo en plena exhibición en medio de hombres caídos y no regenerados. ¿Qué ocurriría en tal caso? Si Juan, al recibir una visión del Cristo, escribió que cayó como muerto (Ap 1:16-17), ¿cuánto más abrumador sería esto para los pecadores mortales que desprecian a Dios? Quedarían absolutamente aniquilados, como el material que entra en

---

[31] Boettner, «A Postmillennial Response» en *The Meaning of the Millennium*, 49.
[32] Ibid.
[33] Ibid.

contacto con el sol abrasador. Pero, se podría replicar, ¿acaso Jesús no tomó carne humana? Sí, lo hizo, pero su «período de humillación ha terminado, y su gloria divina prohíbe el acercamiento de los que están contaminados por el peca-do».[34] Esta idea de lo perfecto mezclado con lo imperfecto, lo celestial mezclado con lo terrenal, no restaurador por naturaleza sino una mezcla en una unidad incompatible, no se encuentra en ninguna parte de las Escrituras.

A diferencia de la teoría dispensacionalista, la comprensión del milenio no debe basarse principalmente en las profecías del Antiguo Testamento. Por el contrario, y aquí el premilenialismo histórico sale mejor parado, nuestra comprensión de la segunda venida de Cristo y del milenio debe derivarse principalmente de la enseñanza del Nuevo Testamento. El Antiguo Testamento proporciona apoyo, pero no la enseñanza explícita del milenio. Sin embargo, incluso entonces, los sistemas de pensamiento del premilenialismo cometen un error fatal en su hermenéutica, en el sentido de que, en lugar de interpretar el difícil texto de Apocalipsis 20 a la luz de pasajes más claros, interpreta pasajes más claros a la luz del texto difícil.[35] Debido a su violación de un principio básico vital de la hermenéutica bíblica, el premilenialismo no comprende la verdadera naturaleza del reino de Dios ni los pasajes del Nuevo Testamento relativos al reinado y al segundo advenimiento de Cristo. [36]

Nuestra comprensión de Apocalipsis 20 debe hacerse, en cambio, a la luz de otros pasajes más claros, como, por ejemplo, Marcos 9:1, que afirma: «En verdad les digo que hay

---

[34] Ibíd, 50.

[35] Keith A. Mathison, *Postmillennialism: An Eschatology of Hope* (Phillipsburg, NJ.: P&R Publishing, 1999), 176.

[36] Ibid.

algunos de los que están aquí que no probarán la muerte
hasta que vean el reino de Dios después de que haya venido
con poder». Basándonos en este texto, debemos preguntarnos: ¿Siguen vivos hoy en la carne los primeros creyentes?
Por supuesto que no. Entonces, el reino de Dios debe haber
llegado dentro de sus vidas. De hecho, el reino llegó en la
persona misma de Cristo.[37] Considera también Juan 6:40:
«Porque esta es la voluntad de Mi Padre: que todo aquel
que ve al Hijo y cree en Él, tenga vida eterna, y Yo mismo lo
resucitaré en el día final». El «día final» no significa el día
antes de mil años, su significado literal es el del último día,
la culminación de su reino. En el sermón de Pedro en Hechos 2, se nos informa del propósito de la resurrección, que
Cristo resucitó de entre los muertos para sentarse en el trono
de David (vv. 29-32), que reinaría hasta haber sometido a Sí
toda la creación (vv. 34-35). Pedro no se refiere a un reinado
futuro, sino a un reinado presente. Estos pasajes del Nuevo
Testamento indican que el reino ha llegado, y como señala
Boettner, la Iglesia es prueba de ello, es una «manifestación
externa de ese reino».[38] Lo que atestiguamos así, al reflexio-
nar sobre la evidencia escritural, es que el premilenialismo
pone un peso demasiado grande en un solo texto para su
paradigma escatológico.[39]

El segundo advenimiento de Cristo, por lo tanto, no tiene
nada que ver con el establecimiento del reino milenial, por
el cual Cristo podrá gobernar sobre la creación desde el
trono literal de David en Jerusalén. De hecho, Cristo ya
está sentado en el trono de David en el cielo, gobernando

---

[37] Boettner, «A Postmillennial Response" in *The Meaning of the Millennium*,
102.

[38] Ibid.

[39] Mathison, *Postmillennialism*, 176.

como príncipe de reyes. Al principio del Apocalipsis, Juan escribe que JesuCristo es «el testigo fiel, el primogénito de los muertos y el *soberano* de los reyes de la tierra» (Ap 1:5). Posee autoridad real, ejerce un gobierno activo y tiene un dominio (la creación) sobre el que gobernar.[40] Su segundo advenimiento, por tanto, es la culminación de Su reinado, cuando se ejecuta Su juicio final y la creación se transforma en los nuevos cielos y la nueva tierra. Cristo no viene a un mundo donde deba conquistar a sus enemigos, como creen los premilenialistas, sino que estos ya habrán sido vencidos, convertidos en estrado de sus pies, y el reino *entregado* al Padre (1 Co 15:24:28).

8.6. Dispensacionalismo: ¿Orígenes poco ortodoxos?

En particular, hay que preocuparse por el origen poco orto-doxo y cuestionable del sistema dispensacional. En el siglo XVII, las tres ramas principales de la Iglesia protestante occi-dental condenaron el sistema escatológico que enseñaba (i) la restauración política y religiosa del judaísmo del Antiguo Testamento, y (ii) el reinado literal de mil años en Jerusa-lén.[41] En el siglo anterior, encontramos que la Confesión luterana de Augsburgo de 1530, los Cuarenta y Dos Artículos de Religión ingleses de 1552 y la Segunda Confesión Helvé-tica reformada de 1566 también rechazaban esta forma de milenialismo.[42] El sistema de pensamiento dispensacional ha

---

[40] Greg L. Bahnsen and Kenneth L. Gentry, *House Divided: The Break-up of Dispensational Theology* (TX.: Institute for Christian Economics, 1989), 177-178.

[41] Boot, *The Mission of God*, 83.

[42] Jeffrey K. Jue, «Puritan Millenarianism in Old and New England" en *The Cambridge Companion to Puritanism*, eds., John Coffey and Paul C.H. Lim (Cambridge, UK.: Cambridge University Press, 2008), 259.

tenido un camino difícil para ganar credibilidad, teniendo éxito principalmente en atraer a los laicos a través de la novela de Tim LaHaye *Dejados atrás* y la serie de películas, pero ahora influyendo en los académicos a través de la infiltración de su sistema teológico en muchos seminarios. Su forma antecedente de milenialismo, que inicialmente había sido rechazada y condenada por la Iglesia cristiana en general, resurgió en la Ontario protestante a mediados del siglo XIX. Se denominó movimiento irvingita, en honor al predicador Edward Irving, y estuvo acompañado por un movimiento paralelo llamado milleritas, inspirado en las enseñanzas del deísta estadounidense William Miller, que más tarde se hizo bautista. Estos movimientos allanaron el camino para la fundación de la Iglesia Adventista del Séptimo Día, y abonaron el terreno para el dispensacionalismo posterior; pero tal como eran en su tiempo, fueron considerados sectas.[43]

Más tarde, en la década de 1860, J. N. Darby y C. I. Scofield organizaron una serie de cruzadas «milenealistas», un movimiento originado entre los Hermanos de Plymouth en Inglaterra. Darby y Scofield enseñaron que el mundo seguiría empeorando hasta el segundo advenimiento de Cristo. Pero el giro de este marco premilenial pesimista es que Cristo no solo va a venir por segunda vez, sino por tercera. Es decir, el segundo advenimiento de Cristo será para arrebatar secretamente a la Iglesia, y después de los siete años de tribulación, regresará, un tercer advenimiento, para juicio.[44] Esta doctrina se originó, no de un erudito bíblico, sino de una joven escocesa, Margaret MacDonald, en la década de 1830

---

[43] William Westfall, *Two Worlds: The Protestant Culture of Nineteenth Century Ontario* (Kingston, ON.: McGill-Queen's University Press, 1989), 167.

[44] House and Ice, *dominion Theology*, 10.

mientras estaba en trance.[45] Por desgracia, muchos cristianos de la Ontario protestante adoptaron este dispensacionalismo con gran fervor en la década de 1880, cuando se celebraron una serie de «conferencias proféticas» en la península del Niágara.[46] Hubo otros lugares en Norteamérica que abrazaron esta exportación europea del milenealismo, no solo al sur de Ontario, sino Niágara llegó a ser considerada uno de los semilleros de formación y propagación dispensacional, a pesar de su condena por las cinco principales denominaciones protestantes de Ontario (anglicana, presbiteriana, congregacional, bautista y metodista).[47]

8.7. Dispensacionalismo: Disonancia bíblica

Cuando consideramos la evidencia bíblica, a la luz de la novedad y los comienzos poco ortodoxos de la teología dispensacional, encontramos que Hebreos 8:8-13 es una sólida refutación de la dualidad dispensacional del pueblo de Dios (Iglesia e Israel):

> Porque reprochándolos, Él dice:
>   «Miren que vienen días, dice el Señor,
>   En que estableceré un nuevo pacto
>   Con la casa de Israel
>   y con la casa de Judá;
>   No como el pacto que hice con sus padres
>   El día que los tomé de la mano
>   Para sacarlos de la tierra de Egipto;
>   Porque no permanecieron en Mi pacto,
>   Y Yo me desentendí de ellos, dice el Señor.»

---

[45] Bahnsen and Gentry, *House Divided*, xxxiv-xxxv.
[46] Westfall, *Two Worlds*, 168.
[47] Ibid., 169.

FUNDAMENTOS DE COSMOVISIÓN IV 265

> Porque este es el pacto que Yo haré con la casa de Israel
> Después de aquellos días, dice el Señor:
> Pondré Mis leyes en la mente de ellos,
> Y las escribiré sobre sus corazones.
> Yo seré su Dios,
> Y ellos serán Mi pueblo.
> Y ninguno de ellos enseñará a su conciudadano
> Ni ninguno a su hermano, diciendo: "Conoce al Señor",
> Porque todos me conocerán,
> Desde el menor hasta el mayor de ellos.
> Pues tendré misericordia de sus iniquidades,
> Y nunca más me acordaré de sus pecados».

Cuando Dios dijo: «Un nuevo pacto», hizo anticuado al primero; y lo que se hace anticuado y envejece, está próximo a desaparecer.

Hay dos aspectos principales en el pasaje anterior que deben tenerse en cuenta. *En primer lugar*, aplica una profecía del Antiguo Testamento a la Iglesia cristiana, cuando originalmente se refería a Israel. Esto en esencia afirma que el judaísmo del Antiguo Testamento es desplazado por el nuevo pacto universal (no confinado a una etnia particular) en Cristo. [48] *En segundo lugar*, muchos pasajes del Antiguo Testamento, que se habrían aplicado a Israel, se han aplicado en cambio a la Iglesia en el Nuevo Testamento.[49] Pablo, por ejemplo, equipara a la Iglesia con Israel en Romanos 2:28-29, dejando claro que no existe una «dualidad» del pueblo de Dios. Santiago designa a los cristianos como las «doce tribus

---

[48] Ladd, «Historic Premillennialism" en *The Meaning of the Millennium*, 26-27.
[49] Ibid., 27.

en la Dispersión» (Stg 1:1). Y Pedro llama a los cristianos que reciben sus cartas la *diáspora* (en gr. 1 P 1:1).[50]

Por supuesto, la crítica que se hace a la teología dispensacional en su conjunto no se basa en unos pocos pasajes aislados, sino en la totalidad de las Escrituras. Consideremos, por ejemplo, Marcos 1:14-15 y su contexto: «Jesús vino a Galilea predicando el evangelio de Dios. "El tiempo se ha cumplido", decía, "y el reino de Dios se ha acercado; arrepiéntanse y crean en el evangelio". ¿No ha llegado el reino? ¿Ha dado Cristo alguna indicación de que se trata de un reino en un futuro lejano? ¿Que se suspenderá después de su ascensión? No se seguiría cuando dijo «el tiempo está *cumplido*», es decir, el tiempo profético que esperaba la llegada del reino.[51] O Mateo 12:28, «Pero si Yo expulso los demonios por el Espíritu de Dios, entonces el reino de Dios ha llegado a ustedes». ¿Quiso decir Jesús que el reino estaba presente por su presencia física? Aunque eso es muy cierto, no es eso lo que Cristo está diciendo aquí con las palabras «ha llegado a ustedes». El hecho de que los discípulos estén saqueando el reino de Satanás (Mt 12:25-29) es la prueba bíblica de que el reino había llegado.[52] ¿Y qué se puede decir de Juan 12:12-15? ¿Acaso no está escrito: «No temas, mira, Sión; he aquí, tu Rey viene, montado en un pollino de asna»? (v. 15)? Jesús entró en Jerusalén sentado en un pollino, y la gente gritaba: «¡Hosanna! Bendito el que viene en el nombre del Señor, el Rey de Israel». No se indica que Jesús rechazara esta alabanza, sino que la acepta como el cumplimiento de

---

[50] Bahnsen y Gentry, *House Divided*, 169.
[51] Ibid., 178-179.
[52] Ibid., 181.

la profecía del Antiguo Testamento (Zac 9:9) frente a las reprimendas de los fariseos.[53]

El error que cometen los premilenialistas, la mayoría de las veces sin darse cuenta, es que al materializar y literalizar las profecías bíblicas, hasta tal punto que las reducen todas a meros acontecimientos terrenales, a menudo les hace perder el verdadero significado más profundo. Boettner señala que esto es exactamente «lo que hicieron los judíos en su interpretación de la profecía mesiánica», donde en lugar de aceptar al siervo sufriente que venía a establecer un reino en los corazones de los hombres por medio de su obra redentora (Lc 17:20-21), buscaban «cumplimientos literales con un reino terrenal y un gobernante político».[54] Si los judíos se perdieron la naturaleza redentora del primer advenimiento del Mesías, ¿cuánto más se perderán los premilenialistas la naturaleza del segundo advenimiento debido a este mismo error interpretativo?

Además, el sistema teológico dispensacionalista no solo carece de un fundamento firme, sino que su fascinación por los judíos como nación actualmente favorecida tampoco es bíblica. No tiene en cuenta el estado moral del pueblo judío desde la época del segundo templo en adelante, es decir, su apostasía progresiva. Israel como pueblo colectivo es tan pecador como cualquier otra nación pasada o presente. Desde que rechazaron al Mesías viviente, han quedado totalmente aislados de la comunión con Dios. Aunque algunos judíos han llegado a la fe, la mayoría de este pueblo se ha reducido a la apostasía, al humanismo y al paganismo. Por lo tanto, sería antibíblico suponer que son bendecidos por sí mismos

---

[53] Ibid., 183.

[54] Boettner, «Postmillennialism" en *The Meaning of the Millennium*, 137.

simplemente por su origen étnico, por ser descendientes de Abraham. Por el contrario, deberíamos considerar cómo han sido «los enemigos más acérrimos de la Iglesia durante los últimos dos mil años»,[55] y reconocer que su condición apóstata nos llama a la actividad misionera. En realidad, Dios eligió a Israel por necesidad para preparar el camino y traer al Mesías al mundo. Para aclarar, Dios no escogió a Israel porque estuviera *obligado* por necesidad, pues podría haber traído al Mesías al mundo por cualquier medio, sino *porque consideró necesario* que un grupo particular de personas fuera apartado para llevar a cabo sus propósitos redentores para su glorificación. Sería a través de este despliegue gradual de su plan redentor que su gracia y misericordia se harían evidentes desde el principio, originalmente confinadas a un hombre, Abraham, y más tarde extendidas a sus descendientes, Israel. Como Boettner escribe: «hasta que la obra de la redención se llevó a cabo, esa nación se mantendría separada de todas las demás naciones que fueron completamente entregadas al paganismo».[56] Como el Mesías ha venido en JesuCristo, y la obra expiatoria fue realizada en la cruz y validada por la resurrección, este papel especial de Israel se ha cumplido. Por esta realidad, Pablo escribe que el «muro divisorio de hostilidad» entre judíos y griegos ha sido derribado (Ef 2:14), pues los que permanecen en Cristo son uno, no dos como sostiene el dispensacionalismo, y todos los que lo rechazan son uno.

¿Y las promesas hechas a Israel? ¿Podría Dios haber cambiado de opinión? En absoluto, ciertas promesas hechas a Israel siempre fueron condicionales, pues si caminaban en

---

[55] Ibid., 53.
[56] Ibid.

obediencia, serían bendecidos de acuerdo con las promesas de Dios, pero si caminaban en desobediencia, perderían lo que se les había prometido originalmente. Al leer el Antiguo Testamento, hasta el ministerio de Cristo, vemos que una y otra vez se le advirtió a Israel que «la apostasía cancelaría la promesa de bendición futura», en otras palabras, su destino prometido se perdería si continuaban en la desobediencia.[57]

Como confirmación histórica de que el papel especial de los judíos se había cumplido, el templo fue destruido en el año 70 d. C. por el Imperio romano, según lo narra el historiador judío Josefo.[58] Fue, como afirmó Boettner, «la señal final de que el sistema mosaico, centrado en el templo, estaba acabado, abolido, terminado para siempre».[59] La destrucción del templo abrió las puertas a la universalización de la fe sagrada, en contraposición a su confinamiento a una tierra concreta, a un santuario local y a su mantenimiento por parte de un único grupo étnico. 21:43; Jn 4:20-23; He 8:13).[60] Como escribe el estudioso del Nuevo Testamento Kenneth L. Gentry, «La destrucción del templo no es simplemente un acontecimiento de la historia pasada, es un acontecimiento que establece la fase final de la historia redentora: la fase del nuevo pacto de la Iglesia (Lc 22:20; 1 Co 11:25; 2 Co 3:6)».[61]

En relación, pues, con la estructura y dirección de la historia, tanto el dispensacionalismo como el premilenialismo histórico proporcionan una «contraperspectiva» a la visión

---

[57] Ibid., 98.
[58] Véase «The War of the Jews" en *Josephus: The Complete Works* (Nashville, TN.: Thomas Nelson Publishers, 2003).
[59] Boettner, «Postmillennialism" en *The Meaning of the Millennium*, 54.
[60] Kenneth L. Gentry Jr., *Navigating the Book of Revelation: Special Studies on Important Issues* (Fountain Inn, SC.: GoodBirth Ministries, 2010), 10.
[61] Ibid., 11.

cristiana de la historia, es decir, como sistemas teológicos, son antitéticos a la filosofía bíblica de la historia.[62] Lo que está en juego aquí es el significado mismo de la historia, y la relación de cómo debemos vivir en el mundo y el curso de la historia según el decreto eterno de Dios.[63] El biblista Oswald T. Allis acierta al afirmar que «el error más grave de gran parte de la enseñanza "profética" actual es la afirmación de que el futuro de la cristiandad no debe leerse en términos de renacimiento y victoria, sino de creciente impotencia y apostasía».[64] Qué evangelio tan débil, que promete renovación y seguridad para el «alma», pero nada tangible para la vida cotidiana de nuestro mundo material. El propósito de la historia bíblica es trazar la victoria de Cristo, no meramente como una conquista espiritual, sino como una progresión histórica con toda la creación, incluido el hombre, avanzando hacia un destino glorioso (Ro 8:18-23). El triunfo del Evangelio es a la vez histórico y escatológico, no es «el rechazo de la creación, sino su cumplimiento».[65]

8.8. Testimonio de la Patrística

Por último, después de haber criticado los sistemas de pensamiento dispensacional e histórico premilenial, hay que decir unas palabras sobre los patrísticos, a los que a menudo se hace referencia, en relación con sus puntos de vista sobre el fin de los tiempos. A menudo se afirma que los patrísticos muestran evidencias de pensamiento premilenial y, por tan-

---

[62] Boot, *The Mission of God*, 85.

[63] Westfall, *Two Worlds*, 188.

[64] Oswald T. Allis, «Foreword" en Roderick Campbell, *Israel and the New Covenant* (Filadelfia, PA.: Presbyterian and Reformed, 1954), ix.

[65] Rushdoony, *The Biblical Philosophy of History*, 20.

to, el premilenialismo debe ser la escatología ortodoxa. Sin embargo, el erudito Keith A. Mathison señala que, antes del siglo V, los «padres apostólicos no tenían una escatología elaborada», sino que tenían una «comprensión rudimentaria de los acontecimientos del fin de los tiempos».[66] Las creencias escatológicas básicas del segundo advenimiento de Cristo y la resurrección para el juicio fueron la base común para los patrísticos, pero aparte de estas dos creencias, hubo muy poco consenso.[67] Clemente de Roma (c. 30-100 d. C.), por ejemplo, enseñó el retorno visible y glorioso de Cristo en *1 Clemente 23*, y la resurrección corporal de los muertos en *1 Clemente 24-27*, pero no se esforzó en elaborar la doctrina escatológica, ni siquiera en mencionar el milenio. Bernabé de Alejandría (c. finales del primer siglo d. C.), escribió:

> Por lo tanto, hijos míos, en seis días, es decir, en seis mil años, todas las cosas estarán terminadas. "Y reposó en el día séptimo". Esto quiere decir: cuando Su Hijo, viniendo, destruya el tiempo del malvado, y juzgue a los impíos, y cambie el sol, la luna y las estrellas, entonces descansará verdaderamente en el séptimo día.[68]

Como es evidente en sus escritos, Bernabé no había desarrollado plenamente su doctrina escatológica, y por lo tanto, no puede ser colocado dentro de la categoría del premilenialismo, ni ninguna forma de milenialismo en realidad.

Papías (c. 60-130 d. C.) es otro patrístico al que podríamos recurrir, extrayendo sus pensamientos de fragmentos de sus escritos y de los escritos de otros patrísticos. A diferencia

---

[66] Mathison, *Postmillennialism*, 24.

[67] Ibid.

[68] Barnabas, *The Sacred Writings of St. Barnabas*, trans. Alexander Roberts y James Donaldson (Deutschland: Jazzybee Verlag, 2017) 12.

de Clemente y Bernabé, Papías desarrolla un poco más su escatología y, de hecho, se le puede considerar un premilenialista primitivo. Sin embargo, también es conocido por el extremismo en su interpretación bíblica y, por tanto, no debe confiarse únicamente en él.[69] Mirando hacia atrás, él es la excepción, no la norma para la comunidad de la Iglesia primitiva.

En contraste con Papías, Atanasio (c. 296-373 d. C.) exhibe una inclinación más postmilenial en su desarrollo escatológico, escribiendo con respecto al triunfo de Cristo que:

> Desde el advenimiento del Salvador en medio de nosotros, no solo ya no aumenta la idolatría, sino que va disminuyendo poco a poco. Del mismo modo, no solo la sabiduría de los griegos ya no progresa, sino que la que había está desapareciendo [...] mientras que la idolatría y todo lo demás que se opone a la fe de Cristo mengua y se debilita y cae cada día, ¡mira, la enseñanza del Salvador aumenta por todas partes! Adora, pues, al Salvador "¡Que está por encima de todo!" y poderoso, incluso Dios el Verbo, y condena a los que están siendo derrotados y hechos desaparecer por Él. Cuando llega el sol, las tinieblas ya no prevalecen; lo que pueda quedar de ellas en alguna parte se aleja.[70]

Se pueden examinar varios patrísticos para conocer sus puntos de vista escatológicos, pero al igual que los cuatro anteriores, la conclusión ineludible es que nunca hubo un consenso claro sobre la doctrina escatológica, aparte de las dos creencias básicas del segundo advenimiento de Cristo y la resurrección de los muertos para el juicio. Si los cristianos

---

[69] Véase Mathison, *Postmillennialism*, 25-26.

[70] Athanasius, *On the Incarnation: Saint Athanasius* (Yonkers, NY.: St. Vladimir's Seminary Press, 2012), 46.

buscan fuentes antiguas de ortodoxia para informar y apoyar su interpretación de las Escrituras, lo mejor sería examinar el Credo de los apóstoles, el Credo Niceno (325 d. C.) y el Credo de Atanasio (c. 500 d. C.) para ver un reflejo de la convicción histórica de la Iglesia con base en las Escrituras.

Según el Credo de los apóstoles, «[Cristo] resucitó de entre los muertos, subió a los cielos y está sentado a la diestra de Dios Padre todopoderoso; desde allí vendrá a al fin del mundo a juzgar a los vivos y a los muertos».[71] Aunque no se menciona el milenio, el credo rechaza implícitamente el premilenialismo, ya que el regreso de Cristo es de una vez por todas para juzgar a vivos y muertos.[72] No hay nada escrito en el credo que sugiera que Su segundo advenimiento pueda estar divorciado del momento de su juicio. Lo mismo puede decirse del credo de Nicea, que afirma:

> Resucitó al tercer día, conforme a las Escrituras,
>   y ascendió al cielo, y está sentado a la diestra del Padre;
>   y de nuevo vendrá con gloria para juzgar a vivos y muertos,
>   y su reino no tendrá fin.[73]

El Credo Atanasiano es más claro al afirmar:

> Resucitó de entre los muertos, subió a los cielos,
>   está sentado a la diestra de Dios, Padre omnipotente,
>   desde allí vendrá a juzgar a los vivos y a los muertos.
>   A su venida todos los hombres resucitarán con sus cuerpos
>   y darán cuenta de sus propios actos;

---

[71] Cited in *The Creeds: Reflections and Scripture on the Apostles' and Nicene Creeds* (Grand Rapids, MI.: Zondervan, 2014), 1.

[72] Mathison, *Postmillennialism*, 32.

[73] Citado en *The Creeds*, 61.

y los que obraron bien irán a la vida eterna,
los que obraron mal, al fuego eterno.[74]

Así pues, en lo que respecta a la patrística y a la Iglesia primitiva, no existe absolutamente ninguna prueba de que el dispensacionalismo fuera una doctrina ortodoxa, y aunque ciertamente había algunos premilenialistas, los credos resumían el consenso al que había llegado la Iglesia, a saber, una interpretación general amilenial y postmilenial como el milenio que termina con la segunda venida de Cristo, con el juicio inmediatamente después. Los dispensacionalistas y los premilenialistas históricos, por tanto, no pueden recurrir a la historia de la Iglesia primitiva para apoyar su interpretación de Apocalipsis 20:1-6, ni su exposición de la estructura y dirección de la historia.

8.9. La categoría escatológica del amilenialismo

Mientras que el premilenialismo yerra en su descripción de la estructura y dirección de la historia, el amilenialismo sale mucho mejor parado en su descripción de una estructura bíblica de la historia. El amilenialismo es definido por el erudito Anthony A. Hoekema como «el milenio de Apocalipsis 20 no exclusivamente futuro sino ahora en proceso de realización».[75] Para entender lo que quiere decir con esto, primero debemos saber cómo interpretar el libro del

---

[74]"Credo de Atanasio ", *Christian Reformed Church of North America*. Consultado el 15 de abril del 2018. https://www.crcna.org-/welcome/beliefs/creeds/athanasian-creed/.

[75] Anthony A. Hoekema, «Amillennialism" en *The Meaning of the Millennium: Four Views*, ed., Robert G. Clouse (Downers Grove, IL.: InterVarsity Press, 1977), 156.

Apocalipsis, de lo contrario cometeremos los mismos errores de los premilenialistas en nuestra hermenéutica.

Para empezar, el Apocalipsis, como literatura apocalíptica, exhibe lo que el erudito William Hendricksen denominó «paralelismo progresivo», es decir, que el libro consta de varias secciones que corren paralelas entre sí, representando desde el tiempo del primer advenimiento de Cristo hasta el tiempo del segundo.[76] Según los estudios de Hendricksen, existen siete secciones, ilustradas a continuación en el cuadro 2.

Una interpretación adecuada y verdadera del Apocalipsis, por lo tanto, entiende la primera mitad del libro (Ap 1-11) como una descripción de la lucha de la iglesia en un mundo hostil. La segunda mitad (Ap 12-22) es el trasfondo espiritual de esta lucha; y los capítulos finales representan el juicio de Satanás y el triunfo de Cristo.[77] En cuanto a la naturaleza de las profecías, el Apocalipsis debe leerse desde una posición *parcial preterista*, es decir, que la mayor parte de sus profecías deben interpretarse como cumplidas en el pasado, pues fue escrito originalmente[78] para contar «a los cristianos del primer siglo cosas que iban a ocurrir *en breve*».[79] La única excepción, podría decirse, es Apocalipsis 21, que es a la vez ahora y todavía no. El descenso de la Nueva Jerusalén simboliza la Iglesia y su origen celestial, de la que ahora somos ciudadanos (Ef 2:19; Fil 3:20), pero la consumación aún la esperamos.[80]

---

[76] Véase William Hendricksen, *More Than Conquerors* (Grand Rapids, MI.: Baker Book House, 1939).

[77] Hoekema, «Amillennialism» en *The Meaning of the Millennium*, 159.

[78] Gentry, *Navigating the Book of Revelation*, 1.

[79] Chilton, *Paradise Restored*, 201.

[80] Ibid., 205.

Capítulos	Visión	Cumplimiento
Ap. 1-3	Juan ve, mientras camina enmedio de los siete candeleros de oro, al Cristo resucitado y glorificado	En obediencia a las instrucciones del Cristo, Juan escribe siete mensajes, uno para cada una de las siete iglesias de Asia Menor
Ap. 4-7	Juan es llevado al cielo donde es testigo de que el cordero que fue inmolado se acercó al trono de Dios, tomó el libro de la mano de Dios, y abrió sus siete sellos	Cada sello está acompañado por un juicio sobre el mundo
Ap. 8-11	Suenan siete trompetas en los cielos	Cada trompeta es acompañada por un juicio sobre la tierra
Ap. 12-14	Una mujer da a luz un hijo, un dragón se halla en espera para devorarlo, pero fracasa en su intento	El dragón se opone a la iglesia, el cuerpo de Cristo
Ap. 15-16	Se derraman desde el cielo siete copas	Cada copa es la ira de Dios sobre el que no se arrepiente
Ap. 17-19	Cae Babilonia, con las bestias que son los asistentes del dragón, uno del mar y otro de la tierra	Babilonia es la ciudad terrenal, la no arrepentida, apóstata y pagana; erguida en hostilidad contra Cristo
Ap. 20-22	El dragón es arrojado, los enemigos de Cristo destruidos, el juicio final	El triunfo final de Cristo y su iglesia, la restauración de toda la creación como los nuevos cielos y la nueva tierra

Tabla 2. Entendimiento e interpretación del libro del Apocalipsis del NT

Tras haber entendido el género del Apocalipsis como literatura apocalíptica, desde una posición preterista parcial, es cuando podemos volver a Apocalipsis 20:1-6, el pasaje de contención entre las tres categorías escatológicas. Mientras que la premilenial interpreta Apocalipsis 19-20 cronológicamente, la interpretación amilenial y postmilenial separa Apocalipsis 20 de su capítulo precedente porque forma parte de la séptima sección del libro (Ap 20-22). Por lo tanto, el regreso de Cristo en el capítulo 19 no es seguido por los acontecimientos en el capítulo 20, pero en cambio, desde el primer versículo del capítulo 20, nos llevan de vuelta al comienzo de la iglesia del primer siglo. Sugerir lo contrario sería poner en duda la derrota de Satanás, el adversario, en Apocalipsis 12:7-9 con el primer advenimiento de Cristo. [81] Y el Nuevo Testamento deja claro que Satanás fue derrotado en «la vida, muerte, resurrección y ascensión de JesuCristo», pues[82] para eso había venido Cristo, para «destruir las obras del diablo» (1 Jn 3:8).

Pero ¿qué sigue al segundo advenimiento? El juicio final. Considera Mateo 16:27, «Porque el Hijo del Hombre ha de venir en la gloria de Su Padre con Sus ángeles, y entonces recompensará a cada uno según su conducta». O Mateo 25:31-32:

> Pero cuando el Hijo del Hombre venga en Su gloria, y todos los ángeles con Él, entonces Él se sentará en el trono de Su gloria; y serán reunidas delante de Él todas las naciones; y separará a unos de otros, como el pastor separa las ovejas de los cabritos.

O 2 Tesalonicenses 1:7-10:

---

[81] Hoekema, «Amillennialism» en *The Meaning of the Millennium*, 160.
[82] Chilton, *Paradise Restored*, 198.

... cuando el Señor Jesús sea revelado desde el cielo con Sus poderosos ángeles en llama de fuego, dando castigo a los que no conocen a Dios, y a los que no obedecen al evangelio de nuestro Señor Jesús. Estos sufrirán el castigo de eterna destrucción, excluidos de la presencia del Señor y de la gloria de Su poder, cuando Él venga para ser glorificado en Sus santos en aquel día y para ser admirado entre todos los que han creído; porque nuestro testimonio ha sido creído por ustedes.

¿Dónde queda entonces el reinado milenial de Cristo? Si no es después del segundo advenimiento, entonces debe ser antes. Pero si el milenio es anterior a la segunda venida, ¿cómo podemos entender Apocalipsis 20:2, que dice «El ángel prendió al dragón, la serpiente antigua, que es el Diablo y Satanás, y lo ató por mil años»? ¿Cuándo fue atado el diablo? En tiempos del Antiguo Testamento, se consideraba que las naciones del mundo estaban bajo la influencia de Satanás, mientras que Israel estaba apartado para el Señor. Esto significaba que las demás naciones ignoraban en su mayor parte la gravedad de su pecado y cómo podían encontrar redención. Israel, por su parte, fue un destinatario elegido de la revelación especial de Dios. Como dice Hoekema, «se podría decir que durante este tiempo estas naciones eran engañadas por Satanás, como nuestros primeros padres fueron engañados por Satanás cuando cayeron en pecado en el Huerto».[83] Sin embargo, cuando se dio el mandato misionero a la Iglesia (Mt 28:18-20), esto significaba que Satanás no podría engañar a las naciones como antes, porque ha sido atado, y así la Iglesia es libre para avanzar y preservar la verdad, la bondad y la belleza del evangelio hasta los cuatro rincones del mundo.

---

[83] Hoekema, «Amillennialism» en *The Meaning of the Millennium*, 162-163.

Considera Mateo 13:47-50 como apoyo para esta repentina expansión del reino:

> «El reino de los cielos también es semejante a una red barredera que se echó en el mar, y recogió peces de *toda clase*. Cuando se llenó, la sacaron a la playa; y se sentaron y recogieron los peces buenos en canastas, pero echaron fuera los malos. Así será en el fin del mundo; los ángeles saldrán, y sacarán a los malos de entre los justos, y los arrojarán en el horno de fuego; allí será el llanto y el crujir de dientes.

Como el erudito Craig Blomberg refuerza en su comentario, «"de toda clase" (v. 47) es, más literalmente, de todas las razas, una forma extraña de hablar de los peces, pero natural de enfatizar la universalidad» del reino de Dios y el juicio de las personas.[84] En pocas palabras, el Evangelio ha destruido el dominio de Satanás sobre las naciones y el Reino de Dios se ha extendido por todo el mundo. La división de la raza humana en Babel se está deshaciendo ahora por la unidad forjada por la obra redentora del Hijo Bendito.[85]

También considera Juan 12:31-32, cuando Jesús habla sobre el avance del reino y la restricción impuesta a Satanás: «Ya está aquí el juicio de este mundo; ahora el príncipe de este mundo será echado fuera. Pero Yo, si soy levantado de la tierra, atraeré a todos a Mí mismo». Además, cuando Jesús respondió a los discípulos que estaban asombrados por su autoridad sobre los demonios, dijo: «Vi a Satanás caer del cielo como un rayo» (Lc 10:18). Como comenta Hoekema:

> Estas palabras, no hace falta decirlo, no deben interpretarse literalmente. Más bien debe entenderse que Jesús vio en las

---

[84] Craig L. Blomberg, *The New American Commentary: Matthew*, Vol. 22 (Nashville, TN.: Broadman & Holman Publishers, 1992), 224.
[85] Chilton, *Paradise Restored*, 198.

obras que hacían sus discípulos un indicio de que el reino de
Satanás acababa de recibir un golpe aplastante; que, de hecho,
acababa de producirse una cierta atadura de Satanás, una cierta
restricción de su poder. En este caso, la caída o atadura de
Satanás se asocia directamente con la actividad misionera de los
discípulos de Jesús.[86]

Hasta ahora no hemos respondido a la pregunta sobre
el tiempo y la duración del milenio. Una interpretación
amilenial, que retrata parcialmente la estructura bíblica de
la historia, es que el período de «mil años» (Ap 20:1-6) es
simbólico para la era de la Iglesia, desde el tiempo del primer
advenimiento hasta el tiempo del segundo.[87] En cuanto a
cuánto tiempo será en realidad, ninguna criatura lo sabe,
pues solo Dios conoce el tiempo señalado para el regreso de
Cristo.

La escatología amilenial de la historia actual se puede resumir en cuatro puntos: (i) Cristo ganó la victoria sobre el
pecado, Satanás y la muerte; (ii) el reino de Dios es ahora y
todavía no; (iii) aunque el día final es todavía futuro, estamos
viviendo actualmente en los últimos días; y (iv) estamos viviendo en los simbólicos mil años del milenio.[88] Cabe señalar
que la mayoría de los postmilenialistas estarían de acuerdo
con estas cuatro posturas, aunque algunos podrían objetar la
cuarta. Abordaré este argumento más adelante.

En cuanto a los acontecimientos futuros de la historia, el
amilenialismo coincide con el premilenialismo histórico y el
postmilenialismo en que: (i) las señales de los últimos días
tienen relevancia presente y futura; (ii) el segundo adveni-

---

[86] Hoekema, «Amillennialism" en *The Meaning of the Millennium*, 163.

[87] Ibid., 164.

[88] Ibid., 177-181.

miento será un único acontecimiento (en contraposición a los dos acontecimientos del dispensacionalismo); (iii) los santos y los impíos serán resucitados de entre los muertos para ser juzgados en el segundo advenimiento; (iv) los santos que aún vivan en el momento del segundo advenimiento recibirán nuevos cuerpos glorificados; (v) los santos serán raptados a los cielos para reunirse con el Señor y descender con Él a la tierra; (vi) el juicio final tendrá lugar inmediatamente después del segundo advenimiento; y (vii) se cumplirá la restauración de toda la creación en los nuevos cielos y la nueva tierra.[89]

8.10. Crítica al amilenialismo

Puede decirse que la escatología amilenial, en lo que se refiere a la comprensión de la historia presente, retrata parcialmente la *estructura* bíblica de la historia. Enseña correctamente que (i) Cristo ha derrotado de hecho al pecado, a Satanás y a la muerte en Su primer advenimiento, (ii) que Él está reinando actualmente como el Rey del reino de Dios, (iii) que la iglesia está viviendo en los últimos días, y (iv) porque Cristo está reinando, el milenio es actual, no futuro. Sin embargo, los fallos en su comprensión estructural se reflejan en su *dirección* de la historia. El amilenialismo no sigue sistemáticamente las implicaciones de sus cuatro posturas relativas a la victoria de Cristo, la naturaleza del reino, el último día anticipado y el milenio. Uno supondría que el triunfo del evangelio implicaría la cristianización de las naciones, que el reino continuaría expandiéndose hasta cubrir el mundo entero, que el último día sería un buen día, testimonio del triunfo del evangelio, y que el fin del milenio

---

[89] Ibid., 181-184.

estaría marcado por la victoria del evangelio. No ocurre lo mismo con el amilenialismo. En cambio, el segundo advenimiento será «precedido por el aumento de la anarquía y la apostasía».[90] Como escribe el erudito Richard B. Gaffin: «A lo largo de todo el período entre las dos venidas, de principio a fin, un aspecto fundamental de la existencia de la Iglesia es "sufrir con Cristo "; nada, enseña el Nuevo Testamento, es más básico para su identidad que eso».[91]

¿Por qué la disonancia? Porque, a diferencia del postmilenialismo bíblico que busca abrazar la visión *total* del mundo de las Escrituras, el amilenialismo (al igual que el premilenialismo)[92] ha importado inadvertidamente el pensamiento dualista a su sistema teológico. Consideremos, por ejemplo, que el amilenialismo enseña que el reino de Dios no tiene casi nada que ver con la creación.[93] Se limita al sustento personal y espiritual. Es, en otras palabras, un reino privatizado, o una fe privatizada. Por tanto, el crecimiento del reino se refiere a la diversidad étnica y al número de los llamados a la salvación, no en términos de restauración de la creación y la cultura. Como escribe Van der Waal, en relación con el truncamiento de la misión cristiana: «La vocación cristiana se reduce ahora a "dar testimonio", y el mundo malvado es entregado a su suerte».[94] La implicación de esto es incuestionablemente aceptada por los amilenialistas que

---

[90] Mathison, *Postmillennialism*, 179-180.

[91] Richard B. Gaffin, Jr., «Theonomy and Eschatology: Reflections on Postmillennialism», en *Theonomy: A Reformed Critique*, ed. William S. Barker y W. Robert Godfrey (Grand Rapids, MI.: Zondervan, 1990), 210-211.

[92] Boot, *The Mission of God*, 89.

[93] William E. Cox, *Amillennialism Today* (Phillipsburg, NJ.: Publishing & Reformed Publishing Co., 1966), 70-71.

[94] van der Waal, *The World our Home*, 79.

enseñan que, a medida que el reino de Dios crece en espíritu, es decir, brillando más y demostrando ser más sabroso como la sal de la tierra, es paralelo al crecimiento del reino de Satanás. Hoekema lo expresa de esta manera: «El reino de Satanás, si podemos llamarlo así, seguirá existiendo y creciendo mientras crezca el reino de Dios, hasta que Cristo venga de nuevo».[95]

Aquí se pueden discernir tres elementos antibíblicos: el primero puede compararse con el concepto taoísta del yin-yang de la antigua filosofía china, que enseña que debe mantenerse un equilibrio entre dos opuestos (el bien y el mal) para la armonía universal.[96] No se puede afirmar razonablemente que el taoísmo, o cualquier otra religión oriental, tuviera influencia alguna en el desarrollo de la escatología amilenial. Sería una crítica infundada y poco erudita. Lo que sí se puede decir es que se puede *comparar con* el concepto taoísta del yin-yang, y eso debería ser alarmante para cualquier fiel cristiano, dado que tal concepto no es en absoluto bíblico, sino totalmente pagano. ¿Y no es siempre el paganismo el resultado de desviarse de la verdad, de la clara enseñanza de las Escrituras? Los otros dos elementos antibíblicos son, de hecho, influencias conocidas, la distinción griega entre materia y forma y los esquemas escolásticos de naturaleza y gracia; el primero plantea un mundo irreconciliable de dos niveles, de imperfección y perfección, mientras que el segundo plantea un mundo igualmente irreconciliable de

---

[95] Hoekema, *The Bible and the Future* (Grand Rapids, MI.: W.B. Eerdmans, 1979), 180.
[96] Roger T. Ames, «Yin and Yang», en *Encyclopedia of Chinese Philosophy*, ed. por Antonio S. Cua (Nueva York, NY.: Routledge, 2002), 847.

dos niveles, de lo sagrado y lo secular.[97] La primera idea, de que hay dos niveles irreconciliables de imperfección y perfección, es antitética a la enseñanza de las Escrituras, dado que dicha teoría se origina en el pensamiento griego pagano, y que Dios ha prometido en Su Palabra hacer todas las cosas nuevas (Is 65:17; 66:22; 2 P 3:13; Ap 21:1). La segunda idea, de que hay dos niveles irreconciliables de lo sagrado y lo secular, también es antitética al testimonio de la Palabra de Dios en lo que respecta al reinado integral de Cristo sobre toda la creación. La infiltración del pensamiento dualista en el pensamiento cristiano es la causa de por qué el amilenialismo no logra dar pleno sentido a los pasajes relacionados con el reino de Cristo y la sujeción de todas las cosas a su señorío.[98] Nuestras presuposiciones afectan inevitablemente nuestras interpretaciones de la realidad, incluida la de las Escrituras. Como escribe el pensador cristiano Joseph Boot, respecto a las implicaciones del dualismo amilenial:

> Que el reinado de Cristo es solo «espiritual» para la historia de la Iglesia, en el sentido de que su reinado está restringido actualmente al «corazón» privado del cristiano... no podemos esperar ninguna transformación de la sociedad; ningún éxito inmenso del Evangelio; ninguna conversión generalizada a las leyes piadosas; ninguna cristianización real de la cultura. Nuestra única esperanza es [...] escapar de este mundo, que a menudo se considera simplemente un barco que se hunde y una forma inferior de existencia.[99]

---

[97] John M. Frame, *A History of Western Philosophy and Theology* (Phillipsburg, NJ.: Presbyterian & Reformed Publishing Co., 2015), 64.; Willem J. Ouweneel, *The World is Christ's: A Critique of Two Kingdoms Theology* (Toronto, ON: Ezra Press, 2017), 23.

[98] Mathison, *Postmillennialism*, 180.

[99] Boot, *The Mission of God*, 89.

La dirección amilenial de la historia, por lo tanto, está infectada por el dualismo griego y escolástico, demostrando ser terreno fértil para perspectivas no bíblicas de la realidad como la teología de los Dos Reinos, un sistema que intenta dividir el mundo entre el reino sagrado de Dios, y el reino común (secular) de Dios.[100]

Contrario a que el reino de Satanás crezca hasta el segundo advenimiento, la Escritura enseña que Satanás ha sido atado (Ap 20:1-3), su reino está siendo saqueado (Mr 3:27), y a medida que el reino de Dios crece, el reino de Satanás disminuye hasta desaparecer (Dn 2). Como lo había denominado el apologista y teólogo holandés Cornelius Van Til, la creación sirve en el curso de la historia como «campo de juego de la diferenciación», es[101] decir, el escenario de dos fuerzas opuestas, la fuerza del pecado y la desobediencia a Dios, y la fuerza de la restauración y la renovación en JesuCristo.[102] Al final, la fuerza corruptora del pecado será abrumada y diezmada por la fuerza renovadora de Cristo. No hay "equilibrio", solo hay un "triunfo" seguro del evangelio.[103] Por lo tanto, contrario a la afirmación de Gaffin sobre el "sufrimiento" la Iglesia, en realidad no es lo más básico para la identidad de la Iglesia. En la dirección escritural de la

---

[100]See David VanDrunen, *Natural Law and the Two Kingdoms* (Grand Rapids, MI.: Wm. B. Eerdmans Publishing Co., 2009). ; Y para una crítica, véase Ouweneel, *The World Is Christ's.*

[101]Cornelius Van Til, *Christian Apologetics*, segunda edición (Phillipsburg, NJ.: Presbyterian & Reformed Publishing Co., 2003), 68.

[102]Albert M. Wolters, "The Intellectual Milieu of Herman Dooyeweerd.en *The Legacy of Herman Dooyeweerd: Reflections on Critical Philosophy in the Christian Tradition*, ed., C.T. McIntire (Toronto, ON.: Institute for Christian Studies, 1985), 9.

[103]Rushdoony, *The Biblical Philosophy of History*, 5.

historia, la Iglesia se define en cambio por su fe, esperanza, obediencia, amor y el fruto del Espíritu, labrando la tierra en términos de la Gran Comisión, mientras espera que el «campo de juego de la diferenciación» se abra camino hasta el final. Como dice Mathison, toda la Escritura deja claro que «Todas las promesas del pacto y todas las profecías de la Escritura apuntan a una bendición mundial de todas las familias de la tierra y a la extensión universal del reino de Cristo en esta tierra».[104]

Pero el amilenialismo no enseña que esta bendición se realizará a nivel macro antes del segundo advenimiento de Cristo. Tampoco es tan pesimista como el dispensacionalismo y el premilenialismo histórico descartar esta posibilidad durante una temporada. En su lugar, sería más apropiado decir que el amilenialismo es innecesariamente agnóstico en lo que respecta a la dirección anticipada de la historia.[105] El mundo puede mejorar o empeorar, en realidad, poco importa a su sistema teológico que lo espiritual se considere en un plano superior a lo material. No es de extrañar, entonces, que el tema predominante del amilenialismo para la Iglesia es el desierto errante de Israel en el Antiguo Testamento.[106] Y dado el estado actual de nuestro mundo, los cristianos se inclinarían a creerlo. Pero si la Iglesia estuviera realmente experimentando un «vagar por el desierto», sería por la misma realidad que Israel tuvo que vagar por el desierto para empezar. Explica Mathison:

---

[104]Mathison, *Postmillennialism*, 182.

[105]Ibid.

[106]Gaffin, Jr., «Theonomy and Eschatology: Reflections on Postmillennialism», en *Theonomy*, 223.

Israel se vio obligado a vagar por el desierto como juicio por no haber confiado en que Dios cumpliría su promesa de ir delante de Israel y conquistar la tierra Prometida. Vio demasiados «gigantes en la tierra» y dudó de la promesa de Dios.[107]

El Antiguo Testamento y el libro de Hebreos enseñan que el peregrinaje por el desierto fue un juicio de Dios sobre un pueblo infiel (Números 13-14; He 3:7-19), y en el mejor de los casos este podría ser el caso de la Iglesia en la actualidad, durante una *temporada*. Pero también hay que tener en cuenta que el pueblo de Dios en el Antiguo Testamento eran «extranjeros y exiliados en la tierra», mirando más allá de las promesas de la tierra hacia el Mesías venidero y su reino (He 11:13). Los que miraron más allá son ahora partícipes en el reino de Dios, así que ¿cómo somos ahora extranjeros y exiliados en la tierra?[108] No hay justificación bíblica para tomar un solo período de la historia israelita y adoptarlo como metáfora de la Iglesia y su lugar en el reino milenial, y sin embargo, esto es lo que ha hecho el amilenialismo.

8.11. La categoría escatológica del postmilenialismo

¿Qué paradigma escatológico queda entonces? Si el premilenialismo y el amilenialismo no han hecho justicia a la filosofía cristiana de la historia, entonces el postmilenialismo es la única opción que queda. La categoría escatológica es definida por Boettner como:

> esa visión de las últimas cosas que sostiene que el reino de Dios se está extendiendo ahora en el mundo a través de la predicación del evangelio y la obra salvadora del Espíritu Santo en los corazones de los individuos, que el mundo eventualmente

---

[107]Mathison, *Postmillennialism*, 183.
[108]Ibid.

será cristianizado y que el regreso de Cristo ocurrirá al final del milenio.[109]

Tanto los premilenialistas como los amilenialistas estarían totalmente de acuerdo con la «predicación del evangelio» y la «obra salvadora del Espíritu Santo en los corazones de los individuos». Pero cuando leen que «el mundo será cristianizado con el tiempo», es aquí donde surgen acaloradas polémicas, aparte, por supuesto, del momento concreto y la duración del milenio.

El postmilenialismo ha sido tan a menudo mal caracterizado que su definición debe ir acompañada de una aclaración sobre lo que no es. Por ejemplo, Ryrie afirma que el postmilenialismo no es más que el evangelio social, una «consecuencia de este sistema, ya que la idea de un mundo libre del mal se concibe como resultado de los esfuerzos del hombre».[110] Esto es falso, porque si ese fuera el caso, el postmilenialismo sería una forma de humanismo religioso, pero el postmilenialismo en cambio afirma que la propagación y el triunfo del reino de Dios se llevará a cabo por el poder y la obra del Espíritu Santo a través de la evangelización holística de la iglesia.[111] Además, el evangelio social del siglo XIX presentaba al hombre como inherentemente bueno, «que era teóricamente perfectible, que el pecado era curable, y que el reino de Dios podría ser introducido por los esfuerzos unidos de la humanidad», esto es antitético al postmilenialismo bíblico.[112]

---

[109]Boettner, «Postmillennialism» en *The Meaning of the Millennium*, 117.

[110]Charles C. Ryrie, *The Basis of the Premillennial Faith* (Neptune, NJ.: Loizeaux Brothers, 1953), 13-14.

[111]Bahnsen and Gentry, *House Divided*, 194.

[112]Mathison, *Postmillennialism*, 188.

Otros han afirmado, como el académico Floyd Hamilton, que el postmilenialismo es «la creencia de que todos llegarán a ser justos», contradiciendo la doctrina reformada de la predestinación en lo que se refiere a la soteriología.[113] En otras palabras, el postmilenialismo es universalismo. Esto es igualmente incorrecto, ya que el postmilenialismo bíblico no enseña que no habrá más pecado, o pecadores, antes de la segunda venida de Cristo. La *mayoría* del mundo vendrá a la fe en Cristo, pero *no cada* individuo; y aquellos que *son* atraídos a la salvación son atraídos por la *gracia de Dios solamente.*

El último erudito reformado, Geerhardus Vos, a quien respeto mucho, fue engañado al creer que el postmilenialismo era una forma de perfeccionismo, como si el mundo pudiera ser «en el transcurso del tiempo llevado a un punto de perfección ideal, hasta no necesitar más crisis».[114] Esto no es postmilenialismo bíblico, pues tal perfección no puede alcanzarse antes de la consumación de todas las cosas. La caída de nuestro mundo seguirá siendo evidente hasta la segunda venida de Cristo.

También debemos tener en cuenta las presuposiciones de los que se oponen al postmilenialismo, porque los que no adoptan las mismas presuposiciones de la Escritura inevitablemente leerán sus propias preconcepciones en la Escritura. El dispensacionalista Dave Hunt, por ejemplo, lleva su teología pesimista hasta su conclusión implícita en su crítica al posmilenialismo:

---

[113]Floyd E. Hamilton, *The Basis of Millennial Faith* (Grand Rapids, MI.: W.B. Eerdmans, 1952), 33.

[114]Geerhardus Vos, *Biblical Theology: Old and New Testaments* (Grand Rapids, MI.: W.B. Eerdmans, 1948), 379.

De hecho, el dominio (tomar el dominio y establecer el reino de Cristo) es una *imposibilidad*, incluso para Dios. El reinado milenial de Cristo, lejos de ser el reino, es en realidad la prueba final de la naturaleza incorregible del corazón humano, porque Cristo mismo no puede hacerlo.[115]

Tal crítica no solo es contraria a las claras enseñanzas de las Escrituras, sino que es una herejía. El dios de Hunt no es el Dios que se revela a través de la creación y las Escrituras. Podría decirse que su interpretación dispensacional de las Escrituras le exige negar la soberanía, la providencia, la omnipotencia y la voluntad revelada de Dios; esencialmente, toda su persona. Aunque la mayoría de los dispensacionalistas no llevarían su teología a tal extremo, Hunt es un excelente ejemplo de la conclusión inevitable del sistema de pensamiento dispensacional no bíblico.

Quizá el último intento de descartar el posmilenialismo haya sido afirmar que el sistema escatológico es novedoso y carece de raíces históricas profundas. Esto es, en el mejor de los casos, falso y deficiente. Aunque actualmente el posmilenialismo se considera una postura minoritaria dentro de la Iglesia, no siempre fue así. De hecho, entre los siglos XVII y XIX, el posmilenialismo fue el consenso mayoritario entre los evangélicos conservadores. Consideremos, por ejemplo, la visión teológica que motivó y sostuvo a los Padres de la Confederación Canadiense en el siglo XIX:

> La visión de un nuevo dominio «de mar a mar» cautivó la imaginación de los Padres de la Confederación y sustentó un ambicioso programa de construcción nacional [...] las palabras del Salmo 72 parecen captar el ethos y proporcionar un lema ade-

---

[115]Dave Hunt, «dominion and the Cross», Cinta 2 de *dominion: The Word and New World Order* (Ontario: Omega-Letter, 1987).

cuado para el nuevo dominio: *A mari usque ad mare*, una nación de mar a mar [...] en el pasaje bíblico del que Tilley extrajo la frase, la palabra «dominio» tiene un significado espiritual. Aquí, la extensión geográfica de la nueva tierra amplifica las cualidades sociales y morales que adornarán este futuro Estado. El salmista alza su voz en alabanza de un tiempo en que la verdadera justicia de los mandatos de Dios triunfará sobre el egoísmo y la maldad de los hombres. Es el Rey justo que "dominará también de mar a mar y desde el río hasta los confines de la tierra". El Salmo es un comentario sobre el poder en la sociedad, pero en lugar de detenerse en los medios para obtener el poder, describe los objetivos morales y sociales que el poder debería perseguir [...] Los pasajes bíblicos predicen un nuevo tipo de sociedad en la tierra cuando el desierto del pecado y la injusticia se convierta en el dominio del Señor.[116]

No fue sino hasta el siglo XX y en adelante cuando el postmilenialismo empezó a pasar a un segundo plano a medida que el premilenialismo se hacía más dominante, con el amilenialismo siguiéndole de cerca.

Además, si el postmilenialismo fuera realmente tan novedoso como algunos críticos podrían pensar, entonces habría que decir que San Atanasio nació demasiado pronto en la historia. Sería interesante ver lo que se diría de Atanasio, dada su descarada expectativa postmilenial en sus escritos.[117] O incluso consideremos a San Bonifacio (c. 675-754 d. C.), que demostró su optimismo postmilenial viajando a tierras extranjeras dominadas por la religión pagana, sin ninguna intención de desarrollar una coexistencia pacífica con sus

---

[116]Westfall, *Two Worlds*, 3-4.
[117]Mathison, *Postmillennialism*, 175.

ídolos.[118] Como Chilton escribe en su libro *The Days of Vengeance (Los días de la venganza)*, «Dios envió a su Hijo unigénito para redimir al mundo...». No se contentará con menos de lo que ha pagado».[119] Bonifacio había talado el árbol sagrado de Thor, construido una capilla con su madera y, como no había caído ningún castigo divino, el pueblo alemán se convirtió al cristianismo en masa.[120] La convicción de Bonifacio, como la de Atanasio, estaba arraigada en el optimismo postmileneal que se filtra de la totalidad de las Escrituras.[121]

8.12. Elaborado y explicado

Volviendo ahora a la definición de postmilenialismo, cabe señalar que hay dos campos dentro de esta categoría escatológica que deben quedar claros. Estos campos, o ramas, se dividen principalmente por el tiempo y la duración del reinado milenial de Cristo. Boettner, por ejemplo, es del bando que cree que el milenio es un «largo periodo de rectitud y paz», una era dorada en el futuro de la humanidad que aún está por realizarse.[122] Creo que Boettner se equivoca aquí, junto con los que están de acuerdo con él, por plantear una era dorada anticipada sin ningún apoyo bíblico sólido. El milenio no es una era futura de cristianización

---

[118]David Chilton, *The Days of Vengeance: An Exposition of the Book of Revelation* (Tyler, TX.: dominion Press, 2011), 496.

[119]Ibid., 496-497.; Chilton, en el momento de escribir *The Days of Vengeance y Paradise Restored*, era un preterista parcial que viajaba hacia un extremo no bíblico de preterismo total. A pesar de este hecho, todavía hay mucho que podemos aprender de sus escritos.

[120]Ibid., 497.

[121]Para un estudio sistemático del postmilenialismo como una escatología del dominio, véase Chilton, *Paradise Restored*.

[122]Boettner, «Postmillennialism» en *The Meaning of the Millennium*, 117.

global previa al segundo advenimiento de Cristo. Aunque la dirección de la historia se dirige progresivamente hacia una eventual cristianización masiva, el propio milenio no puede postergarse hasta ese momento futuro. ¿Quién sabe cuándo empezará exactamente? ¿Y cómo damos sentido al reinado de Cristo en el ahora? Una interpretación más acertada es la del otro bando del postmilenialismo, según la cual el milenio es estructuralmente como el de la perspectiva amilenial, es decir, simbólico para la «era de la Iglesia». Al fin y al cabo, así como el número *siete* connota a menudo una «plenitud de cualidad», como explica Chilton, el número *diez* connota una «plenitud de cantidad», o la idea de *mucho*, y «mil multiplica e intensifica esto (10 x 10 x 10) [...] simplemente para expresar una gran vastedad».[123] Es este último bando del postmilenialismo el que afirmo y defiendo como la interpretación fiel de las Escrituras en relación con el destino de la realidad creada, tanto en estructura como en dirección. Se trata de un sistema escatológico que se ocupa principalmente del «crecimiento del reino mesiánico de Cristo», como señala Mathison, «y todas las naciones [...] serán llevadas a reconocer este hecho».[124]

El postmilenialismo, cuando está firmemente basado en las Escrituras, *tal como las Escrituras lo definen*, describe adecuadamente la victoria y la esperanza del evangelio. La dirección de la historia avanza hacia una época en la que el mal acabará reduciéndose a «proporciones insignificantes, que los principios cristianos serán la norma, no la excepción, y que Cristo volverá» a un mundo en gran parte cristianizado.[125]

---

[123]Chilton, *Paradise Restored*, 199.

[124]Mathison, *Postmillennialism*, 190.

[125]Boettner, «Postmillennialism" en *The Meaning of the Millennium*, 118.

Habrá una mejora de la sociedad, un progreso hacia el ideal cristiano, no como la realización del tan esperado milenio, sino como el último tramo del reinado milenial de Cristo antes de su segundo advenimiento.[126] Esta cristianización progresiva no implica de ninguna manera que el pecado será totalmente erradicado, ni que cada persona se convertirá en un seguidor de Cristo, sino más bien que el reino de Dios aumentará aún más, y el reino de Satanás disminuirá aún más, hasta que caiga el martillo del juez de los vivos y los muertos. Antes de este juicio, sin embargo, Juan escribe que Satanás será desatado para engañar a las naciones una vez más, pero cualquier rebelión que pueda intentar montar, a lo que Juan se refiere como Gog y Magog (Ap 20:8), una expresión simbólica para las naciones rebeldes reunidas contra el Señor (Sal 2),[127] será anulado total y absolutamente.[128]

---

[126]Bahnsen y Gentry, *House Divided*, 213.

[127]Gog y Magog es considerado más popularmente como Rusia en nuestro mundo actual por los dispensacionalistas. Se dice que Gog se derivó de la Georgia soviética, debido a la letra «G», y dado que Gog era el príncipe principal de Mesec y Tubal, Mesec es de alguna manera Moscú, y Tubal es Tobolsk. Además de esto, Gomer de Ezequiel 38:6 es Alemania. El académico Ralph Woodrow refuta esta afirmación al afirmar que «"Moscú" proviene de los moscovitas y es un nombre finlandés. Moscú fue mencionada por primera vez en documentos antiguos en 1147 d. C., cuando era un pequeño pueblo. Algunos piensan que Tubal significa Tobolsk, pero esto es solo una similitud en el sonido. Tobolsk fue fundada en 1587 d. C. Algunos piensan que Gomer [Ezequiel 38:6] significa Alemania. Es cierto que las palabras «Gomer» y «Germany» (Alemania en inglés) comienzan con «G». También lo hace guess (adivinar en inglés)» en *His Truth is Marching On: Advanced Studies on Prophecy in the Light of History* (Riverside, CA.: Ralph Woodrow Evangelistic Association, 1977), 41.

[128]Chilton, *Paradise Restored*, 200.; Chilton, *The Days of Vengeance*, 523.

Una misiología postmilenial, por tanto, puede entenderse mejor (y denominarse) como una *misiología* reformadora en el sentido de que repudia toda forma de dualismo al someter todos los aspectos de la realidad creada a la autoridad de la totalidad de la Palabra de Dios.[129] De hecho, el mandato misionológico de la iglesia, que es Mateo 28:18-20, no es solo un mandato, sino una visión profética de lo que está por venir:[130] la regeneración masiva de la mayoría de los hombres y mujeres de todas las naciones y lenguas como resultado de recibir el evangelio y haber sido discipulados de acuerdo con todo el consejo de Dios.[131] Es, en otras palabras, el avance y el triunfo del reino de Dios, en el que Cristo atrae hacia sí a las naciones y a los pueblos.

Esta cristianización anticipada del mundo solo puede ocurrir cuando la evangelización se convierte en la prioridad de la Iglesia, porque la evangelización conduce al bautismo, y el bautismo a enseñar a los conversos todas las cosas que Cristo enseñó (Mt 28:18-20).[132] Como escribió el difunto erudito cristiano H. Evan Runner en su libro, *Walking in the Way of the Word (Caminando por el camino de la Palabra)*:

> Como cristianos [...] debemos pasar a la ofensiva para extender la profecía de Dios hasta los confines de la tierra, a todas las naciones del mundo, y, empujando hacia fuera, siempre [...] poner a prueba a los espíritus que actúan por doquier en el mundo, seguros de que Aquel que está en nosotros, y que por su Espíritu nos une con los lazos del amor, es mayor que el que está en el mundo, y que la intención de nuestro Señor es, como

---

[129]Boot, *The Mission of God*, 108.

[130]Joseph Boot, «Worldview and Christian Philosophy of History», *Jubilee: Recovering Biblical Foundations for our Time*, Spring (2018), 27.

[131]Boettner, «Postmillennialism» en *The Meaning of the Millennium*, 118.

[132]Bahnsen and Gentry, *House Divided*, 194.

nos ha dicho, el establecimiento de su supremacía sobre toda su creación y el cumplimiento del designio de la creación.[133]

¿Qué hay de los judíos en todo esto? Aunque Romanos 11 suscita diversas interpretaciones dentro de cada una de las propias categorías escatológicas, su significado claro es que Israel llegará a la fe antes del regreso del Señor JesuCristo.[134] Sin embargo, contrario al pensamiento dispensacionalista popular, los judíos no serán considerados en modo alguno superiores a los gentiles, ni se encogerán de hombros ante el progreso redentor volviendo al sistema de sacrificios descontinuado. De hecho, el Antiguo Testamento da testimonio de la igualdad anticipada de los judíos como pueblo de Dios con otras naciones (antes enemigas), como la profecía de Isaías 19:24: «Aquel día Israel será un tercero con Egipto y con Asiria, una bendición en medio de la tierra», y Zacarías 9:7:

> Quitaré la sangre [de Filistea] de su boca, y sus abominaciones de entre sus dientes; entonces él será también un remanente para nuestro Dios, será como una tribu en Judá, y Ecrón será como el jebuseo.

Boettner cautiva la esperanza escatológica Escritural para la nación de Israel al escribir: «Como los de todas las demás nacionalidades, [ellos] se convertirán al cristianismo a medida que la Iglesia progrese por todo el mundo».[135] Los judíos, como cualquier otro grupo étnico, serán atraídos al Señor Jesús y al nuevo pacto, y compartirán el mismo estatus como

---

[133]H. Evan Runner, *Walking in the Way of the Word: The Collected Writings of H. Evan Runner*, Vol. 1 (Grand Rapids, MI.: Paideia Press, 2016), 508.

[134]Bahnsen y Gentry, *House Divided*, 166.

[135]Boettner, «A Postmillennial Response» en *The Meaning of the Millennium*, 54.

pueblo de Dios con otras naciones, habiendo sido salvados solo por la gracia de Dios, sólo a través de Cristo.

8.13. Un ámbito de aplicación completo

En oposición al cristianismo privatizado que tan a menudo caracteriza al premilenialismo —y que el amilenialismo es tan propenso a adoptar—, el postmilenialismo bíblico retrata un cristianismo integral, que enfatiza fuertemente el alcance cósmico y la extensión de la obra restauradora de Cristo. Así como la raza de Adán cayó en pecado y fue rescatada de la muerte y la decadencia en Cristo (es decir, la representación elegida de la raza humana), así también la creación, que fue sometida a Adán, será restaurada de nuevo.[136] La buena nueva del *evangelio*, por tanto, no es solo renovación espiritual, sino renovación cósmica, mediante el avance del reino de Dios y su culminación en el segundo advenimiento de Cristo. Podría denominarse mejor como *recreación* redentora, pues desde el principio, cuando Dios habla de salvar a su pueblo, ya sea en el relato de Noé, en el Éxodo de Egipto o en el primer advenimiento, siempre se utiliza el lenguaje y el simbolismo de la creación de Dios haciendo un mundo nuevo.[137]

Pero, ¿qué significa «hacer avanzar el reino de Dios»? «Hacer avanzar» el reino para los premilenialistas y amilenialistas podría significar simplemente evangelismo espiritual. Las Escrituras, sin embargo, nos enseñan otra cosa, en el sentido de que el hombre, creado a imagen de Dios y como su vicerregente, tenía la tarea de cultivar la creación de Dios hasta convertirla en una civilización piadosa (Gn 1:26-28; Gn 2:15).

---

[136]Boettner, «Postmillennialism» en *The Meaning of the Millennium*, 123.
[137]Chilton, *Paradise Restored*, 203.

Este mandato cultural de someter toda la creación a la Palabra de Dios no pudo ser cumplido por el hombre después de la caída. Pero en Cristo, el nuevo hombre de dominio (Ro 11:36; 1 Co 15:45; Col 1:19-20), el mandato cultural puede retomarse con la expectativa de un éxito tangible, pues todas las cosas pueden someterse a la Palabra de Dios mediante el evangelio de JesuCristo y la obra redentora del Espíritu Santo.[138] Podemos recurrir a Isaías 65:17-25 como un atisbo de lo que las generaciones futuras pueden esperar ver antes de la segunda venida de Cristo.

> «Por tanto, yo creo cielos nuevos y una tierra nueva,
>   y no serán recordadas las cosas primeras
>   ni vendrán a la memoria.
>   Pero gócense y regocíjense para siempre
>   en lo que yo voy a crear;
>   pues voy a crear a Jerusalén para regocijo,
>   y a su pueblo para júbilo.
>   Me regocijaré por Jerusalén
>   y me gozaré por mi pueblo.
>   No se oirá más en ella voz de lloro
>   ni voz de clamor.
>   No habrá más allí
>   niño que viva pocos días,
>   ni anciano que no complete sus días.
>   Porque el joven morirá a los cien años,
>   y el que no alcance los cien años será considerado maldito.
>   Construirán casas y las habitarán,
>   también plantarán viñas y comerán su fruto.
>   No edificarán para que otro habite,
>   ni plantarán para que otro coma;

---

[138]Véase Joseph Boot, *Gospel Culture: Living in God's Kingdom*, *Cornerstones*, Vol. 1 (Toronto, ON.: Ezra Press, 2017).

porque como los días de un árbol, así
serán los días de mi pueblo,
Y mis escogidos disfrutarán de la obra de sus manos.
No trabajarán en vano,
ni darán a luz para desgracia,
porque son la simiente de los benditos del Señor,
ellos, y sus vástagos con ellos.
Y sucederá que antes que ellos clamen, yo responderé;
aún estarán hablando, y yo habré oído.
El lobo y el cordero pastarán juntos,
y el león, como el buey, comerán paja,
y para la serpiente el polvo será su alimento.
No harán mal ni dañarán
en todo mi santo monte»,
dice el Señor.

¿Cuánto más podremos esperar cuando todo esté consumado, cuando se cumplan los cielos nuevos y la tierra nueva?[139] Aunque los profetas se maravillaban del misterio de sus profecías, la Iglesia primitiva vio iluminada su comprensión del Antiguo Testamento por el Nuevo.

La cristianización de las naciones no es, pues, una quimera, sino un sueño profético enraizado en el Antiguo y el Nuevo Testamento. El hombre, en Cristo, puede trabajar para restaurar la calidad de vida en la creación porque opera desde una filosofía cristiana de *vida*. No solo ha experimentado el progreso espiritual, sino que ha experimentado el progreso en todos los aspectos sociales, avanzando gradualmente hacia el ideal cristiano a pesar de los diversos reveses acribillados a lo largo de la historia y en el presente, a la espera de ese día en que Cristo llegue para hacer que todas las cosas vuelvan a ser correctas y perfectas. ¿Cómo olvidar, como testimonio de

---

[139]Chilton, *Paradise Restored*, 204.

este progreso, al político cristiano inglés William Wilberforce
(1759-1833), que introdujo reformas en continuidad con las
normas de Dios? ¿Cómo negar que la abolición de la trata
de esclavos africanos no se debió al «poder del reino de Dios
que actúa en el mundo»?[140]

Pero, cabe preguntarse, ¿por qué no hemos asistido aún
a la cristianización masiva del mundo? Tal y como está el
mundo hoy, parece como si estuviéramos volviendo al pluralismo religioso y al paganismo que caracterizaban al mundo
de la antigua Roma antes de Constantino I. Si lo que vemos
ahora es una regresión, y una masiva, ¿dónde está entonces el progreso? Esta regresión momentánea, sin embargo,
no es realidad suficiente para desechar la evidencia de la
progresión del reino de Dios. ¿Creó Dios el mundo en un
solo día? ¿O no tardó seis días en completarlo? ¿Conquistó
Israel la tierra prometida en una sola campaña militar? ¿O
no fue una conquista gradual? Vemos el mismo gradualismo
en la entrega de la revelación especial de Dios, dada no toda
de una vez, sino progresivamente a lo largo de la historia
hasta el cierre del canon.[141] De la misma manera, Dios está
trabajando gradualmente en el curso de la historia para la
victoria y el triunfo del evangelio.[142] La realidad, por tanto,
es la de una victoria que avanza a diario incluso a pesar de
los reveses. Como señala humildemente Boettner, «desde el
punto de vista humano, a menudo parece que las fuerzas
del mal están a punto de ganar la partida».[143] Y con toda la
negatividad que vemos en las noticias, desde el aumento de

---

[140]Joseph Boot, «Worldview and Christian Philosophy of History», *Jubilee*,
28.
[141]Bahnsen and Gentry, *House Divided*, 218.
[142]Boettner, «Postmillennialism» en *The Meaning of the Millennium*, 125.
[143]Ibid.

la actividad delictiva hasta la creciente hostilidad hacia la moral cristiana, pasando por la rebelión del hombre moderno para redefinir su realidad, puede ser tentador caer en esta perspectiva catastrofista del rumbo de la historia. Pero, por desgracia, esto no es más que un revés, no un impulso duradero para el reino de Satanás. Lo que hemos presenciado a lo largo de la historia son períodos de "avance y prosperidad espiritual", con alternancia de "períodos de decadencia y depresión espiritual", y no tenemos motivos para dudar de que estos períodos seguirán produciéndose hasta la segunda venida de Cristo ».[144] Y a medida que este ciclo continúa, el progreso gradual se hace aún más evidente. Como expresó en su momento el jurista cristiano de finales del siglo XIX y primer ministro de Ontario, Sir Oliver Mowat:

> En el último censo del dominio de Canadá, 1881 [...], de una población de 4 324 810 habitantes, solo 2634 no profesaban ninguna religión; y casi todos los demás profesaban alguna forma de cristianismo [...] Se han hecho inmensos progresos hacia el ideal cristiano desde que Cristo murió en la cruz; el siglo XIX está muy por delante del primero; y está por delante de todos los siglos desde entonces [...] Desgraciadamente, la meta está lejos de alcanzarse todavía; el mundo abunda aún en egoísmo y crueldad; pero las iglesias cristianas, las sociedades cristianas y los hombres y mujeres cristianos están trabajando por la causa divina de todo corazón y con esperanza, nunca mejor dicho, de cien maneras en todas las tierras; y que se están haciendo progresos continuos en la gran obra es de lo más manifiesto.[145]

---

[144]Ibid.

[145]Oliver Mowat, *Christianity and Some of its Evidences: An Address* (1890) (Toronto: Williamson & Company, 1890), 9, 37.

Como cristianos, nos apasiona que la Palabra de Dios se manifieste en términos de su supremacía y autoridad sobre toda la creación, ya que nos sostiene, nos sana, nos renueva, nos libera y, finalmente, llevará «a toda la creación a la plenitud prevista».[146] Es esta pasión, forjada por el Espíritu Santo, de ver personas adherirse a la Palabra de Dios y aplicarla, la que nos señala la «verdadera *dirección de la historia*».[147] Ser coherente con la enseñanza de las Escrituras, comprender el verdadero alcance y extensión del Evangelio, significa ser postmilenialista, pues nuestra fe está en JesuCristo y en el triunfo de su evangelio. Rechazar esta escatología no es solo negar la filosofía cristiana de la historia, sino poner en tela de juicio la naturaleza del reino de Dios, la misión del pueblo de Dios y la claridad de la revelación de su palabra-ley.

8.14. Conclusiones

En resumen, por tanto, el premilenialismo, como hemos visto, no logra retratar ni la estructura ni la dirección bíblicas de la historia, pues interpreta erróneamente las Escrituras en lo que se refiere al eschaton, el reino y el pueblo de Dios. Del mismo modo, el amilenialismo, aunque en su superficie parece ser correcto y fiel, se queda corto, ya que solo retrata parcialmente la estructura bíblica de la historia, errando el blanco al malinterpretar la naturaleza y el alcance del evangelio como confinado a la soteriología y no en términos del reino de Dios, afectando así directamente su retrato de la dirección de la historia. Descartados tanto el premilenialismo como el amilenialismo, el postmilenialismo bíblico queda como la única representación verdadera y fiel de la estructura

---

[146]Runner, *Walking in the Way of the Word*, 516.

[147]Boot, «Worldview and Christian Philosophy of History», *Jubilee*, 29.

y dirección bíblicas de la historia. El reino de Dios es ahora y todavía no, el tiempo presente se dirige hacia el tiempo señalado por Dios para la consumación, y la historia demostrará, como teatro de la gloria de Dios, el despliegue de la victoria evangélica.

Es esta esperanza postmilenial bíblica, esta visión bíblica de la historia, la que los cristianos deben abrazar. Somos llamados no solo a predicar para la salvación de almas individuales[148] —aunque eso es ciertamente vital para nuestra misión—, sino a hacer avanzar el reino de Dios mediante la proclamación y aplicación de su Palabra, y a exponer proféticamente la filosofía cristiana de la historia contra la mentira de nuestra época actual. Como escribe Boot, «aunque los pensadores fundadores del mundo, con sus "ismos" humanistas, falsas profecías y escatología distorsionada vayan y vengan», es el plan de Dios el que se llevará a cabo, "Su reino triunfará"».[149] Y esto es lo que debe atraer al mundo incrédulo, que aunque el mundo está oscuro y sombrío bajo la sombra de la caída del hombre, llegará un momento en que todas las cosas se arreglarán, donde la luz brillará de nuevo. Si el hombre desea sinceramente vivir en la luz, si busca ser corregido, su elección es clara: arrepentirse de su pecado y renunciar a su pretendida autonomía sometiéndose a la autoridad de Cristo. Si, por el contrario, elige las tinieblas como luz, si prefiere al diablo como amo y no al Señor de la vida, entonces lo que le espera es el juicio, pues su des-

---

[148]Utilizo la palabra «alma» aquí, pero no lo digo en el sentido convencional que se usa a menudo hoy en día, en el que se presupone una forma de dualismo entre el *cuerpo* y el *alma* como habían creído los griegos y los gnósticos. Quiero decir esto en el sentido bíblico, que es la unidad raíz del hombre, su corazón, su *ser*. Ver sección 1.2

[149]Ibíd., 30.

tino está claro. En cuanto al destino de la realidad creada, el cosmos, tanto visible como invisible, la cosmovisión religiosa cristiana nos asegura la restauración y recreación de la creación, porque a diferencia de otras cosmovisiones falsas y antitéticas, el Dios del teísmo cristiano puede cumplir y cumplirá. Esto debe comunicarse en el testimonio y la apologética del cristiano; es la articulación bíblica de nuestra misma esperanza.

8.15. Una advertencia reconciliadora

Llegados a este punto, debo añadir una advertencia reconciliadora. Como sabe la mayor parte de la comunidad cristiana, el tema de la escatología puede ser controvertido y divisivo. Este capítulo, cuando se presentó inicialmente como un trabajo académico en formato más breve, no fue bien recibido por algunos miembros de la facultad a pesar de que había sido muy bien calificado. La disputa principal se refería a la diferencia de convicciones, pero la paz era, sin embargo, la regla, porque ¿cómo podría tal asunto dividir al cuerpo de creyentes de Cristo, adquirido por la gracia? ¿No hemos de corregirnos unos a otros mientras procuramos ser reformados conforme a las Escrituras? ¿No debemos inclinar nuestros oídos a la instrucción bíblica y ejercer un sabio discernimiento? Desgraciadamente, preservar la unidad de la Iglesia no ha sido la norma cuando se trata de este tema, que sigue dividiendo a la Iglesia incluso hoy en día. Y ni unos ni otros son inocentes de culpa.

Puede resultar tentador para los posmilenialistas ignorar a los pre y amilenialistas como nuestros socios misioneros en el gran plan de Dios, dada la grave interpretación errónea de la estructura y dirección de la historia. Después de todo, ¿no se han adelantado algunos a dar por perdida la creación de Dios? Y digo «algunos», porque no todos ministran coherentemente, según su escatología. He conocido premilenialistas pesimistas que son bastante postmileniales en su forma de ministerio. Y puede ser igualmente tentador para los pre o amilenialistas cerrar la puerta, por así decirlo, a los posmilenialistas, tratarlos como una rareza peculiar, desestimando sus convicciones y presentándolos como utópicos humanistas. Independientemente de tu inclinación escatológica, si esta tentación está a las puertas de tu corazón, permíteme una breve advertencia. ¿No cometeremos una indecencia semejante contra nuestro hermano o hermana, un error tan craso, pues hemos olvidado por qué y por quién hemos sido salvados? No por la articulación de nuestros sistemas escatológicos, eso es seguro, y no por nuestra propia autosuficiencia intelectual y optimismo. Como pecadores salvados solo por la gracia de Dios, habiendo sido regenerados por el Espíritu Santo, todos somos hermanos unos de otros, redimidos y transformados en Cristo. Y como cuerpo de creyentes, estamos siendo continua y gradualmente santificados y conformados a las Sagradas Escrituras, incluyendo la continua reforma de nuestras mentes. Aunque estemos en desacuerdo con la dirección de la historia, y algunos de nosotros parcialmente con la estructura de la historia, y varios otros ni siquiera se hayan decidido, al menos todos podemos estar de acuerdo con el aspecto central de salvación del evangelio y en que somos llamados por nuestro mismo Señor a trabajar juntos como un cuerpo unificado, no como uno dividido, para cumplir nuestro mandato misional.

Por supuesto, esto no quiere decir que nuestra escatología no tenga importancia. Al contrario, teológicamente es fundamental para nuestra misión como pueblo de Dios. Porque, ¿cómo podemos comunicar fielmente cuál es nuestra esperanza como seguidores de Cristo si no podemos articularla? ¿Cómo podemos defender la esperanza cristiana en el destino de la realidad creada si nosotros mismos ni siquiera sabemos lo que es? ¿Cómo podemos administrar la gracia del Evangelio si no sabemos con qué fin trabajamos? Su necesidad es un hecho, como se requiere de una visión del mundo y de la vida. Sin embargo, en lo que se refiere a este tema, a este componente de la cosmovisión, debemos ser humildes y amables unos con otros, buscando ser reformados y conformados a las Escrituras, pues como bien reconoce Van der Waal:

> Si [la mayor parte de la Iglesia] pudiera reconocer que está en un camino no bíblico, esto tendría una gran influencia en la cultura cristiana. Muchos [cristianos] son personas celosas que conocen su Biblia. Un cambio de perspectiva desencadenaría grandes fuerzas que podrían influir positivamente en las posiciones escatológicas actuales.[150]

E incluso si no somos capaces de convencer a nuestros hermanos y hermanas acerca de la *verdadera* estructura bíblica y la dirección de la historia, debemos, no obstante, ser hallados fieles en lo que el Señor nos ha llamado a hacer, cultivar la creación de Dios en una civilización piadosa por medio del avance y la preservación de la verdad, la bondad y la belleza del evangelio que todo lo abarca, independientemente de lo que nos espera en el futuro. Nosotros debemos hacer nuestra parte, Dios hará la suya.

---

[150]Van der Waal, *The World our Home*, 79.

Creo que es apropiado terminar con las palabras llenas de esperanza de Chilton en su libro *Paradise Restored (Paraíso restaurado)*:

> El Río de la Vida está fluyendo *ahora* (Jn 4:14; 7:37-39), y continuará fluyendo en una corriente cada vez mayor de bendición por la tierra, sanando a las naciones, poniendo fin a la anarquía y a la guerra mediante la aplicación de la ley bíblica (Miq 4:1-3). Esta visión del futuro glorioso de la Iglesia, terrenal y celestial, repara el tejido desgarrado en el Génesis. En Apocalipsis vemos al Hombre redimido, devuelto a la Montaña, sostenido por el Río y el Árbol de la Vida, recuperando su dominio perdido y gobernando como rey y sacerdote sobre la tierra. Este es nuestro privilegio y nuestra herencia ahora, definitiva y progresivamente, en esta era; y lo será plenamente en la era venidera. El paraíso está siendo restaurado.[151]

---

[151]Chilton, *Paradise Restored*, 209.

PARTE III

APOLOGÉTICA APLICADA
DEFENSA DE LA PALABRA DE DIOS

CAPÍTULO 9

CASO APOLOGÉTICO I
LA ACUSACIÓN ISLÁMICA DE TAHRIF *Y LA BIBLIA*

*«Por esto también nosotros sin cesar damos gracias a Dios
de que cuando recibieron la palabra de Dios que oyeron
de nosotros, la aceptaron no como la palabra de hombres,
sino como lo que realmente es, la palabra de Dios,
la cual también hace su obra en ustedes los que creen»*
(1 Tesalonicenses 2:13).

9.1. La acusación islámica de *tahrif*

HA SIDO UN COMÚN ARGUMENTO en nuestra era moderna que las Escrituras cristianas fueron alteradas de alguna forma o manera en el curso de la historia, y que, como resultado, los manuscritos que tenemos hoy no pueden ser confiables como copias fieles de los escritos originales, mucho menos considerados la revelación inspirada de Dios. Aunque este argumento se emplea desde distintas perspectivas religiosas, una de las más agresivas quizá haya sido desde el frente islámico, dado el creciente avance del islam occidentalizado. Esa acusación se resume en una sola frase árabe, *tahrif*.

Para quienes no estén familiarizados con la acusación islámica de *tahrif*, el argumento más comúnmente interpretado por los musulmanes es que el texto de la *Tawrat* (Torá) y el *Injil* (Evangelio), a los que apela el Corán, han sido corrompidos y falsificados, citando diferencias teológicas e históricas con el Corán. Sin embargo, a pesar de esta afirmación, los estudiosos han demostrado que el significado original de *tahrif* en realidad se refiere a la *errónea interpretación* de los textos bíblicos, basada en las primeras narraciones, la exégesis Coránica y la teología islámica. Este capítulo demostrará cómo, de hecho, la doctrina islámica del *tahrif* afirma originalmente la fiabilidad textual del texto bíblico, al tiempo que contradice los supuestos de los polemistas musulmanes que tratan de socavar la integridad de las Escrituras cristianas.

9.2. ¿Qué es *tahrif*?

Como han puesto de manifiesto diversos polemistas musulmanes, la acusación de *tahrif* no está aislada en una comunidad islámica concreta, sino que es popularmente sostenida por amplias y diversas comunidades del islam.[1] Las escrituras anteriores, mencionadas por el Corán como revelaciones previas de Dios, son el *Tawrat* (Torá), el *Injil* (Evangelio), y el *Zabur* (Salmos),[2] con la primera mención en Sura 3:3 que dice: «Él te reveló el Libro con la Verdad, corroborante de los mensajes anteriores; y reveló antes también la Torá y el Evangelio».[3]

Hay una variedad de posiciones con respecto a *tahrif*, con algunos que «sostienen que los textos de la Torá y los Evangelios fueron corrompidos», mientras que otros sostienen

[1] Gordon Nickel, *The Gentle Answer to the Muslim Accusation of Biblical Falsification* (Calgary, AB.: Bruton Gate, 2015), 19.
[2] Gordon Nickel, *Narratives of Tampering in the Earliest Commentaries on the Qur'an* (Danvers, MA.: Brill, 2011), 39.
[3] Seyyed Hossein Nasr et al., eds., *The Study Quran: A New Translation and Commentary* (Nueva York, NY.: HarperCollins Publishers, 2015), 128.

que los textos bíblicos están solo parcialmente corrompidos.[4] También hay quienes sostienen que la corrupción se refería a la «interpretación» de los textos, no al texto en sí.[5] Fakhr al-Din-Razi (1149 d. C.) e Ibn Jaldun (1332-1406 d. C), por ejemplo, fueron polemistas medievales que propusieron la alteración de los textos anteriores.[6] En cuanto al significado de la palabra *tahrif*, significa «corrupción», y se deriva de la palabra raíz *harf* que significa 'punta, límite, borde'.[7] Otras palabras asociadas con esta son *tabdil* para 'cambio', *layy* para 'alterar verbalmente las palabras', *kitman* para 'ocultar la verdad', *nisyan* para 'descuidar deliberada o inconscientemente secciones del libro', y *ayat* para 'vender las escrituras como falsificaciones'.[8]

La palabra *tahrif* se menciona cuatro veces en el Corán, lo que llevó a los musulmanes a creer que los textos de las escrituras anteriores habían sido modificados.[9] Estos suras afirman:

> ¿Acaso pretendéis [¡Oh, creyentes!] que os crean, siendo que algunos de quienes oyeron la Palabra de Allah [la Torá] *la alteraron* intencionalmente después de haberla comprendido? (Sura 2:75).[10]

---

[4] Muhammet Tarakci y Suleyman Sayar, "The qur'anic view of the corruption of the Torah and the Gospels," *The islamic Quarterly*, Vol. 49, no. 3 (2005), 228.

[5] Ibid.

[6] Jacques Jomier, *The Bible and the Koran* (Nueva York, NY.: Desclee Company, 2004), 34.

[7] Tarakci y Sayar, "The qur'anic view of the corruption of the Torah and the Gospels", 229.

[8] Ibid.

[9] Ibid., 230.

[10] Nasr, et al., eds., *The Study Quran: A New Translation and Commentary*, 36-37.

Algunos de los judíos *cambian* el sentido de las palabras y dicen: Oímos pero desobedecemos. Escuchamos, pero no prestamos atención. Râ'ina; *con doble sentido* en sus palabras y atacando la religión. Si dijeran: Oímos y obedecemos. Escucha, protégenos; sería mejor para ellos y más correcto. Pero Allah les maldijo por su incredulidad porque no creen sino poco (Sura 4:46).[11]

Y por haber violado su pacto les maldijimos y endurecimos sus corazones. Ellos *tergiversan* las palabras [de la Torá] y olvidan parte de lo que les fue mencionado [en ella]. No dejarás de descubrir en la mayoría de ellos todo tipo de traiciones, a excepción de unos pocos; más discúlpales y perdónales. Allah ama a los benefactores (Sura 5:13).[12]

¡Oh Mensajero! Que no te entristezca [lo que hacen] quienes se precipitan en la incredulidad, entre aquellos hay quienes dicen: Creemos, pero no hay fe en sus corazones. Entre los judíos hay quienes prestan oídos a la mentira y te escuchan para informar a otros que no se han presentado ante ti. *Tergiversan* las palabras [del Libro] y dicen: Si se os juzga como os gusta aceptadlo, pero si no rechazadlo. Y a quien Allah quiere extraviar no podrás hacer nada para salvarlo. Ésos son a quienes Allah no ha querido purificar sus corazones. Serán denigrados en esta vida, y en la otra tendrán un terrible castigo (Sura 5:41).[13]

Según el consenso islámico moderno, las escrituras anteriores del *Tawrat* y del *Injil* ya no existen; y si existen, o bien han sido ligeramente corrompidas, o bien han sido corrompidas hasta quedar irreconocibles. Como resultado, el musulmán descarta toda realidad para leer la Biblia por sí mismo, creyendo que las suras citadas significan algo más que sus interpretaciones literales. Pero esto no siempre fue propuesto por los exegetas anteriores, sino que se percibe

---

[11] Ibid., 213-214.
[12] Ibid., 282-283.
[13] Ibid., 296-297.

que *tahrif*, en lo que se refiere al texto, es una reacción instintiva al descubrimiento de contradicciones importantes entre los textos bíblicos y el Corán.[14] De hecho, el erudito islámico Abdullah Saeed escribe que, contrario a la opinión moderna, «la pregunta de si el *tahrif* de la escritura estaba en el significado o en la redacción no está claramente decidida en la literatura *tafsir* (interpretativa)».[15]

9.3. Diferencias teológicas: Dios

Existen numerosas diferencias teológicas entre la Biblia y el Corán que dividen a cristianos y musulmanes, una de las cuales se refiere a la naturaleza de Dios. Los musulmanes sostienen una creencia monoteísta expresada en su doctrina del *Tawhid*, que aunque no se nombra explícitamente en el Corán, se apoya en la sura 112:1-4 que dice: «Di [¡Oh, Muhammad!]: Él es Allah, la única divinidad. Allah es el Absoluto [de Quien todos necesitan, y Él no necesita de nadie]. No engendró, ni fue engendrado. No hay nada ni nadie que se asemeje a Él».[16] La sura de apertura de *al-Ikhlas*, por ejemplo, se posiciona polémicamente contra judíos y cristianos, en la que el comentarista del siglo VIII Muqatil b. Sulayman escribe:

> [Los judíos afirmaban que Esdras (*'Uzayr*) era hijo de Dios, y los cristianos que Jesús (*al-Masih*) era hijo de Dios... sin embargo,

---

[14] Gordon Nickel, «Tales of texts intact - pleasant readings while probing the islamic accusation of falsification», *islam and Christianity - Journal of the Institute of islamic Studies* Vol. 1 (2011), 20.

[15] Abdullah Saeed, «The charge of distortion of Jewish and Christian scriptures», *The Muslim World* Vol. 92, no. 3/4 (2002), 423.

[16] Nasr, et al., eds., *The Study Quran: A New Translation and Commentary*, 1579.

poderoso y majestuoso, [Dios] demostró que eran mentirosos y se desvinculó de sus afirmaciones afirmando que *Él ni engendró*... ni fue *engendrado*... ni hay *nadie igual a Él*.[17]

Muqatil simplemente está reiterando lo que el Corán enseña en la surah 9:30, pero el Corán no describió adecuadamente la fe de los judíos (nunca adoraron a Esdras como a un dios), al[18] igual que no describió la doctrina cristiana de la Trinidad al enumerar a Dios, Jesús y María en las Suras 4:171 y 5:116. El erudito del siglo IX al-Tabari (839-923 d. C.) comete el mismo error, proporcionando detalles en sus *Anales* de la religión judía que son claramente inexactos, incluso para su época.[19]

Habiéndose autoasociado con la fe de Abraham, los estudiosos Feras Hamza, Sajjad Rizvi y Farhana Mayer afirman que el judaísmo y el cristianismo, al ser tradiciones abrahámicas, son «reconocidas por todos los musulmanes como religiones hermanas cuya continuidad geohistórica y espiritual con el islam es evidente».[20] Sin embargo, no es el caso. El *Tawhid* del islam es contrario a la doctrina cristiana de la Trinidad, donde esta se articula como: Dios como un solo ser y tres personas, Padre, Hijo y Espíritu Santo (Mt 3:16-17, 28:19; Juan 1:14; Juan 14:26). Debido a que los musulmanes sostienen el *Tawhid*, junto con la doctrina del *Tanzih*, que es

---

[17] Feras Hamza, Sajjad Rizvi y Farhana Mayer, eds., *An Anthology of Qur'anic Commentaries*, volumen 1 (Londres, Reino Unido.: Oxford University Press, 2008), 499.

[18] Martin Whittingham, «Ezra as the corrupter of the Torah? Reassessing ibn Hazm's role in the long history of an idea, «*Intellectual History of the islamicate World*» Vol. 1 (2013), 255.

[19] Camilla Adang, *Muslim writers on Judaism and the Hebrew Bible: From ibn rabban to ibn hazm* (Leiden, Netherlands: E.J. Brill, 1996), 76.

[20] Hamza, Rizvi y Mayer, *An Anthology of Qur'anic Commentaries*, 492.

la completa «otredad» de Alá, su dios es descrito esencialmente como una «singularidad», en la que el comentarista
Fadl Allah escribe: «La facultad mental no puede alcanzar-
lo en Su misterio elusivo y oculto».[21] Puesto que nada de
lo creado puede asociarse con Allah (ni siquiera conceptos
creados como «persona», «voluntad», «unicidad numérica»,
etc.), para que no se cometa la blasfemia de *shirk*, Allah es
esencialmente ininteligible para la mente humana, inaccesi-
ble en todos los aspectos. Debido al hecho de que no existe
semejanza posible entre Allah y el hombre creado, Allah es
inevitablemente *incognoscible* en su unicidad aislada.

Otra diferencia teológica entre la Biblia y el Corán es la
deidad de Cristo, que es la pieza central de la fe cristiana. El
contenido Cristológico de los evangelios contradice gravemente el Corán y sus enseñanzas,[22] pues se presenta a Cristo
compartiendo los honores de Dios, los atributos de Dios, los
nombres de Dios, las obras que Dios realiza y la sede del trono
de Dios, todo ello inconcebible para el islam.[23] En un texto
del comentarista al-Ghazali (1058-1111 d. c.), que descartó
tahrif de las escrituras anteriores, encontramos un intento
de interpretar el retrato de Jesús en el Evangelio según Juan,
no como un personaje divino, sino como un profeta.[24] El

---

[21] Citado en Ibíd.

[22] Tarakci y Sayar, «The qur'anic view of the corruption of the Torah and
the Gospels», 238-239.

[23] Robert Bowman Jr. and Ed Komoszewski, *Putting Jesus in his Place: The
Case for the Deity of Christ* (Grand Rapids, MI.: Kregel Publications, 2007),
23.

[24] Martin Whittingham, «The value of *tahrif* ma'nawi (corrupt interpretation) as a category for analysing Muslim views of the Bible: Evidence from
al-Radd al-Jamil and ibn Khaldun», *islam and Christian-Muslim Relations* Vol.
22, no. 2 (abril del 2011), 210.

«método hermenéutico» de al-Ghazali, como señala el erudito islámico Martin Whittingham, está en consonancia con sus presupuestos islámicos, según los cuales los pasajes que destacan la humanidad de Jesús se interpretan literalmente, mientras que los pasajes explícitamente Cristológicos se interpretan metafóricamente para negar la «condición divina».[25] En esencia, al-Ghazali «no acepta la autoridad de la Biblia», incluso cuando el Corán la considera un texto autorizado por encima de sí mismo (sura 10:94); él simplemente «la utiliza por conveniencia»[26]

9.4. Diferencias teológicas: La creación de la humanidad

La Biblia y el Corán también difieren en la creación del hombre, sobre lo cual, la Sura 15:26 dice: «Hemos creado al hombre de arcilla, de barro maleable».[27] Se identifica al hombre como virrey de Alá (Sura 2:30), pero ser un verdadero siervo de Alá es ser un esclavo de Alá.[28] En cuanto al origen del hombre, Chawkat Moucarry escribe que «la creación del ser humano a imagen de Dios no es un concepto que aparezca en el Corán».[29] Sin embargo, se encuentra en la Torá, donde Génesis 1:27 dice: «Dios creó al hombre a imagen Suya, a imagen de Dios lo creó; varón y hembra los creó».

---

[25] Ibid.

[26] Ibid, 210-211.

[27] Nasr, et al., eds., *The Study Quran: A New Translation and Commentary*, 646.

[28] Al-islam, «Question 5: Being Allah 's servant», Al-islam. Consultado el 4 de marzo de 2016, http://www.al-islam.org/faith-and-reason-ayatullah-mahdi-hadavi-tehrani/question-5-being-Allah -s-servant/.

[29] Chawkat Moucarry, *The Prophet & the Messiah* (Downers Grove, IL.: InterVarsity, 2001), 86.

La creación del hombre a imagen de Dios se encuentra enraizada en «el propósito y la norma de la creación humana»,[30] que se refiere a la conformación a la imagen de Cristo, y que abarca todos los atributos humanos.[31] Al llevar la imagen de Dios, el hombre puede considerarse la corona de toda la creación, ya que «los seres humanos están relacionados con Dios de una manera profundamente significativa».[32] Por eso el Dios de la Biblia es conocible, porque la creación refleja todo lo posible las marcas del Creador, tanto más la humanidad, sin dejar de mantener la distinción entre el Creador y la creación. La creación del hombre a la *imago Dei* es también la realidad por la que el asesinato, por ejemplo, está mal. No es solo por los efectos devastadores de la muerte y su fuerza opuesta a la vida creada, es el atentado a la imagen de Dios, y así el hombre «creado a imagen de Dios, ha de cargar con la responsabilidad de castigar a quien ha violentado a *Adam*».[33] La creación del hombre a imagen de Dios implica, pues, relación y reflejo, donde los atributos propios deben reflejar la relación entre el hombre y Dios. Sin embargo, la imagen de Dios en el hombre se ha eclipsado debido al pecado. Siempre se pretendió, como escribe el biblista John Kilner, que «la humanidad se ajustara a la imagen divina, a Cristo [...] [De ahí que] Dios proporcionara un camino a través de Cristo por el que la semejanza pretendida pudiera convertirse en semejanza real [...] arraigada en el propósito de Dios, mostrada supremamente en Cristo».[34] Así pues,

---

[30] John F. Kilner, *Dignity and Destiny: Humanity in the image of God* (Grand Rapids, MI.: William B. Eerdmans Publishing Company, 2015), 93.
[31] Ibid, 115.
[32] Ibid, 116.
[33] Ibid.
[34] Ibid, 131-132.

el valor del hombre, el valor de la dignidad humana, viene determinado por aquel cuya imagen él porta.

Pero esta no es la postura del Corán; de hecho, encontramos una contradicción en el pensamiento islámico, donde un hadiz (recopilación de tradiciones) afirma que Mahoma declaró que «Dios creó a Adán a su imagen y semejanza»,[35] pero como escribe el erudito Rick Richter, «el islam lucha al interpretar la declaración de Mahoma sobre la "imagen de Dios", ya que el Corán no permite que se haga ninguna imagen de Alá».[36] La idea de intimidad entre el hombre y Dios, la idea de semejanza y el concepto de ser creado a imagen de Dios son blasfemos e impensables en el islam.[37]

9.5. Diferencias teológicas: Falta de continuidad redentora

Otra diferencia teológica que llevó a los polemistas musulmanes a sugerir la alteración o fabricación textual es la falta de continuidad redentora entre el Corán y las escrituras anteriores de judíos y cristianos. Al afirmar que la Torá y el Evangelio eran escrituras anteriores de Alá, los primeros siglos del islam necesitaron apoyarse en los textos bíblicos «para el trasfondo de la historia salvífica que el Corán pretendía heredar», aunque no conocieran todo lo que en ellos estaba escrito.[38]

Por ejemplo, el islam presenta una vía de salvación diferente, relacionada con las obras y las buenas acciones, en la que la salvación es una recompensa obtenida por el hombre

---

[35] Citado en Moucarry, *The Prophet & the Messiah*, 86.

[36] Rick Richter, *Comparing the Qur'an and the Bible: What they really say about Jesus, Jihad and more* (Grand Rapids, MI.: Baker Books, 2011), 89.

[37] Ibid.

[38] Walid A. Saleh, «A fifteenth-century Muslim Hebraist: al-Biqai and his defence of using the bible to interpret the Qur'an», Speculum Vol. 83, no. 3 (julio de 2008), 632-633.

en contraposición a un don de la gracia de Dios a través de la fe. Esto contradice gravemente la narrativa redentora de la Biblia y pone en tela de juicio la pretensión de correspondencia y continuidad del Corán.[39] El Corán presenta a Alá como alguien que manipula la balanza de la justicia, que no exige ningún pago por la violación del pecado; simplemente se descarta para los que creen en Alá.[40] Es arbitrario en su perdón al hombre, mientras que el Dios bíblico sí exige el pago por el pecado porque está arraigado en su naturaleza absolutamente justa. El teólogo James White escribe que «el perdón de Dios se encuentra en el cumplimiento de su deseo de expresar su amor, misericordia y gracia, al tiempo que proporciona una impresionante muestra de su justicia, rectitud y santidad esenciales».[41] La descripción que hace el Corán de la salvación y el perdón es ajena a la narrativa redentora y al sistema de justicia de las Escrituras cristianas.[42]

9.6. Diferencias históricas

Además de las diferencias teológicas, también existen grandes contradicciones históricas entre los textos bíblicos y el Corán. Según la tradición islámica, el patriarca bíblico Abraham, a quien los musulmanes consideran su predecesor espiritual, recibió instrucciones de Dios de construir una casa sagrada (Sura 2:127) según las dimensiones de una nube enviada desde el cielo. Se le ordenó que la construyera «del tamaño

---

[39] Richter, *Comparing the Qur'an and the Bible*, 131.

[40] James R. White, *What every Christian needs to know about the Qur'an* (Bloomington, MN.: Bethany House, 2013), 158.

[41] Ibid.

[42] D.L. Baker, *Two Testaments, One Bible: The Theological Relationship Between the Old and New Testaments*, tercera edición (Downers Grove, IL.: InterVarsity Press, 2010), 230-232.

de la Kaaba y le dijo que cavara cimientos que no excedieran
el tamaño de la nube».[43] Sin embargo, no encontramos ninguna mención de esto en la Torá, ni en ninguna otra parte
de los textos bíblicos. En cambio, el Corán presenta un viaje
geográfico de Abraham distinto del que se narra en el libro
del Génesis.[44]

En el caso de Lot, la tradición islámica afirma que «Dios
habló a Abraham, diciendo: "Envía a Lot como apóstol a
la gente de Sodoma"».[45] Pero también encontramos que
esto está en desacuerdo con la Torá, donde la separación
entre Abraham y Lot se dio a causa de disputas por la propiedad (Gn 13). Es evidente que el Corán evita presentar
nada que pueda interpretarse como negativo de los persona-
jes bíblicos, sustituyendo estos casos por noble obediencia y
comportamiento ejemplar. De ahí que los relatos del Corán
y la exégesis posterior a menudo ofrezcan una imagen exa-
gerada de los acontecimientos bíblicos, como el de Moisés
ante Faraón. Los musulmanes creen que la vara de Moisés
tembló y se convirtió en «una serpiente retorcida del tamaño
de un camello, que comenzó a aplastar los bloques de piedra
del palacio del Faraón».[46] Las señales y acontecimientos del
éxodo (como en Éxodo 7) se sacan de sus contextos apropia-
dos y se alteran para favorecer la teología Coránica y la prosa
poética.

Otra diferencia entre la narración bíblica y las versiones
del Corán se refiere al nacimiento de Jesús. Tanto cristianos

---

[43] Muhammad ibn Abd Allah al-Kisai, *Tales of the Prophets (qisas al-anbiya)*,
ed. Seyyed Hossein Nasr, trad. Wheeler M. Thackston Jr. (EE.UU.: Great
Books of the islamic World Inc., 1997), 154.

[44] Richter, *Comparing the Qur'an and the Bible*, 22-24.

[45] Abd Allah al-Kisai, *Tales of the Prophets (qisas al-anbiya)*, 155.

[46] Ibid, 227-228.

como musulmanes están de acuerdo en que Jesús nació de una virgen. Sin embargo, así como el nacimiento se narra en los Evangelios canónicos del primer siglo, el Corán lo toma del apócrifo *Protevangelio de Santiago*,[47] escrito en el siglo II o posteriormente. Al-Imam Ibn Kathir (810-870 d. c.) relata que cuando María fue interrogada sobre su posible adulterio, señaló al recién nacido Isa (el nombre musulmán de Jesús), y leemos:

> «¿Cómo podemos hablar con un recién nacido?» Para su asombro, el niño empezó a hablar con claridad: "Soy el siervo de Alá. Alá me ha dado el Libro, me ha hecho profeta, me ha bendecido dondequiera que esté y me ha ordenado rezar y dar limosna mientras viva. Alá me ha hecho obediente con la que me ha dado a luz. No me ha hecho arrogante ni desdichado...»[48]

No leemos nada parecido en la narración bíblica y, de hecho, la afirmación del bebé Isa de ser «el siervo de Alá» y «un profeta» se posiciona polémicamente contra los cristianos que interpretan la Biblia en el sentido de que Cristo es igual a Dios (Jn 10:31-33), su Hijo encarnado (Lc 2:15-20; Is 7:14; Mt 1:24-25), y mayor que cualquier mensajero o profeta (Jn 8:58). Para distanciar aún más la interpretación islámica del nacimiento de Jesús de la narración bíblica, el erudito Robert C. Gregg escribe que «los comentaristas musulmanes posteriores y varios pintores elaboraron y añadieron más dramatismo a la historia haciendo que el protector de María,

---

[47] Robert C. Gregg, *Shared Stories, Rival Tellings: Early encounters of Jews, Christians, and Muslims* (Nueva York, NY.: Oxford University Press, 2015), 593.

[48] Al-Imam Ibn Kathir, *Stories of the Prophets*, trad. M.I.H. Qureshi D.F. (Nueva Dheli, India: Millat Book Centre, s.f.), 291.

Zacarías el sacerdote del Templo (y padre de Yahyah, Juan el Bautista) se convirtiera en el presunto padre de su hijo».[49]

Al comparar los textos Coránicos con los Evangelios, se informa muy poco sobre las enseñanzas de Cristo. Lo que se nos dice es que Dios le enseñó las escrituras, la sabiduría, la Torá y el Libro que recibió.[50] «El Libro» que Cristo recibió en el texto Coránico es el *Injil* (Evangelio), singular; pero se dice que los cuatro evangelios canónicos escritos por Mateo, Marcos, Lucas y Juan comunican colectivamente la totalidad de este Evangelio, ofreciendo «guía y luz, como corroboración de lo que ya había en la Torá (*al-tawrah*) Así también, como guía y exhortación para los piadosos» (Sura 5:46, 110).[51] Hay sin embargo musulmanes, como al-Yabbar, que creían que los fieles seguidores de Jesús huyeron con el verdadero *Injil*, dejando a los infieles escribir un evangelio calcado de la Torá.[52] Pero esto nos llega siglos después de la redacción del Nuevo Testamento, no hay documentos de valor histórico anteriores al islam que sugieran siquiera que esto tuvo lugar.

Otra diferencia en las versiones es la crucifixión de Cristo, en la que el Corán es el único texto que afirma que Jesús no fue crucificado, sino que alguien que se hizo pasar por Jesús (algunos han sugerido Judas Iscariote)[53] fue crucificado en

---

[49] Gregg, *Shared Stories*, Rival Tellings, 592.

[50] Oddbjørn Leirvik, *Images of Jesus Christ in islam*, Second Edition (Nueva York, NY.: Continuum International Publishing Group, 2010), 21.

[51] Ibid.

[52] Gabriel Said Reynolds, «On the qur'anic accusation of scriptural falsification (tahrifh) and Christian anti-Jewish polemic», *Journal of the American Oriental Society* Vol. 130, no. 2 (2010), 191.

[53] Richter, *Comparing the Qur'an and the Bible*, 67.

su lugar (Sura 5:157)[54]. En esta nueva versión, el Corán se aísla no solo de los textos bíblicos, sino de todas las demás fuentes extrabíblicas que afirman la crucifixión histórica y la resurrección de Cristo. La única forma en que los musulmanes podrían explicar la contradicción de todos estos registros históricos se ejemplifica en el texto *Tafsir* de al-Razi (1149-1209 d. C.), en el cual argumenta que «el hecho de que Dios cambie la apariencia de alguien socavaría la posibilidad de proporcionar informes [de testigos oculares] (porque se basan en parte en una percepción sensorial precisa)», lo que implica esencialmente que no se puede confiar[55] en las percepciones sensoriales del hombre, incluso con múltiples testigos oculares.

Ibn Jaldún considera que la Torá y el Evangelio estaban intactos y sin corromper en la época en que se redactó el Corán, y llega a afirmar que «la costumbre impide a las gentes de las religiones alterar sus escrituras».[56] Pero cuando se trata de la crucifixión, Jaldún mantiene la versión Coránica que contradice abiertamente los evangelios canónicos, optando por el sustituto que apareció como Jesús en la cruz. Esto coloca a Jaldún en una posición difícil, como escribe el erudito Martin Whittingham: «¿Cuál es la guía más fiable: la afirmación teórica relativa a que los pueblos de las religiones

---

[54] Tarakci y Sayar, «The qur'anic view of the corruption of the Torah and the Gospels", 238.

[55] Martin Whittingham, «How could so many Christians be wrong? The role of Tawatur (recurrent transmission of reports) in understanding Muslim views of the crucifixion», *islam and Christian-Muslim Relations*, Vol. 19, no. 2 (abril del 2008), 174.

[56] Martin Whittingham, «The value of tahrif ma'nawi (corrupt interpretation) as a category for analysing Muslim views of the Bible: evidence from al-Radd al-Jamil and ibn Khaldun".

no alteran sus escrituras, o su negación de la crucifixión de
Jesús?».[57] Hay una clara contradicción, o las escrituras anteriores tienen realidad, o no la tienen. Pero Jaldún no estaba
dispuesto a ser coherente con sus presupuestos, sino que
decidió arbitrariamente lo que ocurrió y lo que no ocurrió
en el *Injil* por pura conveniencia.

Parece evidente, como escribe el erudito Sidney Griffith,
que los musulmanes de los primeros siglos del islam que
citaban la Biblia en sus comentarios y escritos «cambiaban
las palabras de los pasajes que podían herir la sensibilidad
musulmana», lo que revela la tendencia de los eruditos musulmanes a «islamizar sus versiones citadas de relatos bíblicos
anteriores».[58] Sin embargo, los eruditos islámicos que han
defendido la corrupción textual de la Torá y el Evangelio, basándose en una narración diferente, admiten de buen grado
que se trata de «un argumento secundario a lo sumo», dada
la ausencia de pruebas textuales.[59]

9.7. El argumento contra el *tahrif*

Si la Torá y el Evangelio estuvieran corruptos, como insisten
los polemistas musulmanes, esperaríamos encontrar suficientes variantes textuales para determinar que fueron utilizados
antes o después del siglo VII por las comunidades judía y
cristianas, sobre todo en lo que respecta a la afirmación de
que todas las referencias a la venida de Mahoma fueron elimi-

---

[57] Ibid, 219.

[58] Sidney H. Griffith, *The Bible in Arabic: The scriptures of the 'people of the book'
in the language of islam* (Princeton, NJ.: Princeton University Press, 2013),
179.

[59] Tarakci y Sayar, «The qur'anic view of the corruption of the Torah and
the Gospels", 236-237.

nadas o alteradas.[60] Sin embargo, no se encuentra ninguna prueba textual que otorgue credibilidad a esta acusación.

De hecho, existen numerosos manuscritos bíblicos anteriores al siglo VII, como el Codex Sinaiticus del siglo IV, un manuscrito griego que incluía la mitad de la Biblia hebrea y todo el Nuevo Testamento.[61] Hasta hoy sigue siendo uno de los manuscritos más famosos descubiertos por el crítico textual Constantin Tischendorf.[62] También existían el Codex Vaticanus del siglo IV, el Codex Alexandrinus del siglo V y el Codex Ephraemi Rescriptus. Estos cuatro manuscritos griegos preislámicos se clasifican como «los cuatro grandes unciales», según el erudito Gordon Nickel. [63] También están las traducciones siríacas de la Biblia hebrea, que se cree que se tradujeron por primera vez en el «siglo I o II d. C.», con copias manuscritas que datan de los siglos V a VII.[64]

Existen otros numerosos manuscritos, como los traducidos a los cuatro dialectos diferentes del copto, los Rollos del Mar Muerto, entre otros; pero al examinar la totalidad de las Escrituras judía y cristianas preislámicas, y las posteriores, ni una sola de ellas demuestra alteración textual como afirman los polemistas musulmanes.[65] Esto se ve respaldado por la ausencia de «artículos académicos o monografías», ya que Nickel afirma que «no existe ningún estudio musulmán de

---

[60] Nickel, *The Gentle Answer to the Muslim accusation of Biblical Falsification*, 90.

[61] Ibid., 97-98.

[62] Donald L. Blake, *A Visual History of the English Bible: The Tumultuous Tale of the World's Bestselling Book* (Grand Rapids, MI.: Baker Books, 2008), 245.

[63] Nickel, *The Gentle Answer to the Muslim accusation of Biblical Falsification*, 99.

[64] Ibid.

[65] Ibid., 99-103.

Figura 6: El texto de Mateo 6:4-32, del *Codex Sinaiticus*, siglo cuarto AD.

la Torá que argumente a partir de pruebas manuscritas la acusación musulmana».[66] De hecho, hay más pruebas que sugieren que partes del texto Coránico supuestamente revelado a Mahoma «no llegaron al texto del Corán tal y como lo

---

[66] Ibid., 104.

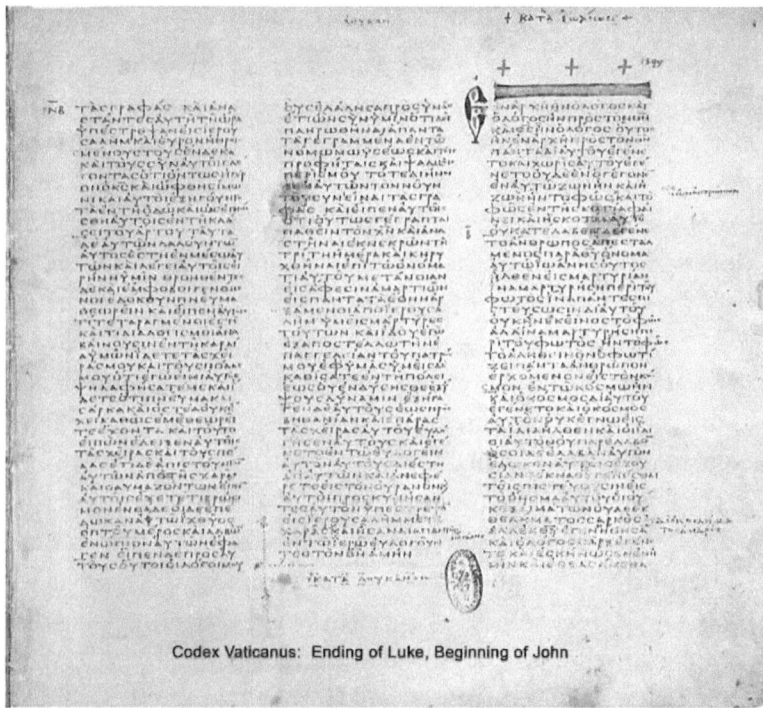

Codex Vaticanus: Ending of Luke, Beginning of John

Figura 7: Texo del final del Evangelio de Lucas y comienzo de Evangelio de Juan, del Codex Vaticanus, siglo cuarto AD, escrito en elegantes letras unciales.

conocemos ahora» que razones para cuestionar la fiabilidad de la Torá y los Evangelios.[67]

Considera también que a pesar de que la mayoría de los musulmanes sostienen la creencia de *tahrif*, el material fuente del pensamiento y la doctrina islámicos, el Corán, ni siquiera hace la acusación de *tahrif*, no en el sentido textual al me-

[67] Keith E. Small, «A Qur'anic window onto New Testament textual history», *islam and Christianity - Journal of the Institute of islamic Studies* Vol. 1 (2011), 34.

nos.[68] En cambio, el Corán hace afirmaciones que situarían a la Torá y al Evangelio como una autoridad por encima de sí mismo, haciendo una «afirmación de correspondencia» con las escrituras anteriores por la que el lector puede validar la veracidad y validez del Corán como revelación de Dios. Como escribe Nickel, «las referencias explícitas a escrituras anteriores parecen ser uniformemente positivas y respetuosas».[69] Esto nos lleva a preguntarnos por qué se hizo tal acusación para empezar.

Cuando los judíos y cristianos conquistados respondieron a sus vecinos musulmanes que ni en el Antiguo ni en el Nuevo Testamento se menciona a Mahoma, la ansiedad se apoderó de la comunidad islámica al pensar que su libro sagrado podía estar equivocado. Así lo admite el erudito musulmán al-Maqdisi, quien reveló su motivación para acusar a los judíos de «alterar el texto de la Torá».[70] De hecho, la erudita Camilla Adang afirma que «al-Maqdisi añade que la Torá no contiene muchas alusiones a Mahoma y su nación, siendo la realidad el estado corrupto de su texto. Sin embargo, procede a aducir dos citas precisas, a saber, Gn 17:20 y Dt 33:2».[71] Su selección de textos bíblicos es arbitraria, dado que no hay pruebas para que acuse a la Torá de alteración textual, pero cita pasajes que pueden sacarse convenientemente de sus contextos e insertarse en su teología islámica. al-Maqdisi,

---

[68] Nickel, *The Gentle Answer to the Muslim accusation of Biblical Falsification*, 19.

[69] Nickel, *Narratives of Tampering in the Earliest Commentaries on the Qur'an*, 39.

[70] Citado en Jacques Waardenburg, ed. *Muslim Perceptions of other Religions: A Historical Survey* (Oxford, UK.: Oxford University Press, 1999), 150.

[71] Ibid.

como muchos otros, demuestra ser arbitrario en sus juicios, no siendo coherente con sus presupuestos.

El Corán contiene inherentemente «una gran cantidad de material bíblico repetido» sin su material fuente.[72] Innegablemente, fue el descubrimiento de contradicciones entre la Biblia y el Corán lo que provocó que los musulmanes acusaran a judíos y cristianos de falsificación de las Escrituras.[73]

9.8. Primeros relatos

También hay registros de relatos que abarcan más de mil años después de los comentarios iniciales de al-Tabari que describen las escrituras de la Gente del Libro como «intactas» durante el «gobierno del mensajero del islam en Medina».[74] Encontramos, por ejemplo, en dos tradiciones basadas en la Sura 2:75 que al-Tabari nunca acusa a los judíos de alterar la Torah, como escribe él: «La Torah que Él les envió, ellos la alteraron: hicieron ilícito lo que era lícito en ella, y lícito lo que era ilícito en ella, y falso lo que había de verdad en ella, y verdadero lo que había de falso en ella».[75] No se refiere aquí a la alteración textual, sino a la alteración en su interpretación.

En el hadiz Sahih al-Bujari encontramos igualmente otra tradición concerniente a *tahrif*, en la que acusa a los judíos de cambiar la revelación que recibieron «con sus propias manos [...] y han dicho (en cuanto a sus Escrituras cambiadas):

---

[72] Hava Lazarus-Yafeh, «*Tawrat*», The Encyclopaedia of islam, vol. 10, nueva edición, ed. P.J. Bearman, et al. (Leiden: Brill, 2000).

[73] Ibid.

[74] Nickel, The Gentle Answer to the Muslim accusation of Biblical Falsification, 49.

[75] Abu Ja'far Muhammad B. Jarir al-Tabari, The commentary on the Qur'an, Vol. 1 ed. (Oxford, UK.: Oxford University Press, 1987), 402-403.

Esto es de Alá...». (Vol. 3, Libro 48:850).[76] Sin embargo, este
hadiz no sugiere una alteración textual, sino la composición
de otro texto además de la Torá, que probablemente sea
el Talmud de los judíos. En la Sura 5:43, por ejemplo, se
interroga explícitamente a los judíos cuando piden consejo
a Mahoma: «¿Y cómo van a delegar el juicio en ti, si teniendo
la Torá en la que se encuentra el juicio de Allah no lo apli-
can?».[77] Allí donde los polemistas musulmanes acusan a los
judíos y cristianos de *tahrif* en el sentido textual, el Corán les
contradice al afirmar la integridad de la Torá y el Evangelio
(Sura 5:47).[78]

El comentarista medieval al-Razi sí plantea la posibilidad
de que *tahrif* implique la corrupción del significado y del
texto, pero afirma que «esta interpretación, es decir, la alteración de las palabras, es imposible si el discurso de Dios se
ha manifestado a un gran número de personas».[79] Lo que
Razi quiere decir es que solo antes de la amplia distribución
y traducción de la Torá y el Evangelio pueden alterarse los
textos, pues de lo contrario sería fácil señalar la fabricación
o alteración dentro de un gran suministro de escrituras au-
ténticas copiadas. Sin embargo, el Corán, en el momento
de su composición, consideraba los textos de los judíos y los
cristianos como auténticamente intactos. De hecho, en esta
época del siglo VII, la Biblia ya se había difundido amplia-

---

[76] Center for Muslim-Jewish engagement, «Sahih al-Bukhari Volume 3, Book 48», Center for Muslim-Jewish engagement, consultado el 5 de marzo del 2016, http://www.usc.edu/org/cmje/religious-
texts/hadith/bukhari/048-sbt.php/.

[77] Nasr, et al., eds., *The Study Quran: A New Translation and Commentary*, 298.

[78] Saeed, «The charge of distortion of Jewish and Christian scriptures",
422.

[79] Ibid, 422.

mente en múltiples lenguas, lo que según Razi significa que la alteración textual de los textos bíblicos era imposible en esta etapa.[80]

Un exégeta del Corán del siglo XV, al-Biqai, fue más lejos que la mayoría de los musulmanes al parecer adherirse a la referencia del Corán a los textos bíblicos como autoridad sobre sí mismo, en que utilizó «la Biblia como texto de prueba para interpretar el Corán», lo que a su vez incitó una «gran controversia» en El Cairo.[81] Sin embargo, su obra mostraba evidentes presupuestos islámicos, lo que suponía graves errores de interpretación de los textos bíblicos, a pesar de optar por las narraciones bíblicas en lugar de los relatos Coránicos.[82] Debido a las evidentes contradicciones entre el Corán y la Biblia, estaba dispuesto a acusar a los judíos y cristianos de corromper una pequeña porción tanto de la Torá como del Evangelio, sin embargo, sus razones para aceptar algunas porciones de las escrituras anteriores y no la totalidad son totalmente arbitrarias e incoherentes.[83]

Consideremos que Ibn Jaldún tomó prestados los textos bíblicos en su «famosa teoría de las cuatro generaciones, relativa a los ciclos vitales de las dinastías», que consta de cuatro fases: (1) fundación, (2) consolidación, (3) imitación y (4) destrucción.[84] La validez de su teoría es otra cuestión totalmente distinta, pero en su contexto cita Éxodo 20:5, de-

---

[80] Ibid.

[81] Walid A. Saleh, «A fifteenth-century Muslim Hebraist: al-Biqai and his defence of using the bible to interpret the Qur'an»,.

[82] Ibid., 633.

[83] Ibid., 649.

[84] Whittingham, «The value of *tahrif* ma'nawi (corrupt interpretation) as a category for analysing Muslim views of the Bible", 216.

mostrando una confianza en la fiabilidad del texto bíblico.[85]
Además, en un comentario Coránico sobre la Sura 3:3, se cita
un hadiz en apoyo de la interpretación errónea de las escrituras anteriores (no alteración textual o fabricación), ya que
afirma «¿No veis a estos judíos y cristianos? Leen la Torá y el
Evangelio y no actúan de acuerdo con ellos».[86] Los eruditos
islámicos son conscientes de que las narraciones anteriores
relativas a *tahrif* se entienden en el sentido de «distorsión
del significado», y no originalmente de alteración textual,
como atestiguan los lingüistas árabes.[87] Pero sabiendo esto,
los comentaristas musulmanes ampliaron posteriormente
el significado para incluir la «corrupción del texto».[88] Algunos de estos comentaristas contemporáneos son Rashid
Rida, que cree en la corrupción tanto del texto como del
significado, y Suleyman Ates, que cree que el significado del
texto se corrompió antes de la posterior corrupción del texto
(a pesar de que no hay pruebas textuales).[89] Sin embargo,
Tabari afirma en su escrito, citando a Ibn Zayd, que *tahrif* es
más probablemente la corrupción del significado, enfrentan-
do esencialmente el consenso islámico anterior contra los
polemistas islámicos modernos.[90] ¿Quién tiene la realidad?

Esencialmente, debemos preguntarnos: Si la Torá y el Evangelio estaban textualmente corruptos durante el surgimiento
del islam primitivo, como algunos han postulado, ¿cómo

---

[85] Ibid.

[86] Nasr, et al., eds., *The Study Quran: A new translation and commentary*, 129.

[87] Tarakci y Sayar, «The qur'anic view of the corruption of the Torah and
the Gospels", 230.

[88] Ibid.

[89] Ibid., 231.

[90] Saeed, «The charge of distortion of Jewish and Christian scriptures",
423.

podrían entonces los judíos y cristianos haber esperado entender el Corán? Tenía que estar intacto y conservado para
que el Corán les atrajera, de lo contrario, ¿por qué Alá les
dirigiría a un texto falso? Sería autodestructivo.[91] Pero, como
explicaré, el Corán también se enfrenta a un dilema con la
autenticidad de los textos de la Torá y el Evangelio.

9.9. Exégesis coránica

Según las primeras tradiciones de exégesis Coránica, el «Corán solo habla de las escrituras anteriores de la forma más
positiva y respetuosa».[92] Lo encontramos, por ejemplo, en la
Sura 6:92:

> Y éste [el Corán] es un Libro bendito que revelamos en confir-
> mación de los Libros anteriores, y para que adviertas a la Madre
> de las Ciudades [La Meca] y a quienes viven en todos sus alrede-
> dores [el resto de la humanidad]. Quienes creen en la otra vida
> creen en él y no descuidan la oración prescrita.[93]

Fue el erudito musulmán Mahmoud Ayoub quien afirmó
que «contrario a la opinión islámica general, el Corán no
acusa a judíos y cristianos de alterar el texto de sus escrituras,
sino de alterar la verdad que esas escrituras contienen».[94]
Esto es lo que encontramos con Muqatil, que al exegir la sura
2:59, entiende que no se refiere a la alteración o fabricación

---

[91] Nickel, *The Gentle Answer to the Muslim accusation of Biblical Falsification*,
50.
[92] Ibid, 19.
[93] Nasr, et al., eds., *The Study Quran: A New Translation and Commentary*, 374.
[94] Cited in Nickel, *The Gentle Answer to the Muslim accusation of Biblical
Falsification*, 33.

textual, sino a la «sustitución verbal de una expresión por otra, y la sustitución de una postura por otra».[95]

al-Tabari, en su exégesis de la sura 2:75, comenta que la acusación Coránica no es de alteración textual, sino de proclamar e informar lo que es contrario a la verdadera interpretación de la Torá y el Evangelio.[96] Así lo afirma Adang, quien escribe que el Corán «más de una vez acusa a los judíos de haber tergiversado deliberadamente la palabra de Dios revelada en la Torá (suras 2:75-79; 4:46; 5:13; 5:41)».[97] El erudito Jacques Jomier escribe: «¿Por qué iba el Corán a culpar a algunos judíos [y cristianos] de no estar a la altura de las enseñanzas de un texto que leían si ese texto no se consideraba correcto?».[98]

Esto lo apoyan además varios eruditos islámicos que escriben que «el [Corán] acusa a los judíos de hacer un mal uso de sus Libros Sagrados [...] aparentemente supone que ellos tienen un texto correcto de la Escritura».[99] Gabriel S. Reynolds, por ejemplo, afirma que el Corán se ocupa principalmente del «mal uso de las escrituras», pero no menciona que los textos bíblicos hayan sido reescritos o se hayan destruido o perdido.[100]

---

[95] Nickel, *Narratives of tampering in the earliest commentaries on the Qur'an*, 87.

[96] Ibid, 123.

[97] Adang, *Muslim writers on Judaism and the Hebrew bible: from ibn Rabban to ibn Hazm*, 223.

[98] Jomier, *The bible and the Koran*, 34.

[99] Ibid, 31.

[100] Gabriel Said Reynolds, «On the qur'anic accusation of scriptural falsification (*tahrif*) and Christian anti-Jewish polemic", 193.

9.10. Coherencia con las presuposiciones coránicas

A continuación, el Corán hace una afirmación que se sitúa en un dilema ineludible, como leemos en la sura 6:34: «Las promesas de Allah son inalterables; y por cierto que te hemos relatado las historias de los Mensajeros [como consuelo]».[101] Encontramos las mismas ocurrencias en las suras 6:115, 18:27 y 10:64, dejando claro que «nadie puede alterar las palabras de Allah». En otras palabras, la revelación de la Torá, los Salmos y el Evangelio, tal como atestigua el Corán, no pueden ser manipulados ni alterados.[102] Según la exégesis islámica, el Corán da a entender que Dios proporciona «protección divina [...] tanto a Su Palabra como al profeta que la entrega».[103]

Esto se refleja en la sura 10:94, que dice: «Si tenéis dudas sobre lo que me ha sido revelado, preguntadles a quienes podían leer la revelación que me precedió [la Torá y el Evangelio entre los judíos y cristianos que me siguieron]».[104] Al afirmar que esta sura era para Mahoma, sus seguidores y los no musulmanes, el Comentario de *Estudio el Corán* dice que «Quienes recitan el Libro ante ti son los judíos y los cristianos, que recitan la Torá y el Evangelio, respectivamente; donde se dice que la Gente del Libro reconoce la verdad del Corán».[105] En este pasaje del Corán y en su comentario exegético se pone de manifiesto que tanto la Torá como el Evangelio estaban «fácilmente disponibles [para] responder

---

[101]Nasr, et al., eds., *The Study Quran: A New Translation and Commentary*, 350.

[102]Nickel, *The Gentle Answer to the Muslim accusation of Biblical Falsification*, 28.

[103]Nasr, et al., eds., *The Study Quran: A New Translation and Commentary*, 351.

[104]Ibid, 562.

[105]Ibid.

a las preguntas» y no estaban alterados en forma alguna, con el fin de que se pudiera validar la veracidad del Corán.[106] Los textos bíblicos se elevan entonces como una autoridad por encima del Corán, de modo que debemos juzgar por las Escrituras cristianas si el Corán es la revelación de Dios o no.

Es en ese momento, cuando se escribió el Corán, no parecía haber ninguna realidad en la mente musulmana para creer que existía una contradicción potencial entre la Biblia y el Corán; se presumía que eran congruentes.[107] Sin embargo, cuando se descubrieron las contradicciones, los musulmanes se sintieron obligados a sugerir que los textos estaban corrompidos para salvar las apariencias y proteger el Corán, pues de lo contrario se enfrentaban (y aún se enfrentan) al hecho de que su texto religioso no se corresponde con las escrituras anteriores. No se habían molestado en leer la Torá y el Evangelio para validarlos porque asumían «la corrección del estado actual de esos Libros».[108] Presuponían la fidelidad textual de la Torá y del Evangelio. Pero si la Torá y el Evangelio estuvieran corrompidos, como se afirma ahora, se violaría entonces la sura 6:34, según la cual nadie puede cambiar la palabra de Alá, y de ahí el dilema ineludible. Por eso, la afirmación de la congruencia entre el Corán y las escrituras anteriores «solo podía defenderse suponiendo una Torá y un Evangelio ideales diferentes de los textos que estaban realmente en manos de judíos y cristianos».[109] Pero entonces, ¿dónde están esos textos? No se encuentran en ninguna parte, y sugerir que se han perdido solo sugiere que Alá no

---

[106]Nickel, *Narratives of tampering in the earliest commentaries on the Qur'an*, 49-50.
[107]Jomier, *The Bible and the Koran*, 27.
[108]Ibid, 29.
[109]Ibid, 34.

era lo bastante poderoso para proteger su revelación, ¿qué esperanza hay entonces para el Corán?

Como escribe Nickel, «el descubrimiento de que los contenidos de la Torá y el Evangelio no estaban "confirmados" por el Corán, como este pretende, llevó al deseo de acusar las escrituras anteriores de corrupción».[110] Por lo tanto, era esencial que se encontraran referencias a la venida de Mahoma en las escrituras anteriores, ya que servían como autoridad para validar su condición de profeta, y como encontramos en los textos bíblicos, no se hace tal mención de él. Por eso surgió la acusación de *tahrif*, una reacción instintiva para proteger su religión falsificada del islam.[111]

9.11. Conclusiones

No hay realidad para aceptar la acusación islámica de *tahrif* en el sentido textual, dadas las primeras narraciones de manipulación, la exégesis Coránica y las implicaciones de la teología islámica. El *tahrif* al que siempre hacía referencia el Corán era en el sentido de interpretación, porque asumía correctamente que la Torá y el Evangelio eran textos genuinos. Sin embargo, al apelar a los textos bíblicos, se hizo evidente que el Corán se descalificaba a sí mismo como revelación inspirada por Dios, dado que no había correspondencia con escrituras anteriores. En cambio, las diferencias teológicas e históricas cortaron cualquier posible conexión entre ambos textos y, de forma concluyente, la consistencia con el Corán sitúa a la Biblia como una autoridad por encima de sí mismo. Se trata de una derrota crítica para la religión del islam, que

---

[110]Nickel, «Tales of texts intact - pleasant readings while probing the islamic accusation of falsification", 20.

[111]Ibid, 21.

basa su religión en el Corán. De ahí que la acusación de *tahrif* se desarrollara posteriormente para sugerir corrupción textual, un esfuerzo desesperado por proteger la supuesta integridad del Corán. Pero al hacerlo, el musulmán adopta graves incoherencias y contradicciones en su propia teología y visión general del mundo.

CAPÍTULO 10

CASO APOLOGÉTICO II
LA ERUDICIÓN LIBERAL Y LA AUTORIDAD DE ISAÍAS

«Se seca la hierba, se marchita la flor,
Pero la palabra de nuestro Dios
permanece para siempre»

(Isaías 40:8).

10.1. El ataque no tan secular a la integridad textual de la Biblia

DIVORCIARSE DE LAS PRESUPOSICIONES PROPIAS es como si alguien divorciara su espíritu de su persona, no se puede hacer. El hombre y sus presuposiciones son inseparables hasta tal punto que él tendría que dejar de existir para suprimirlas, ya que mientras el hombre sea consciente y capaz de pensar, siempre tendrá presuposiciones: es simplemente una cuestión de vida, una realidad innegable e ineludible. Teniendo esto en cuenta, la mayoría de los estudios críticos textuales modernos de la Biblia se han enmarcado supuestamente en un enfoque religiosamente «neutral», pero tal neutralidad no existe. De hecho, lo que se ha convertido en la norma en el campo de la crítica bíblica moderna es la adopción de presuposiciones apóstatas y liberales que socavan la fiabilidad y fidelidad textual de la Palabra de Dios. Uno de esos ejemplos, y de hecho hay varios entre los que elegir, es el ataque liberal y racionalista contra la autoría única y la unidad literaria del libro profético de Isaías, el profeta del Antiguo Testamento.

Según el consenso de los eruditos liberales, la segunda sección de Isaías (40-66), a menudo designada como Deutero-Isaías, se atribuye a un autor del periodo exílico o postexílico, a diferencia de Isaías ben Amoz, a quien se menciona como autor en el versículo inicial del libro profético (1:1). La hipótesis del Deutero-Isaías se había propuesto en gran medida basándose en referencias históricas, supuestas diferencias teológicas y expresiones temáticas diferenciadas. Sin embargo, la mayor parte de la erudición conservadora, es decir, la que más o menos ha defendido la autoridad bíblica, ha demostrado que la segunda sección de Isaías se ha dividido erróneamente de su texto unificado, y debe atribuirse a Isaías ben Amoz, basándose en vocabulario y temas similares, referencias geográficas y citas bíblicas. Este capítulo demostrará que la unidad literaria de Isaías contradice la suposición de los eruditos de la alta crítica que intentan encontrar más de un autor detrás del texto en un intento por racionalizar y, por tanto, socavar la integridad textual de la Palabra de Dios.

10.2. La autoría de Isaías y la hipótesis del Deutero-Isaías

La hipótesis del Deutero-Isaías es un producto del racionalismo del siglo XVIII, introducido por primera vez por los eruditos críticos Johann C. Döderlein (1789) y Johann G. Eichhorn (1783), quienes compartían presuposiciones antisupernaturales.[1] El problema al que se enfrentaban los eruditos de la alta crítica era la exactitud de las profecías de Isaías, sobre todo en lo referente a la predicción de la destrucción de Jerusalén, el exilio, el ascenso de Ciro el Grande y el regreso del exilio. Por ejemplo, el teólogo Bernhard

---

[1] Tremper Longman III y Raymond B. Dillard, *An Introduction to the Old Testament*, Segunda edición. (Grand Rapids, MI.: Zondervan, 2006), 303.

Duhm (1847-1928) propuso que «los Cánticos del Siervo», que incluyen el popularmente citado «Siervo sufrido» de Isaías 53, debieron de escribirse un siglo después del exilio, como resultado de un proceso de compilación en el que se recopilaron cuidadosamente los cánticos que se entonaban poco después de regresar a Jerusalén.[2] Para Döderlein, era inconcebible que el profeta Isaías ben Amoz hubiera predicho con exactitud estos acontecimientos históricos sin ser testigo presencial. Por eso surgió la hipótesis del Deutero-Isaías, que introduce la idea de un autor anónimo posterior, denominado Deutero-Isaías, que probablemente fue testigo presencial o vivió suficientemente cerca de los acontecimientos como para haberlos predicho con exactitud.[3]

Lo que propuso Döderlein sedujo a los entonces profesores Eichhorn y Wilhelm Gesenius (1786-1842), que postularon la teoría de un profeta de origen babilónico, en el comentario titulado *Jesaja, Zweiter Theil*. Sin embargo, la teoría abrió las puertas a estudiosos críticos superiores para proponer un Trito-Isaías, dividiendo Isaías de dos a tres, y más tarde cuatro y cinco secciones, que de otro modo eran imperceptibles en el texto profético.[4] Esto no ha llevado a los estudiosos a sugerir la división de Isaías en entidades separadas, sino que el consenso ha dictaminado que debe leerse como una unidad literaria. Esto es lo que sugirió el estudioso del Antiguo Testamento Brevard S. Childs. Al considerar que el texto profético de Isaías tiene una «compleja historia

---

[2] Edward J. Young, *The Authorship of Isaiah*, 2009, consultado el tres de febrero del 2016, http://biblicalstudies.org.uk/pdf/ifes/4-3_young.pdf, 11-12.

[3] Gleason L. Archer, *A Survey of Old Testament Introduction*, Revised and Expanded. (Chicago, IL.: Moody Publishers, 2007), 310.

[4] Ibid.

compositiva», se mostró de acuerdo con la división del libro entre Isaías ben Amoz y el Deutero-Isaías, pero creía que debía leerse como un todo unificado.[5] Pero esta teoría no se limitó a los antisupernaturalistas, sino que se extendió entre varios eruditos conservadores que, para empezar, no eran antisupernaturalistas. Franz Delitzch (1813-1890), por ejemplo, era un firme defensor de la postura tradicional sobre la autoría de Isaías (1:1). Argumentó enérgicamente contra los eruditos críticos superiores porque creía que la hipótesis del Deutero-Isaías amenazaría la integridad de las Escrituras. Sin embargo, más tarde cedería a la hipótesis y adaptaría sus puntos de vista de tal manera que no amenazaran la integridad del texto bíblico; fue un esfuerzo por hacer más apetecible la historia compositiva de Isaías.[6]

Antes de seguir adelante, es útil señalar que el término «Deutero-Isaías» se ha utilizado de dos maneras distintas entre los estudiosos: (1) Se utiliza para referirse a los capítulos de Isaías que van principalmente de 40–66, y 40–55 para los que sostienen una teoría Trito-Isaías, y (2) también se utiliza para el autor anónimo de la segunda sección de Isaías, que principalmente se teoriza estaba en Babilonia con el resto de los exiliados.[7] En lo que respecta a su primer uso, la división teórica entre Isaías 39 y 40 se ve reforzada por la erudición crítica en su afirmación de que Isaías 40:1-11 sirve de prólogo al libro del Deutero-Isaías, independientemente de si fue escrito primero o pronunciado de manera oral

---

[5] Mark S. Gignilliat, *A Brief History of Old Testament Criticism: From Benedict Spinoza to Brevard Childs* (Grand Rapids, MI.: Zondervan, 2012), 163.

[6] Ibid., 170.

[7] Richard J. Coggins, «Do We Still Need Deutero-Isaiah?", *Journal for the Study of the Old Testament* Vol. 23, no. 81 (diciembre de 1998): 77.

y luego registrado y editado.[8] En cuanto a cómo los dos documentos se fusionaron en un texto unificado, el erudito Yehuda T. Radday explica, de acuerdo con su predecesor R. Pfeiffer, que era probable que el pergamino escrito por el primer Isaías tuviera espacio restante para llenar, y así un segundo Isaías habría tomado el pergamino y continuado escribiendo, y sin proporcionar un encabezado divisorio, el texto accidentalmente se convirtió en una unidad.[9]

Antes del dominio del racionalismo en el siglo XVIII, siempre fue afirmado tradicionalmente, tanto por cristianos como por judíos, que todo el libro de Isaías había sido escrito por Isaías, el profeta Isaías ben Amoz del siglo VIII.[10] Pero los albores de la erudición de la alta crítica ayudaron a introducir y fomentar la hipótesis del Deutero-Isaías basándose en referencias históricas, diferencias teológicas y expresiones temáticas.

10.3. Deutero-Isaías: Referencias históricas

La hipótesis del Deutero-Isaías se sugirió en un principio basándose en la audiencia o los destinatarios del texto, al pensar que los primeros treinta y nueve capítulos estaban dirigidos a Jerusalén antes del exilio babilónico. Esto fue durante una época en que Asiria era la potencia regional superior, no Babilonia.[11] Sin embargo, el resto del texto, a partir del capítulo cuarenta, se entendía dirigido a los que

---

[8] Yehoshua Gitay, «Deutero-Isaiah: Oral or Written?», *Journal of Biblical Literature* Vol. 99, no. 2 (junio de 1980): 195.

[9] Yehuda T. Radday, *The Unity of Isaiah in the Light of Statistical Linguistics* (Darmstadt: Verlag Dr. H.A. Gerstenberg, 1972), 4.

[10] Young, *The Authorship of Isaiah*, 11.

[11] R.K. Harrison, *Old Testament Times* (Grand Rapids, MI.: William B. Eerdmans Publishing Company, 1970), 223.

ya estaban en el exilio en Babilonia, la potencia regional que
sucedería a Asiria.[12] Esto se basa en Isaías 48:20, que dice:
«Salgan de Babilonia, huyan de los caldeos; Con voz de júbilo
anuncien, proclamen esto, publíquenlo hasta los confines de
la tierra; digan: "El SEÑOR ha redimido a su siervo Jacob"».

Otro pasaje que se cita a menudo en favor de una composición exílica o postexílica del Deutero-Isaías es el capítulo
40:9-11, que dice así:

> Súbete a un alto monte, Oh Sión, portadora de buenas nuevas;
> levanta con fuerza tu voz, Oh Jerusalén, portadora de buenas
> nuevas; levántala, no temas; dile a las ciudades de Judá: «Aquí
> está su Dios». Miren, el SEÑOR DIOS vendrá con poder, y su
> brazo gobernará por Él. Con Él está Su galardón, y su recom-
> pensa delante de Él. Como pastor apacentará su rebaño, en su
> brazo recogerá los corderos, y en su seno los llevará; guiará con
> cuidado a las recién paridas.

El estudioso del Antiguo Testamento E. J. Young comenta
que este pasaje se refiere a la venida del SEÑOR Dios de
Israel, y tanto Sión como Jerusalén son personificadas como
heraldos y mensajeros de paz y buenas nuevas.[13] Es un pasaje
escatológico para la salvación que vendría en el Nuevo Testamento, una «reflexión sobre la liberación de Egipto, cuando
Dios vino a su pueblo en esclavitud con el propósito de libe-
rarlo», de ahí su relevancia para el exilio babilónico.[14] Esto
es lo que llevó a los racionalistas a creer que el autor debía
estar escribiendo de una redención y retorno inminentes, la

---

[12] Longman III and Dillard, *An Introduction to the Old Testament*, 303-304.

[13] Edward J. Young, *The Book of Isaiah: A Commentary*, Volume 3: Chapters
40-66. (Grand Rapids, MI.: William B. Eerdmans Publishing Company,
1972), 37.

[14] Ibid., 38-39.

escritura de un exilio babilónico, no la profecía de Isaías ben Amoz que había muerto antes de que el exilio ocurriera.

El pasaje de Isaías, Isaías 46:1, que dice «Se ha postrado Bel, se derrumba Nebo; sus imágenes son puestas sobre bestias, sobre animales de carga. Sus bultos son pesados, una carga agobiadora para la bestia fatigada», es una referencia exacta a los dioses babilónicos Bel-Marduk y Nabu, que históricamente se había confirmado que «estaban de pie sobre dragones» según un «cilindro en el Louvre»,[15] lo que sugiere que la segunda sección fue escrita por un autor familiarizado con la imaginería babilónica y su religión henoteísta.[16]

El erudito John Drane sugiere que la profecía precisa acerca de Ciro el Grande, en la que ha habido varios líderes llamados «Ciro» desde la época de Isaías ben Amoz hasta la conquista de Babilonia por las fuerzas persas, es el resultado de un profeta judío situado en Babilonia, que escribió antes del 539 a. C., cuando era una perspectiva probable que Ciro conquistaría e introduciría políticas que resultarían favorables para el «antiguo estado de Judá».[17] Como henoteísta, a Ciro le interesaba apaciguar a los dioses de todas las regiones geográficas, por lo que devolverlos a sus tierras originales era un decreto esperado en adhesión a sus creencias religiosas. Son sobre todo los textos de Isaías relativos a Ciro el Grande los que parecen haber indicado que el texto fue escrito cerca de los acontecimientos que tuvieron lugar, ya fuera

[15] Ao 7217, Delaporte, *Catalogue des cylindres orientaux*, II, 686. Como se cita en Walter C. Kaiser Jr., *The Old Testament Documents: Are They Reliable and Relevant?* (Downers Grove, IL.: InterVarsity Press, 2001), 166.

[16] Kaiser Jr., *The Old Testament Documents*, 166.

[17] John Drane, *Introducing the Old Testament*, Third Edition. (Minneapolis, MN.: Fortress Press, 2011), 180.

antes, durante o poco después, del triunfo de Ciro sobre Babilonia.[18]

Además de estas referencias históricas, la falta de menciones personales, o historias de vida, como las que se encuentran en la primera sección de Isaías (1–39) sugirió un autor diferente para Isaías 40–55, y un tercer autor según algunos otros, Trito-Isaías, para los capítulos 56 – 66.[19] Si a esto se añaden las diversas referencias al exilio que aparecen en la segunda sección de Isaías, a los eruditos críticos les pareció evidente que el autor debía de ser alguien familiarizado con las condiciones y la historia del exilio en Babilonia.[20]

10.4. Deutero-Isaías: Diferencias teológicas

También había diferencias teológicas que los eruditos insistían en que demostraban una división entre y el Deutero-Isaías, como el énfasis en la majestad de Dios en Isaías 1–39, mientras que Isaías 40–66 desvía su atención hacia el dominio de Dios como «universal», y su ser de «infinitud».[21] También se menciona el lenguaje cosmológico y protológico, relativo a la creación intencionada y a los orígenes, que se encuentra principalmente en los capítulos 40–55. Estas no se encuentran en ninguna otra parte del texto isaiánico.[22] Y en cuanto a las profecías mesiánicas, la primera sección menciona a un rey mesiánico, como Isaías 9:6-7 que afirma:

---

[18] Longman III y Dillard, *An Introduction to the Old Testament*, 304.

[19] Drane, *Introducing the Old Testament*, 180.

[20] Ibid.

[21] Longman III y Dillard, *An Introduction to the Old Testament*, 304.

[22] Joseph Blenkinsopp, «The Cosmological and Protological Language of Deutero-Isaiah", *Catholic Biblical Quarterly* Vol. 73, no. 3 (julio de 2011): 493.

Porque un Niño nos ha nacido, un Hijo nos ha sido dado, y la soberanía reposará sobre Sus hombros. Y se llamará Su nombre Admirable Consejero, Dios Poderoso, Padre Eterno, Príncipe de Paz. El aumento de Su soberanía y de la paz no tendrán fin, sobre el trono de David y sobre su reino, para afianzarlo y sostenerlo con el derecho y la justicia desde entonces y para siempre. El celo del SEÑOR de los ejércitos hará esto.

Sin embargo, la segunda sección de Isaías desplaza su atención de un rey mesiánico a un siervo sufriente, como Isaías 53. Estas diferencias teológicas han sugerido a los estudiosos que Isaías ben Amoz no pudo haber sido el autor de Isaías 40–66, de lo contrario deberíamos esperar ver que se transfiere el lenguaje de la realeza mesiánica.[23]

En cuanto al gobierno de Israel, la primera sección de Isaías habla de una nación bajo el reinado de «uno del linaje de David»; Isaías 11:1 dice, «Entonces un retoño brotará del tronco de Isaí y un vástago dará fruto de sus raíces». Young comenta que puede que se hayan planteado preguntas sobre la casa de David, pero la dinastía davídica no fue cortada, sino que Isaías profetiza que aún hay vida en el tronco de Isaí, donde se levantará un gran gobernante para sentarse en el trono de David.[24] Pero la segunda sección de Isaías habla de otra manera, no de un rey davídico, sino más bien de una nación bajo la autoridad del orden levítico y sacerdotal, como Isaías 61:6 que dice: «Y ustedes serán llamados sacerdotes del SEÑOR; ministros de nuestro Dios se les llamará. Comerán las riquezas de las naciones, y en su gloria se jactarán».[25]

---

[23] Archer, *A Survey of Old Testament Introduction*, 327.

[24] Edward J. Young, *The Book of Isaiah: A Commentary*, Volume 1: Chapters 1-18. (Grand Rapids, MI.: William B. Eerdmans Publishing Company, 1965), 378-379.

[25] Longman III y Dillard, *An Introduction to the Old Testament*, 304.

Los estudiosos han argumentado que las diferencias entre la primera y la segunda sección pueden explicarse mejor como resultado de la doble autoría. Sin embargo, no se presta mucha atención a la minuciosa referencia a la línea real de David en Isaías 55:3-4 y a su importancia mesiánica.[26]

10.5. Deutero-Isaías: expresiones temáticas

Los estudiosos también se han referido a las diferencias temáticas para apoyar la hipótesis del Deutero-Isaías, en la que se cree que los temas expresados en el Deutero-Isaías son más «líricos, fluidos, apasionados, [e] hímnicos» en comparación con la primera sección de Isaías, lo que implica una expresión temática diferente a la de su primer autor.[27] Otros argumentos se centran en el cambio de enfoque, de la Jerusalén pre-exílica, que es el período de tiempo del autor (Is 1-39), a la caída de Jerusalén, el exilio y el retorno prometido (Is 40-66), que tendría lugar después de la vida de Isaías ben Amoz. Esto supone una dificultad para quienes no creen en la capacidad del profeta de predecir el futuro lejano bajo la inspiración de Dios.[28]

Radday, que apoya la perspectiva de la autoría múltiple de Isaías, realizó una serie de pruebas lingüísticas estadísticas para determinar las diferencias en el estilo de escritura y las expresiones del texto isaiánico. Sin embargo, su propia admisión es significativa cuando afirma que «las diferencias de estilo, aunque se establezcan objetivamente, no son, en consecuencia, especificadoras del autor y, por lo tanto, no pueden servir como argumento a favor o en contra de la

---

[26] Ibid.
[27] Ibid.
[28] Archer, *A Survey of Old Testament Introduction*, 312.

unidad de Isaías».[29] Lo que plantea un problema a quienes insisten en que las expresiones temáticas son suficientes para justificar un autor diferente para el Deutero-Isaías.

10.6. Argumentos a favor de la unidad literaria de Isaías

Sin embargo, hay problemas con la hipótesis, como la admisión de Drane de que si el Deutero-Isaías estuviera componiendo un texto dramáticamente significativo para los exiliados judíos, entonces debería considerarse extraño que no haya información disponible para el autor que entrega las buenas nuevas de la restauración para el pueblo de Dios.[30] Los eruditos han considerado un misterio esta falta de información sobre el autor,[31] dado que era una «convención literaria» habitual que los textos proféticos se identificaran con el nombre de su compositor, lo que impedía intencionadamente que los enunciados proféticos, por breves que fueran, se fundieran con los de otro autor.[32] Por eso, los partidarios de la unidad de la autoría isaiánica afirman que la ausencia de toda referencia personal al Deutero-Isaías está en contradicción con el resto de los libros proféticos del Antiguo Testamento.[33]

Al consultar las pruebas textuales, el erudito K. A. Kitchen sugiere que la división de Isaías en dos o más partes es una proposición sin fundamento, dado que la única prueba

---

[29] Y. T. Radday, «Two Computerized Statistical-Linguistic Texts Concerning the Unity of Isaiah", *Journal of Biblical Literature* Vol. 89, no. 3 (septiembre de 1970): 319.

[30] Drane, *Introducing the Old Testament*, 180.

[31] Archer, *A Survey of Old Testament Introduction*, 328.

[32] J. Alec Motyer, *The Prophecy of Isaiah: An Introduction & Commentary* (Downers Grove, IL.: InterVarsity Press, 1993), 26-27.

[33] Young, *The Book of Isaiah: A Commentary*, Volume 3: Chapters 40-66, 539.

textual posible se encuentra en los Rollos del Mar Muerto. Pero estos pergaminos revelan una ruptura entre Isaías 33 y 34, no entre 39 e 40,[34] y frente a un cambio de autores entre estos textos, el contenido textual indica una división cronológica decidida por el autor original.[35] Al día de hoy, no existe ninguna prueba textual que permita suponer la existencia de dos o tres autores isaiánicos, ya sea en el manuscrito hallado en la «Cueva nº 1 de Qumrán, que data del siglo II a. C.»[36] o en cualquier otra fuente externa.[37]

Una de las muchas razones de apoyo para argumentar a favor de la unidad de Isaías es su valor profético en su relación con el Mesías prometido. Por ejemplo, en Isaías 53, el Siervo Sufriente ayuda a unificar el Antiguo Testamento con la religión del Nuevo Testamento, y constituye una prueba de la unidad de Isaías según el erudito Oswald T. Allis.[38] Además, la segunda sección de Isaías (40–66), que se cree que fue escrita en Babilonia por Deutero-Isaías, solo menciona el exilio cuatro veces, mientras que Isaías ben Amoz menciona el exilio nueve veces en la primera sección de Isaías, lo que sugiere una unidad del texto bajo un mismo autor.[39]

A pesar de que la mayoría de los eruditos sostienen la hipótesis del Deutero-Isaías, incluidos varios conservadores que han comprometido sus convicciones de autoridad bíblica,

---

[34] Young, *The Authorship of Isaiah*, 13.

[35] K.A. Kitchen, *On the Reliability of the Old Testament* (Grand Rapids, MI.: William B. Eerdmans Publishing Company, 2003), 378-379.

[36] Young, *The Authorship of Isaiah*, 13.

[37] Motyer, *The Prophecy of Isaiah*, 27.

[38] Oswald T. Allis, *The Unity of Isaiah: A Study in Prophecy* (Eugene, OR.: Wipf & Stock, 2000), 379.

[39] John Halsey Wood Jr., «Oswald T. Allis and the Question of Isaianic Authorship", *Journal of the Evangelical Theological Society* Vol. 48, no. 2 (junio del 2005): 255.

existen argumentos más sólidos a favor de la unidad de Isaías como un único texto profético, basados en el vocabulario y los temas, las referencias geográficas y las citas bíblicas.

10.7. Autoría monoisaiánica: Vocabulario y temas

En primer lugar, el concepto propuesto de dos o más autores diferentes que componen textos que posteriormente se unificarían en un todo, con diversas diferencias en los usos de las palabras y las expresiones, plantea dudas sobre cómo estos diferentes textos podrían haberse unido en uno solo.[40] Tomemos por ejemplo la expresión de Isaías 22:13, «Sin embargo, hay gozo y alegría, matanza de bueyes y degüello de ovejas, comiendo carne y bebiendo vino, dicen: "Comamos y bebamos, que mañana moriremos"». La expresión «Comamos y bebamos, que mañana moriremos» hace referencia a la actitud despreocupada de los judíos, que ante el juicio de Dios preferían la muerte al arrepentimiento. Pero esta misma expresión se encuentra en un texto babilónico fechado entre los años 1800 y 1600 a. C., en el que se lee «Muy pronto estará muerto; [por eso dice]: "Déjame devorar [todo lo que tengo]".[41] Si la primera sección de Isaías (1–39) fue escrita por el Isaías ben Amoz preexílico, situado en Judea, y esta expresión era común entre los babilonios, entonces esto indicaría que la segunda sección de Isaías (40–66) también podría demostrar familiaridad con las costumbres babilónicas manteniendo el mismo autor que la primera sección.[42]

---

[40] Longman III y Dillard, *An Introduction to the Old Testament*, 305.

[41] James B. Pritchard, *Ancient Near Eastern Texts Relating to the Old Testament*, Second Edition. (Princeton, NJ.: Princeton University Press, 1955), 425.

[42] Kaiser Jr., *The Old Testament Documents*, 164.

En cuanto a los temas que unen el texto global de Isaías, Kitchen sugiere una división del libro en dos partes entre los capítulos 33 y 34, con otras siete subdivisiones a cada lado, pero revela que estas divisiones temáticas demuestran en realidad la unidad del texto. Para un desglose completo del «Formato "bífido" de Isaías», consulta la Tabla 3 más abajo.[43]

Existe otro desglose de temas teológicos, proporcionado por el erudito J. Alec Motyer, en el que la primera sección de Isaías 1–39 presenta seis principios fundamentales que se reiteran posteriormente en la segunda sección. Tales como (1) el SEÑOR (YHWH) como Señor sobre toda la historia, (2) el SEÑOR como superior sobre todos los ídolos, y (3) la promesa del SEÑOR de un remanente; todos ellos están dispersos de forma prominente a lo largo de los capítulos 40 - 48.[44] Mientras que (4) la expiación para la reconciliación entre Dios y el hombre, (5) la visión de la restauración nacional y (6) el mesías prometido del linaje de David, aparecen en los capítulos 49 - 66 en referencia a la redención, la restauración y el Siervo Sufriente como mesías prometido.[45]

Al referirse a los temas teológicos comunicados a lo largo del texto profético, Young afirma que «Paso a paso... [el texto] se prepara para la amenaza del exilio a Babilonia (capítulo 39) y así [prepara] el camino para los mensajes de consuelo que se encuentran en los últimos veintisiete capítulos».[47] En consecuencia, se espera que un autor que comienza una obra textual introduzca, o incluso enfatice, diferentes temas a medida que avanza a lo largo de su obra; y así, las afirmaciones hechas de que la diferente autoría se

---

[43] Kitchen, *On the Reliability of the Old Testament*, 379.

[44] Motyer, *The Prophecy of Isaiah*, 30.

[45] Ibid.

[47] Young, *The Authorship of Isaiah*, 14.

EL FORMATO «BÍFIDO» DE ISAÍAS

	Parte 1	Parte 2	
1:1	Título general		
A. 1-5	juicio y restauración	A. 34-35	Desolación y restauración
B. 6-8	Biográfica e histórica y oráculos	B. 36-39	Relatos históricos y biográficos
C. 9 -12	Palabras de bendición y juicio	C. 40-45	Palabras de bendición y juicio
D. 13-23	Oráculos sobre naciones extranjeras (y uno sobre Jerusalén)	D. 46 – 48	Oráculos sobre las naciones extranjeras (y sobre Babilonia)
E. 24 – 27	destrucción, restauración, liberación	E. 49-55	Restauraciones, destrucción, liberación
F. 28-31	justicia social y ética	F. 56-59	justicia social y ética
G. 32-33	Restauración de la nación	G. 60-66	Restauración de la nación

Tabla 3.[46]

basa en gran medida en expresiones temáticas o diferencias teológicas ignoran la posibilidad real de que Isaías ben Amoz pudiera haber desarrollado «nuevos temas a medida que avanza la obra», en oposición a «introducir todos los temas a la vez».[48]

Por ejemplo, Rachel Margalioth, una erudita a la que citan a menudo diversas fuentes modernas, sostiene que, a pesar de las afirmaciones de expresiones temáticas diferentes entre la primera y la segunda sección de Isaías, los hallazgos demuestran el apoyo a las divisiones literarias de Kitchen en

---

[48] Coggins, 'Do We Still Need Deutero-Isaiah?'.

el sentido de que los temas y asuntos reflejados en la primera sección se encontraban también en la segunda sección del libro.[49] Menciona quince áreas temáticas diferentes que se tratan en ambas mitades del libro, algunas de las cuales son: (1) el uso del término «el Santo de Israel» como designación de Dios, encontramos que «se repite veinticinco veces en Isaías: doce en la primera parte [Is 1:4; 5:19; 5:24; 10:20; 12:6; 17:7; 29:19; 30:11; 30:12; 30:15; 31:1; 37:23], y trece en la segunda parte [Is 41:14; 41:16; 41:20; 43:3; 43:14; 45:11; 47:4; 48:17; 49:7; 54:5; 55:5; 60:9; 60:14]».[50] (2) El uso del término «Creador» se menciona en Isaías 22:11 y 27:11, aunque también se menciona en Isaías 43:1; 44:2; 44:24; 45:9; 45:11; 49:5; y 64:7.[51] (3) El uso del término «Su Santo» se menciona en Isaías 10:17, mientras que también se menciona en Isaías 49:7.[52] Y (4) el uso del término «Alto y excelso» se menciona en Isaías 6:1, mientras que también se menciona en Isaías 57:15.[53] Estos son solo algunos ejemplos, pero Margolioth ofrece otras referencias cruzadas y comparaciones.

Y, sin embargo, los firmes defensores de la hipótesis del Deutero-Isaías admiten que, a pesar de descubrir un «vocabulario recurrente» y «temas» que unen el libro, no volverán a la unidad de la autoría isaiánica.[54] Un ejemplo sería Radday, que inicialmente había esperado zanjar el debate sobre

---

[49] Rachel Margolioth, *The Indivisible Isaiah: Evidence for the Single Authorship of the Prophetic Book* (Nueva York, NY.: Sura Institute for Research, Jerusalem Yeshiva University, 1964), 35.

[50] Ibid., 43-45.

[51] Ibid., 51.

[52] Ibid., 48.

[53] Ibid., 49.

[54] Richard J. Clifford, «The Unity of the Book of Isaiah and Its Cosmogonic Language", *Catholic Biblical Quarterly* Vol. 55, no. 1 (enero de 1993): 1.

la autoría isaiánica con sus trabajos de lingüística estadísti-
ca. Lo que descubrió fueron disimilitudes en los capítulos
1 - 12, junto con 40 - 48, pero un sesgo presuposicional le
impidió armonizar todo el texto de Isaías afirmando: «Puesto que Isaías ben Amoz fue sin ninguna duda el autor del
primero, no puede haber escrito el segundo».[55] Reconoce
disimilitudes en la primera sección de Isaías, e igualmente en
la segunda sección de Isaías, y está dispuesto a acreditarlas
a sus respectivos autores, pero no está dispuesto a hacer lo
mismo con las disimilitudes entre los capítulos 1 - 39 y 40
- 66.[56] Al consultar las diferencias en el texto profético, se
puede argumentar que el capítulo 24 tiene un comienzo tan
abrupto como el capítulo 40, pero nadie sugeriría dividir la
autoría entre los capítulos 23 y 24. Por eso O. T. Allis sostiene que la brusquedad de los capítulos no basta por sí sola
para postular un autor diferente, sobre todo cuando no es
costumbre de los escritos del Antiguo Testamento retener el
nombre del autor.[57]

10.8. Autoría monoisaiánica: referencias geográficas

También hay referencias geográficas que deben tenerse en
cuenta. Kitchen escribe, por ejemplo, que el Deutero-Isaías
no tiene «ningún conocimiento de primera mano de la me-
trópoli de Babilonia», en lugar de demostrar familiaridad
con la región de Palestina, lo que sería más apropiado si
Isaías ben Amoz hubiera compuesto la totalidad de Isaías.[58]
Así lo afirmó el erudito Gleason L. Archer, quien afirmó que

---

[55] Radday, *The Unity of Isaiah in the Light of Statistical Linguistics*, 274.
[56] Ibid.
[57] Allis, *The Unity of Isaiah*, 40.
[58] Kitchen, *On the Reliability of the Old Testament*, 379.

lo que resultó problemático en los debates sobre el Deutero
y el Trito-Isaías fueron «las referencias a la geografía, la flora
y la fauna», que eran «más propias de un autor que viviera
en Siria o Palestina».[59] Lo que encontramos en el texto profético, y más concretamente en los capítulos 40 – 66, implica
un escenario que no es Babilonia. Esta afirmación se basa
en referencias vegetales, animales y climáticas, que apoyan
firmemente una composición en Palestina. Esto se debe a
que demuestra una falta de familiaridad con el terreno babilónico, refiriéndose en su lugar a la fauna palestina como el
cedro (Is 41:19), el ciprés (Is 41:19) y la encina (Is 44:14).[60]

No hay absolutamente ninguna mención de detalles de
testigos oculares del exilio a Babilonia, ninguna observación
de la ciudad, ninguna mención de la cultura y estructura
social del pueblo, todos detalles importantes y relevantes de
lo que se esperaría de un israelita exiliado en Babilonia.[61]
La segunda sección de Isaías traiciona cualquier noción de
composición en el escenario de Babilonia, dando a entender
en cambio que el público de este texto profético estaba destinado a los residentes de Judá, con los que el autor estaba
familiarizado por su experiencia de primera mano con el pueblo, su comunidad y sus expresiones.[62] Esto es lo que llevó al
erudito A. Lods, otro defensor de la hipótesis del Deutero-
Isaías, a destacar la importancia de las referencias geográficas
del texto, sugiriendo que ni Egipto ni Caldea podrían ha-

---

[59] Archer, *A Survey of Old Testament Introduction*, 310.

[60] Ibid., 318.

[61] Motyer, *The Prophecy of Isaiah*, 28.

[62] Michael Goulder, «Deutero-Isaiah of Jerusalem", *Journal for the Study of the Old Testament* Vol. 28, no. 3 (marzo del 2004): 352.

ber servido como lugares de residencia del Deutero-Isaías, optando en su lugar por un escenario en Palestina.[63]

Motyer menciona las referencias isaiánicas a la «aberración religiosa» en Isaías 57:3-9 y 65:2-5, demostrando que el alejamiento del culto y comportamiento normativos es descriptivo del Israel pre-exílico, no con el Israel exílico o post-exílico, donde el pueblo nunca volvió de nuevo al politeísmo.[64] Su referencia a Judá en Isaías 40:9, que dice: «Súbete a un alto monte, Oh Sión, portadora de buenas nuevas. Levanta con fuerza tu voz, Oh Jerusalén, portadora de buenas nuevas; levántala, no temas. Dile a las ciudades de Judá: "Aquí está su Dios"», presupone ciudades aún en pie, cuando durante los años del exilio la región habría estado desolada y casi abandonada.[65]

10.9. Autoría monoisaiánica: citas bíblicas

Además, también disponemos de citas y referencias bíblicas que refuerzan aún más la unidad de la autoría isaiánica, como los escritos proféticos de Sofonías, Jeremías y Nahúm, que presentan mensajes proféticos similares a los que se encuentran en la segunda sección de Isaías. Todos estos textos son pre-exílicos, lo que apoya la idea de una composición pre-exílica del texto isaiánico.[66] Por ejemplo, en Sofonías 2:15 se lee:

Esta es la ciudad divertida que vivía confiada, que decía en su corazón: «*Yo soy, y no hay otra más que yo*». ¡Cómo ha sido hecha

---

[63] Motyer, *The Prophecy of Isaiah*, 27.

[64] Ibid., 26.

[65] Archer, *A Survey of Old Testament Introduction*, 318.

[66] Longman III y Dillard, *An Introduction to the Old Testament*, 307.

una desolación, una guarida de fieras! Todo el que pase por ella silbará y agitará su mano.

Mientras que en Isaías 47:8 se lee:

«Ahora pues, oye esto, voluptuosa, tú que moras confiadamente, que dices en tu corazón: "*Yo, y nadie más*. No me quedaré viuda, ni sabré de pérdida de hijos"».

Estos pasajes en particular se dirigen a Babilonia, el reino personificado, que se cree a salvo de todo mal, protegido por sus riquezas y por sus ídolos. Hace una declaración blasfema, tomando prestadas las palabras de Dios en Isaías 45:5 y reclamándolas para sí; es tal deificación la que traerá el juicio de Dios sobre Babilonia.[67]

Otro ejemplo es Jeremías 30:10 que dice:

"Así que tú no temas, Jacob, siervo Mío", declara el SEÑOR, "Ni te atemorices, Israel; *porque te salvaré de lugar remoto, y a tu descendencia de la tierra de su cautiverio*. Y volverá Jacob, y estará tranquilo y seguro, y nadie lo atemorizará".

Mientras que en Isaías 41:8-9 se lee:

"Pero tú, Israel, siervo mío, Jacob, a quien he escogido, descendiente de Abraham, mi amigo; tú, *a quien tomé de los confines de la tierra, y desde sus lugares más remotos te llamé*, y te dije: "Mi siervo eres tú; yo te he escogido y no te he rechazado".

Junto con Isaías 53:11:

Debido a la angustia de Su alma, Él lo verá y quedará satisfecho. Por Su conocimiento, el Justo, mi siervo, justificará a muchos, y cargará las iniquidades de ellos.

---

[67] Young, *The Book of Isaiah: A Commentary*, Volume 3: Chapters 40-66, 237.

Estos pasajes hablan del retorno prometido de los judíos. Habiendo sido dispersados en el exilio, Dios los reunirá como ovejas y los conducirá de nuevo a su tierra. Tanto la promesa de retorno como la esperanza de liberación se expresan en los textos proféticos de Jeremías e Isaías, la gracia de Dios concedida a un pueblo rebelde.[68] Pero el lenguaje de Isaías, puede ser engañoso para los que mantienen un sesgo antisobrenaturalista, que pueden leer esto como que el exilio ya ha ocurrido. Para un sobrenaturalista, sin embargo, va perfectamente acorde con el carácter de Dios predecir un acontecimiento en el futuro como si ya hubiera sucedido. Lo que Dios ha decretado se cumplirá (Ec 3:15).

Por último, Nahúm 1:15 dice:

> *Miren, sobre los montes andan, los pies del que trae buenas nuevas, del que anuncia la paz.* Celebra tus fiestas, Judá, cumple tus votos, porque nunca más volverá a pasar por ti el malvado; ha sido exterminado por completo.

Mientras que en Isaías 52:7 se lee:

> *¡Qué hermosos son sobre los montes los pies del que trae buenas nuevas, del que anuncia la paz,*, del que trae las buenas nuevas de gozo, del que anuncia la salvación y dice a Sión: «Tu Dios reina»!

Estos pasajes son mesiánicos, prefiguran al que ha de venir, el portador de la buena nueva del reino de Dios, el Cristo, el mesías ungido (Ro 10:15). Tanto Nahúm como Isaías comparten este elemento mesiánico en sus textos proféticos.[69] Si los escritos de Sofonías, Jeremías y Nahúm son pre-exílicos, muestran mensajes proféticos similares a los de Isaías y atestiguan la unidad de la narrativa del Antiguo Testamento, ¿por

---

[68] Ibid., 81-84.
[69] Ibid., 330.

APOLOGÉTICA

qué no puede darse a la totalidad de Isaías una fecha de composición en el periodo pre-exílico?

Si se realiza una búsqueda en el Nuevo Testamento, se encuentran numerosas referencias que afirman que Isaías ben Amoz es el autor de toda la obra profética, con los siguientes pasajes en los que se menciona al autor por su nombre: Mateo 3:3; 4:14; 8:17; 12:17; 13:14; 15:7; Marcos 1:2; 7:6; Lucas 4:17; Juan 1:23; 12:38; 12:39; 12:41; Hechos 8:28, 30; 28:25; Romanos 9:27; 9:29; 10:16; 10:20; y 15:12.[70] De todos los libros proféticos del Antiguo Testamento, Isaías es el más citado en todo el Nuevo Testamento.[71] Postular un autor diferente cuando el Nuevo Testamento da testimonio de un único autor no solo es cometer una injusticia con las Escrituras, sino poner en tela de juicio la autoridad de la Palabra de Dios. Las palabras de Cristo deben ser tratadas como una autoridad, en Marcos 7:6 se lee: «Jesús les respondió: Bien *profetizó Isaías de ustedes*, hipócritas, como está escrito: Este pueblo con los labios me honra, pero su corazón está muy lejos de Mí»; una cita de Isaías 29:13, pero en Mateo 12:17 le atribuye igualmente la segunda sección del texto profético a Isaías al hacer referencia a Isaías 42:1-4. El tratamiento que Cristo da al Antiguo Testamento sirve de indicación de cómo debemos considerarlo también nosotros, y en este caso es afirmando la unidad de la autoría isaiánica.

Incluso consultando el libro Eclesiástico, o también conocido como *La sabiduría del Eclesiástico*, encontramos que se hace referencia a Isaías ben Amoz como autor de todo el texto, en el que se lee Eclesiástico 48:22-25:

---

[70] Archer, *A Survey of Old Testament Introduction*, 328.
[71] Young, *The Authorship of Isaiah*, 12.

Porque hizo Ezequías lo que agrada al Señor, y se mantuvo firme en los caminos de David su padre, como le ordenó el profeta Isaías, el grande y digno de fe en sus visiones. 23 En sus días el sol retrocedió, y él prolongó la vida del rey 24. Con el poder del espíritu vio el fin de los tiempos, y consoló a los afligidos de Sión. 25 Hasta la eternidad reveló el porvenir y las cosas ocultas antes que sucedieran.[72]

No sólo atestigua la autoría de Isaías y hace referencia directa a acontecimientos mencionados en el texto profético de Isaías, sino que también atestigua la exactitud de sus profecías, que incluirían los capítulos 40-66. Así, basándose en las referencias del Nuevo Testamento y en el apoyo apócrifo, se presupone que el primer Isaías es el autor de todo el texto profético. De hecho, recorrer todo el Antiguo Testamento es un esfuerzo inútil en busca de una referencia a un Deutero-Isaías exílico o postexílico, porque no se encuentra tal mención o inferencia en ninguno de los textos bíblicos o apócrifos.[73]

10.10. Conclusiones

Hay más argumentos a favor de la unidad de la autoría isaiánica que a favor de un Deutero-Isaías exílico o postexílico sin fundamento. Las referencias históricas, las diferencias teológicas y las expresiones temáticas que se utilizaron para argumentar a favor de la autoría múltiple son producto del racionalismo del siglo XVIII, basado en presupuestos antisu-

---

[72] "Eclesiástico 48 BJ (Biblia de Jerusalén)", *Biblia Católica*, recuperado 18 de marzo del 2024, https://www.Bibliacatolica.com.br/es/la-Biblia-de-jerusalen/eclesiastico/48/.

[73] Allis, *The Unity of Isaiah*, 41.

pernaturales.[74] Pero para descartar la profecía divina como imposible, lo que llevó a la formulación de la hipótesis del Deutero-Isaías, se requeriría el conocimiento cierto de que tal profecía es imposible, lo que por otra parte es insostenible. Las implicaciones de adoptar la hipótesis del Deutero-Isaías es contradecir el texto autorizado del Nuevo Testamento, que atribuye la autoría del texto *entero* a Isaías ben Amoz.[75]

Incluso entre los eruditos conservadores que han adaptado sus puntos de vista para aceptar un Deutero-Isaías, hay que argumentar que, si pudiéramos aceptar las profecías de Isaías como pertenecientes al mesías, el Cristo del Nuevo Testamento, que se cumplen siete siglos después de la composición de Isaías, entonces ¿por qué no podemos aceptar la capacidad de Isaías ben Amoz para profetizar la destrucción de Jerusalén, el exilio, el ascenso de Ciro el Grande y el regreso del pueblo de Dios?[76] Aunque sea posible explorar teorías alternativas sobre el Deutero-Isaías, el resultado de la adopción de múltiples autores en fechas posteriores da lugar a graves incoherencias y, como escribe Kitchen, «a un fracaso a la hora de satisfacer las exigencias de la composición, el registro y el uso proféticos en el mundo bíblico en general».[77] Los estudios sobre vocabulario y temas similares, referencias geográficas y citas bíblicas demuestran una unidad de autoría isaiánica, es decir, un autor único, no una autoría múltiple.

---

[74] Ed Hindson y Gary Yates, eds., *The Essence of the Old Testament: A Survey* (Nashville, TN.: B & H Publishing Group, 2012), 295-296.

[75] Young, *The Authorship of Isaiah*, 12.

[76] Hindson y Yates, eds., *The Essence of the Old Testament*, 295-296.

[77] Kitchen, *On the Reliability of the Old Testament*, 380.

CAPÍTULO 11

CASO APOLOGÉTICO III
LAS ALTERNATIVAS GNÓSTICAS Y LOS EVANGELIOS CANÓNICOS

«Timoteo, guarda lo que se te ha encomendado,
y evita las palabrerías vacías y profanas,
y las objeciones de lo que falsamente se llama ciencia,
la cual profesándola algunos, se han desviado de la fe.
La gracia sea con ustedes»

(1 Timoteo 6:20-21).

11.1. Resurgimiento de la herejía gnóstica

EL SIGLO XX FUE UN PERÍODO SIGNIFICATIVO para los estudios bíblicos con el descubrimiento de los Rollos del Mar Muerto de Qumrán, entre los años 1946-1956, hallazgo que afirmó aún más la conservación fiel de los textos del Antiguo Testamento. En ese mismo siglo, se hicieron otros hallazgos que los eruditos liberales han afirmado que son incluso *más* significativos que los Rollos del Mar Muerto. Estos hallazgos son supuestamente *tan significativo*s, que podrían cambiar por completo nuestra comprensión de la historia de la Iglesia.

En el año 1945, por ejemplo, se encontró en la ciudad de Nag Hammadi una colección de códices antiguos que más tarde se identificó como material gnóstico primitivo. Según la erudición moderna, el primer descubrimiento académico de estos textos se produjo en 1946, cuando Togo Mina, conservador del Museo Copto de El Cairo Antiguo, adquirió un «códice de papiro copto incompleto y dañado que le ofreció un maestro copto de la región de Nag Hammadi».[1] Este códice resultó ser el Códice III de la gran Biblioteca de Nag Hammadi. Más tarde, en 1952, el Instituto C. G. Jung adquirió algunas partes de un segundo Códice que más tarde se denominaría Códice I como regalo para el psicoanalista pagano Carl Jung. El resto de la Biblioteca de Nag Hammadi se recopiló finalmente, con ocho o nueve códices procedentes de intermediarios no identificados del Alto Egipto.[2] Dieciocho años después, *El Evangelio de Judas*, como parte del Códice Tchacos, fue descubierto y publicado como otra expresión del gnosticismo primitivo.[3]

El descubrimiento de la Biblioteca de Nag Hammadi, y del Códice Tchacos,[4] no solo suscitó preguntas sobre el desarrollo de otras alternativas religiosas al cristianismo en los tres primeros siglos d. C., sino que también inspiró a algunos, como la académica liberal Elaine Pagels, a plantear el gnosticismo como una alternativa «cristiana» histórica (y moderna), escribiendo:

> El descubrimiento del evangelio de Tomás nos muestra que otros cristianos primitivos tenían concepciones muy diferentes del «evangelio» [...] lo que los cristianos han llamado despec-

---

[1] Kurt Rudolph, *Gnosis: The Nature & History of Gnosticism* (San Francisco, CA.: Harper San Francisco, 1987), 35.

[2] Ibid., 36.

[3] *The Gospel of Judas*, ed. por Rodolphe Kasser, Marvin Meyer, Gregor Wurst, y Bart D. Ehrman (Washington, DC.: National Geographic, 2006), 11.

[4] Para una lista completa del contenido de la Biblioteca de Nag Hammadi y del Códice Tchacos, véase el Apéndice III.

tivamente gnóstico y herético a veces resultan ser formas de enseñanza cristiana que simplemente nos son desconocidas.[5]

Aunque no es el tema principal de este capítulo, la obra de Pagels es la del revisionismo histórico, es decir, la reinterpretación no ortodoxa del registro histórico, arraigada en sus presuposiciones religiosas no bíblicas. Rechaza los escritos de los padres de la Iglesia, que documentaron y refutaron el gnosticismo, por considerarlos meramente miopes, y presenta a los gnósticos como víctimas indefensas en una lucha de clases imaginaria y totalmente indocumentada.[6] Este punto de vista no es muy aceptado entre los eruditos de hoy en día,[7] pero con la creciente fascinación de la cultura occidental por el paganismo y su adopción del marxismo cultural, lo que muchos buscan es la reinvención radical del cristianismo: una visión del mundo menos intrusiva, menos exclusiva, menos objetiva y menos rígida y, en última instancia, algo más inclusiva (en el sentido progresista) y abierta de mente. Es cierto que no todos los eruditos son como Pagels. Otros estudiosos se han contentado simplemente, por razones académicas, con disponer de materiales de fuentes primarias gnósticas para investigación, dado que antes de estos descubrimientos, la patrística era la única fuente de información sustantiva.[8] Se mire como se mire, tanto en el lado liberal como en el

---

[5] Elaine Pagels, *Beyond Belief: The Secret Gospel of Thomas* (Nueva York, NY.: Random House, 2004), 73.

[6] Véase Elaine Pagels, *The Gnostic Gospels* (Nueva York, NY.: Random House, 1979).; John M. Frame afirma que este punto de vista existe dentro del mundo académico en su *Systematic Theology: An Introduction to Christian Belief* (Phillipsburg, NJ.: P&R Publishing, 2013), 585.

[7] Mark L. Strauss, *Four Portraits, One Jesus: A Survey of Jesus and the Gospels* (Grand Rapids, MI.: Zondervan, 2007), 32.

[8] Rudolph, *Gnosis*, 51.

conservador de la erudición, es decir, entre los que rechazan y los que pretenden defender la autoridad bíblica, estos descubrimientos fueron un polvorín religioso-cultural, que suscitó preguntas críticas sobre la vida y el ministerio de Jesús y la veracidad de los evangelios canónicos.

Es a la luz de esta realidad cultural, es decir, del resurgimiento del gnosticismo en la cultura, provocado por la creciente fascinación con los textos gnósticos y sus enseñanzas, que debo hacer la afirmación de que, contrario a las afirmaciones de los eruditos liberales, en lo que respecta a la veracidad y autenticidad histórica de los textos gnósticos, la erudición honesta requiere absolutamente el descarte de estos antiguos evangelios como nada más que alternativas fraudulentas o perspectivas en competencia, sobre la vida y el ministerio de Jesús. Este capítulo demostrará que los evangelios gnósticos no son más que falsas narraciones históricas, en contraste con los evangelios canónicos históricamente verdaderos, basándose en sus fechas de origen y composición, la refutación apostólica de las primeras tendencias gnósticas en el Nuevo Testamento, las refutaciones patrísticas y la incongruencia entre las metanarrativas, o cosmovisiones, de los textos gnósticos y las Escrituras hebreo-cristianas.

11.2. Qué es el gnosticismo?

Antes de abordar los textos gnósticos, sin embargo, debemos hacernos una pregunta importante pero necesaria: ¿Qué es el gnosticismo? *Gnosticismo* es el nombre dado a un movimiento religioso diverso que comenzó en algún momento entre los siglos I y III d. C. Era una cosmovisión sincretista que incorporaba diferentes creencias y conceptos del paganismo, el judaísmo, el cristianismo y la filosofía griega, entre otros.[9] En un principio, se creyó que el gnosticismo había sido fundado por Simón el Mago, el hechicero que fue reprendido por el apóstol Pedro por intentar comprar el poder de Dios (Hch 8:9-24). La realidad es que había fundado una comunidad de tipo gnóstico en Samaria, y su nombre es el primero que aparece en el contexto de la gnosis. Pero nuevas investigaciones demuestran ahora que, aunque fue un importante contribuyente al desarrollo del gnosticismo, sucedido más tarde por Menandro, Satornilos, Cerinto y Carpócrates, no fue realmente el fundador.[10] Más adelante abordaré la pregunta del origen del gnosticismo.

En cuanto a su impacto religioso, el gnosticismo resultó ser una amenaza para la Iglesia primitiva. De hecho, fue el primer antagonista primario, dado que varios gnósticos afirmaban ser «cristianos» y formar parte de la iglesia cristiana católica (universal). Con muchas de sus expresiones cristianas, incluida su adoración a Jesús, no fue difícil engañar a la gente al principio para que equiparara acríticamente la gnosis con las creencias ortodoxas de la Iglesia. Anticipándose a este peligro, sin embargo, y en algunos casos, siendo testigos de las consecuencias de su infiltración, los patrísticos (o padres de la Iglesia) como Justino Mártir, Ireneo, Clemente de Alejandría, Tertuliano y Orígenes, escribieron celosamente para refutar la herejía.[11] Y con el consenso final de la iglesia cristiana, el gnosticismo fue identificado y condenado como herético, nada más que otra religión idólatra enraizada en el paganismo vano y la filosofía vacía.

---

[9] Ibid., 33.

[10] Rudolph, *Gnosis*, 294, 297-298.

[11] Ibid.

El término *gnosticismo*, sin embargo, no se encuentra en la Edad Antigua. Los apóstoles de Jesús no habrían conocido ningún movimiento con el nombre de *gnosticismo*, ni tampoco los padres de la Iglesia, como se desprende de sus escritos. No obstante, conocían el término *gnosis*, que también habrían utilizado para comunicar el concepto de «conocimiento».[12] La diferencia entre el uso que hace la Iglesia del término *gnosis*, y el de los gnósticos, radica en sus respectivas visiones del mundo. *Gnosis* significaba una cosa en la cosmovisión bíblica, a saber, el *verdadero* conocimiento de Dios. Para los gnósticos significaba otra cosa muy distinta, un conocimiento con un efecto redentor místico.[13] Consideremos, por ejemplo, el escrito de Pablo a los Corintios donde dice «... sabemos que todos tenemos conocimiento. El conocimiento envanece, pero el amor edifica» (1 Co 8:1). Pablo utiliza la palabra griega *gnosis* para «conocimiento», pero no es la misma *gnosis* que la de los gnósticos. El erudito Kurt Rudolph, una de las voces académicas que definen el gnosticismo, describe la hermenéutica gnóstica afirmando:

> Se empleaba libremente el método interpretativo de la alegoría y el simbolismo, ampliamente difundido en el mundo antiguo. Es decir, a un enunciado del texto se le daba un significado más profundo, o incluso varios, con el fin de reivindicarlo para la propia doctrina o mostrar su riqueza interior. Este método de exégesis es en la gnosis un medio principal de producir ideas propias bajo el manto de la literatura más antigua, sobre todo la sagrada y canónica.[14]

---

[12] Darrell L. Bock, *The Missing Gospels: Unearthing the Truth Behind Alternative Christianities* (Nashville, TN.: Thomas Nelson Publishers, 2006), 16.

[13] Rudolph, *Gnosis*, 55.

[14] Ibid., 54.

Este enfoque hermenéutico era diferente del de la Iglesia cristiana, y los patrísticos lo reconocieron con realidad como desviado. Pero no se llamó «gnosticismo», de hecho, no durante mucho tiempo. No fue sino hasta 1669 que el término *gnosticismo* fue acuñado por el protestante Enrique Moro para identificar este movimiento herético.[15] Pero el significado del término evolucionó aún más, como explica el estudioso del Nuevo Testamento Darrell L. Bock :

> Este uso general del término [*gnosticismo*] se aplicaba a todo tipo de experiencias y afirmaciones religiosas. Después, el gnosticismo desarrolló un uso más técnico e histórico, aplicado tanto por historiadores seculares como eclesiásticos a las opiniones que Ireneo y otros cuestionaban. Pero no se ha desarrollado una definición específica de este antiguo gnosticismo a satisfacción de los estudiosos. El problema llegó a ser tan grande que una famosa conferencia celebrada en 1966 en Mesina reunió a expertos para intentar llegar a una definición consensuada, pero el intento fracasó.[16]

Hay varias razones por las que fracasó el intento de definir el gnosticismo. *En primer lugar,* los antiguos textos gnósticos eran demasiado diversos en cuanto a sus perspectivas religiosas, y tenían muy poco en común.[17] *En segundo lugar,* el gnosticismo se había convertido en sinónimo de herejía, y esto manchó el término para muchos estudiosos.[18] *En tercer lugar,* los textos antiguos que se descubrieron en Nag Hammadi y en el Egipto medio (Codex Tchacos) eran difíciles de clasificar como gnosticismo. Como escribe la estudiosa

---

[15] Bock, *The Missing Gospels*, 15.

[16] Ibid., 16.

[17] Ibid.

[18] Karen King, *What is Gnosticism?* (Cambridge, MA.: Harvard University Press, 2003), 7.

Karen King, «la variedad de fenómenos clasificados como "gnósticos" simplemente no admite una definición única y monolítica y, de hecho, *ninguno de los materiales primarios se ajusta a la definición tipológica estándar*».[19] O dicho de otro modo, ninguno de los materiales primarios se ajusta a los rasgos comunes que clasificarían estos hallazgos como parte de la Gnosis.

Sin embargo, a pesar de las indecisiones pasadas y presentes de los eruditos, Rudolph había propuesto una definición de gnosticismo que desde entonces ha obtenido un consenso general. Consta de cinco rasgos: (i) dualismo; (ii) cosmogonía; (iii) soteriología; (iv) escatología; y (v) comunidad.[20] Según Rudolph, el gnosticismo es en primer lugar (i) dualista, en el sentido de que postula dos niveles irreconciliables de realidad. En un extremo están el hombre y la creación, y dentro de las dos entidades existen el bien y el mal, pero son irreconciliables aunque persistan uno al lado del otro. En el otro extremo, hay dos dioses, un dios bueno que es incognoscible e infinitamente trascendente, y un dios malo que creó el cosmos material. Estos dos también son irreconciliables.[21]

Luego está (ii) la cosmogonía, es decir, el origen y la estructura del universo. El gnosticismo presenta la realidad en una serie de esferas contrapuestas según su marco dualista, como el bien contra el mal, la luz contra la oscuridad, lo espiritual contra lo material, el espíritu contra la carne y el conocimiento contra la ignorancia.[22] Así, lo que se considera luz, espiritual, inmaterial y conocimiento es bueno, mientras

---

[19] Ibid., 226 (énfasis del autor).

[20] Rudolph, *Gnosis*, 57-59.

[21] Ibid., 57-58, 66-67.; John M. Frame, *A History of Western Philosophy and Theology* (Phillipsburg, NJ.: P&R Publishing, 2015), 89.

[22] Rudolph, *Gnosis*, 58.

que lo que se considera oscuridad, material, carnal e ignorancia es malo. El hombre, por ejemplo, es bueno porque dentro de él hay luz y espíritu, se cree que es una chispa del dios divino. Sin embargo, su cuerpo y el resto del mundo material son malos, una prisión para su alma divina. Como lo describe Rudolph:

> Toda la cosmovisión de la Edad Antigua tardía, con su idea del poder del destino (griego *heimarmene*) que domina a los dioses, al mundo y a los hombres, aparece aquí como entre corchetes y marcada con un signo negativo. Se convierte en una prisión de la que no se puede escapar...[23]

Pero hay, aparentemente, *una* escapatoria para los gnósticos, y esto nos lleva al punto de (iii) soteriología. Si el hombre quiere liberarse de su prisión material, debe ser salvado y redimido. La doctrina soteriológica para el gnosticismo está directamente ligada al conocimiento secreto, *gnosis*, es decir, a la comprensión de la estructura dualista de la realidad. Si puede comprender esta realidad, entonces habiendo recibido este conocimiento secreto, está destinado a ser libre al morir, una salvación para la chispa divina, pero no para la carne perecedera. Esto solo se logra mediante «el acto liberador del Dios trascendente y sus ayudantes [que] abren un camino por el que el hombre (estrictamente solo una pequeña parte del hombre, a saber, la chispa divina) puede escapar».[24] La orientación direccional del hombre, por tanto, como resultado de su salvación, queda retratada en la (iv) escatología del gnosticismo. Esta concepción del fin del hombre se articula como su chispa divina, su alma, que vuelve a formar parte de la plenitud donde habita todo bien.

---

[23] Ibid.
[24] Ibid.

Y para conseguirlo, para llegar a esa dichosa realidad, hay que comprender el significado de lo espiritual, conectarse con lo inmaterial y romper todos los lazos con el mundo material. Se trata de una escatología que «no solo consiste en la liberación del alma celestial, sino que también tiene un significado cósmico».[25]

El último rasgo enumerado por Rudolph es (v) comunidad, y aquí no se sabe mucho, porque aunque hay pruebas de que los gnósticos tenían sus propios rituales, algo similares a los cristianos, no hay pruebas suficientes para reconstruir las prácticas típicas de la comunidad gnóstica.[26] De hecho, no existían «iglesias» gnósticas, ya que en su lugar, los grupos gnósticos funcionaban de forma muy parecida a las escuelas filosóficas griegas, que funcionaban de forma independiente, y a veces compitiendo entre sí.[27] Bock escribe al respecto que:

> Los grupos gnósticos carecían de la organización entre comunidades como la tenía la Iglesia. Esta diferencia explica en parte por qué carecemos en los materiales gnósticos de un análisis detallado de sus prácticas comunitarias...

Con estos cinco rasgos, Rudolph transmite la complejidad del gnosticismo, pero también su naturaleza integral como religión sincretista.

En cuanto a la estructura filosófica del gnosticismo, un análisis cuidadoso ha revelado que el sistema de creencias no fue fundado por una sola persona. En cambio, lo que se puede reconstruir a partir de las diversas tradiciones es

---

[25] Ibid., 59.

[26] Ibid.

[27] Rudolph, *Gnosis*, 51.; Hermann Langerbeck, *Essays on Gnosis*, trad. y ed. por Hermann Dörries (Göttingen: Vandenhoeck & Ruprecht, 1967), 30.

que pequeñas comunidades sintetizaron una combinación de elementos religiosos y filosóficos en un corto periodo de tiempo. Bock está de acuerdo con esta teoría, escribiendo que «el gnosticismo no fue un movimiento singular conectado, sino más bien una forma de ver el mundo que produjo una miríada de puntos de vista sobre los temas ligados a su definición».[28] Gracias a ello, varios estudiosos han podido identificar las numerosas fuentes religiosas y filosóficas del gnosticismo, como Hans-Josef Klauck, que defendió sus raíces en el platonismo medio, el neoplatonismo, el apocalipticismo judío y el cristianismo primitivo.[29] Y A. D. Nock, un erudito que precedió a Klauck, afirmó lo mismo, a saber, que la filosofía platónica tuvo una gran influencia en el desarrollo del pensamiento gnóstico. De hecho, llega a decir que el gnosticismo es «platonismo desbocado».[30] Si se tiene en cuenta que Platón enseñaba el dualismo materia-forma, en el que la materia es inferior a la perfección de las formas,[31] y la idea de un *Demiurgo*, un creador que hizo surgir el mundo material a imagen de las formas,[32] es evidente que existen paralelismos inequívocos entre las cosmovisiones platónica y gnóstica. Aún hay más. Rudolph hunde sus raíces culturales y religiosas en las tradiciones iraníes (zoroastrianas) e indias, lo que no es en absoluto una novedad, ya que el sincretismo

---

[28] Bock, *The Missing Gospels*, 23.

[29] Véase Hans-Josef Klauck, *The Religious Context of Early Christianity: A Guide to Greco-Roman Religions*, Studies of the New Testament and Its World, trad. por Brian McNeil (Edinburgh: T&T Clark, 2000), 458-461.

[30] *Arthur Darby Nock: Essays on Religion and the Ancient World*, Vol. 2, ed. Zeph Stewart (Oxford, UK.: Clarendon Press, 1972), 949.

[31] Véase Aristotle, *Aristotle's "Politics"*, segunda edición, trad. por Carnes Lord (Chicago, IL.: University of Chicago Press, 2013), 296E.

[32] Véase Plato, *Timaeus and Critias*, trad. por Desmond Lee, ed. por Thomas Kjeller Johansen (EE. UU.: Penguin Classics, 2008), 36 a. C.

helenístico con las tradiciones orientales era habitual desde las conquistas de Alejandro Magno. [33]

Por lo tanto, el gnosticismo es un sistema de creencias religiosas sincretista que cambió a medida que se encontró con nuevas culturas, manteniendo al mismo tiempo un énfasis en especial, la *gnosis* (conocimiento) secreta.[34] El gnosticismo es el producto de una síntesis del pensamiento religioso oriental, la filosofía platónica, el apocalipticismo judío, el misticismo egipcio y sirio, etc. Si tuviéramos que fijar una fecha para su aparición, podríamos situarla en algún momento entre los siglos II y III en Oriente Próximo, un intervalo de fechas apoyado por la mayoría de los estudiosos conservadores dadas las pruebas disponibles, pero que es discutido por otros estudiosos que prefieren el siglo I, sobre todo los que tienen una agenda religiosa encubierta (más sobre esto más adelante). Sin embargo, baste decir por ahora que, dadas las pruebas, el gnosticismo es posterior y no anterior al cristianismo.[35] Más adelante profundizaré en esta cuestión.

11.3. Comparación de los evangelios gnósticos y canónicos

Una vez definido el gnosticismo, podemos pasar a los evangelios gnósticos, que algunos estudiosos, como Pagels, proponen como «cristianismos alternativos». Marvin Meyer, traductor de los textos gnósticos, afirma que, además de los evangelios canónicos de Mateo, Marcos, Lucas y Juan, «se compusieron numerosos evangelios... durante el periodo formativo de la Iglesia cristiana», como «el Evangelio de la

---

[33] Rudolph, *Gnosis*, 54, 60.

[34] Bock, *The Missing Gospels*, 15.

[35] Véase Edwin M. Yamauchi, *Pre-Christian Gnosticism: A Survey of the Proposed Evidences*, segunda edición (Eugene, OR.: Wipf and Stock, 2003).

Verdad, los evangelios de Tomás, Pedro, Felipe, María, los ebionitas, los nazarenos, los hebreos y los egipcios, por citar algunos».[36] Estos evangelios retratan una diversidad de perspectivas sobre Jesús, el hombre, el mundo y la naturaleza de Dios, con un énfasis en la *gnosis*, «conocimiento místico [...] y la unidad esencial del ser con Dios».[37] A pesar de toda esta diversidad, los gnósticos no tenían un «canon» textual como la comunidad cristiana. No existía una «Biblia gnóstica» oficial.[38] Tal vez la erudición moderna puede referirse a la Biblioteca de Nag Hammadi, y el Codex Tchacos, como que comprenden la Biblia gnóstica original,[39] pero nunca fue considerado como tal por los gnósticos. En cambio, los textos dan a entender que pudo haber polémica entre los maestros y fundadores de las escuelas gnósticas.[40] Y si hubiera alguna referencia a algún texto autorizado, no serían los propios textos gnósticos, sino las escrituras de otras religiones, como la Biblia hebrea, los evangelios canónicos o incluso el Homero de los griegos.[41]

Hay quien piensa, al intentar argumentar la aparición del gnosticismo en el siglo I, que los propios evangelios canónicos son de naturaleza polémica, escritos originalmente para contrarrestar las tendencias gnósticas,[42] pero esto es una verdad parcial y tergiversada. La principal preocupación de los escritores de los evangelios no era refutar el gnosticismo,

---

[36] *The Gospel of Judas*, eds., Kasser, Meyer y Wurst, 5.
[37] Ibid.
[38] Rudolph, *Gnosis*, 53.
[39] Véase *The Gnostic Bible*, ed. por Willis Barnstone y Marvin Meyer (Boulder, CO.: Shambhala Publications, 2009).
[40] Ibid.
[41] Ibid.
[42] Strauss, *Four Portraits, One Jesus*, 30.

sino comunicar y preservar la vida, el ministerio y el mensaje de Jesús. Si tenemos en cuenta que el gnosticismo, en su sentido más pleno, fue postcristiano y no precristiano, es decir, que su articulación fue posterior a la confesión cristiana de la Iglesia, se hace difícil creer que los evangelios canónicos fueran principalmente polémicos. Sin embargo, no podemos negar que, como testimonios oculares y como Palabra inspirada de Dios, los evangelios canónicos sirven para refutar eficazmente las falsas enseñanzas.[43]

Los evangelios canónicos se llaman «canónicos» por el significado de la palabra griega χανον, que significa 'barra' o 'vara', que era un término metafórico para referirse a una lista o un catálogo. Los cristianos adoptaron la palabra «canon» para designar la lista de libros que la Iglesia consideraba la Palabra inspirada de Dios.[44] Cabe señalar que la Iglesia nunca, en ningún momento, decidió sobre la canonicidad de un documento, como en *añadir* a las Escrituras. Pero sí cuestionó que ciertos documentos fueran canónicos. Al final, los mismos textos canónicos con los que empezó la Iglesia son los mismos que tenemos ahora en nuestras Biblias, no se añadió ni se quitó nada.[45] En cuanto a la fecha de composición de los evangelios canónicos, las pruebas disponibles sugieren una fecha anterior al 70 d. C., dado que no se menciona la caída de Jerusalén. Los patrísticos también afirman una composición temprana basada en lo que se les había transmi-

---

[43] Ibid.

[44] *The Oxford Dictionary of the Christian Church*, eds., F.L. Cross & E.A. Livingstone, 3a edicion, revisada (Nueva York, NY: Oxford University Press, 2005), 279.

[45] Para más información, véase F. F. Bruce, *The Canon of Scripture* (Downers Grove, IL.: IVP Academic, 2008).

tido.[46] Aunque las fechas exactas siguen siendo discutibles entre los eruditos, el *Evangelio según Mateo* puede fecharse en algún momento entre el 60 y el 70 d. C., el *Evangelio según Marcos* entre el 50 y el 60 d. C., el *Evangelio según Lucas* entre el 60 y el 70 d. C., y el *Evangelio según Juan* hasta el 70 y el 80 d. C.[47] Los evangelios canónicos son documentos del siglo I, escritos en la misma generación que los testigos presenciales de los hechos registrados. Esto es significativo dado que la comunidad más amplia habría servido como principio corrector de todas las afirmaciones históricas. Ningún otro documento antiguo presume de la fuerza de su autenticidad histórica como las Escrituras cristianas. Nada parecido puede decirse de los textos gnósticos.

Vale la pena mencionar en este punto que había, de hecho, otras dos alternativas al cristianismo: El Montanismo y el Marcionismo. En un intento de acercar el gnosticismo a la ortodoxia cristiana, los estudiosos liberales han afirmado que ambas alternativas son sectas gnósticas o precursoras. Sin embargo, el montanismo se centraba principalmente en una apelación «a la revelación especial continua», es decir, añadía nuevas pretensiones de revelación a las enseñanzas históricas de la iglesia, pero como movimiento rechazaba en general las tendencias gnósticas.[48] El marcionismo, por otra parte, podría haber tenido un tinte de influencia gnóstica, pero eso es difícil de decir. El movimiento comenzó con un personaje histórico del siglo II llamado Marción, que inició un movimiento para sustraer de la doctrina cristiana lo que

---

[46] D.A. Carson and Douglas J. Moo, *An Introduction to the New Testament*, segunda edición (Grand Rapids, MI.: Zondervan, 2005), 156.

[47] Ibid., 156, 182, 210, 266.

[48] Bock, *The Missing Gospels*, 26.

no se alineaba con sus presupuestos religiosos.[49] Para ello, tomó algunas partes del Antiguo y del Nuevo Testamento y descartó el resto. Al igual que los padres de la Iglesia fueron duros con el gnosticismo, también lo fueron con el marcionismo, pues Marción había intentado elaborar su propia versión de la Biblia para rivalizar con la colección de Escrituras que ya eran históricamente aceptadas por los judíos (Antiguo Testamento) y la Iglesia (Antiguo y Nuevo Testamento). Es posible que la percepción que Marción tenía de Dios, o más exactamente, de los dioses (creía en un dios malo y en un dios bueno), tuviera algunas similitudes con la del pensamiento gnóstico, pero el marcionismo está muy lejos de ser algo verdaderamente gnóstico en credo y práctica.[50] De las tres alternativas que surgieron al cristianismo, el gnosticismo fue con diferencia la más popular e impactante, pero no nos equivoquemos, fue un movimiento *independiente*.

Si tuviéramos que evaluar la fecha de composición de los evangelios gnósticos, podríamos optar por empezar por los dos textos más antiguos según el consenso de los eruditos: el *Evangelio de Tomás* y el *Evangelio de Judas*. Se cree que fueron escritos a principios-mediados del siglo II,[51] aunque existe una minoría que insiste en una fecha de composición en

---

[49] H.E.W. Turner, *The Pattern of Christian Truth: A Study of the Relations Between Orthodoxy and Heresy in the Early Church*, Brampton Lectures (Londres, UK.: Mowbray, 1954), 118.

[50] Bock, *The Missing Gospels*, 26.

[51] Bart Ehrman, *Lost Christianities: The Battles for Scripture and the Faiths We Never Knew* (Nueva York, NY.: Oxford University Press, 2005), xi-xii. ; *The Gospel of Judas*, eds., Kasser, Meyer y Wurst, 5.

torno al año 50 d. C.[52] La realidad por la que no se ha aceptado una fecha del siglo I se debe en gran medida a la ausencia
de pruebas, y no sólo en cuanto a la falta de hallazgos de
manuscritos antiguos, sino en el desarrollo general de la
gnosis tal y como queda retratado por el contenido de los
textos posteriores. El *Evangelio de Tomás*, por ejemplo, a diferencia de los textos gnósticos posteriores, no presenta toda
la cosmología gnóstica, sino meramente elementos gnósticos.[53] Demuestra un sistema de creencias gnóstico que aún
estaba en fase de desarrollo. Bart Ehrman, crítico textual
autor del libro *Lost Christianities* (*Cristianismos perdidos*), está
dispuesto a ser más generoso que otros estudiosos al datar
varios de los evangelios gnósticos en el siglo II con el *Evangelio de Tomás* y *Judas*. Por ejemplo, el *Evangelio según los hebreos*,
Evangelio de los ebionitas, *Evangelio de los egipcios*, *Evangelio de
María*, *Evangelio de los nazarenos*, y otros, pero no consideraría datar ninguno de ellos en el siglo I.[54] Esto lo apoya
Rudolph, que afirma que muchos de los contenidos de la
Biblioteca de Nag Hammadi datan del siglo II como mínimo,
lo[55] que afirma que el gnosticismo plenamente articulado es
posterior y no anterior al cristianismo. Así pues, a la hora de
datar la composición de los evangelios gnósticos, se mire por
donde se mire, no se puede ir tan atrás como los evangelios
canónicos, es decir, al siglo I d. C., porque no tenemos pruebas creíbles que sugieran una fecha tan temprana. Nunca

---

[52] Helmut Koester, «The Gospel of Thomas» en *The Nag Hammadi Library
in English*, edición revisada, ed. por James MacConkey Robinson, trad. por
Thomas O. Lambdin (Nueva York, NY.: E.J. Brill, 1996), 125.
[53] Stevan L. Davies, *The Gospel of Thomas and Christian Wisdom* (California:
Bardic Press, 1983), 21-22.
[54] Ehrman, *Lost Christianities*, xi-xiv.
[55] Rudolph, *Gnosis*, 309.

se escribieron como documentos históricos, no tienen los mismos rasgos de relatos de testigos oculares que Mateo, Marcos, Lucas y Juan.[56] En cambio, las pruebas disponibles apuntan a una fecha de composición mucho más tardía, con sus acontecimientos históricos envueltos en el escepticismo y la especulación, en consonancia con la teoría del desarrollo tardío del gnosticismo.

Frente a quienes defienden los orígenes primitivos del gnosticismo, Klauck explica por qué el gnosticismo no puede ser anterior al cristianismo en su surgimiento:

> El problema fundamental... está relacionado con las fuentes de que disponen los estudiosos. No tenemos testimonios literarios de una gnosis desarrollada que pueda fecharse *indudablemente* en el siglo I [d. C.] o incluso antes. La atestación inequívoca de la gnosis mediante citas de autores no gnósticos de los documentos originales comienza, como mínimo, a principios del siglo II [d. C.]; este hecho hablaría en favor de la hipótesis de la historia de la Iglesia.[57]

Para aclarar lo que Klauck quiere decir con «hipótesis de la historia de la Iglesia», quiere decir que «la creencia cristiana» de la Iglesia vino primero, luego vino la alternativa del gnosticismo. No hay pruebas hasta la fecha de que el gnosticismo, como movimiento filosófico, comenzara antes de la formación de la Iglesia.[58] Sin embargo, se puede hablar de tendencias gnósticas (una dirección gnóstica del pensamiento), que más tarde se habrían formalizado en un

---

[56] Véase Richard Bauckham, *Jesus and the Eyewitnesses: The Gospels as Eyewitness Testimony*, segunda edición (Grand Rapids, MI.: Wm. B. Eerdmans Publishing, 2017).

[57] Klauck, *The Religious Context of Early Christianity*, 458 (énfasis del autor).

[58] Bock, *The Missing Gospels*, 30.

sistema de creencias.[59] Al fin y al cabo, la filosofía platónica es anterior al primer advenimiento de JesuCristo, al igual que el misticismo oriental, egipcio y sirio. Pero incluso si el gnosticismo hubiera surgido hipotéticamente antes de la formación de la Iglesia, no dice nada sobre la ortodoxia y veracidad de los evangelios canónicos. La mayoría de los elementos gnósticos fueron ajenos a las cosmovisiones judaica y cristiana hasta mucho después de la formación de la Iglesia cristiana y la caída de Jerusalén en 70 d. C. Fue después de estos dos acontecimientos respectivos cuando el gnosticismo adoptó el tema de la redención cristiana y la figura del Salvador. ¿Por qué? Esa es una pregunta que la mayoría de los historiadores aún se esfuerzan por responder, pero el intelectual cristiano P. Andrew Sandlin desvela el motivo del corazón caído tras la formulación poscristiana del gnosticismo: «El mensaje cristiano era demasiado simple y objetivo, históricamente objetivo [...] El gnosticismo surgió para combatir la visión objetiva, no dualista y dosista del mundo del cristianismo».[60] Volveré sobre el paradigma unista y dosista mencionado por Sandlin más adelante; por ahora, sin embargo, podemos conformarnos con lo que él señala, que los evangelios canónicos presentaron a un Jesús y una fe que eran para *todos los hombres*, ya fueran ricos o pobres, gentiles o judíos. Los gnósticos, sin embargo, querían ser más especiales que eso. Querían ser elitistas hasta cierto punto, de ahí el «conocimiento secreto» concedido solo a unos pocos. La adopción de componentes cristianos era, por

---

[59] Ibid.

[60] Andrew Sandlin, «Modern Gnosticism Versus Creational Christianity», *Buzzsprout*. Consultado el 14 de octubre del 2018, https://www.buzzsprout.com/3449/828933-modern-gnosticism-versus-creational-christianity/.

tanto, intencionada; quería ser una alternativa cristiana, pero distaba mucho de ser algo «cristiano».[61]

¿Qué se puede decir entonces del origen del gnosticismo? Hay *cuatro puntos de vista* que han sido compartidos por los estudiosos. La *primera* es la opinión, por presuntuosa que sea, de que el gnosticismo era independiente y precristiano. Los eruditos del siglo XX Richard Reitzenstein, Jonas, HansHans Jonas, Rudolf Bultmann y Walter Bauer fueron los que abrieron esta vía al plantear que el «mito del redentor» gnóstico influyó en el desarrollo del cristianismo;[62] sin embargo, este punto de vista ha sido desacreditado desde entonces debido a su inconcebibilidad (a la luz de las pruebas disponibles) y a la ausencia de pruebas que demuestren lo contrario. [63]

La *segunda* opinión es que el gnosticismo fue independiente y contemporáneo del cristianismo. Esta es la posición de Rudolph,[64] sucesor del erudito del siglo XX Wilhelm Bousset. Sin embargo, ha habido controversias sobre la autenticidad de los hallazgos de Bousset, como la identificación errónea de sus pruebas.[65] Y aunque Rudolph ha contribuido inmensamente al campo de estudio, no se puede evitar que el dualismo en el pensamiento gnóstico demuestre una fecha de origen más tardía, dado que no se alinea con el dualismo de la filosofía griega del siglo I (neoplatonismo).[66] Aunque esta sigue siendo la opinión de muchos estudiosos hoy en día, no es la posibilidad más probable. Sin embargo, podríamos

---

[61] Ibid.

[62] Véase Bock, *The Missing Gospels*, 27.

[63] Véase Yamauchi, *Pre-Christian Gnosticism*.

[64] Véase Rudolph, *Gnosis*, 51, 275-294.

[65] Klauck, *The Religious Context of Early Christianity*, 456; Rudolph, Gnosis, 232-237.

[66] Langerbeck, *Essays on Gnosis*, 27-28.

dar crédito a la teoría de Rudolph sobre la difusión geográfica de la gnosis, ya que hay pruebas de que la gnosis surgió
de la región palestino-siria, extendiéndose desde allí a las
costas de Asia Menor y Grecia, luego a Egipto y finalmente a
Roma.[67] En realidad, este viaje de la gnosis primitiva es más
compatible con los dos puntos de vista siguientes.

Las opiniones *tercera* y *cuarta* son más factibles que las
dos anteriores, en el sentido de que el gnosticismo surgió
como reacción al cristianismo, como afirmó Sandlin, o que
fue una reacción judía al judaísmo. Los eruditos Simone
Pétrement,[68] Adolf Harnack[69] y Nock han defendido el tercer
punto de vista,[70] que es el resultado de aceptar los escritos de
los padres de la Iglesia. Los dos argumentos principales de
Pétrement son que los textos gnósticos que han sobrevivido
están plagados de expresiones cristianas, y dada la visión
negativa del Dios del Antiguo Testamento, de hecho, una
visión claramente blasfema, es difícil imaginar que surgiera
de judíos descontentos. Rudolph da cierta credibilidad a
esta afirmación y dice que «la gnosis en su forma cristiana,
como muestra la biblioteca, se entendía a sí misma como una
interpretación correcta del cristianismo» en particular.[71]

---

[67] Rudolph, *Gnosis*, 308.

[68] Véase Simone Pétrement, *A Separate God: The Origins and Teachings of Gnosticism*, trad. por Carole Harrison (San Francisco, CA.: HarperSanFrancisco, 1984).

[69] Véase Adolf Harnack, *History of Dogma*, Vol. 1, tercera edición, trad. por Neil Buchanan (Eugene, OR.: Wipf and Stock, 1997 [orig. 1893]), 223-266.

[70] Véase Stewart, ed., *Arthur Darby Nock*, Vol. 2, 956-957.

[71] Rudolph, *Gnosis*, 51.

No obstante, los hay como Carl Smith II,[72] Ed Yamauchi,[73] y R. McL. Wilson,[74] que creían que el gnosticismo era en realidad un subproducto del nacionalismo judío que salió mal. Considere los hechos de que Jerusalén cayó en el año 70 d. C. y que la revuelta judía contra los romanos fracasó en 116-117, y podrá entender por qué algunos judíos se habrían vuelto contra su Dios cuando anticipaban la misma liberación que sus predecesores del Antiguo Testamento.[75] La única dificultad con este cuarto punto de vista es el hecho de que ni Josefo ni Filón, historiadores judíos del siglo I, registraron nada con respecto al gnosticismo, y tampoco las primeras tradiciones rabínicas mencionan tales movimientos.[76] Si surgió del apocalipsis judío, se habría desarrollado mucho más tarde, quizá a mediados o finales del siglo II o III, pero esto no deja de ser una especulación.

En resumen, si intentamos datar los evangelios gnósticos en sus primeras composiciones posibles, solo podemos remontarnos hasta el siglo II d. C., y esto todavía es posterior a los evangelios canónicos. De hecho, el gnosticismo era tan variado, tan diverso, que ha seguido siendo difícil para los estudiosos aterrizar los detalles específicos de cómo surgió. Como señaló Bock :

> Es probable que la diversidad que precede al desarrollo del gnosticismo propiamente dicho haya sido bastante radical, porque lo que surgió más tarde de las fuentes gnósticas y similares a las

---

[72] Véase Carl Smith II, *No Longer Jews: The Search for Gnostic Origins* (Peabody, MA.: Hendrickson, 2004).

[73] Véase Yamauchi, *Pre-Christian Gnosticism*.

[74] Véase R. McL. Wilson, *Gnosis and the New Testament* (Oxford, UK.: Basil Blackwell, 1968).

[75] Bock, *The Missing Gospels*, 29.

[76] Ibid., 30.

gnósticas que tenemos es una falta de conexión y cohesión en tales movimientos.[77]

11.4. Refutaciones tempranas del texto neotestamentario

Ahora bien, como había mencionado antes, aunque el Nuevo Testamento no aborda específicamente el gnosticismo, dadas las fechas de su autoría apostólica, sí refuta las primeras tendencias y conceptos gnósticos.[78] Consideremos, por ejemplo, el comienzo del canónico *Evangelio según Juan*:

> En el principio ya existía el Verbo, y el Verbo estaba con Dios, y el Verbo era Dios. Él estaba en el principio con Dios. Todas las cosas fueron hechas por medio de Él, y sin Él nada de lo que ha sido hecho, fue hecho [...] El Verbo se hizo carne, y habitó entre nosotros, y vimos Su gloria, gloria como del unigénito del Padre, lleno de gracia y de verdad (Jn 1:1-3, 14).

Desde el principio, Juan equipara el Verbo (Gr *Logos*), que es Jesús, con el Dios del Antiguo Testamento, y afirma que Él estaba en el principio con Dios y que todas las cosas fueron hechas *por medio de* Él. Esto es contrario a la cosmología gnóstica. El dualismo del gnosticismo antiguo enfrentaba al dios Creador del Antiguo Testamento con el Nuevo, lo que significaba que el Jesús gnóstico era un personaje antitético del Creador. La reacción de un gnóstico ante lo que escribió Juan habría sido de espanto. ¿Cómo pudo el Jesús gnóstico ayudar al dios creador a crear un cosmos material? Podría articularse de esta manera: ¿Cómo pudo el ser cosmológico bueno, Jesús, haber ayudado al dios maligno del inframundo (tal como lo representan los textos gnósticos) con la creación

---

[77] Ibid., 30-31.

[78] Leon Morris, *The New International Commentary on the New Testament: The Gospel According to John* (Grand Rapids, MI.: Wm. B. Eerdmans, 1971), 80.

de una prisión metafísica? Pero el apóstol Juan está diciendo que el Dios del Antiguo Testamento es el mismo Dios del Nuevo, y Jesús es el Hijo de ese Dios, y uno con ese Dios de una manera que ningún otro ser lo es. Es de la misma esencia que el Padre, parte de la Divinidad Trina, tal como la articuló más tarde la Iglesia cristiana. Como escribe el comentarista Leon Morris:

> «El Verbo» apunta a la verdad de que revelarse es de la naturaleza misma de Dios [...] [El Verbo] existía en la relación más estrecha posible con el Padre [...] El Verbo y Dios no son idénticos. Pero son uno [...] Juan está diciendo que todo debe su existencia al Verbo. No dice que todo fue hecho «por» Él, sino «por medio de» Él [...] Hay una cuidadosa diferenciación de los papeles desempeñados por el Padre y el Hijo en 1 Co 8:6. La creación no fue el acto solitario de ninguno de los dos. Ambos estuvieron involucrados (y para el caso, aún lo están; *cp*. 5:17, 19).[79]

El Jesús histórico del *Evangelio según Juan* es antitético al Jesús gnóstico. El Evangelio refuta cualquier noción de dualismo cosmológico, politeísmo e incluso panteísmo con la clara distinción entre Creador y creación. Considera también el escrito del apóstol en 1 Juan 4:2-3, que afirma:

> En esto ustedes conocen el Espíritu de Dios: todo espíritu que confiesa que JesuCristo ha venido en carne, es de Dios. Y todo espíritu que no confiesa a Jesús, no es de Dios, y este es el espíritu del antiCristo, del cual ustedes han oído que viene, y que ahora ya está en el mundo.

Con las ideas gnósticas que comenzaban a infiltrarse en las comunidades cristianas en ese momento, Juan escribió

---

[79] Ibid., 74, 76, 80.

su carta para disipar el mito de que Jesús había venido solo en apariencia de hombre, pero no en la forma corporal del hombre. O para decirlo más sencillamente, que Jesús había venido como una ilusión, o visión, pero nunca fue un ser humano material (la secta gnóstica del docetismo). Uno de los falsos maestros que enseñó esto fue Cerinto, que contribuyó al desarrollo del gnosticismo. Según la tradición eclesiástica, cuando Juan entró en la casa de baños de Éfeso en una ocasión, vio a Cerinto dentro y «salió corriendo de la casa de baños sin bañarse, exclamando: "Huyamos, no sea que incluso la casa de baños se venga abajo, porque Cerinto, el enemigo de la verdad, está dentro"».[80] Juan estaba afirmando esencialmente que cualquiera que niegue que JesuCristo ha venido en la carne es un antiCristo, porque son en el sentido literal anti-, contra-, Cristo, el Jesús histórico. Lo mismo puede decirse de quien niegue la divinidad de Jesús al tiempo que afirma su humanidad. Stephen S. Smalley, comentarista bíblico, afirma esto al escribir que:

> Juan no insiste únicamente en la «carne» de Jesús, ni tampoco en su condición divina aislada de su carácter humano; mantiene ambas en tensión. Negar cualquiera de los dos es demostrar un origen espiritual que «no es de Dios».[81]

El apóstol Pablo, escribiendo a la Iglesia de Corinto en 53-54 d. C.,[82] también escribe un pasaje relevante para la refuta-

[80] Ireneo, «Against Heresies, 3.3.4», *New Advent*. Consultado el 6 de noviembre del 2018, http://www.newadvent.org/fathers/0103303.htm/.

[81] Stephen S. Smalley, *Word Biblical Commentary 1, 2, 3 John*, Vol. 51, edición revisada (Nashville, TN.: Thomas Nelson, 2007), 213.

[82] F.W. Grosheide, *The New International Commentary on the New Testament: The First Epistle to the Corinthians* (Grand Rapids, MI.: Wm. B. Eerdmans, 1953), 13.

ción teológica de los gnósticos: «y si Cristo no ha resucitado, la fe de ustedes es falsa; todavía están en sus pecados» (1 Co 15:17). En la época en que escribió, tanto los que tenían inclinaciones gnósticas como algunos de los gnósticos que surgieron más tarde, en el siglo II, sostenían la creencia de que Jesús era humano, pero que no había resucitado de entre los muertos. Al contrario, tuvo una muerte física para liberar la chispa divina que era su alma. Esto se hace evidente en el manuscrito del *Evangelio de Judas*, por ejemplo, datado de principios-mediados del siglo II. La idea de la resurrección corporal de Jesús habría sido tan repugnante para los gnósticos como lo era la igualdad de Jesús con el Dios Creador, ya que el cuerpo es supuestamente una prisión infernal. En lugar de una victoria triunfal, la resurrección se habría percibido como una cruel tortura, el nuevo encarcelamiento de la chispa divina de Jesús tras haber alcanzado la libertad espiritual. Pero Pablo deja las cosas claras, todos hemos pecado contra Dios, y si Jesús, el Hijo de Dios, no resucitó de entre los muertos como creían los gnósticos, entonces todos seguimos en nuestro pecado, culpables y condenados por nuestras violaciones de la ley de Dios. Cristo no había venido a realizar nuestras divinidades ocultas, había venido a redimir al hombre de su pecaminosidad, a dar vida a lo que estaba muerto, a restablecer y enderezar de nuevo la relación entre el Creador y la creación tal como era al principio, antes de la caída. El punto que Pablo señala es vital para cualquier cristiano, la fe cristiana se sostiene o cae sobre la resurrección de JesuCristo, y de acuerdo con el testimonio ocular de los apóstoles y la Iglesia del primer siglo, Jesús resucitó de entre los muertos (Mt 28; Mr 16; Lc 24; Jn 20-21). Una persona que niega esto no solo es «antiCristo», sino que está muerta en sus delitos y pecados. Como escribe el académico F. W. Grosheide:

> Cristo solo puede liberar del pecado si, después de muerto, también resucitó (Ro 4:24; 5:1 sigs.; 8:11, etc., cp. también 1 Co 15:3-4). Todos esos pasajes implican que la muerte de Cristo solo tiene valor si Él también venció a la muerte y como Viviente aplica los beneficios de su muerte a los pecadores. Si Cristo solo murió, pero no resucitó, entonces los pecadores no están mejor que los hombres de Emaús (Lc 24:21).[83]

Sin embargo, estas refutaciones apostólicas (y hay muchas más) no impidieron que los gnósticos tomaran los textos apostólicos para sí. Era combustible, o material reciclable, para su cosmovisión religiosa sincretista. Por ejemplo, Rudolph explica que los gnósticos tomaron elementos de las epístolas paulinas, como Colosenses y Efesios, y «cristianizaron» sus tradiciones gnósticas. Él escribe:

> El autor [Pablo] de las epístolas subraya [...] la importancia cosmológica integral de Cristo como «imagen del Dios invisible» y mediador de la creación que está por encima de todos los poderes y es el único que garantiza la salvación [Col. 1:15-20]. Por el bautismo, el cristiano participa de la victoria de Cristo sobre los poderes, pues el cuerpo de Cristo clavado en la cruz es idéntico al viejo hombre bajo el dominio de los poderes terrenales y sobrenaturales que Cristo ha «despojado» en su resurrección [Col. 2:9-15] [...] En la Epístola a los Efesios [...] la asociación de Cristo y la Iglesia [Ef 5:25-32], Cristo como hombre cósmico [Ef 1:10; 2:14-18; 4:8-11] y cabeza de su cuerpo, la Iglesia [Ef 4:3, 12; 5:23] [...] Aquí claramente las ideas gnósticas fueron

---

[83] Ibid., 359.

cristianizadas [...] las imágenes gnósticas [fueron] insertadas en la doctrina de la Iglesia.[84]

11.5. Refutaciones patrísticas

Aunque no contribuyen al texto del Nuevo Testamento, los patrísticos también ofrecen refutaciones válidas de las tendencias gnósticas y del gnosticismo pleno. Justino Mártir (100-165 d. C.), por ejemplo, ofreció una apologética y una filosofía apasionadas, que aunque no perfectas, proporcionaron una corrección a la iglesia romana sobre la doctrina y las prácticas cristianas. Intentó, con los limitados conocimientos de que disponía, «defender el señorío de Cristo en el mundo de la filosofía humana».[85] También estaba Ireneo (130-200 d. C.), que escribió el libro *Contra las herejías* donde detallaba varias escuelas gnósticas de pensamiento diferentes, incluyendo los nombres y funciones de los muchos eones de cada una. En su *Contra las herejías* escribe que:

> [Los gnósticos] tienen una buena realidad, según me parece, para no sentirse inclinados a enseñar estas cosas a todos en público, sino solo a aquellos que son capaces de pagar un alto precio por el conocimiento de tan profundos misterios. Porque estas doctrinas no se parecen en nada a aquellas de las que nuestro Señor dijo: «De gracia recibisteis, dad de gracia». Son, por el contrario, misterios abstrusos, portentosos y profundos, que solo pueden ser descubiertos con gran esfuerzo por aquellos que aman la falsedad. Pues ¿quién no gastaría todo cuanto posee, si solo pudiera aprender a cambio, que de las lágrimas de la entémesis del Eón envuelta en pasión, los mares, y las fuentes, y los ríos, y toda sustancia líquida derivaron su origen; que la luz

---

[84] Rudolph, *Gnosis*, 302.

[85] Frame, *A History of Western Philosophy and Theology*, 92-93.

brotó de su sonrisa; y que de su perplejidad y consternación los elementos corpóreos del mundo fueron formados?[86]

Para Ireneo, el gnosticismo no era más que un absurdo. En términos filosóficos, tenía realidad, pues ¿cómo podía el dios supremo *bythos* (otros textos utilizan el término *Sophia*, *Proarche*, o *Propator*) ser incognoscible y estar «más allá del entendimiento de cualquiera», y sin embargo, ser conocido por su nombre y función por los gnósticos?[87] Se supone que *Bythos* es puramente trascendente, ¿cómo se puede obtener un conocimiento imposible de él? Y si es puramente inmanente, ¿para qué necesita maestros? ¿Cómo puede ser secreto un conocimiento así? Los gnósticos derivaban sus creencias de especulaciones y alegorizaciones infundadas, en marcado contraste con el fundamento epistemológico del cristiano, es decir, la Palabra de Dios inscrita. Como señala el teólogo John M. Frame, al reconocer la «dialéctica trascendencia-immanencia», y al afirmar que solo por la revelación que Dios hace de Sí mismo puede el hombre conocerlo, Ireneo «demostró ser un verdadero filósofo».[88] Pero nos equivocaríamos si pensáramos que su respuesta a las sectas gnósticas es únicamente una refutación filosófica. También argumenta a favor de la confesión ortodoxa de la Iglesia citando ejemplos de unidad doctrinal:

Porque, aunque las lenguas del mundo sean distintas, el significado de la tradición es el mismo. Porque las Iglesias que se han plantado en Alemania no creen ni transmiten nada distinto, ni

---

[86] Ireneo, «Against the Heresies 4.3», *Early Christian Writings*. Consultado el 1o de noviembre del 2018, http://www.earlychristianwritings.com/text/irenaeus-book1.html/.

[87] Frame, *A History of Western Philosophy and Theology*, 94.

[88] Ibid.

las de España, ni las de la Galia, ni las de Oriente, ni las de Egipto, ni las de Libia, ni las que se han establecido en las regiones centrales del mundo [...] Porque siendo la fe siempre una y la misma, ni el que puede disertar mucho sobre ella le añade nada, ni el que puede decir poco la disminuye.[89]

Incluso podríamos fijarnos en Tertuliano (160-220 d. C.), quien, aunque abandonó la Iglesia por la secta del montanismo, regresó más tarde a la ortodoxia con una atronadora reprimenda al gnosticismo. Como escribió en su obra *Prescripciones contra todas las herejías*:

> ¿Qué tienen en común Atenas y Jerusalén? ¿Qué tienen en común la Academia y la Iglesia? ¿Qué tienen en común los herejes y los cristianos? Nuestros principios provienen del «Pórtico» de Salomón, quien a su vez transmitió que al Señor hay que buscarlo con sencillez de corazón. Fuera los que proponen un cristianismo estoico, platónico o dialéctico. No tenemos necesidad de indagaciones especulativas después de haber conocido a Cristo Jesús; ni de buscar la Verdad después de haber recibido el evangelio.[90]

Mientras que algunos gnósticos creían que Jesús no podía haber tomado carne humana debido a las propiedades caídas del mundo material, Tertuliano defiende la encarnación de Jesús afirmando que (i) nada lógicamente posible para

---

[89] Ireneo, «Against the Heresies 10.2», *Early Christian Writings*. Consultado el 1o de noviembre del 2018, http://www.earlychristianwritings.com/text/irenaeus-book1.html/.

[90] Tertuliano, «The Prescription of Heretics 7.45», *Tertullian*. Consultado el 2 de noviembre del 2018, http://www.tertullian.org/articles/bindley_test/bindley_test_07prae.htm/.

Dios es imposible,[91] que (ii) la encarnación de Jesús no niega su divinidad y, en cambio, santifica el cuerpo creado,[92] y que (iii) a Dios le ha placido confundir a los sabios de este mundo con su suprema sabiduría, para que mediante la crucifixión y resurrección de Jesús seamos redimidos.[93] Tertuliano, de hecho, va más lejos en su apologética que Ireneo, pues como señala Frame, Tertuliano «parte de la Escritura y se mantiene firme sobre su fundamento...ve la regla de la fe y la necedad del evangelio como la *presuposición* de todo debate teológico».[94]

Ciertamente hay más escritos patrísticos que revisar, sin embargo, basta decir que en conjunto los patrísticos percibían el gnosticismo como una monstruosidad teológica y filosófica, era considerado la Hidra de muchas cabezas de la mitología griega, el producto final de múltiples e independientes escuelas gnósticas luchando entre sí por prevalecer.[95] Esta Hidra necesitaba ser muerta a manos de la sana doctrina, y había que demostrar, de una vez por todas, que no era más que una religión vana, vacía y pagana idolátrica, y no una confesión ortodoxa cristiana como tanto se esforzaba por ser.

11.6. El choque de metanarrativas

Volviendo al comentario de Sandlin sobre el unismo y el dosismo, el gnosticismo, a pesar de toda su diversidad, es

---

[91] Tertuliano, «On the Flesh of Christ 3.1", *Tertullian*. Consultado el 2 de noviembre del 2018, http://www.tertullian.org/articles/-evans_carn/evans_carn_04eng.htm/.
[92] Ibid., 3.5-6.
[93] Ibid., 4, 5.
[94] Frame, *The History of Western Philosophy and Theology*, 98.
[95] Ireneo, *Adv. Haer.* I 30, 15; Hippolytus, *Refutatio* V. 11 citado en Rudolph, *Gnosis*, 53.

una cosmovisión unista. Para repasar lo que había dicho anteriormente en este libro, los términos *unismo* y *dosismo* fueron acuñados por el erudito del Nuevo Testamento Peter Jones, pero los términos son originalmente conceptos bíblicos derivados de Romanos 1, en particular en relación con el culto al Creador y a la creación. En esencial, el unismo es la creencia de que «todo es uno», y que todo comparte «la misma naturaleza esencial». El dosismo, en cambio, es que aunque:

> toda la creación comparte una cierta esencia (todo aparte de Dios es creado), el Creador de la naturaleza, es decir, Dios, es un ser completamente diferente, cuya voluntad determina la naturaleza y la función de todas las cosas creadas.[96]

El gnosticismo no es dosista, es unista. Su cosmología enseña que todas las cosas son una, a pesar de su marco dualista. Para un sistema de creencias que afirma heredar partes del Antiguo y del Nuevo Testamento, va en dirección contraria al bipartidismo de la cosmovisión judeocristiana. Dios nunca ha sido descrito, ni siquiera interpretado, como uno con Su creación de ninguna manera en el Antiguo y Nuevo Testamento. Siempre ha sido distinto de la creación, y negar esta distinción conduce a un unismo inevitable. En una cosmovisión unista no puede haber distinciones dentro de la realidad, pues todo es uno, pero en una cosmovisión dosista, «podemos hacer las distinciones que [Jesús] mismo nos ha revelado» debido a la distinción entre el Creador y la creación.[97] Esta es la incongruencia fundamental entre la cosmovisión gnóstica y la cristiana, pero para dar más cuerpo

---

[96] Peter Jones, *One or Two: Seeing a World of Difference* (Escondido, CA.: Main Entry Editions, 2010), 17.

[97] Frame, Systematic Theology, 476.

al fuerte contraste entre ambas, ofreceré una comparación más detallada.

Según los textos gnósticos, el dios del Antiguo Testamento, o de la Biblia hebrea, es un malvado engañador. Al crear el mundo material, se le considera un necio; y aunque se declara el único dios verdadero, se afirma que no lo es, pues ignora a la «Madre de todo», es decir, al cosmos entero.[98] Es la «Madre de todo» de la que todo procede, inmaterial y material, dioses y pequeños dioses, una cosmovisión panteísta implícita. Frame escribe que la mejor manera de entender la cosmología gnóstica es verla como:

> En la cima hay un ser supremo (en realidad sin nombre, pero a veces se le da un nombre, como *Bythos*), conectado al mundo material por intermediarios semidivinos. Se denominan *aeones*, con nombres como *Logos, Zoe, Pneuma* y *Psique*. La «caída» se produce cuando el menor de estos seres crea por error un mundo material. Estamos atrapados en ese mundo y debemos ser reabsorbidos en el ser supremo sin nombre mediante diversas disciplinas intelectuales y morales enseñadas por los maestros gnósticos.[99]

Es dentro de este sistema de creencias que el dios del Antiguo Testamento es representado como el diablo,[100] y la serpiente en el Huerto (del Edén) como el héroe de la humanidad divina.[101] El tono cambia cuando los textos

---

[98] *The Tripartite Tractate* 101 en *The Nag Hammadi Scriptures: The Revised and Updated Translation of Sacred Gnostic Texts*, ed. por Marvin Meyer (Nueva York, NY: HarperCollins, 2007), 85.

[99] Frame, *A History of Western Philosophy and Theology*, 88.

[100] *Trimorphic Protennoia*, 39:21; 40:23; 43:32; 43:35-44:2 in *The Nag Hammadi Scriptures*, 725-728.

[101] Peter Jones, *Stolen Identity: The Conspiracy to Reinvent Jesus* (Colorado Springs, CO.: Cook Communications Ministries, 2006), 28.

gnósticos hacen referencia al dios del Nuevo Testamento. Este es en cambio un dios bueno que llama a un pueblo elegido hacia sí para revelarle un conocimiento secreto y especial mediante el cual puede liberarse de sus prisiones corporales. Pero el dios de los textos gnósticos es un dios muy diferente al del Jesús histórico y canónico.

A lo largo de su ministerio terrenal, Jesús afirmó la autoridad y veracidad del Antiguo Testamento, identificando al Dios del antiguo pacto como su Padre eterno, de la misma esencia que Él mismo. Su venida fue para cumplir la voluntad del Padre, y todo lo que el Padre había establecido y revelado lo afirma como verdadero.[102] Al hablar de la estructura del matrimonio, por ejemplo, Jesús dijo: «¿No han leído que Aquel que los creó, desde el principio los hizo varón y hembra...?». (Mt 19:4). Jesús afirma aquí la bondad y la intención del orden creacional de Dios, lo contrario del Jesús gnóstico. Como escribió el erudito del Nuevo Testamento N. T. Wright:

> Los judíos creían que su Dios, YHWH, era el único dios, y que todos los demás (incluido el «dios único» de los estoicos y otros panteístas) eran ídolos [...]Jesús compartía la creencia de que el Dios de Israel era el único Dios verdadero.[103]

No solo el Dios de Jesús, del que también participa como segunda persona de la Divinidad Trina, es diferente de los dioses de los gnósticos, Jesús mismo es diferente. En los textos gnósticos, Jesús es un altavoz de la serpiente. Y según el erudito gnóstico Mark Gaffney, es la voz original de la

---

[102]Ibid., 24.

[103]Marcus J. Borg and N.T. Wright, *The Meaning of Jesus: Two Visions* (Nueva York, NY.: HarperOne, 2007), 31.

serpiente del Génesis.[104] Es el campeón de los antagonistas del Antiguo Testamento, mientras que los sacerdotes y los profetas son sus enemigos.[105] Jesús, según los textos gnósticos, es un personaje totalmente antitético al Jesús bíblico e histórico. Ha venido a redimirnos de nuestras prisiones corporales, a liberarnos de la tiranía del Dios Creador. Es una figura irreconocible para quienes han caminado y vivido con el verdadero Jesús. Para ver una comparación general entre el Jesús gnóstico y el bíblico, véase la Tabla 4 al final del capítulo.[106]

Cabe señalar que, aunque algunos creen que hay pruebas de que el pensamiento gnóstico, antes de su articulación plenamente desarrollada, tenía un concepto vago de redentor, esto no sugiere en absoluto que el concepto gnóstico de redentor influyera en el desarrollo del cristianismo.[107] Al contrario, hace que los textos gnósticos sean aún más sospechosos. Adoptar a Jesús como ese personaje redentor fue en realidad (i) un movimiento oportunista para ganar la aceptación inmediata del público, y (ii) para tapar un agujero enorme en su metanarrativa tipo Frankenstein. Las ideas gnósticas antes y después de la confesión de la Iglesia cristiana habrían sido muy diferentes.

Al comparar las dos metanarrativas, es evidente que existe un conflicto filosófico irreconciliable, o una antítesis, entre el gnosticismo y el cristianismo bíblico. Podríamos resumir las diferencias en *tres* componentes principales de la cosmovisión, donde: (i) *Epistemológicamente*, el gnosticismo enseña

---

[104]See Mark H. Gaffney, *Gnostic Secrets of the Naassenes: The Initiatory Teachings of the Last Supper* (Rochester, Vermont.: Inner Traditions, 2004).

[105]Sandlin, «Ancient Gnosticism Versus Creational Christianity."

[106]Esquema de tabla de Jones, *Stolen Identity*, 167-168.

[107]Rudolph, *Gnosis*, 52.

que el conocimiento común es una ilusión, que el verdadero conocimiento es la estructura dualista de la realidad, y
que para adquirir el verdadero conocimiento hay que hacerse uno con el cosmos, eliminando todas las distinciones.
El cristianismo, por otro lado, enseña que nada puede ser
verdaderamente conocido si no se presupone al Dios Trino,
pues Él es la autoridad última para todo conocimiento, el
primer Conocedor, y debemos pensar nuestros pensamientos
después de Él si buscamos interpretar la realidad correctamente.[108] (ii) *Metafísicamente*, el gnosticismo enseña que
el mundo está dividido en dos niveles, como el dualismo
materia-forma griego, pero que detrás de la distinción todo
es verdaderamente uno. El cristianismo, por otra parte, enseña que todo lo que no sea Dios mismo ha sido creado, y
que existe una clara distinción entre el Creador y la creación.[109] Y (iii) *moralmente*, el gnosticismo enseña que no hay
pecado, que la redención es redescubrir nuestra divinidad,
y que salvarse es liberarse de las prisiones corporales en las
que nos encontramos. Esto está en marcado contraste con el
cristianismo, que en cambio enseña que el hombre, originalmente creado bueno y sujeto a Dios, pecó contra su Creador,
y que solo el mismo Dios Creador puede proporcionar los
medios para la redención y salvación del hombre a través de
su Hijo JesuCristo.[110] El hombre no es divino, aunque lleva
la imagen de Dios. Como escribe Frame: «Ser renovado es
estar satisfecho con nuestra humanidad finita y reconocer
el señorío de nuestro Dios Creador».[111] Al final, una de las
dos es verdadera y la otra falsa, pero ambas no pueden serlo

---

[108]Frame, *Systematic Theology*, 882.
[109]Ibid., 882-883.
[110]Ibid.
[111]Ibid., 883.

al mismo tiempo. El unismo no puede conciliarse con el dosismo. Como afirma el gnóstico moderno June Singer:

> Toda la mitología gnóstica [...] lee todo en una dirección opuesta a la teología ortodoxa. Lo que es cierto en una cosmovisión limitada [el cristianismo] es falso en una cosmovisión ilimitada [el gnosticismo]. Lo que es cierto en un sistema cerrado es falso en un sistema abierto. Y viceversa.[112]

Hay, de hecho, cinco puntos principales pertenecientes a toda cosmovisión religiosa pagana que el gnosticismo exhibe ineludiblemente. Estos son, según Jones, que (i) *todo es uno y uno es todo*; (ii) la *humanidad es una*; (iii) *todas las religiones son una*; (iv) *hay un problema: la amnesia*, y (v) *hay una salida: mirar hacia dentro*.[113] Para profundizar en estos puntos, y cómo se relacionan con el gnosticismo, el *primer punto* de «todo es uno y uno es todo» es la dirección inevitable del pensamiento gnóstico,[114] ya que se cree que todo el cosmos, tanto material como inmaterial, son extensiones de una totalidad y unidad divinas.[115] Consideremos, por ejemplo, el gnóstico *Evangelio de Felipe* que describe la luz y las tinieblas, la vida y la muerte, y la izquierda y la derecha como «inseparables [...] hermanos».[116] Como escribió Jones:

> El bien no es realmente bueno, el mal no es realmente malo, la vida no es realmente vida, ni la muerte realmente muerte. Mientras estos elementos se disuelven unos en otros, el verdadero

---

[112]June Singer, *A Gnostic Book of Hours: Keys to Inner Wisdom* (San Francisco, CA.: HarperSanFrancisco, 1992), xx-xxi.

[113]Véase Peter Jones, *Gospel Truth, Pagan Lies: Can You Tell the Difference?* (Escondido, CA.: Main Entry Editions, 2004).

[114]Ibid., 27.

[115]Jones, *Stolen Identity*, 82.

[116]*The Gospel of Philip* 53:14-16 in *The Nag Hammadi Scriptures*, 162.

gnóstico se eleva por encima de estos hacia el mundo indisoluble y eterno.[117]

Este concepto de unidad universal se traslada naturalmente al *segundo punto*, que toda «la humanidad es una», porque si todas las cosas son esencialmente extensiones de la unidad divina, sean o no cualitativamente buenas o malas, entonces toda la humanidad, a pesar de su diversidad, es expresión de esta única esencia divina.[118] Esto también se traslada al *tercer punto*, que «todas las religiones son una», que en su superficie el gnosticismo puede rechazar, pero en última instancia sus enseñanzas sincretistas apuntan hacia esa idea, de que «si toda la humanidad es una, entonces todas las religiones son una».[119] El hecho de que el gnosticismo surgiera como una síntesis multirreligiosa y filosófica es una clara prueba de ello. Y en cuanto al *cuarto punto*, «hay un problema: la amnesia», el gnosticismo enseña que hemos olvidado nuestra esencia divina, principalmente, que todos somos uno. En contraste con la metanarrativa bíblica, el pecado no es el problema, pues como dice el Jesús gnóstico: «No hay pecado».[120] La solución al único problema del hombre en consecuencia es el *quinto punto*, «hay una salida: mirar hacia dentro».

Para el gnóstico, hay que mirar dentro de uno mismo para encontrar la chispa divina; y para trascender la ilusión aprisionadora del mundo material, hay que «librar al mundo de distinciones y entrar en la unidad mística de todas las cosas».[121] La tensión dialéctica ya puede estar clara, pues en un extremo el gnosticismo enseña un claro dualismo de

---

[117]Jones, *Stolen Identity*, 82.
[118]Jones, *Gospel Truth*, 27.
[119]Ibid., 39.
[120]*The Gospel of Mary* 7:12-14 in *The Nag Hammadi Scriptures*, 741.
[121]Jones, *Gospel Truth*, 48.

la realidad, lo superior o espiritual y lo inferior o material, pero en el otro extremo enseña una cosmología unista. Su dualismo podría considerarse así un *falso* dualismo, pero esta contradicción filosófica es reflejo de una cosmovisión que no es más que un absurdo ilógico.[122]

11.7. Persistencia e influencia del gnosticismo

Uno podría sentirse tentado a pensar que una cosmovisión tan antigua e irracional como el gnosticismo ha dejado de existir, sucumbido a la predicación de la sana doctrina por parte de la Iglesia cristiana. O que nunca podría resurgir dado el mantra del hombre autónomo autoproclamado «la realidad por encima de la religión» (como si la realidad pudiera ser irreligiosa) desde el periodo de la Ilustración. Sin embargo, a pesar del testimonio histórico de la verdad por parte de la Iglesia y de la reciente secularización de Occidente, el antiguo gnosticismo ha resurgido. ¿Por qué? Porque promete la mentira que el hombre caído, en su autonomía radical, busca desesperadamente: la libertad de las «infinitas referencias al Génesis y a los mandamientos mosaicos».[123] Es aquí desde donde opera Pagels, esta es la presuposición religiosa subyacente del Seminario de Jesús (un grupo de 150 académicos liberales y laicos), este es el credo de las iglesias gnósticas. El gnosticismo no ha muerto en la cultura occidental, ha conseguido mantenerse vivo a lo largo de los años, aunque cambiando desde su aparición a medida que

---

[122]Frame, *Systematic Theology*, 43.

[123]Jacques Lacarriere, *The Gnostics* (Londres, UK.: Peter Owen, 1989), 103.

el tiempo ha ido avanzando.[124] Podemos verlo, por ejemplo, en la forma en que el gnosticismo adoptó la teología islámica cuando se encontró con la religión del siglo VII de oriente medio,[125] produciendo *La Madre de los Libros*, un libro de literatura mística islámica que data de finales del siglo VIII.[126] Incluso en el siglo XVI, con la Reforma protestante en marcha en europa, hubo quienes, como los *Alumbrados* en España, desarrollaron un sistema de creencias que sintetizaba elementos gnósticos con el catolicismo romano y el protestantismo luterano.[127] En verdad, la herejía ha persistido, y hasta el segundo advenimiento de Cristo y la consumación de la creación, siempre persistirá mientras permanezca la ortodoxia (Mt 24:11-12; 2 Ts 2:7-8).

Pero el gnosticismo no ha sobrevivido hasta nuestros días como una religión pagana privatizada, al contrario, ha sido una influencia importante (aunque encubierta) para la dirección de la cultura occidental. Esto se debe a que la cultura es la manifestación de la religión del pueblo exteriorizada, o

---

[124]Véase *Ecclesia Gnostica*. Consultado el 7 de noviembre del 2018, http://www.gnosis.org/eghome.htm/.; *The Apostolic Johannite Church*. Consultado el 7 de noviembre del 2018, https://www.johannite.org/.; *The Gnostic Wisdom Network*. Consultado el 7 de noviembre del 2018, https://gnosticwisdom.net/.; *Ecclesia Gnostica Catholica*. Consultado el 7 de noviembre del 2018, http://oto-usa.org/oto/egc/.; *The Gnostic Catholic Apostolic Church of North America*. Consultado el 7 de noviembre del 2018, http://www.apostolicgnosis.org/.

[125]Véase «islamic Mystical Literature: The Mother of Books" en *The Gnostic Bible*, 685-746.

[126]Marvin Meyer, «islamic Mystical Literature: Introduction" en *The Gnostic Bible*, 683.

[127]Véase Marcelino Menéndez y Pelayo, *Historia de los Heterodoxos Españoles* (Madrid, España: Editorial Católica Española, 1880), Book II, 521-585; Book III, 403-408.

dicho de otro modo, la cultura es ineludiblemente religiosa porque toda la vida es religiosa. «Religión» es mucho más que la práctica personal de una determinada fe, es la expresión *cúltica* de las convicciones religiosas, una realidad que lo abarca todo.[128] Como deja claro el concepto bíblico de unismo o dosismo (Ro 1), el hombre adora y sirve al verdadero Dios de las Escrituras (dosismo), o algún aspecto de la creación (unismo).

Podemos considerar, por ejemplo, al candidato del partido de la ley natural a la Secretaría de Estado de California en 1998, quien dijo, en un intento de revivir las ideas gnósticas, que el gobierno es «el reflejo de la *consciencia colectiva*, y necesita un principio unificador [...] de armonía, positividad e *integridad*, en el que nadie pueda equivocarse y todos tengan realidad espontáneamente».[129] Para lograrlo, impartía un programa de «educación para desarrollar *estados superiores* de consciencia» para la adquisición de una *gnosis* universal.[130] O también considera el movimiento feminista más amplio de Occidente, en el que «el gnosticismo se está convirtiendo en una poderosa influencia en la investigación feminista sobre el *derrocamiento* de lo masculino en lo divino».[131] La feminista asiática Chung Hyun, que afirma ser teóloga, también declaró que «las feministas son libres de utilizar los antiguos textos

---

[128]Joseph Boot, «Life IS Religion", *Ezra Institute for Contemporary Christianity*. Consultado el 7 de noviembre del 2018, https://www.ezrainstitute.ca/resource-library/blog-entries/life-is-religion/.
[129]Citado en Jones, *Gospel Truth, Pagan Lies*, 17 (énfasis del autor).
[130]Ibid.
[131]Una feminista contemporánea citada en Jones, PeterPeter Jones, *Spirit Wars: Pagan Revival in Christian America* (EE.UU.: Winepress Pub., 1997), 162.

gnósticos, originalmente rechazados por heréticos, porque el canon cristiano fue creado por hombres [...] Las mujeres no están obligadas a aceptar un libro [en cuya elaboración] no participaron».[132] Esto no debería sorprender del todo, dado que las sectas gnósticas a menudo tenían mujeres en funciones de liderazgo poco convencionales, en violación de las enseñanzas de los apóstoles (1 Ti 2:11-14). Las novedosas tendencias de experimentar éxtasis espiritual y sexual,[133] o el rechazo a tomar el arado y trabajar, también[134] tienen sus raíces en el resurgimiento de un gnosticismo pagano moderno, una cosmovisión unista que ha adoptado elementos del ecologismo moderno, el nihilismo y el marxismo, entre otros.

Para los que han estado atentos al panorama religioso-cultural de Occidente, es dolorosamente evidente que el concepto dosista de la distinción entre el Creador y la creación, que ha estado tan arraigado en el pensamiento de nuestra cultura como resultado de la exposición del Evangelio, se ha perdido; y lo que en su lugar impregna el pensamiento de los hombres es el concepto del Unismo, esa filosofía del todo en uno con raíces en el hinduismo, el taoísmo, el gnosticismo y todo el resto del paganismo. Esto ha conducido inevitablemente a la decadencia de la cultura occidental, con la difuminación de las distinciones sexuales y de género, la reinvención de las normas morales, la redefinición de las

---

[132]Citado en Ibid., 88.

[133]Véase Neil McArthur, «Ecosexuals believe having sex with the earth could save it", *VICE*. Consultado el 7 de noviembre del 2018, https://www.vice.com/en_ca/article/wdbgyq/ecosexuals-believe-having-sex-with-the-earth-could-save-it/.

[134]Véase James Livingston, «Why Work?", *The Baffler*. Consultado el 7 de noviembre del 2018, https://thebaffler.com/salvos/why-work-livingston/.

uniones matrimoniales y las composiciones familiares, y muchas cosas más. Como bien señala Jones, «al considerar a Dios y su creación como parte de un mismo círculo, el monismo conduce a una confusión no solo sobre quién (¡o qué!) es Dios, sino también sobre la identidad de los seres humanos y su lugar en el mundo».[135] Por tanto, es responsabilidad de la Iglesia, como lo fue en el periodo apostólico, refutar las falsas enseñanzas contrarias a la cosmovisión de las Escrituras, desenmascarar las cosmovisiones paganas idólatras como ilusiones vacías y vanas, y proclamar la verdad del Evangelio como la única filosofía de vida verdadera para el bien del hombre y de la sociedad.

Si la Iglesia no cumple su mandato apologético, corre el riesgo de que sus miembros se expongan sin estar preparados a falsas enseñanzas, a falsedades que pueden envenenar la confesión y la práctica de la Iglesia. Frame advierte de este peligro, pues las ideas gnósticas han llevado incluso a algunos cristianos de hoy a equiparar y reducir lo metafísico con lo ético, como el pecado con la finitud, y esto da lugar a que el pecado se convierta en «un defecto de la creación misma (en última instancia... un defecto del acto creador de Dios) más que en la rebelión de las personas creadas contra su Creador personal».[136] Si la Iglesia no da testimonio de la verdad y se enfrenta a las falsas filosofías de la vida, ¿qué puede esperar entonces el mundo sino sumirse aún más en las tinieblas filosóficas?

---

[135]Jones, *Gospel Truth, Pagan Lies*, 19.
[136]Frame, *Systematic Theology*, 289.

11.8. Conclusiones

En definitiva, al considerar el tema del gnosticismo antiguo, cabe plantearse la pregunta de que si las pruebas disponibles apuntan claramente en contra de las teorías de los eruditos gnósticos, como la de Pagels y el Seminario de Jesús, ¿por qué persisten estas teorías? ¿Por qué las ideas gnósticas siguen amenazando la enseñanza y la cultura pública de la Iglesia? La respuesta no está en las pruebas en sí, sino en las presuposiciones de quienes las interpretan, en particular, en el «compromiso previo de los académicos con un punto de vista liberal radical».[137] Pagels, por ejemplo, fue cristiana evangélica en su juventud (o eso afirma), hasta que quedó fascinada por la cosmovisión budista al visitar el Centro Zen de San Francisco, California. Desde entonces, ha buscado una síntesis del cristianismo y el budismo, inspirando su erudición en los estudios gnósticos con la esperanza de enraizar su creencia en alguna tradición histórica «cristiana».[138] O consideremos a James Robinson, traductor de los textos gnósticos. Fue ministro presbiteriano reformado hasta que decidió abandonar la Iglesia y meter a Jesús en el mismo saco que Krishna, Buda y otros místicos espirituales de las religiones del mundo. De una iglesia presbiteriana de Mississippi pasó a la Ecclesia Gnostica de Los ángeles, en busca de un Jesús místico ausente de los evangelios canónicos.[139]

---

[137]Gary R. Habermas and Michael R. Licona, *The Case for the Resurrection of Jesus* (Grand Rapids, MI.: Kregel Publications, 2004), 23.

[138]Pagels, *Beyond Belief*, 31, 74-75.

[139]James Robinson, *The Nag Hammadi Library in English*, edición revisada (Leiden, Netherlands: Brill, 1997), 1.; Stephan Hoeller, *Jung and the Lost Gospels: Insights into the Dead Sea Scrolls and the Nag Hammadi Library* (EE. UU.: Quest Books, 1989), xvii.

Estas perspectivas de un «cristianismo alternativo» primitivo no se basan en absoluto en hechos, sino en motivaciones religiosas. Como comenta Jones, «el gnosticismo fue la expresión más temprana del liberalismo "cristiano" [...] los liberales modernos solo imitan a sus primos perdidos, los gnósticos».[140] Quizás esta idea de la motivación religiosa por encima de los hechos pueda parecer difícil de creer, viniendo de un cristiano evangélico y ortodoxo. Pero consideremos las palabras del erudito Duncan Greenless, un gnóstico moderno que se opone a la opinión de sus colegas:

> El gnosticismo es un sistema de conocimiento directo de Dios [...] en los primeros siglos de esta era, en medio de un cristianismo creciente, [el cual] adoptó la forma de la fe cristiana, mientras rechazaba la mayoría de sus creencias específicas. Su redacción es, pues, en gran parte cristiana, mientras que su *espíritu* es el del más reciente paganismo de Occidente.[141]

No debería sorprender entonces descubrir que el Seminario de Jesús no fue, de hecho, reunido en base a la calidad académica por algún comité independiente, sino más bien autoseleccionado con base en el liberalismo radical de sus miembros.[142] Sus investigaciones publicadas, en consecuencia, no son un análisis objetivo de textos antiguos, sino una interpretación muy sesgada según sus presupuestos religiosos. Es el caso de Pagels, Ehrman, Robinson, Dominic Crossan, etc. Y aunque es cierto que toda investigación se basa en

---

[140]David Van Biema, «The Gospel Truth», *Time* Magazine, 8 de abril de 1996, 57 citado en Habermas y Licona, *The Case for the Resurrection*, 23.

[141]Duncan Greenlees, *The Gospel of the Gnostics* (EE. UU.: Book Tree, 2006), vii (énfasis del autor).

[142]David Van Biema, «The Gospel Truth», *Time* Magazine, 8 de abril de 1996, 57 citado en Habermas y Licona, *The Case for the Resurrection*, 23.

presupuestos religiosos, hay que preguntarse si los propios presupuestos coinciden con la interpretación autorizada por Dios de la realidad, una cosmovisión bíblica dosista, pues si no es así, entonces debemos preguntarnos si podemos siquiera empezar a dar sentido al asunto de las pruebas.

Para concluir, contrario a las afirmaciones de estos eruditos liberales, en lo que se refiere a la veracidad y autenticidad histórica de los textos gnósticos, estos antiguos evangelios no son más que alternativas o perspectivas fraudulentas en competencia sobre la vida y ministerio de Jesús. Una erudición honesta exige descartarlos como «cristianismos alternativos» con base en su origen pagano y sus fechas de composición, la refutación apostólica de las primeras tendencias gnósticas en el Nuevo Testamento, las refutaciones patrísticas y la incongruencia entre las metanarrativas, o cosmovisiones, de las Escrituras gnósticas y las hebreo-cristianas. El gnosticismo no es un cristianismo perdido hace mucho tiempo, ni una alternativa de espiritualidad cristiana, es una antigua herejía que amenaza no solo con corromper la enseñanza de una iglesia sin discernimiento con su dirección unista de pensamiento, sino con llevar este mundo creado al caos social, cultivando la descomposición y la degradación de la sociedad para la destrucción de la buena creación de Dios. En su raíz, pretende eliminar los fundamentos bíblicos de la civilización occidental. Que defendamos la verdad bíblica como lo hicieron los patrísticos en la Edad Antigua, apoyándonos en la Palabra de Dios como autoridad para todos los aspectos de la vida y del pensamiento, confiando en que el Espíritu de Dios cambiará los corazones y las vidas.

De Jesús	Gnóstico	Bíblico
Dios	Un dios espíritu impersonal panteísta que desprecia al inferior e ignorante dios creador	Un Dios personal que creó el cosmos; es también el redentor de la caída creación, se muestra al hombre a través de las revelaciones especial y natural, y exige obediencia a las estructuras creadas.
Mensaje y ministerio	La realidad creada es mala y el rey de este mundo, el malvado dios creador, debe ser resistido y derrotado.	El Dios soberano gobierna sobre su creación y Jesús como el Hijo de Dios es el legítimo heredero que ha venido a restaurar la creación y sujetar todas las cosas al Padre.
Nacimiento	Jesús no nació físicamente, no tuvo familia ni linaje real. Si lo hizo, entonces nació en una prisión.	Jesús entró en nuestro mundo mediante un nacimiento físico de una real mujer virgen (María). nació bajo la ley con linaje judío y real.
Humanidad	Jesús fue una chispa de entidad divina atrapada en un cuerpo físico. No hay ningún contexto histórico, ninguna cronología, y ningún contexto cultural para su vida y ministerio.	Jesús tuvo un cuerpo humano real, fue tentado por Satanás, experimentó debilidad física durante su vida y ministerio sobre la tierra, pero fue sin pecado y perfecto en su justicia.
Divinidad	Jesús es tan divino como cualquier otro; todos somos chispas de entidad divina	Jesús es el Hijo unigénito de Dios, segunda persona de la Triuna deidad, de la misma esencia que el Padre y el Espíritu. Eterno como su Padre, y objeto de la adoración de la gente.
Espiritualidad	Convertirse en uno con la unidad del cosmos a través del cese de los pensamientos terrenales, la meditación mística, la adquisición de un conocimiento secreto y especial, y la unión de distinciones y opuestos metafísicos, morales y epistemológicos.	Oración devota al Padre, reflexión racional sobre las Escrituras y fe ejercida en su vida y ministerio.
Sexualidad	Desprendido de la anatomía humana, andrógino, insignificante y alentando la unión extática con todas las personas y todas las cosas. La reproducción humana es despreciada.	Orden creado de la heterosexualidad, el matrimonio como un pacto sagrado entre un hombre y una mujer, y la reproducción humana como elemento vital para el crecimiento de la familia.

Moralidad	No existe una ley moral; cualquier ley establecida fue creada por el dios creador maligno y no es más que una ilusión. El hombre crea su propia ley, pero no existe tal cosa como el "pecado".	Jesús y la revelación escrita de Dios son el estándar moral para la humanidad. La ley de Dios define el pecado, exige juicio y castigo, y la justicia solo es atribuible a Dios, quien es santo y perfecto.
Muerte	Liberación de la prisión del cuerpo, un escape del mundo creado y maligno. Jesús no experimentó una muerte física; otro murió en su lugar. En otros textos, su muerte fue una ilusión.	La crucifixión de Jesús fue para la redención de su pueblo; su muerte física real satisfizo la ley. La muerte es el último enemigo que será destruido por Dios y fue derrotada en la resurrección de Jesús.
Resurrección	Simbólico del nuevo conocimiento adquirido por el gnóstico, comienza con la trascendencia de la humanidad hacia la divinidad. Es una resurrección espiritual, no física.	Una resurrección física y corporal, una transformación/glorificación, una recreación a través de la obra creadora de Dios.

Tabla 4. Comparación general entre el Jesús gnóstico y el bíblico.

PARTE IV

APÉNDICES

APÉNDICE I
ANÁLISIS COMPARATIVO ENTRE LA VIDA
DE *AUGUSTO DE SUETONIO*
Y *EL EVANGELIO SEGÚN LUCAS*

Introducción

Cuando Suetonio (c. 69 d. C. - c. 140 d. C.) escribió la *Vida de Augusto*, y cuando San Lucas escribió *El Evangelio según Lucas*, su literatura biográfica no se escribió para una cultura basada en textos como la del siglo XXI.[1] De hecho, el arte de escribir ensayos, cartas y tratados aún no estaba completamente desarrollado, pues solo había comenzado con los escritos de Cicerón (c. 106 a. C. - c. 43 a. C.) y sus seguidores.[2] Como escribe el erudito del Nuevo Testamento Ben Witherington III, «ningún documento de la Edad Antigua estaba pensado para ser leído "en silencio" [...] siempre estaban pensados para ser leídos en voz alta y, por lo general, se leían en voz alta ante un grupo de personas».[3] Estas biografías eran retóricas por naturaleza, estaban compuestas con un potencial «auditivo» y «oral» en mente, y pensadas para ser «entregadas oralmente cuando llegasen a su destino».[4] En otras palabras, tanto la *Vida de Augusto* como *El Evangelio según Lucas* se escribieron para una cultura oral.

---

[1] Ben Witherington III, *New Testament Rhetoric: An Introductory Guide to the Art of Persuasion in and of the New Testament* (Euegene, OR.: Cascade Books, 2009), 1.

[2] Ibid., 8.

[3] Ibid., 1.

[4] Ibid., 2.

Al estudiar las biografías orales de la Edad Antigua, la principal pregunta que los escritores trataban de responder era: ¿Quién es este hombre? Se hacía gran hincapié en las «palabras» y «acciones» del individuo, que se consideraban vitales para la narración literaria, pero no solo se pretendía ofrecer un relato histórico de la vida del individuo, sino de por qué este, a menudo alabado como héroe, debía ser recordado.[5] Es al conciliar la literatura biográfica con su cultura oral que descubrimos los tres componentes generales predominantes en los escritos de la Edad Antigua: *ethos* (el carácter del individuo), *pathos* (conmover a la audiencia), y *logos* (el mensaje a comunicar).[6] Esta retórica se caracterizaba también por una notable «didáctica y modelado exempla», es decir, lecciones[7] que enseñar y aplicar, modelos que seguir e imitar y utilizar éticamente, según creían los griegos, en beneficio de la vida humana y de la sociedad.[8] Teniendo esto en cuenta, podemos examinar la *Vida de Augusto* de Suetonio y *El Evangelio según Lucas*, dos biografías antiguas de excelente retórica, y dos textos significativos para ser comparados dada la importancia histórica y teológica perteneciente a cada texto.

---

[5] David Miller, "NT510 Gospel and Acts: Rhetoric and Bioi Literature.pptx", VES Populi, 2016, consultado el 8 de septiembre del 2016, https://ves.populiweb.com/router/courseofferings/5938178/info#.

[6] Ibid.

[7] Ibid.

[8] Witherington III, *New Testament Rhetoric*, 10.

Vida de Augusto de Suetonio

La *Vida de Augusto*, escrita por el escritor romano Suetonio, que también fue secretario del emperador Adriano,[9] data de algún momento entre el 70 y el 140 d. C.[10] Forma parte de un corpus literario más amplio titulado *Los doce césares*, que comienza con la vida de Julio César y termina con la de Domiciano. Acreditado como el primer escritor pagano que mencionó el cristianismo, y no de la forma más positiva, Suetonio creía que los cristianos eran unos malhechores y estaba de acuerdo con la persecución de Nerón contra ellos.[11] Gran parte de su obra escrita sobrevivió a lo largo de los siglos (por desgracia, la mayor parte de su *De viris illustribus* se perdió en la historia), arrojando luz sobre la vida de los emperadores romanos y proporcionando un ejemplo de retórica grecorromana.[12] Su *Doce Césares* es un texto significativo si tenemos en cuenta que su contenido se cruza históricamente con el judaísmo del Segundo Templo y el nacimiento y difusión del cristianismo, realidad de más para estudiar su obra junto a los evangelios canónicos y el libro de los Hechos.

Para el historiador moderno, la *Vida de Augusto* es una conocida obra clásica, un excelente ejemplo de retórica en la sociedad grecorromana, pero para quienes no estén familiarizados con la biografía de Suetonio, César Augusto,

---

[9] F. L. Cross y E. A. Livingstone, eds., *The Oxford Dictionary of the Christian Church*, tercera ed. revisada. (Nueva York, NY.: Oxford University Press, 2005), 1565.

[10] Joseph M. Holden y Norman Geisler, *The Popular Handbook of Archaeology and the Bible: Discoveries That Confirm the Reliability of Scripture* (Eugene, OR.: Harvest House Publishers, 2013), 129.

[11] Ibid.

[12] D. Brown, «Suetonius», in *The Lexham Bible Dictionary*, ed. J. D. Barry et al. (Bellingham, WA.: Lexham Press, 2016).

reconocido inicialmente como Cayo Octavio, fue el hombre
que sucedió a Julio César, el hombre que superó a sus rivales
Antonio y Bruto por el liderazgo de Roma, y el hombre que
puso fin a la guerra civil en la República Romana, inaugu-
rando un período de paz (*Pax Romana*) y creando un nuevo
sistema de gobierno. El biógrafo histórico Anthony Everitt
llega a afirmar que:

> Imperator César Augusto, por llamarlo por su nombre propio,
> fue uno de los hombres más influyentes de la historia. Como
> primer emperador de Roma, transformó la caótica República
> Romana en una autocracia imperial ordenada. Su consolidación
> del imperio romano hace dos mil años sentó las bases sobre las
> que posteriormente se construyó europa como región y como
> cultura. Si alguien puede calificarse de padre fundador de la
> civilización occidental, ése es Augusto.[13]

Era común, dado el culto imperial de Roma, considerar
a los emperadores como hijos de dios, a los que posteriormente se divinizaba a su muerte; un proceso denominado
apoteosis.[14] A menudo, esto sesgaba los relatos históricos de
los emperadores, algo habitual en aras de la retórica. Pero
lo que Suetonio ofrece es un retrato más humanizador de
la élite romana, ilustrando «las ventajas y desventajas del *im-
perium*», al tiempo que exhibe elementos epideícticos, opor-
tunidades para el elogio y la culpa del personaje central de

---

[13] Anthony Everitt, *Augustus: The Life of Rome's First Emperor* (Nueva York,
NY.: Random House Publishing Group, 2007), ix.

[14] BBC, «History - Ancient History in Depth: Roman Religion Gallery»,
BBC, 17 de febrero de 2011, consultado el 3 de octubre de 2016,
http://www.bbc.co.uk/history/ancient/romans/roman_religion_gallery'-
_06.shtml.

sus biografías.[15] Sin embargo, al realizar un análisis de *Los doce césares*, el erudito Larry Cochran descubrió que Augusto era presentado más positivamente que cualquier otro emperador, aparte de Tito.[16] Su análisis de la concepción de Suetonio del carácter imperial se refería a la responsabilidad (o irresponsabilidad), la moderación (o exceso) en el sexo, la comida y la bebida, la modestia (o vanagloria), la naturaleza misericordiosa y buena (o cruel y mala), la vida sin pretensiones (o pretenciosa), el contento (o la miseria), el carácter fuerte (o débil), la lealtad (o la traición), la ética financiera (o la rapacidad), el altruismo (o el egocentrismo) y el estímulo (o la envidia) del emperador.[17] Augusto puntuó la más alta calidad de carácter imperial, y de esto no debemos sorprendernos;[18] después de todo, era el amado del Imperio Romano, y a diferencia de cualquier otro emperador, se le consideró en muchos sentidos tanto un hombre como un dios mientras vivió.[19] De este modo, Suetonio encuadra a Augusto «en el marco más amplio» de su propia visión sobre «el fenómeno religioso [...] uno de los rasgos más distintivos de la religión romana en los inicios del Imperio».[20]

Un esquema de la *Vida de Augusto*, según sugiere el erudito David Wardle, es (1) la introducción a Augusto y su ascendencia, (2) su vida antes de su vida pública, (3) su vida pública o

---

[15] Dan Curley, «The Art of Biography in Antiquity by Tomas Hagg (review)», *American Journal of Philology* 134, no. 4 (2013), 716.

[16] Larry R. Cochran, «Suetonius' Conception of imperial Character», *Biography* 3, no. 3 (1980), 197.

[17] Ibid., 192-194.

[18] Ibid., 197.

[19] David Wardle, «Suetonius on Augustus as God and Man», *Classical Quarterly* 62, no. 1 (2012), 322.

[20] Ibid., 307.

carrera, (4) su vida personal (es decir, familia, aspectos físicos, aspectos intelectuales, etc.), (5) las señales de su grandeza y eterna buena fortuna, y (6) su muerte y divinidad póstuma.[21] Como es de esperar en una biografía de la Edad Antigua, la oralidad está claramente señalada en el texto, como escribe Wardle:

> Para apreciar el control que Suetonio ejerce sobre su material, es necesario fijarse en las técnicas de organización que emplea tanto para ordenar las propias categorías como para disponer el material dentro de las categorías de análisis que ha elegido [...] El lector antiguo estaba más familiarizado con las técnicas que nosotros hoy en día y, cuando un lector experto oía el texto leído en voz alta, como podemos suponer que sucedió, podía discernir fácilmente lo que el biógrafo estaba haciendo.[22]

Las técnicas a las que se refiere Wardle son los principios organizativos básicos, como la cronología, la jerarquía, el género y el (anti)clímax, que son evidentes a lo largo de *Los doce césares y la Vida de Augusto* de Suetonio.[23] Su propósito, como escribe Cochran, es proporcionar una biografía que «dé sentido a la conducta de la vida de una persona», proporcionando «sistema, continuidad, consistencia, patrón, regularidad y similares, de modo que las acciones y reacciones de una persona aparezcan como expresiones características y reflejos de un único carácter unificador».[24] Wardle expone además el propósito de Suetonio en la *Vida de Augusto*, iden-

---

[21] David Wardle y Suetonio, *Suetonius: Life of Augustus - Translated with Introduction and Historical Commentary* (Oxford, UK.: Oxford University Press, 2014), 10-12.

[22] Ibid., 14-15.

[23] Ibid., 15.

[24] Cochran, «Suetonius' Conception of imperial Character», 189.

tificándola como uno de los varios y ricos «mensajes divinos a la humanidad» en todo el corpus literario de las *Vidas*.[25]

El material que utiliza para enfatizar la *Divus*, divinidad, de Augusto, que es prevalente y única de Augusto y de ningún otro emperador en *Los doce césares*, es proporcionar un modelo por el que los ciudadanos de Roma han de seguir, no en la realización de la divinidad, sino en los más altos ideales de carácter y virtud; pero solo eso se queda corto en la costumbre romana, Suetonio defiende su «adoración». Consideremos los siguientes pasajes de la *Vida de Augusto*:

> Tenía unos ojos claros y brillantes, en los que le gustaba hacer creer que había una especie de poder divino, y le complacía mucho, siempre que miraba con agudeza a alguien, si dejaba caer su rostro como ante el resplandor del sol (*Aug.* 79.2).
>
> Se dice que su cuerpo estaba cubierto de manchas y que tenía marcas de nacimiento esparcidas por el pecho y el vientre, que se correspondían en forma, orden y número con las estrellas de la Osa en los cielos (*Aug.* 80.1).

Como comenta Wardle, «la constelación de la Osa Mayor era reconocida por los antiguos como el eje alrededor del cual giraba el universo».[26] Se daba a entender, por tanto, que el universo giraba en torno al hombre y reinado de Augusto. Aunque nosotros leamos estos textos con indiferencia, tenían un significado religioso para el pueblo romano.

Este énfasis en la divinidad nos lleva a preguntarnos por la historicidad de su relato, y dada la religión de culto de Roma, que implicaba (i) la concesión de honores que eran «demasiado grandes para el hombre mortal», (ii) la construcción de un trono de oro en la casa del Senado, (iii) la edificación

---

[25] Wardle, «Suetonius on Augustus as God and Man», 315.
[26] Ibid., 318.

de templos, altares y estatuas, y (iv) la consagración de un sacerdocio al emperador, está[27] claro que la religión romana influyó mucho en la escritura de Suetonio. Debemos tener en cuenta que, aunque Suetonio pudo haber tenido acceso a registros históricos, no fue testigo presencial de todos los acontecimientos contenidos en sus *Doce césares*, y los registros habrían sido exagerados para alabar (o en algunos casos, culpar) a los emperadores. Las marcas de historicidad, en lo que se refiere a los acontecimientos extraordinarios, no son ni de lejos tan fuertes como las de los evangelios canónicos, por ejemplo,[28] pero se asumía que si los registros procedían del Estado, los ciudadanos estaban obligados por tanto a tomar los registros como verdaderos basándose en la autoridad del Estado. Las pretensiones de divinidad de Augusto, sin embargo, no son más que el hombre creado exaltando al hombre creado, otra forma de humanismo. No es casualidad que la religión de culto imperial surgiera al mismo tiempo que el primer emperador romano.

El Evangelio según Lucas

El Evangelio según Lucas, por otra parte, escrito por un médico gentil que exhibió una excelente habilidad como historiador, es un registro de la vida y el ministerio de un judío del siglo I, Jesús. Mientras que Suetonio escribió sobre el primer emperador romano, Lucas lo hizo sobre el Rey del universo e Hijo de Dios. Teófilo, un funcionario público, le encargó, y probablemente financió, que escribiera un relato biográfico de Jesús, en algún momento antes del año 70 d. C.[29] Si los

---

[27] Ibid., 308.
[28] Holden y Geisler, *The Popular Handbook of Archaeology and the Bible*, 129.
[29] Véase D. A. Carson y Douglas J. Moo, *An Introduction to the New Testament*, segunda ed. (Grand Rapids, MI.: Zondervan, 2005), 207-210.

comparamos con los otros tres evangelios canónicos, Mateo, Marcos y Juan, observamos una armonía y congruencia entre ellos que sugiere un alto nivel de precisión histórica, dado que estos evangelios se basaron en testimonios oculares y en un conocimiento excepcional de las costumbres judía.

Cabría preguntarse por qué deberíamos esperar que los escritores evangélicos redactaran sus relatos biográficos con una retórica de inspiración griega, teniendo en cuenta que el propio Jesús era judío y que su vida y ministerio se desarrollaron en un contexto semítico. En respuesta a esto, debemos considerar que en el siglo I, el judaísmo había sido fuertemente helenizado, y no solo lo atestiguamos lingüísticamente, sino también culturalmente.[30] Pensemos, por ejemplo, en los fariseos respetuosos de la ley «que se sentaban a la mesa con Jesús al estilo grecorromano en tierra Santa (Lc 7:36-50)», o en los osarios judíos del siglo I que presentaban inscripciones griegas.[31] Como dice Witherington III, Ben Witherington III, «había incluso una escuela de retórica en Jerusalén donde un Saulo o un Juan Marcos bien podrían haber aprendido retórica».[32] Es reconociendo la influencia de la cultura griega en el judaísmo del siglo I como podemos apreciar la pulida retórica del Evangelio según Lucas.

Como es habitual en las biografías antiguas, al examinar el texto queda claro que el personaje central del evangelio lucano es Jesucristo, y son sus palabras y hechos los que ilustran el propósito clave del escrito de Lucas, presentar a Cristo como el «compasivo Hijo del Hombre, que vino a vivir entre

---

[30] Witherington III, *New Testament Rhetoric*, 23.
[31] Ibid.
[32] Ibid.

los pecadores, amarlos, ayudarlos y morir por ellos».[33] Lucas cumple este propósito presentando a Cristo dentro de toda la historia de la salvación, y operando como un «historiador helenístico retóricamente informado y hábil, que también conoce y escribe informado por el material histórico» del Antiguo Testamento;[34] no exagerando los acontecimientos históricos, sino sintetizando cuidadosamente el testimonio de los testigos oculares.[35] Era práctica común entre los escritores antiguos dejar que sus obras históricas se guiaran por la «declamación y las preocupaciones retóricas» más que por el estudio de las fuentes reales y los testimonios de los testigos oculares, pero no es el caso de Lucas.[36] Tuvo que equilibrar su trabajo con la fidelidad a la verdad, y «al mismo tiempo la atención a la perfección del estilo de la narración».[37] El resultado final es, como dice el erudito Norval Geldenhuys, «el más completo y exhaustivo de los cuatro evangelios [...] Las más bellas historias sobre Jesús y las más emocionantes parábolas del Señor...».[38] Al escribir una excepcional *historia*, encontramos que es la «universalidad» de Jesucristo y su salvación lo que está en plena exhibición en la Escritura de Lucas,[39] y al reconciliar los dos volúmenes, *El Evangelio según Lucas* y *El Libro de los Hechos*, vemos que es tanto el papel de Jesús como Salvador (Lc 2:10) como su posición como Señor

---

[33] Warren W. Wiersbe, *The Bible Exposition Commentary New Testament: Vol. 1 Matthew – Galatians* (Colorado Springs, CO.: David C. Cook, 1989), 170.

[34] Witherington III, *New Testament Rhetoric*, 33.

[35] Wiersbe, *The Bible Exposition Commentary New Testament: Vol. 1*, 170.

[36] Witherington III, *New Testament Rhetoric*, 34.

[37] Ibid., 36.

[38] Norval Geldenhuys, *The New International Commentary on the New Testament: The Gospel of Luke* (Grand Rapids, MI.: Wm. B. Eerdmans Publishing Company, 1977), 42.

[39] Witherington III, *New Testament Rhetoric*, 36.

sobre todos (Hch 2:34-36) lo que se entreteje a lo largo de la literatura retórica de Lucas.[40]

Por supuesto, dada la cultura oral en la que se escribían las biografías de la Edad Antigua, tenía que haber alguna mención en cuanto al enfoque y la dirección del texto para instrucción del oyente, ya que era habitual que los escritores de la Edad Antigua utilizaran *scriptum continuum*, es decir, «una corriente interminable de letras y palabras sin muchas divisiones, si es que las había».[41] Lo encontramos en los cuatro primeros versículos del Evangelio según Lucas:

> Por cuanto muchos han tratado de poner en orden y escribir una historia de las cosas que entre nosotros son muy ciertas, tal como nos las dieron a conocer los que desde el principio fueron testigos oculares y ministros de la palabra, también a mí me ha parecido conveniente, después de haberlo investigado todo con diligencia desde el principio, escribírtelas ordenadamente, excelentísimo Teófilo, para que sepas la verdad precisa acerca de las cosas que te han sido enseñadas (Lc 1:1-4).

El texto parece tener un enfoque forense, un motivo apologético, para disipar toda duda presentando el verdadero relato histórico de Jesús para Teófilo y el público en general.[42] Esto es evidente según el erudito Robert Gundry, quien escribió que «la preocupación de Lucas es establecer la piedad religiosa, la pureza moral y la inocencia política de Jesús y sus seguidores [...] [por ejemplo,] el gobernador romano absuelve repetidamente a Jesús de culpa».[43] Esto no significa que Lucas escribiera su evangelio con la intención de

---

[40] Geldenhuys, *NICNT: The Gospel of Luke*, 43.

[41] Witherington III, New Testament Rhetoric, 33.

[42] Wiersbe, *The Bible Exposition Commentary New Testament: Vol. 1*, 170.

[43] Robert H. Gundry, *A Survey of the New Testament*, cuarta ed. (Grand Rapids, MI.: Zondervan, 2003), 209.

distorsionar deliberadamente los acontecimientos históricos
en aras de su apologética, sino que escribió con honestidad
lo que realmente sucedió. Como escribe Witherington III:

> [Lucas escribió sobre] acontecimientos históricos significativos,
> acontecimientos de importancia salvífica a medida que la Buena
> Nueva de Jesús se extiende de Galilea a Jerusalén, y luego de
> Jerusalén al mundo [en los Hechos], incluso hasta el corazón
> del Imperio en Roma. El primer volumen de Lucas tiene movi-
> miento centrípeto, «que sube a Jerusalén», quedándose allí al
> final».[44]

La integridad moral es de suma importancia para Lucas,
sin dejar de exhibir una excelente retórica. De hecho, Lucas
enorgullecería al historiador griego Polibio (c. 200 a. C. - c.
118 a. C.) por no haber alterado, como han hecho otros, el
relato histórico en aras de la retórica, primando en cambio
la fidelidad a la verdad por encima de todo. Podemos leer la
guía de retórica biográfica de Polibio:

> Indaguemos solo lo que es esencial y según el propósito en la
> historia. Sin duda, el objetivo de un historiador no debe ser
> asombrar a sus lectores con una serie de anécdotas emocionan-
> tes; tampoco debe tratar de producir discursos que podrían
> haber sido pronunciados, ni estudiar la propiedad dramática en
> los detalles como un escritor de tragedias: pero su función es so-
> bre todo registrar con fidelidad lo que realmente se dijo o hizo,
> por muy común que sea. Porque el propósito de la historia [...]
> [es] instruir y convencer con palabras y hechos auténticos.[45]

---

[44] Witherington III, *New Testament Rhetoric*, 34.
[45] Universidad de Chicago, «Perseus under Philologic: Polyb. 2.56.10»,
Greek Texts and Translations, junio del 2009, consultado el 28
de septiembre del 2016, http://perseus.uchicago.edu/perseus-cgi-
/citequery3.pl?dbname=GreekFeb2011&query=Polyb.%202.56.10&geti-
d=1.

El evangelio lucano no es solo forense, es decir, apologético en su naturaleza, sino también deliberativo, una exhortación a la imitación, que utiliza la didáctica y el modelado exempla con Jesús como individuo central,[46] ayudando a la audiencia a reconocer la valía de la crónica del Hijo del Hombre.[47] De hecho, Geldenhuys escribe que, en Lucas, Jesús es destacado (no fabricado) como Aquel «que realizó todos sus ideales y que superó por completo los más elevados ideales griegos», cumpliendo en «la medida más alta y absoluta el ideal de perfección, en amor y severidad, en ternura y poder, en humildad y en intrepidez, en sabiduría y en todas las demás virtudes del carácter».[48]

Este término «cumpliendo» es un tema común en todo el Evangelio según Lucas, como leemos en Lucas 24:44: «Esto es lo que Yo [Jesús] les decía cuando todavía estaba con ustedes: que era necesario que se cumpliera todo lo que sobre Mí está escrito en la ley de Moisés, en los profetas y en los Salmos». Cuando reconciliamos la palabra «cumplir» con el conjunto de la literatura lucana, significa transmitir la salvación que se promete en el Antiguo Testamento, como escribe Witherington III, «la llegada del Reino trae la era del cumplimiento».[49] Somos testigos de esto en Lucas 4, por ejemplo, con el discurso de Cristo seguido por los acontecimientos posteriores que luego se muestran como un cumplimiento «de una escritura isaiánica particular interpretada por Jesús en su sinagoga en casa».[50]

---

[46] Miller, «NT510 Gospel and Acts: Rhetoric and Bioi Literature.pptx.»
[47] Witherington III, *New Testament Rhetoric*, 38.
[48] Geldenhuys, *NICNT: The Gospel of Luke*, 45.
[49] Witherington III, *New Testament Rhetoric*, 38.
[50] Ibid.

Otro componente clave de la retórica, que resulta evidente en los escritos de Lucas, son los recursos literarios, como la hipérbole, una «exageración intencionada utilizada para dar fuerza a un argumento» (Lc 14:26; 27-36). Esto no es exclusivo del Evangelio según Lucas, ya que lo vemos, por ejemplo, en la literatura mateana (Mt 5:29-30),[51] sin embargo, las parábolas, otro recurso literario, se encuentran más dominantes en el evangelio lucano, el cual retóricamente funciona «para probar o apoyar la veracidad de la proposición general que se presenta».[52] Dado que Lucas escribía para un público universal y, por tanto, mayoritariamente gentil, el uso de parábolas habría sido bien recibido entre un público retóricamente informado como comunicación de «analogías directas destinadas al consumo público».[53]

Geldenhuys exclama que, con respecto al texto lucano, «el encanto idílico, la seriedad hogareña, la sencillez y la pureza, y el espíritu profundo y devocional que caracterizan los relatos sobre el nacimiento de Juan y el de Jesús, son insuperables».[54] Su escritura es artística, y ejemplifica la versatilidad literaria, como cuando escribe el prefacio con una «frase exactamente equilibrada escrita en griego irreprochable, puro y literario», pero cambia a un «lenguaje teñido de hebraísmo» cuando describe las natividades de Juan y Jesús.[55] De hecho, mientras la narración se desarrolla en un entorno semítico, la lengua sigue siendo hebraica, pero en el segundo volumen, a medida que el evangelio se aleja de Jerusalén,

---

[51] C. L. Quarles, «Rhetoric», in *Holman Illustrated Bible Dictionary*, ed. C. Brand et al. (Nashville, TN.: Holman Bible Publishers, 2003), 1397.

[52] Witherington III, *New Testament Rhetoric*, 40.

[53] Ibid., 41.

[54] Geldenhuys, *NICNT: The Gospel of Luke*, 36.

[55] Ibid., 37.

la lengua vuelve a un griego helenístico.[56] El esquema de la narración de Lucas, tal como lo propone Geldenhuys, es el (1) prefacio, el (2) nacimiento e infancia tanto de Jesús como de Juan el Bautista, (3) la enseñanza de Juan el Bautista, (4) el bautismo de Jesús y su tentación en el desierto, (5) el ministerio de Jesús en Galilea, (6) el viaje de Jesús y sus discípulos a Jerusalén, (7) los últimos días en Jerusalén, incluyendo la crucifixión y la sepultura, y (8) las apariciones de Cristo resucitado y su ascensión.[57]

Se puede escribir mucho más sobre la retórica y la organización sistemática de Lucas, pero, principalmente, está claro que el primer volumen del escrito de Lucas, su evangelio, trata de Jesús, no como un simple hombre, sino como el Hijo eterno de Dios que tomó carne humana, y que vivió para darnos buenas nuevas de gran gozo, para que, mediante su muerte y resurrección, los arrepentidos tengan vida eterna.[58] Como escribe Geldenhuys, «Él es el Divino redentor que ha venido a buscar y salvar lo que está perdido».[59]

Lucas, como historiador y retórico, ha dado forma a breves narraciones, parábolas, incluso a todo su relato en «formas retóricas»,[60] todo con el siguiente propósito, como escribe el comentarista cristiano Warren Wiersbe:

> Para que sus lectores dispusieran de una narración exacta y ordenada de la vida, el ministerio y el mensaje de Jesucristo. Lucas había investigado cuidadosamente su material, entrevistado a

---

[56] Witherington, *New Testament Rhetoric*, 36.
[57] Geldenhuys, *NICNT: The Gospel of Luke*, 46.
[58] Ibid., 45.
[59] Ibid.
[60] Witherington, *New Testament Rhetoric*, 42.

testigos oculares y escuchado a los que habían ministrado la
Palabra.[61]

Observaciones comparativas

Comparar la *Vida de Augusto* de Suetonio y la obra en dos
volúmenes de San Lucas tiene gran relevancia, dada la importancia histórica y teológica de cada conjunto de textos.
No es por causalidad que Lucas sincroniza «la microhistoria
de su relato principal con la macrohistoria del Imperio»,[62] y
debería considerarse providencia divina que la obra de Suetonio sobre Augusto se cruce con el judaísmo del Segundo
Templo y el nacimiento y expansión de la Iglesia. Aunque
podríamos considerar ambos textos como estrictas biografías históricas, debemos entenderlos dentro de sus propios
contextos religiosos.

La biografía de Suetonio refleja la religión pública de
Roma, el culto imperial, al presentar la mortalidad corporal
de Augusto (que padeció diversas enfermedades) junto a
su divinidad espiritual. Los logros políticos y militares que
registra son hechos que invitan al elogio y la admiración,
y se dice que su legado como hombre-dios influyó en las
decisiones de los tribunales (*Aug.* 5). Se le dieron muchos
nombres, todos relacionados con su divinidad y posición
como emperador, pero el título de «Augusto», que significa
digno de reverencia,[63] desarrolló un culto de adoración
que, según Tácito, depravó la adoración de todos los dioses
celestiales, escribiendo: «No quedó honor alguno para los
dioses, cuando Augusto eligió ser él mismo adorado con

---

[61] Wiersbe, *The Bible Exposition Commentary New Testament: Vol. 1*, 170.

[62] Witherington III, *New Testament Rhetoric*, 34.

[63] Ethelbert Stauffer, *Christ and the Caesars* (Eugene, OR.: Wipf & Stock,
2008), 97.

templos y estatuas, como los de las deidades, y con flamines y sacerdotes».[64] En el año 19 d. C., por ejemplo, Augusto fue recibido en Roma con celebraciones y cultos, y con la construcción de un altar para Fortuna Redux,[65] una diosa que supervisaba el regreso de los viajeros de viajes largos y peligrosos.[66] El Senado, exultante por los logros políticos de Augusto, construyó «un altar en honor del hombre que había establecido la paz».[67] Es el erudito en historia antigua Ethelbert Stauffer quien profundiza en la importancia de Augusto para el pueblo romano:

> Augusto fue una bendición para la humanidad. Era recordado en cada oración en torno a la mesa, y por los hombres en sus lechos de muerte. El Senado lo designó padre de la patria. Los poetas lo honraron como padre de la tierra [...] se colocó una inscripción en la isla de Filae [...] «El emperador, soberano de océanos y continentes, el padre divino entre los hombres, que lleva el mismo nombre que su padre celestial: Libertador, la Suetoniomaravillosa estrella del mundo griego, que brilla con el resplandor del gran Salvador celestial».[68]

Los escritos de Suetonio, por tanto, mantenían el statu-quo, su retórica defendía la vida y la carrera de Augusto como un hombre sin igual, un personaje divino. Y aunque es cierto que el culto imperial continuó mucho después de la muerte de Augusto (fechada aproximadamente en el 14 d. C.), no puede negarse que la sobria realidad se hizo patente

---

[64] *The Annals by Tacitus*, The Internet Classics Archive, consultado el 3 de octubre del 2016, http://classics.mit.edu/Tacitus/annals.1.i.html.

[65] Stauffer, *Christ and the Caesars*, 97.

[66] Carlos F. Noreña, *imperial Ideals in the Roman West: Representation, Circulation, Power* (UK.: Cambridge University Press, 2011), 140.

[67] Stauffer, *Christ and the Caesars*, 97.

[68] Ibid., 99.

ante el pueblo romano, que, después de todo su trabajo por traer la paz al imperio, las guerras y contiendas volvieron a recrudecerse.

La importancia providencial de estos dos textos, la *Vida de Augusto* y *El Evangelio según Lucas*, no reside en la escritura de Suetonio en sí, sino en el período de tiempo que abarca su biografía: la vida y la muerte de Augusto. Este héroe, que Suetonio presenta como un personaje noble y admirable, digno de emulación, incluso en su muerte,[69] solo consiguió instaurar un breve período de paz en el Imperio (la *Pax Romana* no sobreviviría más allá de doscientos años), y no triunfó sobre el mal del mundo. Contrario a los heraldos del evangelio romano,[70] Augusto no era un dios que pudiera rescatar al hombre de su condición humana, no era el hijo de los dioses, ni el salvador del mundo; sus esfuerzos por traer el paraíso a la tierra se deshicieron con su muerte. Esta elevación a la divinidad, evidente en los escritos de Suetonio, es históricamente significativa porque coincide con los primeros años de Jesucristo (su nacimiento e infancia). Puede percibirse teológicamente como Dios, en su soberanía, orquestando los acontecimientos de la historia para demostrar la futilidad del hombre antes del comienzo del ministerio real y sacerdotal de su Hijo.

---

[69] Wardle afirma que, contrario al consenso popular de que Augusto enloqueció en su muerte, lo cual es muy posible, Suetonio pretende retratar a Augusto como profeta antes de su *apoteosis*, escribiendo que «los poderes de su alma se elevaron para que pudiera demostrar una capacidad de profetizar» en David Wardle, «A Perfect Send-Off: Suetonius and the Dying Art of Augustus (Suetonius, Aug. 99)», *Mnemosyne* 60 (2007), 458-459.

[70] R. J. Rushdoony, *The "Atheism" of the Early Church* (Vallecito, C.A.: Ross House Books, 1983), 7.

La obra en dos volúmenes de San Lucas es una refutación directa del culto imperial de Roma, considerando que cuando Augusto estaba en el poder, había enviado heraldos por todo el imperio con un gran anuncio de advenimiento, diciendo que «no hay otro nombre bajo el cielo por el que los hombres puedan salvarse que el nombre de César Augusto».[71] La refutación, registrada por Lucas, está en el sermón de Pedro, cuando declaró con respecto a Jesucristo que «en ningún otro hay salvación, porque no hay otro nombre bajo el cielo dado a los hombres, en el cual podamos ser salvos» (Hch 4:12). Desde Roma se proclamaba la antítesis; desde Jerusalén se proclamaba y reeditaba la tesis de la creación de Dios.

Hay una gran diferencia entre los dos hombres, César Augusto, tal como lo retrata Suetonio, y Jesucristo, tal como lo retrata San Lucas. El primero era un simple hombre que había amasado conquistas militares y políticas y se había convertido en el primer emperador romano, pero no era un individuo moralmente perfecto, era un pecador depravado que torcía sus propias leyes y aceptaba el culto de sus propios súbditos. Mientras que el primero era un hombre mortal que se creía dios, el segundo era Dios eterno en forma corporal. La universalidad del señorío y la salvación de Jesús se hace evidente en el evangelio lucano, una vida y un ministerio de impecable perfección moral, señales y milagros que confirman las profecías del Antiguo Testamento. Consideremos, por ejemplo, el cumplimiento de la profecía de Daniel sobre el Hijo del Hombre que recibe el dominio sobre toda la creación (Lc 5:24; 6:5; 6:22; 7:34; 9:22, 26, 44, 58; 11:30; 12:8, 10,

---

[71] Ibid.

40; 17:22, 24, 26, 30; 18:8, 31; 19:10; 21:25, 27, 36; 22:22, 48, 69):

> «Seguí mirando en las visiones nocturnas, y en las nubes del cielo venía uno como un *Hijo de Hombre*, que se dirigió al Anciano de Días y fue presentado ante Él. Y le fue dado dominio, gloria y reino, para que todos los pueblos, naciones y lenguas le sirvieran; su dominio es un dominio eterno que nunca pasará, y su reino uno que no será destruido (Dn 7:13-14).

Mientras que la biografía de Suetonio trata de persuadir a su lector para que considere a Augusto como un *divus*, el divinamente inspirado *Evangelio según Lucas* exhorta a sus lectores a arrepentirse, a creer en Jesucristo como Hijo del Hombre para salvarse y a prestar atención a la universalidad del Señorío de Cristo.

La tesis y la antítesis

Aunque estos dos textos antiguos fueron escritos para una cultura oral, sus textos siguen siendo relevantes para nuestra cultura basada en textos del siglo XXI: *La Vida de Augusto* de Suetonio, como relevante para la investigación histórica y cultural, y *El Evangelio según Lucas*, al ser Palabra inspirada de Dios, como relevante para todos los ámbitos de la vida. La una no es moralmente vinculante, la otra tiene autoridad y es vinculante hasta la consumación de todas las cosas.

Sin embargo, a pesar de sus diferencias teológicas, podemos apreciar ambos textos como excelentes ejemplos de retórica grecorromana y como biografías de la Edad Antigua. Los *ethos* de Augusto y Jesús son expuestos por sus respectivos autores; los *pathos* evidentes en ambos textos como apelaciones a las emociones del lector, en Suetonio el emperador mortal pero divino, en Lucas el compasivo Hijo del Hombre;

y los *logos* entretejidos a lo largo de la forma escrita. Son dos biografías antiguas de excelente retórica, y dos textos significativos a comparar dada la importancia histórica y teológica de cada uno de ellos. Muestran la antítesis romana por un lado, y la tesis bíblica por otro.[72] Al final, es Cristo quien reina como Príncipe de Paz y como Señor sobre toda la creación.

---

[72] R. J. Rushdoony, «RR136Q29 - The Antithesis», Rushdoony College Textbooks & Lectures, consultado del 3 de octubre del 2016, http://www.pocketcollege.com/transcripts/091%20-%20Salvation-%20and%20Godly%20Rule/RR136Q29.html.

APÉNDICE II
CONSULTA A
«EL GRAN ROLLO DE ISAÍAS» (DSS)

A continuación se presentan las reproducciones fotográficas de «El Gran Rollo de Isaías», el manuscrito mejor conservado de los rollos bíblicos del Mar Muerto hallados en Qumrán, que se encuentra en el Museo de Israel en Jerusalén. El pergamino contiene todo el Libro de Isaías en hebreo, salvo algunas partes un poco dañadas. Se cree que este manuscrito fue escrito por un escriba de la secta judía de los esenios alrededor del siglo II a .C. Por tanto, es más de mil años más antiguo que los manuscritos masoréticos más antiguos.[1]

Como se menciona en el capítulo 10, sección 10.6, contrario a lo que afirman los eruditos liberales, no existe ninguna división literaria y textual entre los capítulos 39 y 40 que apoye la hipótesis del Deutero-Isaías. Por el contrario, se encuentra una división literaria y textual entre los capítulos 33 y 34, pero esto no es en absoluto indicativo de un Deutero-Isaías. Tampoco existe una división literaria y textual entre los capítulos 54 y 55, o 55 y 56, que apoye la hipótesis del Trito-Isaías.

---

[1] Esta obra es de dominio público en su país de origen y en otros países y zonas donde la duración de los derechos de autor es la vida del autor más 100 años o menos.

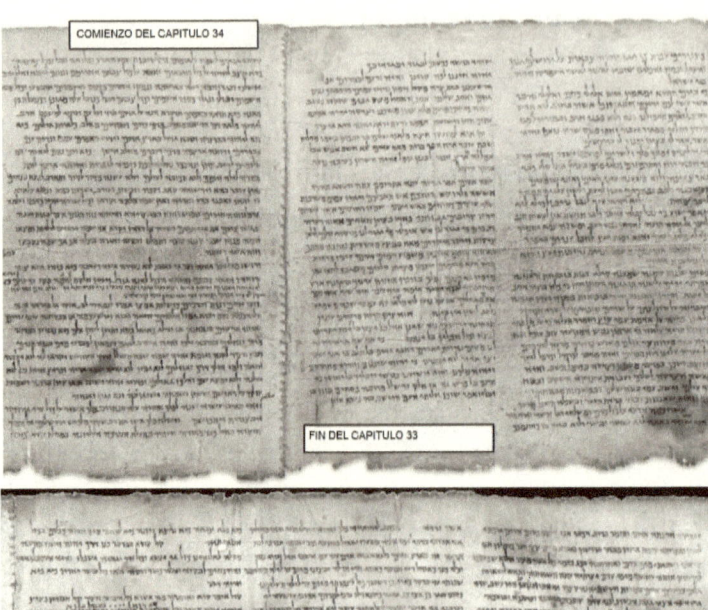

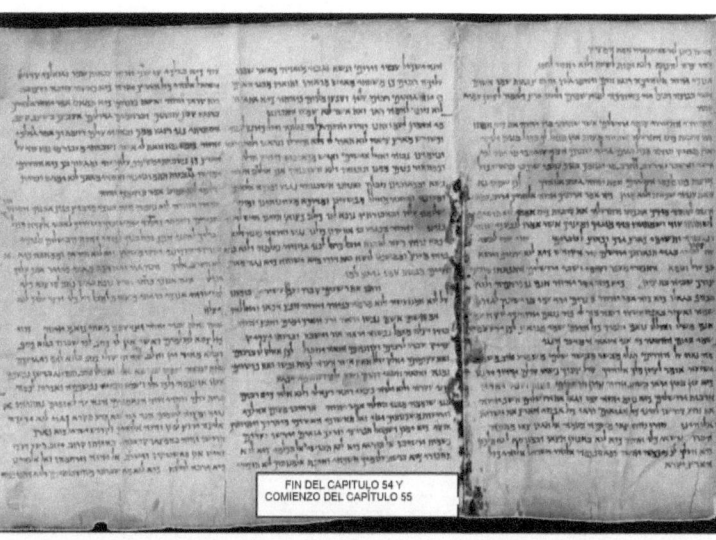

FIN DEL CAPÍTULO 54 Y
COMIENZO DEL CAPÍTULO 55

FIN DE CAPÍTULO 55 Y
COMIENZO DEL CAPÍTULO 58

APÉNDICE III
LISTA DE CONTENIDOS DE LA BIBLIOTECA
DE NAG HAMMADI Y EL CÓDICE TCHACOS

La Biblioteca de Nag Hammadi:[1]

Códice I (*"Códice Jung"*)
1. Una oración del apóstol Pablo
2. Una carta apócrifa de Santiago
4. El Evangelio de la Verdad
5. El Tratado sobre la Resurrección
6. Un Tratado Tripartito

Códice II
1. El Libro Secreto de Juan
2. El Evangelio de Tomás
3. El Evangelio de Felipe
4. La Naturaleza de los Arcontes
5. Sobre el Origen del Mundo
6. Exégesis sobre el Alma
7. El Libro de Tomás

Códice III (Anteriormente conocido como "Códice I")
1. El Libro Secreto de Juan (versión abreviada)
2. El Evangelio de los Egipcios
3. Carta del Bendito Eugnosto
4. La Sabiduría de Jesucristo

---

[1] Para más información, véase Kurt Rudolph, *Gnosis: La Naturaleza y la Historia del Gnosticismo* (San Francisco, CA.: Harper, San Francisco, 1987), 44-48.

5. El Diálogo del Redentor

Códice IV

1. El Libro Secreto de Juan (versión expandida)
2. El Evangelio de los Egipcios (segunda versión)

Códice V

1. Carta del Bendito Eugnosto (segunda versión)
2. El Apocalipsis de Pablo
3. La [Primera] Revelación de Santiago
4. La [Segunda] Revelación de Santiago
5. El Apocalipsis de Adán

Códice VI

1. Los Hechos de Pedro y los Doce Apóstoles
2. Trueno: La Mente Perfecta
3. La Doctrina Original
4. El Pensamiento de nuestro Gran Poder
5. Traducción de la *República* de Platón
6. Documento Hermético Desconocido
7. Una Oración de la Colección Hermética
8. Otro Documento Hermético Desconocido

Códice VII

1. La Paráfrasis de Shem
2. El Segundo Logos del Gran Seth
3. El Apocalipsis de Pedro
4. Las Enseñanzas de Silvano
5. Los Tres Pilares de Seth

Códice VIII
1. Zostrianos
2. La Carta de Pedro a Felipe

Códice IX
1. Melquisedec
2. Oda sobre Norea
3. El Testimonio de la Verdad

Códice X
1. Marsanes

Códice XI
1. La Interpretación de la Gnosis
2. Un Documento Valentiniano Desconocido
3. El Allogenes
4. La Hypsiphrone

Códice XII
1. Las Sentencias de Sexto
2. El Evangelio de la Verdad (fragmento)

Códice XIII
1. La Protenoia trimórfica
2. Sobre el Origen del Mundo

Códice Tchacos (siglo IV):[2]
1. La Carta de Pedro a Felipe
2. La [Primera Apocalipsis] de Santiago
3. El Evangelio de Judas
4. Allogenes

---

[2] Para más información, véase Codex Tchacos, eds., Johanna Brankaer y Hans-Gebhard Bethge (Berlín, Alemania: Walter De Gruyter, 2012).

BIBLIOGRAFÍA

Adang, Camilla. 1996. *Muslim writers on Judaism and the Hebrew Bible: From ibn rabban to ibn bazm*. Leiden, Netherlands: E.J. Brill.

Al-Islam. "Question 5: Being Allah's servant". Al-Islam. Last modified 2020. http://www.al-islam.org/faith-and-reasonayatullah-mahdi-hadavi-tehrani/question-5-being-allah-sservant/.

Al-Kisai, Muhammad ibn Abd Allah. 1997. *Tales of the Prophets (qisas al-anbiya)*. Edited by Seyyed Hossein Nasr. Translated by Wheeler M. Thackston Jr. USA: Great Books of the Islamic World Inc.

Al-Tabari, Abu Ja'far Muhammad B. Jarir. 1987. *The commentary on the Qur'an*, Vol. 1 ed. Oxford, UK.: Oxford University Press.

Alford, Henry. 1872. *The Greek Testament*. Boston, MA.: Lee and Shepard.

Allis, Oswald T. 2000. *The Unity of Isaiah: A Study in Prophecy*. Eugene, OR.: Wipf & Stock.

Ambrose. 1961. *Hexameron, Paradise, and Cain and Abel*. Translated by John J. Savage. Washington, DC.: Catholic University of America Press.

Ames, Roger T. 2002. "Yin and Yang". In *Encyclopedia of Chinese Philosophy*. Edited by Antonio S. Cua. New York, NY.: Routledge.

Anselm. 1996. *Monologion*. Translated by Thomas Williams. UK.: Hackett Publishing Company, Inc.

——. 2001. *Proslogion*. Translated by Thomas Williams. UK.: Hackett Publishing Company, Inc.

"Antinomianism | Religion". Encyclopaedia Britannica. Last modified 2020. https://www.britannica.com/topic/ antinomianism/.

Archer, Gleason L. 2007. *A Survey of Old Testament Introduction*. Revised and expanded edition. Chicago, IL.: Moody Publishers.

Aristotle. 2013. *Aristotle's "Politics"*, Second Edition. Translated by Carnes Lord. Chicago, IL.: University of Chicago Press.

"Athanasian Creed". *Christian Reformed Church of North America*. 2020. https://www.crcna.org/welcome/beliefs/creeds/athanasiancreed/.

Athanasius. 2012. *On the Incarnation: Saint Athanasius*. Yonkers, NY.: St.Vladimir's Seminary Press.

Augustine. 1994. "The City of God". In *The Nicene and Post-Nicene Fathers*, Series 2. Peabody, MA.: Hendrickson.

——. Treatise on the Gospel of John.

Austin, S.A. and D.R. Humphreys. "The Sea's Missing Salt: A Dilemma for Evolutionists". *In Proceedings of the Second International Conference on Creationism*. Edited by R.E. Walsh and C.L. Brooks. 2:79-84 (1990).

BBC. "History - ancient history in depth: Roman religion gallery". BBC. February 17, 2011. http://www.bbc.co.uk/history/ancient/romans/roman_religion_gallery_06.shtml/.

Bahnsen, Greg L. 2011. *Always Ready: Directions for Defending the Faith*. Edited by Robert R. Booth. Nacogdoches, TX.: Covenant Media Press.

——. 2002. *Theonomy in Christian Ethics*. Nacogdoches, TX.: Covenant Media Press.

——. 1998. *Van Til's Apologetic: Readings & Analysis*. Phillipsburg, NJ.: P&R Publishing.

Bahnsen, Greg L. and Kenneth L. Gentry. 1989. *House Divided: The Break-up of Dispensational Theology*. TX.: Institute for Christian Economics.

Baker, D.L. 2010. *Two Testaments, One Bible: The Theological Relationship Between the Old and New Testaments*, Third Edition. Downers Grove, IL.: InterVarsity Press.

Barclay, William. 1957. *The Letter to the Romans*. Edinburgh: St. Andrew's.

Barnabas. 2017. *The Sacred Writings of St. Barnabas*. Translated by Alexander Roberts and James Donaldson. Deutschland: Jazzybee Verlag.

Barnstone, Willis and Marvin Meyer, eds. 2009. *The Gnostic Bible*. Boulder, CO.: Shambhala Publications.

Basil of Caesarea. 1994. "Hexaemeron". In *The Nicene and Post-Nicene Fathers*, Series 2. Peabody, MA.: Hendrickson.

Bauckham, Richard. 2017. *Jesus and the Eyewitnesses: The Gospels as Eyewitness Testimony*, Second edition. Grand Rapids, MI.: Wm. B. Eerdmans Publishing.

Bauer, Walter. 2001. *A Greek-English Lexicon of the New Testament and Other Early Christian Literature*. Edited by Frederick William Danker. Chicago, IL.: University of Chicago Press.

Bavinck, Herman. 2006. *Reformed Dogmatics*, vol. 3. Grand Rapids, MI.: Baker Academic.

——. 2015. *Selected Shorter Works of Herman Bavinck*. Edited by John Hendryx. West Linn, OR.: Monergism Books.

"Belgic Confession, Article 2: The Means By Which We Know God". Reformed Church In America. Last modified 2017. https://www.rca.org/resources/belgic-confession-article-2-means-which-weknow-god/.

Berkhof, Louis. 1932. *Systematic Theology*. Grand Rapids, MI.: Wm. B. Eerdmans Publishing Co.

Blake, Donald L. 2008. *A Visual History of the English Bible: The Tumultuous Tale of the World's Bestselling Book*. Grand Rapids, MI.: Baker Books.

Blenkinsopp, Joseph. "The Cosmological and Protological Language of Deutero-Isaiah". In Catholic Biblical Quarterly. Vol. 73. No. 3 (July 2011).

Blomberg, Craig L. 1992. *The New American Commentary: Matthew*, Vol. 22. Nashville, TN.: Broadman & Holman Publishers.

Bock, Darrell L. 2006. *The Missing Gospels: Unearthing the Truth Behind Alternative Christianities*. Nashville, TN.: Thomas Nelson Publishers.

Boot, Joseph. "Christ and Culture". Ezra Institute for Contemporary Christianity. 2011. https://www.ezrainstitute.ca/resource-library/ articles/christ-and-culture/.

——. "Enlightened Hearts". Ezra Institute for Contemporary Christianity. June 8, 2017. https://www.ezrainstitute.ca/resourcelibrary/
institute-minutes/enlightened-hearts/.

——. 2017. *Gospel Culture: Living in God's Kingdom*. Toronto, ON.:
Ezra Press.

——. 2017. *Gospel Witness: Defending & Extending the Kingdom*. Toronto, ON.: Ezra Press.

——. "Light IS Religion". Ezra Institute for Contemporary Christianity. November 7, 2018. https://www.ezrainstitute.ca/ resource-
library/blog-entries/life-is-religion/.

——. 2016. *The Mission of God: A Manifesto of Hope for Society*. Toronto,
ON.: Ezra Press.

——. 2018. "Worldview and Christian Philosophy of History". *Jubilee:
Recovering Biblical Foundations for our Time*. Spring (2018). Borg,
Marcus J. and N.T. Wright. 2007. *The Meaning of Jesus: Two Visions*.
New York, NY.: HarperOne.

Bowman Jr., Robert and Ed Komoszewski. 2007. *Putting Jesus in his
Place: The Case for the Deity of Christ*. Grand Rapids, MI.: Kregel
Publications.

Brankaer, Johanna and Hans-Gebhard Bethge, eds. 2012. *Codex
Tchacos*. Berlin, Germany: Walter De Gruyter.

Bratt, James D. ed. 1998. *Abraham Kuyper: A Centennial Reader*. Grand
Rapids, MI.: Wm. B. Eerdmans.

Bridges, C. 1847. *A Commentary on Proverbs*. New York/Pittsburgh:
R. Carter.

Brown, D. 2016. "Suetonius." In *The Lexham Bible Dictionary*, edited
by J. D. Barry, D. R. Brown, R. Klippenstein, D. Mangum, C.
Sinclair Wolcott, and W. Widder. Bellingham, WA.: Lexham
Press.

Bruce, F. F. 2008. *The Canon of Scripture*. Downers Grove, IL.: IVP
Academic.

Brydone-Jack, Ashley M. 2017. *A Christian Philosophy of History: St.
Augustine and The City of God*. Oregon: Oregon State University
Press.

Burnside, Jonathan. 2011. *God, Justice and Society: Aspects of Law and Legality in the Bible*. Oxford, UK.: Oxford University Press.

Buttrick, George Arthur, et al., eds. 1951. *The Interpreter's Bible: Vol. 7, New Testament Articles, Matthew & Mark*. New York and Nashville: Abingdon-Cokesbury Press.

Cairns, A. 2002. *Dictionary of Theological Terms*. Greenville, SC.: Ambassador Emerald Intl.

Calvin, John. 1972. *Calvin's Commentaries: A Harmony of the Gospels Matthew, Mark and Luke Vol. 1*. Edited by David W. Torrance and Thomas F. Torrance. Translated by A.W. Morrison. Grand Rapids, MI.: Wm. B. Eerdmans Publishing Company.

——. 1963. *Calvin's Commentaries: The Epistle of Paul the Apostle to the Hebrews and The First and Second Epistles of St. Peter*. Translated by William B. Johnston. London, UK.: Oliver and Boyd.

——. 2010. *Commentary on the Epistle of Paul the Apostle to the Romans*. Translated and edited by John Owen. Bellingham, WA.: Logos Bible Software.

——. 1984. *Genesis*. Edinburgh, UK.: Banner of Truth.

——. 2008. *Institutes of the Christian Religion*. Translated by Henry Beveridge. Peabody, MA.: Hendrickson Publishers.

Campbell, Roderick. 1954. *Israel and the New Covenant*. Philadelphia, PA.: Presbyterian and Reformed.

Carpenter, EE. and P.W. 2000. Comfort. *Holman Treasury of Key Bible Words: 200 Greek and 200 Hebrew Words Defined and Explained*. Nashville, TN. Broadman & Holman Publishers.

Carson, D.A. 1996. *Exegetical Fallacies*. Second edition. Grand Rapids, MI.: Baker Book House.

——. 1991. *The Pillar New Testament Commentary: The Gospel According to John*. Grand Rapids, MI.: Wm. B. Eerdmans Publishing Company.

Carson, D. A. and Douglas J. Moo. 2005. *An Introduction to the New Testament*. 2nd ed. Grand Rapids, MI.: Zondervan.

Center for Muslim-Jewish engagement. "Sahih al-Bukhari Volume 3, Book 48". Center for Muslim-Jewish engagement. Last modified

2020. http://www.usc.edu/org/cmje/religious-texts/hadith/-bukhari/048-sbt.php/.

Challies, Tim. "Did God break the law for love?" Informing the Reforming. 2016. http://www.challies.com/articles/did-godbreak-the-law-for-love/.

Chao, Pao. (ca. 414-466). *The Ruined City*. Chilton, David. 1985. *Paradise Restored: An Eschatology of Dominion*. Tyler, TX.: Reconstruction Press.

——. 2011. *The Days of Vengeance: An Exposition of the Book of Revelation*. Tyler, TX.: Dominion Press.

Clement of Alexandria. 1994. "Stromata". In *The Ante-Nicene Fathers*, 10 vols. Edited by Alexander Roberts, James Donaldson, Philip Schaff, Henry Wace. Peabody, MA.: Hendrickson.

Clifford, Richard J. "The Unity of the Book of Isaiah and Its Cosmogonic Language". In Catholic Biblical Quarterly. Vol. 55. No. 1 (January 1993).

Clouse, Robert G., ed. 1977. *The Meaning of the Millennium: Four Views*. Downers Grove, IL.: InterVarsity Press.

Cochran, Larry R. "Suetonius' Conception of Imperial Character." Biography 3, no. 3 (1980): 189–201.

Coggins, Richard J. "Do We Still Need Deutero-Isaiah?" In Journal for the Study of the Old Testament. Vol. 23. No. 81 (December 1998).

Corduan, Winfried. 2013. *In the Beginning God: A Fresh Look at the Origin of Monotheism*. Grand Rapids, MI.: B&H Academic.

Cox, William E. 1966. *Amillennialism Today*. Phillipsburg, NJ.: Publishing & Reformed Publishing Co.

Coyne, Jerry A. 2009. *Why Evolution is True*. Oxford, UK.: Oxford University Press.

Cross, F. L. and E. A. Livingstone, eds. 2005. *The Oxford Dictionary of the Christian Church*. 3rd revised ed. New York, NY.: Oxford University Press.

Crossway. "Introduction to 1 Peter". ESV. Last modified 2020. https://www.esv.org/resources/esv-global-study-bible/ introduction-to-1-peter/.

Curley, Dan. "The Art of Biography in Antiquity by Tomas Hagg (review)." *American Journal of Philology* 134, no. 4 (2013): 713–717.

Currid, John D. 2007. "The Hebrew World-and-Life View". In *Revolutions in Worldview: Understanding the Flow of Western Thought*. Edited by W. Andrew Hoffecker. Phillipsburg, NJ.: P&R Publishing.

Davies, Stevan L. 1983. *The Gospel of Thomas and Christian Wisdom*. California: Bardic Press.

DeMar, Gary, ed. 2010. *Pushing the Antithesis: The Apologetic Mandate of Greg L. Bahnsen*. Powder Springs, GA.: American Vision Press.

DeYoung, D. "The Earth-Moon System". *In Proceedings of the Second International Conference on Creationism*. Edited by R.E. Walsh and C.L. Brooks. 2:79-84 (1990).

Dillard, Raymond B. and Temper Longman III. 2007. *An Introduction to the Old Testament*. First edition. Chicago, IL.: Moody Publishers.

"Dinosaurs suffered from Cancer too". The Guardian. Last modified 2003. https://www.theguardian.com/science/2003/oct/23/ dinosaurs.science/.

Dooyeweerd, Herman. 1984. *A New Critique of Theoretical Thought*, 4 vols. Translated by David H. Freeman and William S. Young. Jordan Station, ON.: Paideia.

——. 2012. *In the Twilight of Western Thought: Collected Works, Series B – Vol. 16*. Translated by D.F.M. Strauss. Jordan Station, ON.: Paideia Press.

Douma, Douglas. "Elements of Gordon Clark's Theory of Knowledge". A Place for Thoughts. Last modified 2017. https:// douglasdouma.wordpress.com/2016/09/28/elements-of-gordon-clarks- theory-of-knowledge/.

Drane, John. 2011. *Introducing the Old Testament*, Third Edition. Minneapolis, MN.: Fortress Press.

Dunn, James D.G. 1988. *Word Biblical Commentary*: Vol. 38A: Romans 1-8. Dallas, TX.: Word Books Publisher.

Durant, Will. 2005. *On the Meaning of Life*. USA: Promethean Press.

"Ecclesiasticus Chapter 48 KJV". King James Bible Online. Last modified 2020. http://www.kingjamesbibleonline.org/ Ecclesiasticus-Chapter-48/#24/.

Ehrman, Bart. 2005. *Lost Christianities: The Battles for Scripture and the Faiths We Never Knew*. New York, NY.: Oxford University Press.

Elevation Church. "It Works Both Ways". Elevation Church. 2015. http://elevationchurch.org/sermons/it-works-both-ways/.

Elwell, Walter and B.J. Beitzel, eds. 1988. *Baker Encyclopedia of the Bible*. Grand Rapids, MI.: Baker Book House.

Engel, C. Jay. "Cornelius Van Til Vs. Gordon H. Clark: A Personal View. Part 3/3". Reformed Libertarian. Last modified 2017. http://reformedlibertarian.com/articles/theology/cornelius-van til-vs-gordon-h-clark-a-personal-view-part-33/.

Ephrem the Syrian. 1961. "Commentary on Genesis". *In Ephrem the Syrian: Selected Prose Works*. Translated by Edward G. Mathews. Edited by Kathleen E. McVey. Washington, DC.: Catholic University of America Press.

Eswine, Zach. 2014. *Recovering Eden: The Gospel According to Ecclesiastes*.Phillipsburg, NJ.: P&R Publishing.

Everitt, Anthony. 2007. *Augustus: The Life of Rome's First Emperor*. New York, NY.: Random House Publishing Group.

Fee, Gordon D. 1993. *New Testament Exegesis: A Handbook for Students and Pastors*. Revised edition. Louisville, KY.: Westminster/John Knox Press.

Frame, John M. 2015. *Apologetics: A Justification of Christian Belief*. Phillipsburg, NJ.: P&R Publishing.

——. 2015. *A History of Western Philosophy and Theology*. Phillipsburg, NJ.: P&R Publishing.

——. 2013. *Systematic Theology: An Introduction to Christian Beliefs*. Phillipsburg, NJ.: P&R Publishing.

——. 2011. *The Escondido Theology*. Lakeland, FL.: Whitefield Media.

Gaffin, Richard B. Jr. 1990. "Theonomy and Eschatology: Reflections on Postmillennialism". *In Theonomy: A Reformed Critique.* Edited by William S. Barker and W. Robert Godfrey. Grand Rapids, MI.: Zondervan.

Gaffney, Mark H. 2004. *Gnostic Secrets of the Naassenes: The Initiatory Teachings of the Last Supper.* Rochester, Vermont: Inner Traditions.

Garrett, D.A. 1993. *The New American Commentary: Proverbs, Ecclesiastes, Song of Songs, Vol. 14.* Nashville, TN.: Broadman & Holman Publishers.

Geisler, Norman L. 2011. *Systematic Theology in One Volume.* Minneapolis, MN.: Bethany House.

Geldenhuys, Norval. 1977. *The New International Commentary on the New Testament: The Gospel of Luke.* Grand Rapids, MI.: Wm. B. Eerdmans Publishing Company.

Gentry Jr., Kenneth L. 2010. *Navigating the Book of Revelation: Special Studies on Important Issues.* Fountain Inn, SC.: GoodBirth Ministries.

Gesenius, Heinrich Friedrich Whilhelm. 1910. *Gesenius' Hebrew Grammar.* Second edition. Translated by Arthur Ernest Cowley. Oxford, UK.: Oxford University Press.

Gignilliat, Mark S. 2012. *A Brief History of Old Testament Criticism: From Benedict Spinoza to Brevard Childs.* Grand Rapids, MI.: Zondervan.

Gitay, Yehoshua. "Deutero-Isaiah: Oral or Written?" In Journal of Biblical Literature. Vol. 99. No. 2 (June 1980).

Gonzalez, Justo L. 2010. *The Story of Christianity, Vol. 1: The Early Church to the Dawn of the Reformation.* San Francisco, CA.: HarperOne.

Gordon, Stephen. "Economists and their Data (so, so much data)". National Post. Last modified March 06, 2017. https://nationalpost.com/opinion/stephen-gordon-economists-andtheir-data-so-so-much-data/.

Goulder, Michael. "Deutero-Isaiah of Jerusalem". In Journal for the Study of the Old Testament. Vol. 28. No. 3 (March 2004).

Greenless, Duncan. 2006. *The Gospel of the Gnostics.* USA: Book

Tree. Gregg, Robert C. 2015. *Shared Stories, Rival Tellings: Early encounters of Jews, Christians, and Muslims*. New York, NY.: Oxford University Press.

Griffith, Sidney H. 2013. *The Bible in Arabic: The scriptures of the 'people of the book' in the language of Islam*. Princeton, NJ.: Princeton University Press.

Grosheide, F.W. 1953. *The New International Commentary on the New Testament: The First Epistle to the Corinthians*. Grand Rapids, MI.: Wm. B. Eerdmans.

Grudem, Wayne A. 2009. *Tyndale New Testament Commentaries: 1 Peter*. Downers Grove, IL.: IVP Academic.

Gundry, Robert H. 2003. *A Survey of the New Testament*. 4th ed. Grand Rapids, MI.: Zondervan.

Habermas, Gary R. and Michael R. Licona. 2004. *The Case for the Resurrection of Jesus*. Grand Rapids, MI.: Kregel Publications.

Ham, Ken. "Creation, Flood and Coming Fire". Answers in Genesis. 1986. https://answersingenesis.org/bible-history/creation-floodand- coming-fire/.

Hamilton, Floyd E. 1952. *The Basis of Millennial Faith*. Grand Rapids, MI.: Wm. B. Eerdmans.

Hamza, Feras, Sajjad Rizvi, and Farhana Mayer, eds. 2008. An *Anthology of Qur'anic Commentaries*, Vol. 1. London, UK.: Oxford University Press.

Harnack, Adolf. 1997 [orig. 1893]. *History of Dogma*, Vol. 1, Third edition. Translated by Neil Buchanan. Eugene, OR.: Wipf and Stock.

Harrison, R.K. 1970. *Old Testament Times*. Grand Rapids, MI.: William B. Eerdmans Publishing Company.

Hendricksen, William. 1939. *More Than Conquerors*. Grand Rapids, MI.: Baker Book House.

Henry, Carl F.H. 1957. *Christian Personal Ethics*. Grand Rapids, MI.: Wm. B. Eerdmans Publishing Company.

Henry, Matthew. 1994. *Matthew Henry's Commentary on the Whole Bible: Complete and Unabridged in One Volume*. Peabody, MA.: Hendrickson Publishers.

Hindson, Ed and Gary Yates, eds. 2012. *The Essence of the Old Testament: A Survey*. Nashville, TN.: B&H Publishing Group.

Hippolytus. 1994. "Refutation of all Heresies". *In The Ante-Nicene Fathers*, 10 vols. Edited by Alexander Roberts, James Donaldson, Philip Schaff, Henry Wace. Peabody, MA.: Hendrickson.

Hitchens, Christopher. 2007. *God is Not Great: How Religion Poisons Everything*. USA: McLelland & Stewart.

Hodge, Charles. 2016. *Systematic Theology*, Vol. 2. Peabody, MA.: Hendrickson Publishers.

Hoekema. 1979. *The Bible and the Future*. Grand Rapids, MI.: Wm. B. Eerdmans.

Hoeller, Stephan. 1989. *Jung and the Lost Gospels: Insights into the Dead Scrolls and the Nag Hammadi Library*. USA: Quest Books.

Holden, Joseph M. and Norman Geisler. 2013. *The Popular Handbook of Archaeology and the Bible: Discoveries That Confirm the Reliability of Scripture*. Eugene, OR.: Harvest House Publishers.

Horton, Michael. 1994. *Beyond Culture Wars: Is America a Mission Field or Battlefield?* Chicago, IL.: Moody Press.

House, H. Wayne and Thomas Ice. 2008. *Dominion Theology: Blessing or Curse? An Analysis of Christian Reconstructionism*. Colorado Springs, CO.: Multnomah Publications.

"How is BioLogos Different from Evolutionism, Intelligent Design, and Creationism?". BioLogos. Last modified 2019. http://biologos.org/common-questions/christianity-and-science/ biologos-id-creationism/.

Hunt, David. 1987. "Dominion and the Cross". Tape 2 of *Dominion: The Word and New World Order*. Ontario: Omega-Letter.

Ibn Kathir, Al-Imam. n.d. *Stories of the Prophets*. Translated by M.I.H. Qureshi D.F. New Dheli, India: Millat Book Centre.

Irenaeus. "Against Heresies". New Advent. Last modified 2020. http://www.newadvent.org/fathers/0103303.htm/.

Jamieson, R. and A.R. Fausset, D. Brown. 1997. *Commentary Critical and Explanatory on the Whole Bible, Vol. 1*. Oak Harbor, WA.: Logos Research Systems, Inc.

—. 1997. *Commentary Critical and Explanatory on the Whole Bible, Vol. 2*. Oak Harbor, WA.: Logos Research Systems, Inc.

Jeremias, Joachim. 1963. "The Sermon on the Mount". *In Facet Books: Biblical Series, No. 2*. Edited by John Reumann. Translated by Norman Perrin. Philadelphia, PA.: Fortress Press.

Johnson, William Stacy. 2009. *John Calvin: Reformer for the 21st Century*. Louisville, KY.: Westminster John Knox Press.

Jomier, Jacques. 2004. *The Bible and the Koran*. New York, NY.: Desclee Company.

Jones, Peter. 2004. *Gospel Truth, Pagan Lies: Can You Tell the Difference?* Escondido, CA.: Main Entry Editions.

—. 2010. *One or Two: Seeing a World of Difference*. Escondido, CA.: Main Entry Editions.

—. 1997. *Spirit Wars: Pagan Revival in Christian America*. USA: Winepress Pub.

—. 2006. *Stolen Identity: The Conspiracy to Reinvent Jesus*. Colorado Springs, CO.: Cook Communications Ministries.

Josephus. 2003. *Josephus: The Complete Works*. Nashville, TN.: Thomas Nelson Publishers.

Jue, Jeffrey K. 2008. "Puritan Millenarianism in Old and New England". *In The Cambridge Companion to Puritanism*. Edited by John Coffey and Paul C.H. Lim. Cambridge, UK.: Cambridge University Press.

Kaiser Jr., Walter C. 2001. *The Old Testament Documents: Are They Reliable and Relevant?* Downers Grove, IL.: InterVarsity Press.

Kalsbeek, L. 1975. *Contours of a Christian Philosophy: An Introduction to Herman Dooyeweerd's Thought*. Toronto, ON.: Wedge.

Kasser, Rodolphe, Marvin Meyer, Gregor Wurst, and Bart D. Ehrman, eds. 2006. *The Gospel of Judas*. Washington, DC.: National Geographic.

Keil, C.F. and F. Delitzsch. 1996. *Commentary on the Old Testament*, Vol. 6. Peabody, MA.: Hendrickson Publishers.

Kilner, John F. 2015. *Dignity and Destiny: Humanity in the image of God*. Grand Rapids, MI.: Wm. B. Eerdmans.

King, Karen. 2003. *What is Gnosticism?* Cambridge, MA.: Harvard University Press.

Kitchen, K.A. 2003. *On the Reliability of the Old Testament*. Grand Rapids, MI.: William B. Eerdmans Publishing Company.

Klauck, Hans-Josef. 2000. *The Religious Context of Early Christianity: A Guide to Greco-Roman Religions, Studies of the New Testament and Its World*. Translated by Brian McNeil. Edinburgh: T&T Clark.

Kline, Meredith G. 2006. *Kingdom Prologue: Genesis Foundations for a Covenantal Worldview*. Eugene, OR.: Wipf and Stock Publishers.

Koester, Helmut. 1996. "The Gospel of Thomas". *In The Nag Hammadi Library in English*, Revised edition. Edited by James MacConkey Robinson. Translated by Thomas O. Lambdin. New York, NY.: E.J. Brill.

Kruse, Colin G. 2012. *The Pillar New Testament Commentary: Paul's Letter to the Romans*. Edited by D.A. Carson. Grand Rapids, MI.: Wm. B. Eerdmans Publishing Company.

Lacarriere, Jacques. 1989. *The Gnostics*. London, UK.: Peter Owen.

Lactantius. 1994. "Institutes". *In The Ante-Nicene Fathers*, 10 vols. Edited by Alexander Roberts, James Donaldson, Philip Schaff, Henry Wace. Peabody, MA.: Hendrickson.

Lange, John Peter and Peter Schaff. 2008. *A Commentary on the Holy Scriptures: Matthew*. Bellingham, WA.: Logos Bible Software.

Langerbeck, Hermann. 1967. *Essays on Gnosis*. Translated and Edited by Hermann Dörries. Götingen: Vandenhoeck & Ruprecht.

Lazarus-Yafeh, Hava. 2000. "Tawrat". *In The Encyclopedia of Islam*, Vol. 10, New Edition. Edited by P.J. Bearman, et al. Leiden: Brill.

Leighton, R. 1972. *Commentary on First Peter*. Grand Rapids, MI.: Kregel.

Leirvik, Oddbjørn. 2010. *Images of Jesus Christ in Islam*, Second Edition. New York, NY.: Continuum International Publishing Group.

Lenski, R.C.H. 1961. *The Interpretation of St. Matthew's Gospel*. Minneapolis, MN.: Augsburg Publishing House.

———. 1936. *The Interpretation of St. Paul's Epistle to the Romans*. Columbus, OH.: Lutheran Book Concern.

Lewis, Sunderland and Henry M. Booth. 1896. *A Homiletical Commentary on the Gospel According to St. Matthew*. London and Toronto, ON.: New York Funk & Wagnalls Company.

Lewontin, Richard. "Billions and Billions of Demons". *The New York Review* (January 9, 1997).

Ligonier Ministries. "Noetic Effects of Sin". Ligonier Ministries. http://www.ligonier.org/learn/devotionals/noetic-effects-sin/.

Locke, John. 1689. *Essay on Human Understanding*. Longman III, Tremper and Raymond B. Dillard. 2006. *An Introduction to the Old Testament*, Second Edition. Grand Rapids, MI.: Zondervan.

Lubenow, Marvin L. 2007. *Bones of Contention: A Creationist Assessment of Human Fossils*. Grand Rapids, MI.: Baker Books.

Luther, Martin. 1954. *Commentary on the Epistle to the Romans*. Translated by J. Theodore Mueller. Grand Rapids, MI.: Zondervan.

Mangalwadi, Vishal. 2011. *The Book that Made Your World: How the Bible Created the Soul of Western Civilization*. Nashville, TN.: Thomas Nelson.

Margolioth, Rachel. 1964. *The Indivisible Isaiah: Evidence for the Single Authorship of the Prophetic Book*. New York, NY.: Sura Institute for Research, Jerusalem Yeshiva University.

Martins, Steven R., ed. 2020. *A Celebration of Faith Series: Defender of Orthodox Christology | On the Incarnation*. Translated by Philip Schaff. Jordan Station, ON.: Cántaro Publications.

———. 2020. *God, Man, the Bible & Life: The Costa Rica Conference Lectures*. Jordan Station, ON.: Cántaro Publications.

Mathison, Keith A. 1999. *Postmillennialism: An Eschatology of Hope*. Phillipsburg, NJ.: P&R Publishing.

McQuilkin, Robertson. 2009. *Understanding and Applying the Bible*: Revised and Expanded. Chicago, IL.: Moody Publishers.

Melchert, Norman. 2014. *The Great Conversation: A Historical Introduction to Philosophy*. Seventh edition. New York, NY.: Oxford University Press.

Menéndez y Pelayo, Marcelino. 1880. *Historia de los Heterodoxos Españoles*. Madrid, Spain: Editorial Católica Española.

Merriam-Webster. "Definition of Abrogate". Merriam-Webster Dictionary. 2015. http://www.merriam-webster.com/dictionary/ abrogate/.

——. "Definition of Nullifying". Merriam-Webster Dictionary. 2015. http://www.merriam-webster.com/dictionary/nullifying/.

Meyer, Marvin, ed. 2007. *The Tripartite Tractate. In The Nag Hammadi Scriptures: The Revised and Updated Translation of Sacred Gnostic Texts*. New York, NY.: HarperCollins.

——. *Trimorphic Protennoia. In The Nag Hammadi Scriptures: The Revised and Updated Translation of Sacred Gnostic Texts*. New York, NY.: HarperCollins.

Michaels, J. Ramsey. 1988. *Word Biblical Commentary, Vol. 49: 1 Peter*. Waco, TX.: Word Books Publisher.

Miller, David. "NT510 Gospel and Acts: Rhetoric and Bioi Literature. pptx." VES Populi. 2016. https://ves.populiweb.com/router/courseofferings/5938178/info#/.

Montgomery, John Warwick. 1994. *Law and Gospel: A Study Integrating Faith and Practice*. Edmonton, AB.: Christian Legal Fellowship.

Mook, James R. 2012. "The Church Fathers on Genesis, the Flood, and the Age of the Earth". *In Coming to Grips with Genesis: Biblical Authority and the Age of the Earth*. Edited by Terry Mortenson and Thane H. Ury. Green Forest, AR.: Master Books.

Moreland, J.P., Stephen C. Meyer, Christopher Shaw, et al., eds. 2017. *Theistic Evolution: A Scientific, Philosophical and Theological Critique*. Wheaton, IL.: Crossway.

Morris, Henry and John C. Whitcomb. 2011. *The Genesis Flood.* Phillipsburg, NJ.: Presbyterian & Reformed Publishing Co.

Morris, Henry and John D. Morris. 2004. *The Modern Creation Trilogy: Scripture & Creation*, Vol. 1. Green Forest, AR.: Master Books.

Morris, Leon. 1971. *The New International Commentary on the New Testament: The Gospel According to John.* Grand Rapids, MI.: Wm. B. Eerdmans.

——. 1988. *The Pillar New Testament Commentary: The Epistle to the Romans.* Leicester, England: Inter-Varsity Press.

——. 1992. *The Pillar New Testament Commentary: The Gospel According to Matthew.* Grand Rapids, MI.: Wm. B. Eerdmans Publishing Company.

Motyer, J. Alec. 1993. *The Prophecy of Isaiah: An Introduction & Commentary.* Downers Grove, IL.: InterVarsity Press. Moucarry, Chawkat. 2001. *The Prophet & the Messiah.* Downers Grove, IL.: InterVarsity.

Mounce, Robert H. 1995. *The New American Commentary: Romans*, Vol. 27. Nashville, TN.: Broadman & Holman Publishers.

Mowat, Oliver. 1890. *Christianity and Some of its Evidences: An Address (1890).* Toronto: Williamson & Company.

Muller, Richard. 2009. *Post-Reformation Reformed Dogmatics, Volume Two.* Second edition. Grand Rapids, MI.: Baker Publishing Group.

Nasr, Seyyed Hossein, et al. 2015. *The Study Qur'an: A New Translation and Commentary.* New York, NY.: HarperCollins Publishers.

Nazir-Ali, Michael. 2008. *The Unique and Universal Christ: Jesus in a Plural World.* Milton Keynes, UK.: Paternoster.

Nickle, Gordon. 2011. *Narratives of Tampering in the Earliest Commentaries on the Qur'an.* Danvers, MA.: Brill.

——. "Tales of texts intact – pleasant readings while probing the Islamic accusation of falsification." In Islam and Christianity – Journal of the Institute of Islamic Studies, Vol. 1 (2011).

——. 2015. *The Gentle Answer to the Muslim Accusation of Biblical Falsification.* Calgary, AB.: Bruton Gate.

Nietzsche, Friedrich. 2006. *The Gay Science*. Translated by Walter Kaufmann. Mineola, NY.: Dover Publications Inc.

Nolland, John. 2005. NIGTC: *The Gospel of Matthew*. Grand Rapids, MI.: Wm. B. Eerdmans Publishing Company.

Noreña, Carlos F. 2011. *Imperial Ideals in the Roman West: Representation, Circulation, Power*. UK.: Cambridge University Press.

Nozaki, Warren. "Joseph Prince: Unmerited Favor". The Christian Research Institute. 2016. https://www.equip.org/article/josephprince-unmerited-favor/.

Origen. 1994. "De Principiis". In *The Ante-Nicene Fathers*, 10 vols. Edited by Alexander Roberts, James Donaldson, Philip Schaff, Henry Wace. Peabody, MA.: Hendrickson.

Ouweneel, Willem J. 2020. *What Then Is Theology?: An Introduction to Christian Theology*. Jordan Station, ON.: Paideia Press.

———. 2002. *Wisdom for Thinkers: An Introduction to Christian Philosophy*. Jordan Station, ON.: Paideia Press.

———. 2017. *The World is Christ's: A Critique of Two Kingdom Theology*. Toronto, ON.: Ezra Press.

Oxford Languages. Lexico. https://www.lexico.com/en/definition/putrefy/.

Pagels, Elaine. 2004. *Beyond Belief: The Secret Gospel of Thomas*. New York, NY.: Random House.

———. 1979. *The Gnostic Gospels*. New York, NY.: Random House.

Percival, Carlisle. "The Image Dei in Modern Healthcare". *Jubilee: Recovering Biblical Foundations for Our Time*. Edited by Joseph Boot (Spring 2010).

Pétrement, Simone. 1984. *A Separate God: The Origins and Teachings of Gnosticism*. Translated by Carole Harrison. San Francisco, CA.: HarperSanFrancisco.

Plato. 2008. *Timaeus and Critias*. Translated by Desmond Lee. Edited by Thomas Kjeller Johansen. USA: Penguin Classics.

———. 1992. *Republic*. Translated by G.M.A. Grube. Edited by C.D.C. Reeve. Indianapolis, IN.: Hackett Publishing Company.

Poythress, Vern S. "Appearances Matter: Author presents a false contrast between the material and functional in Genesis." World Magazine. 2009. https://world.mng.org/2009/08/appearances_matter/.

——. "Vern Poythress Responds to John Walton". BioLogos. 2009. https://biologos.org/blogs/archive/vern-poythress-responds-tojohn-walton/.

Pritchard, James B. 1955. *Ancient Near Eastern Texts Relating to the Old Testament*, Second Edition. Princeton, NJ.: Princeton University Press.

Quarles, C. L. 2003. "Rhetoric." In *Holman Illustrated Bible Dictionary*, edited by C. Brand, C. Draper, A. England, S. Bond, E. R. Clendenen, and T. C. Butler. Nashville, TN.: Holman Bible Publishers.

Radday, Yehuda T. 1972. *The Unity of Isaiah in the Light of Statistical Linguistics*. Darmstadt: Verlag Dr. H.A. Gerstenberg.

——. "Two Computerized Statistical-Linguistic Texts Concerning the Unity of Isaiah". In Journal of Biblical Literature. Vol. 89. No. 3 (September 1970).

Ramm, Bernard. 1970. *Protestant Biblical Interpretation*. Third revised edition. Grand Rapids, MI.: Baker Books.

Reisinger, Ernest. 1997. *The Law and the Gospel*. Phillipsburg, NJ.: P&R Publishing.

Reyburn, W.D. and E. Fry. 2000. *A Handbook on Proverbs*. New York, NY.: United Bible Societies.

Reynolds, Gabriel Said. "On the qur'anic accusation of scriptural falsification (tahrif) and Christian anti-Jewish polemic". In Journal of the American Oriental Society. Vol. 130. No. 2 (2010).

Richard, Lucien Joseph. 1974. *The Spirituality of John Calvin*. Atlanta, GA.: John Knox Press.

Richter, Rick. 2011. *Comparing the Qur'an and the Bible: What they really say about Jesus, Jihad and more*. Grand Rapids, MI.: Baker Books.

Robinson, James. 1997. *The Nag Hammadi Library in English*, revised edition. Leiden, Netherlands: Brill.

Rolston III, Holmes. "Does Nature Need to be Redeemed?". *Zygon*, vol. 29 (June 1994).

Ross, Hugh. "Biblical Evidence for Long Creation Days". Reasons. org. 2002. https://evidenceforchristianity.org/biblical-evidencefor-long-creation-days-by-hugh-ross-ph-d/.

——. 1994. *Creation and Time: A Biblical and Scientific Perspective on the Creation-Date Controversy*. Colorado Springs, CO.: NavPress.

——. 1998. *The Genesis Question: Scientific Advances and the Accuracy of Genesis*. Colorado Springs, CO.: NavPress.

Ross, Hugh, Fazale Rana, Kenneth Samples, M. Harman and K. Bontranger. 2001. "Life and Death in Eden, The Biblical and Scientific Evidence for Animal Death Before the Fall". Audio cassette set.

Rudolph, Kurt. 1987. *Gnosis: The Nature & History of Gnosticism*. San Francisco, CA.: HarperSan Francisco.

Runner, H. Evan. 2009. *Walking in the Way of the Word: The Collected Writings of H. Evan Runner, Vols. 1 and 2*. Edited by Kerry J. Hollingsworth. Grand Rapids, MI.: The Reformational Publishing Project.

Rushdoony, Rousas John. 1973. *Institutes of Biblical Law*. Phillipsburg, NJ.: P&R Publications.

——. 2002. *Intellectual Schizophrenia: Culture, Crisis and Education*. Vallecito, CA.: Ross House Books.

——. "Jesus and the Law-Research". Chalcedon: Equipping to Advance the Kingdom. 2010. http://chalcedon.edu/research/articles/jesus-and-the-law/.

——. 2009. *Law & Liberty*. Vallecito, CA.: Ross House Books.

——. 1997. *Romans & Galatians*. Vallecito, CA.: Ross House Books.

——. "RR136Q29 - The Antithesis." Rushdoony College Textbooks & Lectures. http://www.pocketcollege.com/transcripts/091%20-%20Salvation%20and%20Godly%20Rule/RR136Q29.html/.

——. "Salvation and Godly Rule: Prophet, Priest & King". Pocket College. https://pocketcollege.com/transcripts/091%20-%20 Salvation%20and%20Godly%20Rule/RR136Q29.html/.

——. 1983. *The "Atheism" of the Early Church*. Vallecito, CA.: Ross House Books.

——. 1997. *The Biblical Philosophy of History*. Vallecito, CA.: Ross House Books.

Rutgers, W.H. 1930. *Premillennialism in America*. VU dissertation. Goes, Oosterbaan en Le Cointre.

Ryrie, Charles. 1965. *Dispensationalism Today*. Chicago, IL.: Moody Press.

——. 1953. *The Basis of the Premillennial Faith*. Neptune, NJ.: Loizeaux Brothers.

Saeed, Abdullah. "The charge of distortion of Jewish and Christian scriptures". In The Muslim World, Vol. 92. No. 3/4 (2002).

Saleh, Walid A. "A fifteenth-century Muslim Hebraist: al-Biqai and his defence of using the bible to interpret the Qur'an". In Speculum. Vol. 83. No. 3 (July 2008).

Sandlin, P. Andrew. 2013. *Christian Culture: An Introduction*. Mount Hermon, CA.: Center for Cultural Leadership.

——. 2018. "Modern Gnosticism Versus Creational Christianity". Buzzsprout. 2018. https://www.buzzsprout.com/3449/828933- modern-gnosticism-versus-creational-christianity/.

——. 2001. *The Full Gospel: A Biblical Vocabulary of Salvation*. Vallecito, CA.: Chalcedon Foundation.

Sarfati, Jonathan. "Hugh Ross Church Fathers: Old earther admits 'poor quality' research by other old-earthers". Creation.com. 2017. https://creation.com/hugh-ross-church-fathers/.

——. "The Earth's Magnetic Field: Evidence That the Earth is Young". Creation 20(2):15-19 (March-May 1998).

——. 2015. *The Genesis Account: A Theological, Historical and Scientific Commentary on Genesis 1-11*. Powder Springs, GA.: Creation Book Publishers.

———. 2004. *Refuting Compromise: A Biblical and Scientific Refutation of "Progressive Creationism" (Billions of Years) as Popularized by Astronomer Hugh Ross*. Green Forest, AR.: Master Books.

Schmidt, Wilhelm. 2014. *The Origin and Growth of Religion*. Proctorville, OH.: Wythe-North Publishing.

Schweitzer, Mary and T. Staedter. "The Real Jurassic Park". *Earth* (June 1997).

Singer, June. 1992. *A Gnostic Book of Hours: Keys to Inner Wisdom*. San Francisco, CA.: HarperSanFrancisco.

Skillen, James W. "Philosophy of the Cosmonomic Idea". First Principles ISI Web Journal. http://www.firstprinciplesjournal.com/print.aspx?article=1591/.

Small, Keith E. "A Qur'anic window onto New Testament textual history". In Islam and Christianity – Journal of the Institute of Islamic Studies. Vol. 1 (2011).

Smalley, Stephen S. 2007. *Word Biblical Commentary 1, 2, 3 John*, Vol. 51, Revised Edition. Nashville, TN.: Thomas Nelson, 2007.

Smith II, Carl. 2004. *No Longer Jews: The Search for Gnostic Origins*. Peabody, MA.: Hendrickson.

Snelling, Andrew. 2014. *Earth's Catastrophic Past*, Two volume set. Green Forest, AR.: Master Books.

Sproul, R.C. 1992. *Essential Truths of the Christian Faith*. Wheaton, IL.: Tyndale House.

Sproul Jr., R.C. "What is Reconstructionism? What is Theonomy?". Ligonier. 2010. http://www.ligonier.org/blog/whatreconstructionism-what-theonomy/.

Spurgeon, Charles H. 1893. *The Gospel of the Kingdom: A Popular Exposition of the Gospel according to Matthew*. New York, NY.: The Baker & Taylor Co.

Stauffer, Ethelbert. 2008. *Christ and the Caesars*. Eugene, OR.: Wipf & Stock.

Stewart, Zeph, ed. 1972. *Arthur Darby Nock: Essays on Religion and the Ancient World*, Vol. 2. Oxford, UK.: Clarendon Press.

Strauss, D.F.M. 2009. *Philosophy: Discipline of the Disciplines*. Jordan Station, ON.: Paideia Press.

Strauss, Mark L. 2007. *Four Portraits, One Jesus: A Survey of Jesus and the Gospels*. Grand Rapids, MI.: Zondervan.

Stoner, Don. 1997. *A New Look at an Old Earth*. Eugene, OR.: Harvest House Publishers.

"Superman". Encyclopaedia Britannica. Last modified 2020. https://www.britannica.com/topic/superman-philosophy/.

Tarakci, Muhammet and Suleyman Sayar. "The qur'anic view of the corruption of the Torah and the Gospels". In The Islamic Quarterly, Vol. 49. No. 3 (2005).

Tertullian. "On the Flesh of Christ". Tertullian. Last modified 2020. http://www.tertullian.org/articles/evans_carn/evans_carn_04eng.htm/.

——. "The Prescription of Heretics". Tertullian. Last modified 2020. http://www.tertullian.org/articles/bindley_test/bindley_test_07prae.htm/.

Terry, Milton S. 1974. *Biblical Hermeneutics: A Treatise on the Interpretation of the Old and New Testaments*. Grand Rapids, MI.: Zondervan Publishing.

"The Annals by Tacitus". The Internet Classics Archive. http://classics.mit.edu/Tacitus/annals.1.i.html/.

Troost, Andree. 2020. *What is Reformational Philosophy?* Jordan Station, ON.: Paideia Press.

Tuininga, Matthew. 2017. *Calvin's Political Theology and the Public Engagement of the Church: Christ's Two Kingdoms*. Cambridge, UK.: Cambridge University Press.

Turner, H.E.W. 1954. *The Pattern of Christian Truth: A Study of the Relations Between Orthodoxy and Heresy in the Early Church*, Brampton Lectures. London, UK.: Mowbray.

Turpin, Simon. "Influential Pastors and Theologians on the Days of Creation and the Age of the Earth". Answers in Genesis. Last modified August 28, 2013. https://answersingenesis.org/creationism/old-earth/influential-pastors-and-theologians-onthe-days-of-creation-and-the-age-of-the-earth/.

University of Chicago. "Perseus under Philologic: Polyb. 2.56.10." Greek Texts and Translations. June 2009. http://perseus.uchicago.edu/perseus-cgi/citequery3. pl?dbname=GreekFeb2011&query=Polyb.%202.56.10&getid=1/.

Van Biema, David. "The Gospel Truth". Time Magazine, April 1996.

Van Dam, Cornelius. 2011. *God and Government: Biblical Principles for Today: An Introduction and Resource*. Eugene, OR.: Wipf & Stock.

van der Waal. 2004. *The World our Home: Christians between Creation and Recreation*. Neerlandia, AB.: Inheritance Publications.

Van Til, Cornelius. 1969. *A Survey of Christian Epistemology, Vol. 2 of the Series In Defense of Biblical Christianity*. Phillipsburg, NJ.: Presbyterian and Reformed Publishing Co.

———. 2007. *An Introduction to Systematic Theology: Prolegomena and the Doctrines of Revelation, Scripture, and God*. Edited by William Edgar. Phillipsburg, NJ.: P&R Publishing.

———. 2003. *Christian Apologetics*. Second Edition. Edited by William Edgar. Phillipsburg, NJ.: P&R Publishing.

———. 1961. *Christian Theistic Evidences*. Philadelphia, PA.: Westminster Theological Seminary.

———. 1979. *The Case for Calvinism*. Phillipsburg, NJ.: P&R Publishing.

———. n.d. *Why I Believe in God*. Philadelphia: Committee on Christian Education of the Orthodox Presbyterian Church.

VanDrunen, David. 2010. *Natural Law and the Two Kingdoms: A Study in the Development of Reformed Social Thought*. Grand Rapids, MI.: Wm. B. Eerdmans Publishing Company.

Victorinus. 1994. "On the Creation of the World. In *The Ante-Nicene Fathers*, 10 vols. Edited by Alexander Roberts, James Donaldson, Philip Schaff, Henry Wace. Peabody, MA.: Hendrickson.

Vos, Geerhardus. 1948. *Biblical Theology: Old and New Testaments*. Grand Rapids, MI.: Wm. B. Eerdmans.

———. 2014. *Reformed Dogmatics, Volume Two: Anthropology*. Translated and edited by Richard B. Gaffin. Bellingham, WA.: Lexham Press.

Walton, John H. 2009. *The Lost World of Genesis One: Ancient Cosmology and the Origins Debate*. Downers Grove, IL.: IVP Academic.

Waardenburg, Jacques, ed. 1999. *Muslim Perceptions of other Religions: A Historical Survey*. Oxford, UK.: Oxford University Press.

Wardle, David. "A Perfect Send-Off: Suetonius and the Dying Art of Augustus (Suetonius, Aug. 99)." *Mnemosyne* 60 (2007): 443–463.

Wardle, David. "Suetonius on Augustus as God and Man." *Classical Quarterly* 62, no. 1 (2012): 307–326.

Wardle, David and Suetonius. 2014. *Suetonius: Life of Augustus - Translated with Introduction and Historical Commentary*. Oxford, UK.: Oxford University Press.

Weinandy, Thomas G. 2007. "Athanasius: A Theological Introduction". In *Great Theologians*. Burlington, UK.: Ashgate. Weingreen, J. 1967. *A Practical Grammar for Classical Hebrew*. Oxford, UK.: Oxford University Press.

Westfall, William. 1989. *Two Worlds: The Protestant Culture of Nineteenth Century Ontario*. Kingston, ON.: McGill-Queen's University Press.

Whitcomb, John C. "Progressive Creationism". In Institute for Creation Research, *Impact: Vital Articles on Science/Creation*. (June, 2003).

White, James R. 2013. *What every Christian needs to know about the Qur'an*. Bloomington, MN.: Bethany House.

Whittingham, Martin. "Ezra as the corrupter of the Torah? Reassessing ibn Hazm's role in the long history of an idea". In Intellectual History of the Islamicate World. Vol. 1 (2013).

——. "How could so many Christians be wrong? The role of Tawatur (recurrent transmission of reports) in understanding Muslim views of the crucifixion". In Islam and Christian-Muslim Relations. Vol. 19. No. 2 (April 2008).

——. "The value of tahrif ma'nawi (corrupt interpretation) as a category for analysing Muslim views of the Bible: Evidence from al-radd al-jamil and ibn Khaldun". In Islam and Christian-Muslim Relations. Vol. 22. No. 2 (April 2011).

Wiersbe, Warren W. 1989. *The Bible Exposition Commentary New Testament: Vol. 1 Matthew - Galatians*. Colorado Springs, CO.: David C. Cook.

Wilson, R. McL. 1968. *Gnosis and the New Testament*. Oxford, UK.: Basil Blackwell.

Witherington III, Ben. 2009. *New Testament Rhetoric: An Introductory Guide to the Art of Persuasion in and of the New Testament*. Euegene, OR.: Cascade Books.

Wolters, Albert M. *Creation Regained: Biblical Basics for a Reformational Worldview*. Second edition. Grand Rapids, MI.: Wm. B. Eerdmans.

———. 1985. "The Intellectual Milieu of Herman Dooyeweerd". In *The Legacy of Herman Dooyeweerd: Reflections on Critical Philosophy in the Christian Tradition*. Edited by C.T. McIntire. Toronto, ON.: Institute for Christian Studies.

Wood Jr., John Halsey. "Oswald T. Allis and the Question of Isaianic Authorship". In Journal of the Evangelical Theological Society. Vol. 48. No. 2 (June 2005).

Woodmorappe, John. 1996. *Noah's Ark: A Feasability Study*. Dallas, TX.: Institute for Creation Research.

Woodrow, Ralph. 1977. *His Truth is Marching On: Advanced Studies on Prophecy in the Light of History*. Riverside, CA.: Ralph Woodrow Evangelistic Association.

Yamauchi, Edwin M. 2003. *Pre-Christian Gnosticism: A Survey of the Proposed Evidences*, Second edition. Eugene, OR.: Wipf and Stock.

Young, E.J. 2009. *The Authorship of Isaiah*. Last modified 2016. http:// biblicalstudies.org.uk/pdf/ifes/4-3_young.pdf., 11-12/.

———. 1965. *The Book of Isaiah: A Commentary*, Volume 1: Chapters 1-18. Grand Rapids, MI.: William B. Eerdmans Publishing Company.

———. 1972. *The Book of Isaiah: A Commentary*, Volume 3: Chapters 40-66. Grand Rapids, MI.: William B. Eerdmans Publishing Company.

———. 1957. *Thy Word Is Truth*. Grand Rapids, MI.: Wm. B. Eerdmans Publishing Company.

Zondervan. 2014. *The Creeds: Reflections and Scripture on the Apostles' and Nicene Creeds*. Grand Rapids, MI.: Zondervan.

Zuckerman, Phil. "What does Secular Mean? It means non-religious, but what does it mean?" *Psychology Today*. 2014. https://www.psychologytoday.com/ca/blog/the-secular-life/2014/07/whatdoes-secular-mean/.

Zylstra, Bernard. 1981. "H. Evan Runner: An Assessment of his Mission". In *Life is Religion: Essays in Honor of H. Evan Runner*. Edited by Henry Vander Groot. St. Catharines, ON.: Paideia Press.

ÍNDICE DE NOMBRES

ÍNDICE DE TEMAS